外国经济学说与中国研究报告（2018）

中华外国经济学说研究会 ◎ 编
程恩富　华桂宏 ◎ 主编

中国经济出版社
CHINA ECONOMIC PUBLISHING HOUSE
·北 京·

图书在版编目（CIP）数据

外国经济学说与中国研究报告.2018／程恩富，华桂宏主编.
—北京：中国经济出版社，2018.10
ISBN 978－7－5136－5362－6
Ⅰ.①外… Ⅱ.①程… ②华… Ⅲ.①经济学—文集 Ⅳ.①F0－53
中国版本图书馆 CIP 数据核字（2018）第 213910 号

责任编辑 严 莉
责任印制 巢新强
封面设计 任燕飞

出版发行 中国经济出版社
印 刷 者 北京建宏印刷有限公司
经 销 者 各地新华书店
开　　本 787mm×1092mm 1/16
印　　张 23.25
字　　数 464 千字
版　　次 2018 年 10 月第 1 版
印　　次 2018 年 10 月第 1 次
定　　价 98.00 元
广告经营许可证 京西工商广字第 8179 号

中国经济出版社 **网址** www.economyph.com **社址** 北京市西城区百万庄北街 3 号 **邮编** 100037
本版图书如存在印装质量问题，请与本社发行中心联系调换（联系电话：010－68330607）

编委会名单

目　录

/第一部分　马克思主义经济学理论研究/

第二部分　西方经济理论研究

第三部分　新时代中国经济问题研究

/第四部分 全球化与国际经济研究/

/第一部分/

马克思主义经济学理论研究

在新时代伟大斗争中建设伟大工程、推进伟大事业和实现伟大梦想

——学习贯彻党的十九大精神的体会

程恩富[①]　王中保[②]

（中国社会科学院）

一、“四个伟大”是习近平新时代中国特色社会主义思想的重要组成部分

习近平总书记在党的十九大报告中创新性地强调：“实现伟大梦想，必须进行伟大斗争。社会是在矛盾运动中前进的，有矛盾就会有斗争。我们党要团结带领人民有效应对重大挑战、抵御重大风险、克服重大阻力、解决重大矛盾，必须进行具有许多新的历史特点的伟大斗争，任何贪图享受、消极懈怠、回避矛盾的思想和行为都是错误的。全党要充分认识这场伟大斗争的长期性、复杂性、艰巨性，发扬斗争精神，提高斗争本领，不断夺取伟大斗争新胜利。”[③]这是以习近平同志为核心的党中央再次发出的伟大号召。十九大报告系统阐述了伟大斗争、伟大工程、伟大事业和伟大梦想的具体内容和相互关系。由此，“四个伟大”思想写进了党的决议，成为马克思主义中国化的重要成果和习近平新时代中国特色社会主义思想的重要组成部分。

“在新的时代条件下，我们要进行伟大斗争、建设伟大工程、推进伟大事业、实现伟大梦想，仍然需要保持和发扬马克思主义政党与时俱进的理论品格，勇于推进实践基础上的理论创新。”[④] 2017 年 7 月 26 日，习近平总书记到省部级主要领导干部专题研讨班上发表重要讲话，首次提出“四个伟大”的新概括，并把伟大斗争列为之首，成为这一讲话中

---

① 程恩富，中国社会科学院中国特色社会主义理论体系研究中心特约研究员。

② 王中保，中国社会科学院马克思主义研究院副研究员。

③ 习近平：《决胜全面建成小康社会夺取新时代中国特色社会主义伟大胜利——在中国共产党第十九次全国代表大会上的报告（2017 年 10 月 18 日）》，《人民日报》，2017 年 10 月 28 日。

④ 参见：《习近平在省部级主要领导干部“学习习近平总书记重要讲话精神，迎接党的十九大”专题研讨班开班仪式上发表重要讲话强调高举中国特色社会主义伟大旗帜为决胜全面小康社会实现中国梦而奋斗》，《人民日报》，2017 年 7 月 28 日，第 1 版。

最有新意和最重要的亮点。这是以习近平同志为核心的党中央提出“中国梦”目标、“五位一体”总体布局、“四个全面”战略布局、“五大发展理念”、“四个意识”等之后，在治国理政新理念新思想新战略方面的又一重要指针。“四个伟大”随后写进了习近平总书记做的党的十九大报告和新修订的党章之中。[①]四个“伟大”紧密相连、互相贯通、相互作用，构成一个有机整体，其中进行具有新的历史特点的“伟大斗争”是方法手段，建设党的新的“伟大工程”是保障支撑，推进中国特色社会主义“伟大事业”是路径进程，实现中华民族伟大复兴的中国梦的“伟大梦想”是目标方向。

二、新时代“伟大斗争”的领域、内容、方式和方法

由习近平同志主持起草的党的十八大报告首次提出，“发展中国特色社会主义是一项长期的艰巨的历史任务，必须准备进行具有许多新的历史特点的伟大斗争”[②]，以后又强调过多次。在十九大报告中，“伟大斗争”和“斗争”共出现了23次。那么，具有新的历史特点的伟大斗争存在哪些领域、具有什么内容、应采取什么方式和方法呢？

（一）关于斗争存在的领域

2016年1月，习近平总书记针对长期以来不讲斗争的现象，在省部级主要领导干部学习、贯彻党的十八届五中全会精神专题研讨班上发表讲话，强调了伟大斗争表现在六个领域。他指出：“我们必须积极主动、未雨绸缪，见微知著、防微杜渐，下好先手棋，打好主动仗，做好应对任何形式的矛盾风险挑战的准备，做好经济上、政治上、文化上、社会上、外交上、军事上各种斗争的准备，层层负责、人人担当。”[③]可以看出，伟大斗争不是局限在某一领域，而是涉及在经济、政治、文化、社会、生态、党建、外交、军事等各个领域和各条战线的工作，贯穿在“五位一体”总体布局和“四个全面”战略布局等整个中国特色社会主义伟大事业之中的。其精神就在于确立在建设伟大工程、推进伟大事业和实现伟大梦想中始终贯穿着具有新的历史特点的斗争，要发扬积极主动、迎难而上、敢于担当、善于作为的斗争精神。

（二）关于改革方面的斗争

习近平同志在党的十九大报告阐述伟大斗争内涵时明确指出：“更加自觉地维护人民

① 《中国共产党党章（中国共产党第十九次全国代表大会部分修改，2017年10月24日通过）》，《人民日报》，2017年10月29日。

② 中共中央文献研究室编：《十八大以来重要文献选编（上）》，北京：中央文献出版社，2014年版，第11页。

③ 习近平：《在省部级主要领导干部学习贯彻党的十八届五中全会精神专题研讨班上的讲话（2016年1月18日）》，《人民日报》2016年5月10日，第2版。

利益，坚决反对一切损害人民利益、脱离群众的行为；更加自觉地投身改革创新时代潮流，坚决破除一切顽瘴痼疾。”① 早在 2017 年 8 月 29 日，习近平在中央全面深化改革领导小组第三十八次会议讲话时便强调：“改革是我们进行具有新的历史特点的伟大斗争的重要方面。”②在党中央正确领导下，广大干部群众都积极投身改革，汇聚起了推进全面深化改革的磅礴伟力，谱写了改革新篇章，改革已经成为中国共产党的鲜明旗帜和当代中国的时代特征。

（三）关于意识形态斗争和党内思想斗争

2013 年 8 月习近平总书记在全国宣传思想工作会议上指出：“意识形态工作是党的一项极端重要的工作。”“要巩固马克思主义在意识形态领域的指导地位，巩固全党全国人民团结奋斗的共同思想基础。”“党员、干部要坚定马克思主义、共产主义信仰，脚踏实地为实现党在现阶段的基本纲领而不懈努力，扎扎实实做好每一项工作。”③根据习近平重要讲话精神而作出的《关于新形势下军队政治工作若干问题的决定》指出：“带头弘扬和践行社会主义核心价值观，持续培育当代革命军人核心价值观，发挥先进军事文化涵养教化作用，打好意识形态斗争主动仗，确保部队纯洁巩固。浓厚党内生活原则空气，开展积极健康的党内思想斗争和经常性思想互助，强化基层党组织功能，建设坚强的战斗堡垒。”④

（四）关于反腐败斗争

2013 年 1 月习近平总书记在第十八届中央纪律检查委员会第二次全体会议上发表讲话时，首次提到反腐败斗争，强调要“坚定不移把党风廉政建设和反腐败斗争引向深入”⑤。在各项伟大斗争中，这是习近平使用次数最多的词汇，指出我们一定能赢得反腐败斗争——“这场输不起也决不能输的斗争”。⑥与此相关的，还有“自觉同特权思想和特权现

---

① 习近平：《决胜全面建成小康社会夺取新时代中国特色社会主义伟大胜利——在中国共产党第十九次全国代表大会上的报告（2017 年 10 月 18 日）》，《人民日报》，2017 年 10 月 28 日。

② 《习近平主持召开中央全面深化改革领导小组第三十八次会议强调加强领导总结经验运用规律站在更高起点谋划和推进改革》，《人民日报》，2017 年 8 月 29 日，第 1 版。

③ 《习近平在全国宣传思想工作会议上强调胸怀大局把握大势着眼大事努力把宣传思想工作做得更好》，《人民日报》，2013 年 8 月 21 日，第 1 版。

④ 《中共中央转发〈关于新形势下军队政治工作若干问题的决定〉》，《人民日报》，2015 年 1 月 31 日。

⑤ 《习近平在十八届中央纪委二次全会上发表重要讲话强调更加科学有效地防治腐败坚定不移把反腐倡廉建设引向深入》，《人民日报》，2013 年 1 月 23 日，第 1 版。

⑥ 习近平：《在第十八届中央纪律检查委员会第六次全体会议上的讲话（2016 年 1 月 12 日）》，《人民日报》，2016 年 5 月 3 日，第 2 版。

象作斗争”的提法。[①]频繁使用这类词汇，与五年来以反腐败斗争为重点的从严治党的践行是完全吻合的。经过全党和全国人民的共同努力，反腐败斗争已经取得明显成效。“腐败蔓延势头得到有效遏制，反腐败斗争压倒性态势已经形成，不敢腐的目标初步实现，不能腐的制度日益完善，不想腐的堤坝正在构筑，党内政治生活呈现新的气象。”[②] 受到广大人民群众的高度赞扬和国际社会广泛好评。

三、在伟大斗争中建设伟大工程、推进伟大事业和实现伟大梦想

十九大报告指出，中国特色社会主义进入新时代。首先，在中国特色社会主义新时代，我们面临的国内外的新形势和我们工作的新任务都需要进行伟大斗争。从国际环境来看，我们正处在一个大发展大变革大调整的时代，世界多极化、经济全球化、文化多样化、社会信息化深入发展，弱肉强食的丛林法则、你输我赢的零和游戏不再符合时代逻辑，始终贯穿着维护和平、发展、合作、共赢的世界大局的伟大斗争。从国内环境来看，新时代我国社会主要矛盾已经转化为人民日益增长的美好生活需要与不平衡不充分的发展之间的矛盾，迫切需要向人民提供更高质量、更高水平的物质文化、民主法治、社会安全和生态环境等，就必须始终不忘初心、不畏险阻、攻坚克难，砥砺奋进，始终弘扬将革命进行到底的精神，推进许多具有新时代历史特点的伟大斗争。

其次，在中国特色社会主义新时代所从事的伟大斗争，具有新的历史特点。主要表现在进行伟大斗争的具体方式、具体内容和具体目的上具有鲜明的历史特色。不管是在新民主主义时期，中国共产党人领导人民进行推翻帝国主义、封建主义、官僚资本主义三座大山的伟大斗争，还是在社会主义革命时期，中国共产党人领导人民对农业、手工业和资本主义工商业进行社会主义改造的伟大斗争，还是在社会主义建设初期和改革开放初期，中国共产党人领导人民从事社会主义建设、改变贫穷落后面貌的伟大斗争都采取了敢于斗争、善于斗争的一般方式，但是不同时期具体斗争方式差异却很大。概括地讲，新时代中国特色社会主义伟大斗争的具体形式、内容和目的主要体现建设党的新的伟大工程、推进中国特色社会主义伟大事业和实现中华民族伟大复兴的中国梦三个方面。

（一）在反腐败斗争中推进党的建设新的伟大工程

以习近平同志为核心的党中央以“思想建党为首、制度治党为要、作风管党为严、反

---

① 《习近平在省部级主要领导干部学习贯彻十八届六中全会精神专题研讨班开班式上发表重要讲话强调以解决突出问题为突破口和主抓手推动党的十八届六中全会精神落到实处》，《人民日报》，2017 年 2 月 14 日，第 1 版。

② 《习近平在十八届中央纪委七次全会上发表重要讲话强调全面贯彻落实党的十八届六中全会精神增强全面从严治党系统性创造性实效性》，《 人民日报 》，2017 年 1 月 7 日，第 1 版。

腐净党为重”为特征的党的新的伟大程建设成效显著，广大人民群众给予了高度赞扬。但是，正如习近平总书记指出，“我们决不能因此而沾沾自喜、盲目乐观。全面从严治党依然任重道远。”[①]同许多西方政党的无党章、无固定党员的“选举党”相比，中国共产党以党的政治性、先进性、纯洁性和严格性而著称，始终不忘初心、牢记使命，不断推进自我净化、自我完善和自我革新，不断提升党的政治领导力、思想引领力、群众组织力、社会号召力，把党建设得更加坚强有力和胜任领导伟大斗争、推进伟大事业和实现伟大梦想的宏伟征程。

（二）在同各种错误思潮的斗争中推进中国特色社会主义伟大事业

以习近平同志为核心的党中央统筹推进“五位一体”总体布局、协调推进“四个全面”战略布局，倡导实施创新、协调、绿色、开放、共享的新发展理念，着力引领经济发展新常态，从此中国特色社会主义这一伟大事业进入呈现蓬勃发展的新时代。中国特色社会主义是由理论、道路、制度、文化构成的统一整体。作为指导思想的理论必须进一步发展，作为实现途径的道路必须进一步拓宽，作为根本保障的制度必须进一步完善，作为精神动力的文化必须更加繁荣。因此，以习近平同志为核心的党中央提出的建设中国特色社会主义的新思路、新战略、新举措，丰富了中国特色社会主义的理论特色、实践特色、民族特色和时代特色，谱写了伟大事业新篇章，开创了中国特色社会主义新时代。

（三）在不断取得各领域斗争胜利的进程中实现中华民族伟大复兴的中国梦

实现中华民族的伟大复兴的中国梦，正在以习近平同志为核心的党中央的带领下，在不断取得各领域斗争胜利的进程中一步步变为现实。“在深刻分析世情、国情、党情的深刻变化以及我们党面临的机遇、风险基础之上，提出了两个一百年的奋斗目标和实现中华民族伟大复兴中国梦的重大战略构想”[②]，反映了全体中国人民的热切期望和共同追求，体现了我们党在新时代的历史担当。中华民族伟大复兴的中国梦就是要实现经济富强、政治民主、精神文明、社会和谐、生态美丽的现代化强国，达到国家富强、民族振兴、人民幸福。因此，中国梦体现了我国经济政治文化社会生态文明的全方位提升要求，展现了国家、民族和人民利益的有机融合，反映了中国人民和中华民族的整体利益和诉求，是全体中华儿女共同为之奋斗的梦想。

---

① 参见：《习近平在省部级主要领导干部“学习习近平总书记重要讲话精神，迎接党的十九大”专题研讨班开班仪式上发表重要讲话强调高举中国特色社会主义伟大旗帜为决胜全面小康社会实现中国梦而奋斗》，《人民日报》，2017年7月28日，第1版。

② 程恩富：《“四个伟大”：指明继续前进的方向》，《解放日报》，2017年8月15日，第9版。

《资本论》终篇：政治经济学批判与理论再现的完美统一

陈俊明①

（泉州师范学院）

一、批判与全面再现具体的结合

恩格斯在第三卷序言中说：“在1863年和1867年之间，马克思……已经为《资本论》后两卷写成了初稿”，并且说：第三卷是“理论部分的终结”②，并且“第七篇的手稿是完整的”③。在可以看成是全三卷完整终结的第51章，马克思在阐述分配关系与生产关系之间的关系的基础上，阐明分配关系与生产力发展的关系，说明“二者之间的矛盾和对立扩大和加深时，就表明……在生产的物质发展和它的社会形式之间就发生冲突”。④ 这就突出了分配关系对生产关系、生产力发展的重要作用，标志着《资本论》揭示客观对象发展规律——主要是剩余价值的生产、流通和分配——发展趋势的研究目的是实现了。

从《资本论》第三卷特别是终篇的实际内容来看，研究的并不仅仅是对剩余价值的分配，还有对客观对象社会表象的再现。在马克思看来，研究与再现对象是并行不悖的，都要揭示对象运动的规律、本质，而且要阐明规律、本质的表现。揭示规律是深入，阐明规律的表现则是浅出，联系对象的具体实际，能真实地再现对象本身。与第三卷相比，第一卷深入生产过程，研究剩余价值生产的实质、规律、本质，第二卷研究的流通过程虽然已经不像生产过程那样隐蔽，但剩余价值的实现规律仍然是看不见的、内在的，而且这里的流通过程还是抽象的，经济主体仍由产业资本家来代表。

但是，本质并不直接地就是现象。本质的实现，或者说，本质表现为现象，并非直接的、正面的，而是有差距的。从客观上看，经济规律、本质总是在一定的条件下表现的，

---

① 经济学博士、泉州师范学院经济研究所教授，福建师范大学经济学博士生导师，华侨大学政治学博士生导师。本文是国家社科规划一般课题“《资本论》的政治经济学批判研究”（13BJL001）的阶段性成果。

② 《资本论》第3卷，北京：人民出版社，1975年版，第3页。

③ 《资本论》第3卷，北京：人民出版社，1975年版，第5、11页。

④ 《资本论》第3卷，北京：人民出版社，1975年版，第999页。

总离不开竞争，但竞争是在社会表面上进行的，它当然不会表现支配着生产运动的价值规定，是在生产价格背后的、归根到底决定生产价格的价值。从理论上看，对象的内在规律、内在规定是在比较严格的条件下揭示的，因而十分抽象，与现实有一定的距离。如果不使内在规定接近现实，就不能用以解释现实，就没有说服力，科学性也就不彻底。

既不要停留在现象上，即要深入现象探求本质，又要回到现象上，阐明本质如何表现为现象。但是，在《资本论》第三卷前六篇，马克思也只是阐明了剩余价值如何表现为产业利润、商业利润、利息、地租这些具体形式，作为概念，虽然它们在世人特别是资本家、土地所有者的意识中产生并已成型，以至于在斯密、李嘉图、洛贝尔图斯等人的著作中都有体现，但它们仍然不足以完全地割断与剩余价值的联系，也就是说，还没有与工人的工资混为一谈，还没有与其母本即资本混为一体。

在前六篇阐明剩余价值分解为利润、利息、地租的基础上，马克思又在终篇进一步阐明它们在社会表面上的表现——收入，这是通过批判萨伊的“三位一体公式”而开路的。马克思的批判表明：这个“公式”之所以被称之为公式，仅在于它“显示出了一种整齐的对称的不相称的东西”①，从形式看有点像公式而已，并非在科学上已经被论证、更非经过实践检验的公式。当然，从资产阶级经济学、资本运动当事人的角度看，它的确是公式，到处适用、始终不变。由于这个公式把这些“虚伪的假象和错觉，把财富的不同社会要素互相间的这种独立化和硬化，把这种物的人格化和生产关系的物化，把日常生活中的这个宗教”② 等等，都集结在一起，是庸俗经济学的集大成。如果说，假象和错觉影响人们的认知，那么，它造成物的人格化和生产关系的物化并使之成为日常生活中的宗教，影响的、塑造的，则是颠倒黑白、指鹿为马，彻底否定了价值规定，并在此基础上形成有利于资本运动当事人的整个社会的意识形态。所以在终篇，对它的批判不仅是理论再现的切入口、结合器，而且是科学批判的路由器，时时处处都在分析它的错误，从形式到实体内容、从手段到目的，乃至追溯它的理论渊源进一步批判，并且从对错误理论的批判还进一步发展为对整个资本主义分配制度、经济制度的彻底批判。

二、终篇的科学批判导致理论再现的创新

终篇的篇名是“各种收入及其源泉”，顾名思义，主要研究收入，但这是通过批判萨伊“把社会生产过程的一切秘密都包括在内的三位一体的公式”③ 而实施的。

所谓的“三位一体公式”是这样的：

---

① 《资本论》第 3 卷，北京：人民出版社，1975 年版，第 931 页。
② 《资本论》第 3 卷，北京：人民出版社，1975 年版，第 939 页。
③ 《资本论》第 3 卷，北京：人民出版社，1975 年版，第 919 页。

资本——→利息

土地——→地租

劳动——→工资

马克思以其特有的洞察力、分析力，指出这个公式通过将中介过程完全撇开，将三种要素即资本、土地、劳动（应是“劳动力”，但被篡改为“劳动”）直接与利息、土地、劳动联系起来。在这组公式中，“前者是根据，后者是归结；前者是原因，后者是结果”。每一个生产要素“都把它的产物当作是从它分离出来的、生产出来的东西”,[①] 标明三种要素产生三种收益。而这些利息、地租、工资在社会表面上都表现为收入，因而收益就是收入。这样，公式就制造了劳动者参与分配的假象，全都是收入获得者，没有阶级差别。这种错误十分明显：劳动者获得工资，只是因为他出卖了劳动力，这是属于流通过程的行为，并非参与分配，所以，马克思没有将它安排在第三卷来研究。马克思指出，这个“三位一体公式”还表现了一种纵向的联系：尽管资本、土地、劳动三者之间不能通约，没有纵向关系，“它们互相之间的关系，就像公证人的手续费、甜菜和音乐之间的关系一样。”[②]

资本——→利息（甲—a）

↓

土地　—→地租（乙—b ）

↓

劳动——→工资（丙—c）　　（箭号表示有关系）

本来，资本、土地、劳动都是自然形态的东西，彼此没有关系，但因为利息、地租、工资三者都属于价值范畴，可以通约，这样，由第二种纵向关系就可导致第一种纵向关系。在甲—A、乙—B、丙—C 这些环节中，虽然甲、乙、丙三者彼此毫无关系，但 A、B、C 三者却都等于 X，这样，甲、乙、丙三者也就都等于 X 了。由是，萨伊由此证明：作为生产要素的资本、土地、劳动虽然各自不同，但因为 A、B、C 的价值性质，它们全都在成了后者来源的时候，也成了 A、B、C 这些价值的源泉了。

直接地看，“三位一体公式”涉及的只是社会总产品价值的一个部分，即价值产品部分，似乎还没有涉及总不变资本部分。但是，萨伊却“认为全部收益，全部总产品，对一个国家来说都可以分解为纯收益，或者同纯收益没有区别，因而这种区别从整个国民的观点来看就不存在了”[③]。也就是说，他认为这部分不变资本与其他部分资本一样，都可以

① 《资本论》第 3 卷，北京：人民出版社，1975 年版，第 922 页。

② 《资本论》第 3 卷，北京：人民出版社，1975 年版，第 920 页。

③ 《资本论》第 3 卷，北京：人民出版社 1975 年版，第 951 页。

分解为、并归入收入之中。

马克思还进一步指出，萨伊这种看似匪夷所思的看法实际上还包含着一个更重要的用意，即在一方面将商品的价值产品部分分解为利息（利润）、地租、工资这些收入的同时，又根据这些收入组成这部分价值这种情况反过来说这些收入形成价值，——将量的“组成”当成质的“形成”，——因而是这一部分价值的源泉。另一方面，又按照这种逻辑认定：既然总不变资本部分最终也分解为三种收入，是由三种收入组成的，那么它也是由这三种收入决定的。这样，包括不变资本部分在内的全部商品价值就都是由收入决定的。通过利用了价值的多义性——在有的场合指的是其质，有的时候指的是其量，——从价值总量由三种收入（价值量）决定，跳到价值的质（实体源泉）由三种收入决定。通过这样偷换概念，就将“价值总量由什么组成”和“价值实体源泉由什么决定”两个完全不可通约的问题混淆了，从而价值、剩余价值的源泉就被完全掩盖起来了。

马克思在第 48 章对“萨伊公式”的批判指出它的错误，在第 49 章追溯其理论根源——庸俗的“斯密教条”，并深入批判，指出这些都是对内在规定的颠倒反映。如果到此为止，那就只是单纯的批判。但是，他的破是与立紧密结合的，所以，他由此还要导出理论再现的创新，并使此前的经济学理论相形见绌。

我们已经看到，在社会表面上，不仅三个阶级在资本运动产出后各自获得的货币，而且它投入前的货币资本，都表现为收入。由此观之，收入就是资本主义社会表面上占统治地位的资产阶级财富，由于它无所不包，将不同性质、用途的货币统统表现为收入，所以，又是一种混沌的、混杂的财富。显然，《资本论》起点的“经过更贴近的规定”① 资产阶级财富，与终点这种收入实际上就是同一的对象。这样，马克思就使起点与终点联系起来，但后者却已经是“一个具有许多规定和关系的丰富的总体了”②。按照这样的逻辑发展，马克思预示，进一步的研究当然是表现为依据三种不同的生产要素取得三种不同性质收入的人群构成的三个不同的阶级。因为它不属于论资本的逻辑圆圈，而属于另一层更为具体的逻辑圆圈，所以马克思只是在第 52 章象征性地开个头。

三、终篇科学批判导致基本理论的创新

众所周知，在《资本论》开篇，即其理论研究的“最初一公里”，马克思科学地论证了说明什么劳动形成价值、为什么形成价值、价值如何表现等问题。在那里，他是在抽象了一系列条件的情况下，确定了无差别的人类劳动的凝结在交换中采取了商品的价值性质

---

① 《马克思恩格斯全集》第 46 卷上册，北京：人民出版社，1979 年版，第 37 页。
② 《马克思恩格斯全集》第 46 卷上册，北京：人民出版社，1979 年版，第 38 页。

的物的形式。在后面的研究中，这种劳动从抽象的单个生产者发展为整个社会的劳动者，并且实际耗费的社会劳动量必须符合一定量的社会需要即社会按当时必要的比例所能支配的劳动时间。这些都是内在的规定，都是价值实体源泉一元论。虽然在这些地方都已经说明它们分别表现为市场价格、市场生产价格，但都还没有将竞争、流通、资本家的观念等因素统合起来，研究它们对价值决定的影响。所以，有必要让它们作为研究条件回归研究过程。

在这里，马克思首先指出，竞争不能决定总产品的价值量，也不能决定、改变 c、vim 的量的界限。但是，竞争会产生很多泡沫、假象、颠倒，使人们特别是资本家的认识产生迷误。在资本家的观念中，根本没有价值的概念，只有价格概念。虽然客观上价值决定是社会过程，但资本家不感兴趣；在其主观上，他只关心出售价格——其要素包括成本、工资、利息和地租，——因为他们的企业主收入好像“取决于那个以偶然的竞争关系为转移的市场价格超过由上述价格要素决定的内在商品价值而形成的余额；或者，就企业主收入本身作为决定市场价格的要素来说，它本身又好像取决于买者和卖者之间的竞争”。[①] 无论在资本家之间竞争，还是在世界市场上竞争，都一样。

对资本家来说，成本价格、工资、平均利润、利息、地租，在生产过程开始之际，都是预先确定的量，“好像不是一个已预先规定的价值量分为具有互相独立的收入形式的三部分，而是反过来，好像这个价值量是由独立地、分别地决定的、构成这个价值量的工资、利润和地租这些要素的总和形成”。[②] 并且因为过程是连续进行的，因而“它的结果会不断表现为它的前提，象它的前提会不断表现为它的结果一样”。[③] 由是，不仅在他们的意识中，而且在实际过程中，都变成了工资、利润和地租三种收入决定价值。[④] 很自然的，这些看法成了庸俗经济学制造理论的原料，“庸俗经济学无非是对实际的生产当事人的日常观念进行训导式的、或多或少教条式的翻译，把这些观念安排在某种合理的秩序中”。[⑤] 不仅如此，它们还成了它必须加以捍卫和散布推广的教条。

在马克思看来，再回过头来阐明它们如何被颠倒表现以至于形成占统治地位的社会意识，却是必不可少的，是再现对象具体的题中应有之义。因为所要再现的客观对象在社会表面上就是这样呈现在人们面前的。虽然对客观的内在规定来说，这种是一种颠倒的假象，但在社会表面上，它却是客观存在的，因而鼓吹这种假象的思维也是客观的。在资本

① 《资本论》第 3 卷，北京：人民出版社，1975 年版，第 988 页。
② 《资本论》第 3 卷，北京：人民出版社，1975 年版，第 983 页。
③ 《资本论》第 3 卷，北京：人民出版社，1975 年版，第 985 页。
④ 《资本论》第 3 卷，北京：人民出版社，1975 年版，第 987－989 页。
⑤ 《资本论》第 3 卷，北京：人民出版社，1975 年版，第 939 页。

主义社会，资本家的意识就是占统治地位的意识，“占统治地位的思想不过是占统治地位的物质关系在观念上的表现，不过是以思想的形式表现出来的占统治地位的物质关系”①。所以，再现具体，当然不能无视这个具体的存在。对此，马克思必须如实地再现。不能因为价值源泉多元化的说法是错误的，颠倒黑白的，就说它是不存在的。马克思在论证了价值实体只有劳动这个唯一源泉之后，通过一系列必要的中介科学的论证说，在竞争中、在流通中，在资本运动当事人的意识中，却会颠倒地表现为三个源泉，这就意味着马克思的劳动价值论不仅仅是那些内在的、看不见的规定所构成，还包括后者在社会表面上的颠倒表现。具体地说，就是它不仅要揭示价值是什么、为什么是什么等规定，还要阐明它们在流通中、竞争中、资本运动当事人意识中的颠倒表现。没有后一部分，它就不能解释现实，不能接近社会表象。由此观之，正是通过萨伊公式的批判，分析其表象依据，才导致劳动价值论以及其他基本理论的重大创新而臻于完善、完成。

终篇科学批判与科学再现统一的品性是马克思主义经济理论的一个重大、突出的优点，它使这一理论最终臻于完善、完美，而具有强大的说服力、批判力。了解这一品性，对我们现在学习马克思主义政治经济学原理，创建当代中国特色社会主义政治经济学都有重大的指导意义。

① 马克思、恩格斯：《德意志意识形态》，《马克思恩格斯选集》第1卷，北京：人民出版社，1995年版，第98－99页。

以肯定否定的辩证统一把握《资本论》的思想精髓

——兼论资本主义因素在我国当代历史条件下的合理性

吴宁[①]

（上海师范大学马克思主义学院）

十月革命与《资本论》的关系耐人寻味。按照《资本论》的分析，对资本主义的革命一定率先发生在资本主义较为成熟的西欧，当时的苏联并不具有马克思《资本论》所论述的由现代资本主义进入现代社会主义的物质条件，十月革命并不在《资本论》的构想之内。安东尼奥·葛兰西（Antonio Gramsci）发表了著名的评论文章《反〈资本论〉的革命》，认为十月革命是“反对卡尔·马克思的《资本论》的革命”[②]，“布尔什维克否定了卡尔·马克思”[③]。葛兰西把十月革命误读为《反对〈资本论〉的革命》，把十月革命的胜利归因为阶级意识的胜利，葛兰西称十月革命为“反《资本论》的革命”是极其草率的——因为他否定了马克思在《资本论》中所作的经济分析，从而也就抽掉了阐明十月革命的历史唯物主义基础，进而割裂了十月革命与科学社会主义理论的内在关联。从东方国家现代转变的实际进程看，十月革命显然又没有逸出《资本论》所揭示的资本主义全球化的国际视野，《资本论》的资本主义批判必然要求蕴含东方国家民族的独立解放运动。

《资本论》在揭示资本运行规律的基础上阐明了社会主义诞生的条件：资本积累生成社会主义诞生的物质条件，与资本积累相适应的劳动者的贫困积累生成社会主义诞生的主体条件。资本积累必然导致贫困积累。通过商品输出、资本输出以及对经济文化落后国家和地区进行殖民，发达资本主义国家实现了其资本的持续积累，而与这种资本的持续积累相适应的贫困积累则被转移到了经济文化落后的国家和地区。一方面，资本为了实现自身增值要竭尽全力地扩张，最大限度地将剩余价值投入到扩大再生产的资本循环中去，这就形成了资本的迅速的大规模积累。由于它需要日益庞大的市场空间来将其转化为货币资本，

---

① 吴宁：上海师范大学马克思主义学院教授、博导、哲学博士。

② 《葛兰西文选》，北京：人民出版社，2008年版，第8页。

③ 《葛兰西文选》，北京：人民出版社，2008年版，第9页。

从而实现资本的循环再生产。另一方面，资本积累必然导致对其自身的否定，促使资本积累的各种动力同时也是造成另一种积累——贫困积累的动力。激烈的市场经济压力也驱使各个企业之间进行竞争以获得生存权利。这种竞争的压力也转变为压低工人工资的社会力量。在这双重压力下，必然造成市场空间增长速度日益减少，小于资本扩张要求的市场扩张速度，使全社会的购买力日益萎缩，造成可扩张的市场空间日益萎缩。由于劳动者的贫困化和市场竞争的加剧，必然导致大量的产品过剩，于是导致资本循环链中的资本断裂，形成资本过剩。资本过剩的结果使本来就处于贫困积累中的工人拿不到工资甚至失业，从而造成劳动力过剩。通过全社会的资本过剩——全社会以产品形态、生产资料形态以及货币形态存在的资本发生过剩和闲置，失业人口增加，又必然会促使产品进一步过剩。产品过剩又会加剧资本过剩，资本过剩又会加剧劳动力过剩，市场空间不断萎缩，最终在资本主义经济体系内形成了一个内在的巨大的过剩赘疣。资本积累和贫困积累的矛盾是导致资本主义危机的根源。一方面是资本积累所带来的发达的、高度社会化的生产力以及由此而产生的巨大的社会财富，另一方面是与资本积累相适应的贫困积累，其带来的是无产阶级队伍的壮大与越来越激烈的反抗；前者生成社会主义诞生的物质条件，后者生成社会主义诞生（革命）的主体条件；伴随着持续进行的资本积累，贫困、压迫、奴役、退化和剥削的程度不断加深，日益壮大的、由资本主义生产过程本身的机制所训练、联合和组织起来的工人阶级的反抗也不断增长，由此生成了变革资本主义社会的主体条件。对剩余价值的追逐必然会使资本突破地域限制，进行全球扩张，由此产生了资本积累与贫困积累在空间上的分离——资本积累主要集中于发达资本主义国家，贫困积累则主要集中在经济文化落后的国家和地区。发达资本主义国家的劳动者并未因为成为受到死亡的威胁的无产者而变成革命的主体，而同时支撑起发达资本主义国家持续的资本积累的落后国家和地区的劳动者的贫困积累达到极点，资本主义的“外壳”就要被炸毁，资本主义的“丧钟”就要敲响，“剥夺者就要被剥夺”，经济文化落后国家和地区的劳动者通过革命率先建立起社会主义政权。因此，十月革命并非如葛兰西所说是“反《资本论》的革命”、是对《资本论》的证伪，而是《资本论》在现实历史进程中的逻辑展开，是运用马克思在《资本论》中阐述的相关原理分析现实历史进程所得出的必然结论。

俄国和中国这些相对落后国家的无产阶级革命能够成功的关键原因在于，这些国家的资产阶级革命还没有来得及完成，国内就已经有了接受马克思主义指导的工人阶级及其政党。从而，在资产阶级不得不发动资产阶级革命进而不得不武装无产阶级为他们卖命的时候，无产阶级得以在帮助资产阶级完成资产阶级革命的同时获得抗衡资产阶级的武装力量和政权力量，这些国家的资产阶级十分软弱，在地主面前没有照顾农民的利益，使农民倒向工人阶级这一边。这时只要外界环境有利，工人阶级政党的策略得当，在落后国家取得甚至率先取得无产阶级革命的胜利是完全可能的。资本主义既有打破封建桎梏的历史进步性，也有阻碍社会发展、必然走向衰亡的历史暂时性；俄国资本主义的发展为社会主义革命创造了物质前提，准备了阶级力量。当代以中国为中流砥柱的世界社会主义的新发展，正是俄国伟大十月革命所开创的社会主义事业的继续。

现代西方经济学者对《资本论》的态度

郭广迪[①]

（中南民族大学）

150 年前的 1867 年，《资本论》第 1 卷出版；马克思于 1883 年去世后，他所留下的第 2、3 卷手稿由恩格斯整理分别于 1885 年和 1894 年出版；恩格斯于 1895 年去世后，被称为《资本论》第 4 卷的《剩余价值理论》的手稿由考茨基编辑整理后于 1905—1910 年分 3 册出版。

《资本论》第 3 卷出版后不久，庞巴维克[②]就在《卡尔·马克思和他的体系的终结》（以下简称“《终结》”）一书（1896 年）中认定“马克思的《资本论》第三卷否定了第一卷”，并因此而断言马克思的体系已经“终结”[③]；1925 年，从苏联访问归来的凯恩斯[④]甚至称《资本论》是“一本陈腐过时的经济学教科书”，“不但在科学上是错误的，而且与现代世界毫不相关、格格不入”[⑤]。现代西方经济学者[⑥]对待《资本论》的态度是否与他们二位完全一样呢？或者说，现代西方学者是否必然对被称之为“工人阶级的圣经”的《资本论》[⑦] 持完全否定态度呢？如果对于这一问题的回答是否定的，其原因又何在呢？这就是笔者所要探索的问题。

本文拟依次介绍现代西方经济学者从整体上对《资本论》学术地位及其影响的评价、专门对《资本论》第 2 卷学术地位及其影响的评价、对《资本论》对于现代西方经济学多个研究领域或交叉学科所产生影响的评价、对《资本论》的介绍与引证和对马克思写作

① 郭广迪，中南民族大学经济学院教授。

② 欧根·冯·庞巴维克（Eugen von. Böhm - Bawerk，1851—1914），奥地利经济学家。

③ ［美］斯威齐编：《卡尔·马克思和他的体系的终结》，1949 年英文版，第 29 页。转引自胡代光：《深化对劳动和劳动价值理论的研究和认识》，《经济学动态》，2002 年第 1 期。

④ 约翰·梅纳德·凯恩斯（John Maynard Keynes，1883—1946），英国著名经济学家。

⑤ ［英］J. M. 凯恩斯：《凯恩斯文集·预言与劝说》，赵波、包晓闻译，南京：江苏人民出版社，1997 年版，第 281 页。

⑥ 本文所说“西方经济学者”或“西方学者”均指西方资产阶级学者，不包括“西方马克思主义者”。

⑦ 恩格斯：《〈资本论〉第 1 卷英文版序言》，中共中央马克思恩格斯列宁斯大林著作编译局编译：《马克思恩格斯文集》第 5 卷，北京：人民出版社，2009 年版，第 34 页。

《资本论》的态度的介绍与评价，最后归纳出他们对待《资本论》的基本态度，并分析其根本原因。

一、从整体上对《资本论》学术地位及其影响的评价

1967 年 10 月，萨缪尔森[①]在《马克思的〈资本论〉》一文中表示：“如同《圣经》和穆斯林的《古兰经》、牛顿的《自然哲学和数学原理》，以及达尔文的《物种起源》一样，《资本论》是一本改变了历史进程的书。”[②] 不过，他在这里所说的并不是《资本论》在学术上的影响，而是以当时世界上已经有 1/3 的人口走上了社会主义道路的事实来说明它“改变了历史进程”这一政治影响。因此，有必要将这个问题分为苏联解体、东欧剧变之前和之后两个部分加以介绍。

（一）苏联解体、东欧剧变之前的评价

首先有必要强调的是，《资本论》并非“十月革命”之后才对西方学术界或思想界产生了影响。早在 1897 年出版的《钱伯斯传记辞典（Chambers Biographical Dictionary）》第 1 版中，马克思已经被作为世界名人加以介绍，称其“《资本论》，至今为学校中，社会学课本”[③④]。季德[⑤]和利斯特[⑥]则在 1913 年出版的《经济学说史》一书中指出：“《资本论》这部书对十九世纪的思想产生了巨大的影响，除了《圣经》和《罗马法学全书》外，没有其他著作能引起这样多的评论者和支持者。”[⑦]

1950 年，克莱因[⑧]在《凯恩斯的革命》第 5 章“《通论》的前驱”中认为，可以“在马克思的著作中发现一些一般消费不足的分析”，并在谈到上述凯恩斯贬损《资本论》的说法时明确表示，“我们认为这是错误的”[⑨]。1965 年 12 月 31 日，美国《时代》周刊将凯

---

① 保罗·萨缪尔森（Paul A. Samuelson，1915—2009），曾译为萨末尔逊，美国经济学家，1970 年诺贝尔经济学奖获得者。

② ［美］保罗·萨缪尔森：《马克思的〈资本论〉》（1967 年 10 月），［美］保罗·萨缪尔森：《中间道路经济学》，何宝玉译，北京：首都经济贸易大学出版社，2000 年版，第 306 – 308 页。

③ 转引自钟少华编：《词语的知惠 清末百科辞书条目选》，贵州：贵州教育出版社，2000 年版，第 200 页。

④ 说明：《钱伯斯传记辞典》第 1 版的中译本由约翰·宝乐安（John Darroch，英国人）、黄鼎、张在新和郭凤翰合译，书名被译为《世界名人传略》，作者名被译为张伯尔，由山西大学堂译书院于 1908 年在上海出版。

⑤ 夏尔·季德（Charles Gide，1847—1932），法国经济学家。

⑥ 夏尔·利斯特（Charles Rist，1874—1955），法国经济学家。

⑦ ［法］夏尔·季德、夏尔·利斯特：《经济学说史》下册，徐卓英、李炳焕、李履端译，北京：商务印书馆，1986 年（该中译本是根据 1928 年出版的英译本翻译的，1928 年的英译本则是根据 1913 年出版的法文版第 2 版翻译的），第 548 页。

⑧ 劳伦斯·克莱因（Lawrence Klein，1920—2013），美国经济学家，1980 年诺贝尔经济学奖获得者。

⑨ ［美］劳伦斯·克莱因：《凯恩斯的革命》，薛蕃康译，北京：商务印书馆，1962 年版（该中译本译自 1950 年出版的英文原版），第 129 – 130 页。

恩斯作为的封面人物，并称他“现在同亚当·斯密和卡尔·马克思一起被称为历史上最伟大的经济学家”[①]。1976年，艾尔提斯[②]在谈到凯恩斯时说：“今天，可能大家都同意凯恩斯的《就业、利息和货币通论》同斯密的《国富论》和马克思的《资本论》一起，是政治经济学家写过的三本确实伟大的著作之一。”可见，即使是在凯恩斯最当红的时候，现代西方经济学者也不赞成他贬损《资本论》的说法，只是将其称之为与斯密和马克思并列的三大经济学家之一。

1962年，塞利格曼[③]在《现代经济学主要流派》一书中称《资本论》是“一个丰富的矿藏”，“为后人解释资本主义提供了种种启发”，而且，“这是那些完全不认同马克思的人也不得不同意的”[④]。罗宾斯[⑤]于1979年至1981年在伦敦经济学院演讲时也对学生说：“如果你们钻研了全部三卷《资本论》，你们就将发现增加到资本理论的有趣的东西，它们在某种程度上超越了其他古典经济学家所达到的理论。”[⑥]布劳格[⑦]也在1986年出版的《凯恩斯以前100位杰出的经济学家》一书中说：“尽管有的人要抛弃马克思主义的基本观点以及许多（如果不是全部的话）他的主要结论，但三卷《资本论》尤其是后两卷包含着大量的精辟分析，这些都是值得现代经济学家学习的。”并告诉读者：“现在正普遍认为马克思不仅是一位经济学家，他还是一位把经济学、社会学、政治学、历史学甚至人类学有机结合起来的社会科学家。”[⑧]

值得一提的是，在中国，《资本论》（三卷本）中译本的第1版是在1938年出版的[⑨]，但周有光先生1923年就在上海圣约翰大学的图书馆里看到了《资本论》的英文版[⑩]。可见，圣约翰大学这一西方教会学校此时也没有将《资本论》视为一部完全没有学术价值的政治书籍。另外，在麦克劳希尔公司（McGraw - Hill）1932年出版的《经济思想史阅读文献》一书中，《共产党宣言》《资本论》《政治经济学批判》等均被列为阅读文献[⑪]。

---

① 转引自［美］小阿尔弗雷德·马拉伯：《迷惘的预言家：当代经济学家的历史》，高德步等译，海口：海南出版社，1997年版，第110页。

② 华尔特·艾尔提斯（Walter Eltis），英国牛津大学爱克斯特学院（Exeter College）研究员。

③ 本·塞利格曼（Ben Seligman，1912—1970），美国经济学家。

④ ［美］本·塞利格曼：《现代经济学主要流派》，贾拥民译，北京：华夏出版社，2010年版（该书英文原版的第1版出版于1962年），第59-60页。

⑤ 莱昂内尔·罗宾斯（Lionel Robbins，1898—1984），英国经济学家。

⑥ ［英］莱昂内尔·罗宾斯：《经济思想史：伦敦经济学院演讲录》，杨玉生译，北京：中国人民大学出版社，2008年版（该书根据罗宾斯1979—1980年和1980—1981年在伦敦经济学院所做的讲演录音编辑出版），第270页。

⑦ 马克·布劳格（Mark Blaug，1927—2011），英国经济学家。

⑧ ［英］马克·布劳格：《凯恩斯以前100位杰出的经济学家》，丁之江、钦北愚等译，成都：西南财经大学出版社，1992年版（该中译本译自1986年出版的英文原版），第140页。

⑨ 即读书生活出版社（三联书店的前身）1938年在汉口出版的郭大力和王亚南合作翻译的《资本论》三卷本。

⑩ 参见鑫金：《百岁老人周有光的读书生活》，《新湘评论》，2008年第4期。

⑪ S. H. Patterson, *Readings in the History of Economic Thought*, New York: McGraw - Hill, 1932.

简而言之，即使是在苏联解体、东欧剧变之前，西方经济学者也并非都认为《资本论》仅仅只是在政治上有影响。

（二）苏联解体、东欧剧变之后的评价

20世纪80年代末90年代初发生了苏联解体和东欧剧变，所谓“共产主义已经终结”“马克思和马克思主义是错误的和过时的”的说法在西方学术界和新闻界一度被广泛宣传①。斯考森②甚至认为，“随着苏联和中央计划的社会主义范式的解体，马克思主义的魅力也消失了，至少在经济学界是如此”③。不过，他的这一说法，很多西方经济学者是不认同的。如，布劳格在为法文版《经济学词典》撰写的“卡尔·马克思”词条中就指出，这是“一种错觉”，因为“马克思研究的对象是资本主义”，“只要资本主义继续存在，马克思主义就会始终成为一种对经济和社会批判性思考的起跑点”④；多德⑤认为，只有“那些几乎没有读过马克思”作品的人，才会制造或相信这种误解⑥；埃克伦德⑦和赫伯特⑧说，“尽管在今天世界各地富有灵感的马克思主义经济学衰落了，但马克思和他的思想体系却仍然对整个知识界保留着魅力”⑨；亨特⑩则更加明确地表示，在苏联和东欧所发生的一切，“丝毫不可能贬损马克思对资本主义本质及其运动规律所作的天才般的洞见”，而且“只要资本主义继续像马克思描述的那样运行”，“马克思的思想毫无疑问将战胜这种或那种在未来贬损其影响的企图”⑪。正因为如此，苏联和东欧事件对于西方经济学界的影响并没有人们想象的那么大，持续的时间也没有那么长。

1997年出版的《经济学百科全书》的“利润和利润理论”辞条将马克思的《资本论》列为参考文献之一，并告知读者，“这是马克思关于资本主义经济功能的经典著作”，

---

① 参见［美］E. K. 亨特：《经济思想史——一种批判性的视角》，颜鹏飞总校译，上海：上海财经大学出版社，2007年版（该中译本译自2002年出版的英文原版），第204页。

② 马克·斯考森（Mark Skousen），美国经济学家。

③ ［美］马克·斯考森：《现代经济学的历程——大思想家的生平和思想》，马春文等译，长春：长春出版社，2006年版（该中译本译自2001年出版的英文原版），第160页。

④ ［法］克洛德·热叙阿等主编：《经济学词典》，李玉平等译，北京：社会科学文献出版社，2012年版（该中译本译自2001年出版的法文原版），第353－354页。

⑤ 道格拉斯·多德（Douglas Dowd），美国经济学家。

⑥ ［美］道格拉斯·多德：《资本主义经济学批评史》，熊婴、陶李译，南京：凤凰出版传媒集团、江苏人民出版社，2008年版（该中译本译自2004年出版的英文原版），第21－22页。

⑦ 小罗伯特·B. 埃克伦德（Robert B. Ekelund Jr），美国经济学家。

⑧ 罗伯特·F. 赫伯特（Robert F. Hebert），美国经济学家。

⑨ ［美］小罗伯特·B. 埃克伦德、罗伯特·F. 赫伯特：《经济理论和方法史》，杨玉生、张凤林等译，北京：中国人民大学出版社，2001年版（该中译本译自1997年出版的英文原版），第191页。

⑩ E. K. 亨特（E. K. Hunt），美国经济学家。

⑪ ［美］E. K. 亨特：《经济思想史——一种批判性的视角》，颜鹏飞总校译，上海：上海财经大学出版社，2007年版，第204－205页。

"尽管这本书很难，但很值得一读"[①]。1998 年，海尔布伦纳和瑟罗在《经济学的秘密》一书中告诫读者，"要想真正掌握经济学的基本原理，最好的办法就是去阅读三位伟大的经济学家的著作——亚当·斯密、卡尔·马克思和梅纳德·凯恩斯"，了解他们在"看待资本主义时都看到了什么"，因为"他们的看法仍然界定了经济学领域"；并明确表示："尽管苏联已经崩溃，但是，马克思的确是一位改变了社会思想方式的人，包括历史学的、社会学的以及经济学的。就如同柏拉图改变哲学思想的景观或弗洛伊德改变心理学的走向一样。"2002 年，福斯菲尔德[②]则在其经济思想史著作《现代经济思想的渊源与演进》中说："与亚当·斯密的《国富论》和马克思的《资本论》一起，《就业、利息和货币通论》成为经济学发展过程中 3 部关键性的著作之一。"[③]

那位认为"马克思主义的魅力"在经济学界已经"消失"的斯考森也表示："在《资本论》和马克思其他的经济学作品中，有许多有价值的东西。对此，我持肯定态度"，"他对于市场资本主义的哲学分析存在有价值的成分并值得我们关注"[④]。不仅如此，他还在 2007 年出版了一本名为《三大经济学家：亚当·斯密、卡尔·马克思和约翰·梅纳德·凯恩斯》的书，只是反对将斯密、马克思和凯恩斯三者横向并列，主张按对经济自由主义的态度将斯密、凯恩斯和马克思进行纵向排列[⑤]。

二、专门对《资本论》第 2 卷学术地位及其影响的评价

庞巴维克本人虽然认为《资本论》第 3 卷与第 1 卷相互矛盾，但"对《资本论》第二卷却另眼相看"，称马克思"理论体系的这一部分""所具有的异乎寻常的逻辑连贯性足以使作者跻身第一流思想家行列"，"他的著作的这一部分确实是无可挑剔的"；他的学生哈耶克[⑥]在对待《资本论》第 2 卷的态度上也与他一样，20 世纪 30 年代，哈耶克在伦敦经济学院曾讲授过"马克思的危机理论"，并在《资本论》第 2 卷上记下了这样一些授课要点："材料丰富""在一般经济学领域几乎达到亚当·斯密的地位""解释得尽善尽

① ［美］弗兰克·N. 马吉尔主编：《经济学百科全书》下卷，吴易风主译，北京：中国人民大学出版社，2009 年版（该中译本译自 1997 年出版的英文原版），第 1268 – 1272 页。

② 丹尼尔·福斯菲尔德（Daniel Fusfeld），美国经济学家。

③ ［美］丹尼尔 R. 福斯菲尔德：《现代经济思想的渊源与演进》，杨培雷、聂文军、吴琼译，上海：上海财经大学出版社，2003 年版（该中译本译自 2002 年出版的英文原版），第 188 页。

④ ［美］马克·斯考森：《现代经济学的历程：大思想家的生平和思想》，第 160 – 162 页。

⑤ M. Skousen, *The Big Three in Economics: Adam Smith, Karl Marx, And John Maynard Keynes.* Armonk, NY: M. E. Sharpe, Inc, 2007. , ppix – xi.

⑥ 弗里德里希·冯·哈耶克（Friedrich von Hayek, 1899—1992），英籍奥地利裔经济学家，1974 年诺贝尔经济学奖获得者之一。

美”[①]。哈耶克还在《价格与生产》一书说，自己“阐述的商业周期理论的核心观点”，“并不是什么新东西”，因为，“在德语文献中，这一看法主要是由卡尔·马克思的著述提出的”[②]。随便指出，哈耶克也没有像庞巴维克那样攻击《资本论》的第3卷和第1卷，而是在自己的著作中“极少与马克思直接较量”[③]。

除哈耶克外，很多现代西方经济学者也对《资本论》第2卷给予了很高评价。

斯通[④]在获得诺贝尔经济学奖后进行了题为“社会账目”的演讲，在介绍其“先驱”时他提到，“与我的题目有关的两个概念上的革新”，这就是魁奈的《经济表》和马克思《资本论》第2卷中所进行的“简单和扩大再生产的分析”[⑤]。萨缪尔森也认为，马克思在《资本论》第2卷中“创新地假设出二部门的再生产和增长模型”[⑥]。

瓦尔拉斯[⑦]被认为是一般均衡理论的首创者，但森岛通夫[⑧]、罗宾逊夫人[⑨]和卡尔多[⑩]等著名经济学家却认为，“马克思《资本论》第2卷中的简单再生产和扩大再生产模式中包含着（包括静态和动态）一般均衡理论的重要萌芽”，萨缪尔森也表示赞同他们的这一观点[⑪]。荣卡格利亚[⑫]甚至对“提出的简单和扩大再生产图式”的《资本论》第2卷在瓦尔拉斯的代表作出版之后才问世而表示“可惜”[⑬]。《新帕尔格雷夫经济学大辞典》的“循环流动”辞条指出，魁奈的“经济表”最先探讨了这一问题，但后来的经济学家基本上“放弃了这一研究方法”，“直到一个多世纪以后，马克思《资本论》第二卷中发表自己的‘经济表’，人们才重新提出了这一课题”；并认为可以这么说，著名的冯·诺依曼[⑭]模型

① 转引自［英］艾伦·埃本斯坦：《哈耶克传》，秋风译，北京：中国社会科学出版社，2003年，第263－264页。

② F. A. Hayek, *Prices and Production*, 2Revised edition, New York: Augustus M Kelley Pubs, 1967.

③ 参见高歌：《从经济思想视角解读哈耶克》，北京：经济科学出版社，2007年版，第159－160页。

④ 理查德·斯通（Richard Stone，1913—1991），又译为理查·斯通，英国经济学家，1984年诺贝尔经济学奖获得者。

⑤ 理查·斯通：《社会账目（1984年12月8日讲演）》，王宏昌、林少宫编译：《诺贝尔经济学奖金获得者讲演集1978－2007》（修订版），北京：中国社会科学出版社，2008年版，第185－208页。

⑥ P. A. Samuelson, Marxian Economics as Economics, *American Economic Review*, 1967, 57 (2), pp. 616－623.

⑦ 里昂·瓦尔拉斯（Léon Walras，1834—1910），法国经济学家。

⑧ 森岛通夫（Michio Morishima，1923—2004），日本著名数理经济学家。

⑨ 琼·罗宾逊（Joan Robinson，1903—1983），英国著名女经济学家，新剑桥学派的主要代表人物。

⑩ 尼古拉斯·卡尔多（Nicholas Kaldor，1908—1986），匈牙利裔英国经济学家，新剑桥学派的代表人物之一。

⑪ P. A. Samuelson, Marx as a Mathematical Economist: Steady－State and Expanded Growth Equilibrium, in G. Horwich and P. A. Samuelson (eds.), *Trade, Stability and Macroeconomics Essays in honor of Lloyd A. Metzler*. New York: Academic Press, 1974版, pp. 269－307.

⑫ 阿列桑德洛·荣卡格利亚（Alessandro Roncaglia），意大利经济学家。

⑬ ［意］荣卡格利亚：《西方经济思想史》，罗汉等译，上海：上海社会科学院出版社，2009年版，第273页。

⑭ 冯·诺依曼（John Von Neuman，1903—1957），美籍匈牙利裔犹太人，20世纪最杰出的数学家之一，并在电子计算机、量子力学和经济学等领域都做出了重要贡献。

这一“用循环方式描述扩张经济的现代范例”，“最精确地继承了马克思的体系”[①]。森岛通夫不仅认为“一般均衡理论是瓦尔拉（即瓦尔拉斯——引者注）和马克思各自同时系统地提出的”，而且表示，“马克思的理论本身包含了一条通向冯·纽曼（即冯·诺依曼——引者注）革命的道路”，“他将作为马克思—冯·纽曼模型的创始人之一而享有荣誉”[②]。与一般均衡理论和冯·诺依曼模型相关的是里昂惕夫的投入—产出表或模型，萨缪尔森则说：“所有学派的经济学者都一致认为：卡尔·马克思确实做了大量的分析研究工作，对于今天的所谓诺伊曼（即冯·诺依曼——引者注）—里昂惕夫投入—产出成长模型作出了重大贡献。”[③]

简而言之，现代西方经济学者认为《资本论》第 2 卷对现代经济学的发展产生了重要影响，因而给予其相当高的评价。

三、对《资本论》对于现代西方经济学多个研究领域或交叉学科所产生影响的评价

新制度经济学就是将新古典经济学方法运用于分析制度，其创始人科斯[④] 1937 年发表的《企业的性质》一文，被认为是现代企业理论的代表作。科斯在 1937 年只是“再次发现并概括了这些马克思的观察，同时从中创造了厂商理论（即企业理论——引者注）”[⑤]。

演化经济学是“对经济系统中新奇的创生、传播和由此导致的结构转变进行研究的科学”，“现代演化经济学的兴起已成为 20 世纪末国际学术界主要的事件之一”[⑥]。著名演化经济学家霍奇逊[⑦]认为，“如同亚当·斯密在《国富论》中所做的一样，马克思在《资本论》中对生产过程进行的广泛分析常常被低估了”[⑧]；还有的演化经济学家将《资本论》《国富论》等列为与《圣经》类似的超越“意识形态”的著作[⑨]，并认定，“马克思当然

---

① ［英］约翰·伊特韦尔、［美］默里·米尔盖特、［美］彼得·纽曼主编：《新帕尔格雷夫经济学大辞典》第 1 卷，北京：经济科学出版社，1996 年版，第 462 - 464 页。

② ［日］森岛通夫：《马克思的经济学——价值和增长的双重理论》，袁镇岳、庄宗明、高鸿桢译，上海：上海人民出版社，1990 年版，第 2 - 4 页。

③ ［美］保罗·萨缪尔森：《经济学（第 10 版）》下册，高鸿业译，北京：商务印书馆，1982 年版，第 326 页。

④ 罗纳德·科斯（Ronald Coase，1910—2013），英国经济学家，1951 年移居美国，后任芝加哥大学教授，1991 年诺贝尔经济学奖获得者。

⑤ ［英］约翰·伊特韦尔、［美］默里·米尔盖特、［美］彼得·纽曼主编：《新帕尔格雷夫经济学大辞典》第 2 卷，北京：经济科学出版社，1996 年版，第 821 - 826 页。

⑥ 贾根良：《理解演化经济学》，《中国社会科学》2004 年第 2 期。

⑦ 弗里·M. 霍奇逊（Geoffrey M. Hodgson），英国演化经济学家。

⑧ ［英］杰弗里·M. 霍奇逊：《演化与制度：论演化经济学和经济学的演化》，高伟等译，北京：中国人民大学出版社，2008 年版，第 269 页注释［5］。

⑨ ［瑞士］库尔特·多普菲编：《演化经济学：纲领与范围》，贾根良、刘辉锋、崔学锋译，北京：高等教育出版社，2004 年版，第 189 页。

既是演化理论家又是制度理论家”①。

经济社会学就是用社会学的方法研究经济学的问题。《经济社会学手册》一书表示，“在众多社会经济学的先驱者中，我们将重点放在对卡尔马克思的介绍上，因为他是 19 世纪思想界的标志性人物”，并指出，马克思“开辟了经济社会学的历史方法”，“为后来的研究者积累了有关经济生活的大量素材”，某些现代社会学家“对劳资关系的研究，就是建立在其巨著《资本论》之上的”②。

环境经济学也是一门新兴学科，库拉③在《环境经济学思想史》一书认为，马克思的《资本论》“对资源利用和环境问题是有意义的”，“尤其是第三卷，很多地方包含有对自然资源的论述”，其《剩余价值理论》则包含“关于自然资源提取业的更广泛的分析”④。

由此可见，《资本论》对现代西方经济学的影响是多方位的。

---

① ［澳］约翰·福斯特、［英］J·斯坦利·梅特卡夫主编：《演化经济学前沿：竞争、自组织与创新政策》，贾根良、刘刚译，北京：高等教育出版社，2005 年版，第 20 页。

② ［美］斯梅尔瑟、［瑞典］斯维德伯格主编：《经济社会学手册（第二版）》，罗教讲、张永宏译，北京：华夏出版社，2009 年版，第 8－9、36 页。

③ E. 库拉（Erhun Kula），英国环境经济学家。

④ ［英］E. 库拉：《环境经济学思想史》，谢扬举译，上海：世纪出版集团、上海人民出版社，2007 年版，第 60 页。

第二国际时期关于帝国主义问题的政治经济学论争①

孟飞②

（中共南京市委党校）

第二国际时期，以希法亭、考茨基、鲍威尔、布哈林、列宁为代表的马克思主义理论家们着重考察了现代资本主义的流变，从帝国主义的成因、趋势和后果角度批判了资本主义的生产方式，进一步提出向社会主义过渡的实现形式。毫不夸张地说，第二国际时期滋生了关于帝国主义问题的多种解释模式，这是马克思之后的马克思主义理论体系中最值得关注的论域。

如果我们回溯到20世纪早期关于帝国主义问题的争论中，就会清晰地发现，其实第二国际时期马克思主义理论家对帝国主义现象的政治经济学分析时至今日都是具有感召力和现实指导效应的。他们以帝国主义为标靶，运用马克思主义政治经济学方法论，勾画了全球强权国家之间的竞争、垄断、冲突的图景。进入21世纪，政治格局的变幻、国际关系的动荡、经济发展的困境等等问题都可以借用第二国际时期关于帝国主义问题的分析框架加以解释。换句话说，马克思主义研究者必须把百年前的帝国主义论争引入当代，将其复活，重识马克思主义政治经济学批判的现代性是时代赋予我们的历史使命。

一、从马克思到希法亭，帝国主义问题论争的兴起

马克思政治经济学批判的核心是否定了资本主义永恒论，他直接提出了资本主义的结构性桎梏，并规划了无产阶级通过暴力革命建立社会主义制度的路径选择。不过，从马克思和恩格斯的文本中无法获得对资本主义特有的经济崩溃（或经济危机）的解释，并且由于他们相继去世，揭示资本主义新形态成因、本质、发展的历史任务就肩负在了马恩之后

① 【基金】国家社科基金（青年项目）“奥地利马克思主义研究”（项目号：15CKS027）、中国博士后科学基金第59批面上资助项目（项目号：2016M591751）和教育部人文社会科学重点研究基地重大项目“第二国际时期马克思主义哲学范式的变形与分化”（项目号：11JJD710011）阶段性研究成果。

② 孟飞，东南大学马克思主义学院博士后，中共南京市委党校讲师，南京大学博士，主要研究方向为马克思主义理论。

的第二国际理论家身上。以伯恩施坦为代表的第二国际右派理论家讨论并阐释了资本主义经济崩溃的学说，并由此确立了“崩溃理论”的概念（翁格尔，2006）。不过，修正主义的解释模式随即遭到了第二国际中左派的反击，他们试图恢复马克思主义政治经济学的革命性。1910 年，奥地利马克思主义中派的理论领袖希法亭出版了《金融资本——资本主义发展的最新阶段》，这是马克思主义政治经济学史上最著名的专著之一。它在多方面产生了深远影响，当然，更为重要的是，作为一本社会主义名著，指引了其后的研究者把帝国主义的论争推向了高潮。

希法亭在形成和阐释金融资本理论的过程中，已指出了生产和资本集中导致垄断以及银行资本和工业资本结合为金融资本这样两个帝国主义的基本特征，他进而通过经济学分析提出了对社会主义危机理论的修订。在现实中，希法亭维护集中的倾向也并不意味着远离经济危机的趋势，他论证道：卡特尔没有取消的资本主义生产方式的“无政府状态”，也没有“改变投资领域的资金之间的竞争”，它们可能只是更好地吸收危机而已。社会主义工人运动相信，资本主义的内在不稳定性使其危机缠身，最终与假设中的资本主义经济崩溃相联系。但对于修正主义运动的主要理论家而言，他们完全否定经济崩溃的可能性，反而，经济危机为政治改革提供了必要的物质基础。希法亭否定了上述观点，而获得了折中的结论。他总结道，资本主义生产周期性的经验法则是繁荣和萧条的循环，它的特点是通过危机从周期的一个阶段过渡到另一个。在资本主义经济中，资本主义生产的内在目的是利润，不是消费。经济的不稳定反而刺激了资本主义生产过程的活力，繁荣和危机相互依存。这就颠覆了马克思主义对危机的经典定义，希法亭认为它不预示崩溃，而表示资本主义经济结构功能的必要调整的时机。与此同时，他在研究金融资本的对外和对内政策时，还揭示了资本输出、向外殖民扩张以及寡头统治代替民主自由等资本主义发展新阶段的政治特征。帝国主义政策明显表现为军国主义和战争政策。争夺殖民地和投资场所的斗争，加剧了发达资本主义国家之间特别是新老资本主义国家之间的矛盾。全球范围内的金融资本需要强权国家推行扩张政策，把新殖民地纳入它的势力范围内。在民族主义、种族主义和军国主义思想观念的支持下，帝国主义日益具有强权和侵略的本性，为垄断市场和原料来源而展开激烈竞争，加剧了国际紧张局势。以垄断性高价向国外倾销在国内滞销的商品，这个做法也在不断增多，它还助长了在国外建立企业从而输出资本的倾向。更极端的表现是国与国之间的经济战和为了扩大潜在市场而对不发达地区进行武力扩张，自由、民主、平等成了牺牲品（希法亭，1994：385－387）。

二、第二国际内部对帝国主义问题的阐发

考茨基指出，“对帝国主义来说，有决定意义的是工业地区与农业地区之间的矛盾”

（考茨基，1963：11）。要理解帝国主义，“必须首先弄清资本主义生产方式中农业和工业之间的关系”（考茨基，1964a：2）。考茨基认为，帝国主义就是实现“资本主义工业民族的在不断扩大同它有交换关系的农业地区的意图”的“一种特殊形式”（考茨基，1964a：12）。它包括保护关税、资本输出和殖民扩张三个方面，考茨基分别从这三个方面考察了帝国主义的形成过程：首先是从自由贸易主义转变到关税保护主义；第二，向农业地区的资本输出制度促进了帝国主义的形成；最后，殖民扩张政策是作为维持工农业的国际分工和工业国对农业国统治的政治手段而发展起来的。由此，考茨基对“帝国主义”的定义是：“帝国主义是高度发展的工业资本主义的产物。帝国主义就是每个工业资本主义民族力图征服和吞并愈来愈多的农业区域，而不管那里居住的是什么民族。”（考茨基，1964a：2）考茨基显然吸取了希法亭的“帝国主义是金融资本偏爱的政策”的观点，他强调工业资本主义的高度发展阶段才产生了帝国主义。我们看到，“金融资本”的概念频繁出现在考茨基的论著中。考茨基否认帝国主义是资本主义发展的必然阶段和最后阶段。另外，他也反对将“帝国主义”的概念泛化。考茨基认为，帝国主义只是现代资本主义在特定时期采取的一种特殊类型的资本主义政策，帝国主义扩张仅仅为了获取农业地区的原料和粮食。所以，不能把“帝国主义”与“现代资本主义”划上等号。最后，他抛出了所谓“超帝国主义”模型。考茨基从两个方面论证了超帝国主义阶段的可能性：“一是在经济上工业垄断农业的方法很多，不一定采取帝国主义方法。帝国主义的出现有其经济根源，但并不等于是一种经济必然性；二是政治上存在着用国家联盟取代帝国主义国家的可能性。”（考茨基，1964b：15）

与希法亭侧重资本主义自身形态的纵向演进研究不同，卢森堡从一开始就把重点放在资本主义的横向扩展和资本主义同非资本主义经济形态相互关系的研究上。在《资本积累论》中，卢森堡明确指出：“帝国主义是一个政治名词，用来表达在争夺尚未被侵占的非资本主义环境的竞争中所进行的资本积累的。”（卢森堡，1959：359）卢森堡所理解的政治化的帝国主义是“世界政策、军国主义和殖民政策”三者相统一的，资本积累的一般性质和积累方法的现代特点共同决定了这种帝国主义鲜明特征。在《资本积累论》遭到普遍批评以后，卢森堡又在1915年写了《资本积累——一个反批判》一文，对自己的观点进行了辩护、调整和充实。在该文的最后两节，卢森堡进一步阐发了“帝国主义”问题。在这里，她深化了自己的观点，不仅重申了“现代帝国主义是资本扩张的历史进程的最后篇章：它是资本主义国家之间为攫取地球上最后剩下来的非资本主义地区进行的世界性竞争普遍激化的时期”，而且力图从帝国主义把斗争和灾难“从资本主义发展的外围地区带回到它的出发点”等方面进一步界定“作为争取资本主义世界统治的帝国主义的特点”。（卢森堡、布哈林，1982：160－161）

三、俄国马克思主义者对帝国主义问题的深入考察

同考茨基等第二国际理论家的看法相左，俄国马克思主义者从对帝国主义的研究中，得出了不同的结论。在这一方面，布哈林和列宁最具有代表性。其中，布哈林于1915年写就了《世界经济和帝国主义》一书，全面地阐释关于帝国主义问题的研究成果。

布哈林认为，资本主义经济关系的国际化不仅表现在各国经济联合的扩大和加深，而且还表现在产生了资本主义发展历史中的新的经济组织——国际垄断组织。布哈林从世界经济入手研究国际垄断组织问题，他得出结论：帝国主义是一个世界经济问题（布哈林，1983：8）。由于世界资本主义生产力的迅速提高，特别是技术的突飞猛进，世界经济的发展态势平稳。这些促使各国的生产关系紧密联系起来，从而产生了资本主义最新阶段的经济组织：国际辛迪加、卡特尔和托拉斯。他们是资本主义商品交换“最高的组织发展阶段”。根据布哈林的判断，从一般的商品经济开始，到国际辛迪加、托拉斯的形成为止的全部发展过程，也就是社会经济生产国际化的过程，它使地理上相互隔离的经济彼此接近。但是，这个过程造成了世界范围内资本家积聚财富，而世界无产阶级的贫困状况却没有得到改善，最终两个阶级之间的差别不断扩大。

关于帝国主义世界经济发展的历史趋势，布哈林强调，我们说帝国时代、金融资本统治的时代是一个特定的历史阶段，并不意味着它的出现是偶然的。实际上，“金融资本主义是工业资本主义时期的历史继续，就像工业资本主义是商业资本主义阶段的继续一样。”（布哈林，1983：78）布哈林进一步论证，帝国主义是资本主义一般发展趋势的继续，它是资本集中趋向的延伸，它代表一种特殊形式的资本集中——剩余价值的资本化。布哈林在考察帝国主义发展的历史趋势时，指出了国家垄断资本主义的产生和发展，不过布哈林把它称为“国家资本主义托拉斯”。布哈林强调，决不能把工业的组织化和国家经济活动的扩大，认为是国家社会主义的发展。相反，它是“国家资本主义托拉斯结构内加速集中的过程，这个国家资本主义已经发展到最高形式，它不是国家社会主义，而是国家资本主义”（布哈林，1983：126）。

布哈林从金融资本的国际竞争和向外扩张中，说明了新形势下资本主义矛盾的发展，揭示了帝国主义与战争的关系，阐述了帝国主义战争的经济根源。关于作为特定历史范畴的帝国主义，他的论断和希法亭不同，布哈林认为，不能仅仅关注帝国主义的“扩张”和“暴力政策”等表象上，而应着重分析产生这种政策的基础。在布哈林看来，金融资本是一个历史上限定的时期，而作为金融资本的政策的帝国主义，也是一个特定的历史范畴。总之，“帝国主义是金融资本主义，即生产组织已经相当成熟的高度发达的资本主义政策”。换句话说，“帝国主义政策存在的本身，就证明了一个新的社会经济形态的客观条件

已经成熟”。（布哈林，1983：105）布哈林的帝国主义论继承和发展了马克思恩格斯关于经济全球化本质要素的理论，其中包括了资本、对外贸易、雇佣劳动、垄断、世界市场等因素（尚伟，2007）。布哈林的帝国主义研究基本符合当时马克思主义左派的政治要求，也和列宁的帝国主义论产生了积极的互动。

正如列宁在给布哈林《世界经济和帝国主义》一书序言中指出的那样：在研究现代资本主义形式变化的这一经济科学的领域中，帝国主义问题不但是最重要的问题之一，简直可以说是最重要的问题。于是，几乎在布哈林研究世界经济和帝国主义关系的同时，列宁也开始了对帝国主义的论证。《帝国主义是资本主义的最高阶段》吸收了大量的材料和观点，其中最重要的参考文献便是希法亭的《金融资本》。列宁一开始就注意到希法亭关于资本主义已发展到一个最新阶段的论断。他认真地研究了希法亭对金融资本产生过程的分析，他在著作中吸收了希法亭对金融资本活动特点的阐述。列宁赞同希法亭指出的“争夺经济领域的斗争”是帝国主义的重要特点。《帝国主义是资本主义的最高阶段》延续了对金融资本政治上的反动性的论述：对外扩张和实行武力侵略，争夺世界霸权，对内则极力促使本国政权加强国家权力，以寡头政治取代民主政治。不过列宁和希法亭不同的是，他在帝国主义的发展中还看到一个重要因素，即帝国主义的寄生性和腐朽性。列宁确认，“任何垄断必然要引起停滞，产生一种人为地阻碍技术进步的力量”。（弗兰尼茨基，1988：325）

《帝国主义是资本主义的最高阶段》也是对考茨基的“超帝国主义论”的批判。列宁积极地从事帝国主义问题的研究，并从中得出社会主义有可能首先在几国甚至单独在一国获得胜利的结论，实际上是对考茨基等人鼓吹的“超帝国主义”论的否定（列宁，1990：186）。列宁认为，帝国主义是资本主义经济发展过程中的一个特殊阶段。资本主义商品生产的一般特征是自由竞争，但是到了帝国主义阶段，垄断代替了竞争。他由此得出结论：“如果必须给帝国主义下一个尽量简短的定义，那就应当说，帝国主义是资本主义的垄断阶段。”（列宁，1984：401）关于国家垄断资本主义的成因和本质，列宁分析认为：它是“资本主义经济社会化”的一个重要结果和表现。列宁继续指出，资本主义经济的内在逻辑是国家垄断资本取代一般垄断资本的根本原因，金融资本的集中趋势必然导致金融寡头成为经济社会统治力量，他们的资本家本质属性不可避免地激化资本主义诸多基本矛盾。国家垄断资本主义的性质之所以仍然是资本主义，是因为国家仍然是资本主义国家，它仍然是垄断资本家和金融寡头们保障其特权地位和镇压工人的工具。

马克思经济理论简评

——基于方法论与马克思思维逻辑进程的视角

杨文进[1]

（浙江工商大学）

对马克思经济理论的评价可谓汗牛充栋，但相当部分的评价如果不是带有比较强烈的以阶级情感为背景的主观色彩，就是纠缠于无关紧要的枝末细节中，如价值转形产生的“两个总量”之间的不一致上，真正从方法论和马克思自身的逻辑思维进程来理解其经济理论的论述则极为罕见。显然，只有从方法论与马克思自身的历史观和思维逻辑进程来认识其经济理论，才有可能得到较为客观的结论。

一、方法论视角的马克思经济学

以当今的标准来衡量，像古典经济学一样，马克思的经济学并不是一种纯粹的经济学，而是一种与哲学、社会学和政治学等内容融为一体的社会政治经济学。这种做法的最大好处之一，就是它能够对研究对象进行更全面和更客观的分析，避免了以偏概全的缺点，但这种做法也存在着难以建立起像单纯对象那样严密的逻辑体系，不同角度的分析之间容易产生逻辑上的不一致，同时这样的分析在内容上必然比较隐晦，容易产生人们理解上的歧义等。这种情况在马克思经济学中表现得特别明显[2]。

---

① 杨文进，浙江工商大学经济学院教授，主要从事经济学基本原理的研究。

② 关于马克思理论体系的矛盾，英国研究马克思主义的学者戴维·麦克莱兰曾进行了深入的分析，如他讲：“马克思遗产自相矛盾的另一个不那么偶然的原因是，他的思想方法不容许把自身概括为几个简单的公式。马克思既在年轻时曾发现他的先师黑格尔有矛盾之处，那么这种矛盾也出现在这位弟子身上就不足为奇了。这是因为他们两人都是辩证的思想家，而马克思的辩证法更没有止境：只要主观因素是和客观因素一致的，理论便总是与实践相互影响并不断发展的。马克思本人生前就曾改变并发展了自己的政治观点和经济观点。”“在经济学方面，马克思逝世时，其基本原理是很不清晰的。劳动价值理论是否可作为分析现实经济活动的有益工具，还有待于马克思的遗作《资本论》第三卷的出版，有待于马克思对于价值转化为价格这一问题的解答。但是对他的许多追随者来说，马克思的答案是不能令人满意的。在一些较为直接的实际问题上，马克思虽然确信资本主义制度必然崩溃，但确切的机制是什么，他则不甚了了。关键在于利润率趋于下降吗？或者是生产过剩问题和随之出现的消费不足？还是二者兼而有之？马克思远未解决这个问题，以致时至今日仍然是激烈争论的一个主题。再者，马克思对于经济学的研究基本上只涉及资本主义的竞争阶段。虽然他正确地预言了垄断的发展，但并未分析垄断的发展规律，更不用说帝国主义的发展规律了。当时，这个问题刚刚进入马克思的视野，而今已成为大多数现代马克思主义者论述世界经济体系的中心问题了。”［英］戴利·麦克莱兰著：《马克思以后的马克思主义》第4、5~6页，北京：东方出版社，1986年版。

所有的“价值理论”以及之上的经济理论都是假说，假说是没有对错的，因此劳动价值论也不存在对错问题，但任何理论要对其研究对象具有解释力，其假说在性质上就必须与研究对象的社会本质相一致。在这方面，“劳动价值论”显然是一种只能与原始社会性质相一致而与资本主义性质完全不符的假说。因为只有在原始社会，劳动可以被认为是生产中的唯一要素（在经济学中，只有稀缺的才能成为要素，原始社会的“土地”是如此丰裕而不成为要素，作为资本的工具——木棒与石块——是极其简单的而可以忽略不计），所以以劳动时间作为商品交换的尺度是最公平的①。到了资本主义，土地已变得稀缺而在生产中发挥着重要作用，资本在一定阶段更是起到支配性的作用（因此这个阶段才被称为资本主义），所以在资本主义，劳动价值论或劳动时间作为价值尺度的作用也就丧失，由反映资本主义本质的“支配的劳动”或者后来凯恩斯提出的“工资单位”来充当价值尺度也就顺理成章。

任何研究都是从前提假设开始的，要保证体系的逻辑性，前提假设就必须是一元性的或绝对的，即要么是白，要么是黑，绝对不允许又白又黑，也就是说不能出现二律背反的情况，否则逻辑推理就无法演进。遗憾的是，马克思为了使“实体性”的劳动价值论与其性质完全不符的资本主义市场经济相兼容而做了“二律背反”的前提假设，这是导致其逻辑体系混乱最终竟使整个研究无法进行下去的最主要原因。

由于马克思的整个理论是建立在其特有的劳动价值论基础上的，因此该基础是否牢固，也就决定了建立在其之上的整个体系在逻辑上是否能够成立的关键。然而，马克思的劳动价值论却恰恰是建立在前提假设二律背反的基础上的。这是因为，为了将古典学派以“价值尺度”为核心的劳动价值论转换到以“价值源泉”为核心的劳动价值论上来，为其特有的剩余价值理论提供理论依据，同时又能与其唯物史观相一致并且能够为所要研究的资本主义生产关系相一致，马克思对“价值”做了“二重性”的定义，即一方面将“价值”定义为“抽象劳动的凝结”，价值量由（一定强度的）劳动时间决定；另一方面又将价值（本质）定义为“生产关系”。长期以来，人们（尤其是传统社会主义国家从事政治经济学研究和教学的人）一直将这两者的关系理解为形式与本质②，即“生产关系”是本质，“劳动的凝结”是形式③。然而，形式与本质之间虽然有可能不完全一致，但却绝对不允许出现相互矛盾甚至相互否定的情况，然而马克思的这种二重性定义之间却存在着这

---

① 从古希腊到古典学派，对价值的认识都是从社会公平的角度进行的。

② 很多年前，在多次学术会议期间与人们的讨论中，笔者提出两者间存在着不可调和的矛盾，然而一些人却以笔者不了解马克思关于形式与本质之间关系而对此进行辩护，笔者只能无语应对。中国传统政治经济学基本上就是一套不讲基本逻辑的诡辩术。

③ “价值是人类一般抽象劳动的凝结”，这本身就是一个质的规定，绝对不是所谓与“生产关系本质”相对的“形式”。

种相互否定的情况。作为“劳动的凝结”的价值，大小由劳动时间衡量，那么价值就不仅是一种“准物质”的客观范畴，而且在数量上是个“绝对量”——由“时间”多少来衡量，由此价值量的多少就与生产关系完全无关，只由在它上面耗费的“劳动时间”决定。如果价值是“生产关系”，那么价值就不是一种客观范畴，更不是一种“绝对量”，而是相对量，这也就是说，它的数量大小是随着生产关系的变化而改变的。所以在这里，马克思对价值的二重性定义之间存在着不可调和的矛盾，这也就是说，马克思对作为其整个理论基础的“价值理论”做了“二律背反”的假设。作为基础的价值理论出现了这种“二律背反”现象，必然会带来整个理论体系的逻辑混乱。实际情况也确实如此。

这种混乱在一开始关于价值和使用价值与价格之间关系的分析上就充分显现出来。如一方面认为价格仅仅是价值的表现形式，里面不包含任何的使用价值原子，另一方面又认为价格在实际上不可能等于价值，而是围绕价值波动，其中的原因是供求不均衡，然而供求的实质内容之一却是使用价值（反映需求者从效用角度衡量的商品价值，另一方面则是供给者从成本角度考虑的商品价值），承认供求对价格的决定作用，就必须会得到使用价值在价格决定中的作用，然而这却与马克思对价格本质的定义（价格只是价值的表现形式）相矛盾。在货币性质等方面，由价值定义二重性矛盾引起的逻辑问题同样突出。相信初读《资本论》的人，十之八九会被第 1 卷第 1 篇的逻辑搞得头昏脑涨，甚至马克思自身对此都直言不讳①。

作为前提假设的这种矛盾，必然会带来整个体系的逻辑混乱，几乎在每个方面都充斥着这种矛盾：在剩余价值生产分析中出现的不断延长工人劳动时间且货币工资不变但企业利润却并不因此增加、技术构成与有机构成的矛盾以及基础之上的工人阶级贫困化理论、利润率下降理论等等，正因为这样，所以《资本论》中的几乎每个方面都会引起人们的歧义。

二、逻辑思维进程的马克思经济学

我们知道，在《政治经济学批判》一书中，马克思有一个非常清晰的写作计划，他说道：“我照着这个次序来研究资本主义的经济制度：资本、土地所有制、雇佣劳动；国家、对外贸易、世界市场。在前三项下我研究现代资本主义社会分成的三大阶级和经济生活条件；其他三项的相互联系是一望而知的”。遗憾的是，马克思不仅没有完成全部写作计划，如后三部分（国家、对外贸易、世界市场）几乎完全未开始进行，而且已完成写作的前三部分也没有在生前完成出版。

所有制或资本及其理论在马克思的经济学与科学社会主义理论中占有核心的地位，这

① 参见《资本论》第 1 卷“序言”，人民出版社 2004 年 1 月第 2 版第 2 页。

是因为在马克思已有的理论体系中，所有制或资本是与剩余产品的占有与分配联系在一起的，它是造成马克思所说的资本主义各种弊端的主要原因。

我们知道，在一个体系中，一旦加入新的因素，那么原有因素间的关系就会被完全改变。在原有体系中，首先引入马克思计划要研究的第四项内容，即国家，这是最足以改变原有理论结论的因素①。

虽然马克思没有一个清晰的国家概念②，但在《共产党宣言》中，国家权力高于所有制权力的这种思想则是十分明确的。上面讲到，在已有的研究成果中，所有制或资本在资本主义经济关系中占有核心地位，因为它们决定了剩余产品的归属，从而决定着社会的生产目的和性质，所以马克思的整个经济分析都是围绕所有制或资本关系来进行的，并且最终得出要消除资本主义的各种矛盾，就必须建立以生产资料公有制为基础的社会主义计划经济。现有的社会主义经济理论也基本是建立在这个基础上的。不幸的是，一旦将“国家”引入到原有体系中，那么这些结论，尤其是涉及未来社会的结论也就基本不成立了。

国家权力与所有制的关系说明，在建立公平与正义社会方面，国家性质要远比生产资料所有制的作用大。

将国家引进到原有体系，资本或生产资料所有制的作用被严重削弱，要实现以产品分配公平为取向的社会目标并不需要消灭私有制或建立以生产资料公有制为主导的经济制度，具体建立什么样的所有制及其结构，取决于公平与效率关系的处理。如此一来，资本或私有制的性质也并非那么可怕③。

我们知道，马克思建立生产资料公有制的目的，除了消除劳动异化建立产品分配相对公平的社会外，就是要建立计划经济以消除市场经济资源配置无政府状态导致的经济运行不稳定和资源浪费。在这方面，马克思忽视了市场经济基本规律（价值规律）④ 与基本矛盾的对立统一关系，祈望以消除基本矛盾作用来发挥价值规律的“按比例”作用，显然是

---

① 在传统社会主义的政治经济学研究中，有一种非常奇怪的现象，就是国家政权的变更是建立生产资料公有制的前提，但在分析社会主义经济性质与公有制作用时却完全忽视国家权力的作用，单纯地围绕所有制来进行，由此得到的结论与实践完全脱节。在这方面，人们犯了一个因果颠倒的错误，即公有制的产生是国家权力变更的结果，但国家和整个经济体系的性质却是由所有制性质决定的。

② “西方马克思主义”主要代表人物之一、法国当代著名的哲学家和社会政治理论家 H. 列菲弗尔（Henri Lefebvre）在《论国家——从黑格尔到斯大林和毛泽东》（重庆出版社 1989 年版）一书中指出，马克思并不存在一种连贯的和完全的国家理论。他认为，马克思和恩格斯的著作中包含着三种不同的国家理论，即国家是统治阶级的工具；国家从表面上看独立于各个阶级，但实际上它既表现出寄生性，又表现出掠夺性；国家负担整个社会。同时，这三种理论经常相互混杂。

③ 关于资本的性质与作用，请参见拙文《资本积累是促进共同富裕的最有效手段》（《中山大学学报（社会科学版）2015 年第 5 期》）、《论资本的性质与作用》（《福建论坛》2010 年第 11 期）。

④ 在社会主义传统政治经济学中，普遍把市场经济基本矛盾的作用（促进技术进步、提高劳动生产率、导致两极分化等）作为价值规律的作用来对待，忽视了它们与价值规律的内容（强调价格与价值相等和按比例）是水火不相容的。自然，如此一来基本矛盾的作用就一无是处了，要被消灭也就是极其正常的结果。

不可能达到目标的，是与他自身的矛盾辩证法相抵触的。没有了基本矛盾的存在及其作用的发挥，其矛盾对立面的价值规律也不可能独立存在和发挥作用。传统社会主义计划经济的实践已为此做了最好的诠释。实际上，经济主体之间的无政府状态反而是经济运行保持稳定的基本条件，甚至可以说，经济主体之间的无政府状态越严重，宏观经济运行的稳定性程度就越高；反之，经济主体之间的协调性程度越高，宏观经济运行的稳定程度就越低①。

以上情况说明，即使假设马克思的原有理论没有任何问题，也不能把其作为能够解释现实的理论来应用，因为它们都是远离现实的半成品，随着被抽象的因素一个个还原到原有的体系中，已有的理论结论会发生重大改变甚至会与原来完全不同，所以这些理论不是现成可用的指导实践的良方。

① 这方面的分析，请参见拙文《论市场机制不完美之美——优胜劣汰的动态效率胜过优化配置的静态效率》（《学术月刊》2014 年第 9 期）、《结构调整与宏观经济运行稳定性的关系》（《经济纵横》2012 年第 9 期）。

马克思的私有制起源理论及其一个演化博弈论解说

程启智①

（中南财经政法大学）

一、关于马克思的私有制起源理论

所有制，在马克思主义政治经济学领域原本是一个界定清晰无大歧义的概念，至少对于生产资料占有上的生产关系内涵来说是如此。关于马克思的私有制起源理论，本文概述如下：

（1）自有文字记载以来，人类社会便开始了私有制、阶级和国家的历史。马克思和恩格斯早在《共产党宣言》中就说过："到目前为止的一切社会的历史，都是阶级斗争的历史。"对此，恩格斯在1888年英文版中还特别加注说明："确切的说，这是指有文字记载的历史。在1847年，社会的史前状态……几乎还完全没人知道。……随着…原始公社的解体，社会开始分裂为各个独立的、终于彼此对立的阶级。"② 可见，唯物史观使他们并非像以前的学者那样，认为私有制是从来就有的，而认定它是产生于人类社会的一定历史阶段。所以，私有制有一个起源问题。

（2）文字记载以前的人类社会，马克思他们称之为史前社会，亦即原始社会。如果以巴霍芬的《母权论》和摩尔根的《古代社会》问世为界，马克思经历了前后两个发展阶段：

第一阶段，马克思主要通过大量阅读前人的哲学、法学、经济学和历史学等著作，来获取有关原始社会及其所有制的知识。其研究成果，主要反映在19世纪40年代的《经济学哲学手稿》和《德意志意识形态》，以及19世纪50 、60年代的《经济学手稿》和《资本论》等著作中。

首先，马克思在《1844年经济学哲学手稿》中，主要从哲学和思辨的角度，探讨了

---

① 程启智，经济学博士，中南财经政法大学经济学院教授，主要研究方向为政治经济学。

② 《马克思恩格斯选集》第1卷，北京：人民出版社，1972年版，第250－260页。

人与社会的关系及其起源，同时还探讨了私有制的起源。他说：“自然界的人的本质只有对社会的人来说才是存在的；因为只有在社会中，自然界对人来说才是人与人联系的纽带，才是他为别人的存在和别人为他的存在，才是人的现实的生活要素。”① 进而，他提出了劳动创造了人及其社会的命题。在该著作中，马克思还通过对异化劳动的分析指出：“我们把私有财产的起源问题变为异化劳动同人类发展的关系问题”②，这就是说，私有制产生之时，便是人的劳动异化开始之时。所以，否定之否定的结果，就是共产主义是私有财产即人的自我异化的积极的扬弃，因而是通过人并且是为了人而对人的本质的真正占有。

其次，他和恩格斯在合著的《德意志意识形态》中进一步从生产力和分工决定生产关系的角度，将资本主义社会以前的所有制发展历程概括为三种形式：“第一种所有制形式是部落所有制，它是与生产的不发达的阶段相适应的……在这个阶段……社会结构只限于家庭的扩大：父权制的酋长，他们所管辖的部落成员以及奴隶。”“第二种所有制形式是古代公社所有制和国家所有制。这种所有制是由于几个部落通过契约或征服联合为一个城市而产生的。”“第三种形式是封建的或等级的所有制。”③ 并且还强调：“私法和私有制是从自然形成的共同体形式的解体过程中同时发展起来的。”④

最后，马克思在《经济学手稿》《政治经济学批判》和《资本论》等著作中，通过对东方印度等国农村公社和欧洲古代各国公社及其所有制的比较研究，正式提出了亚细亚的生产方式及其所有制形式，从而替代了原先的部落所有制概念。他说：“大体说来，亚细亚的、古代的、封建的和现代资产阶级的生产方式可以看做是社会经济形态演进的几个时代。”⑤ 并将亚细亚的所有制界定为公有制，而私有制是其解体后的产物。他说：“在亚细亚的（至少是占优势的）形式中，不存在个人所有，只有个人占有；公社是真正的实际所有者；所以，财产只是作为公共的土地财产而存在。”⑥

第二阶段，19 世纪 60 年代巴霍芬的《母权论》和 70 年代摩尔根的《古代社会》著作出版，以及同期大量人类学、民族学和考古学文献的发表，大大丰富了马克思研究人类早期社会的实证材料。这一时期，马克思对原始社会所有制及私有制起源有了以下新的认识：他接受了巴霍芬和摩尔根等人关于氏族公社及其由母权制转为父权制的观点，认为早期原生的公有制是氏族公社的所有制，而亚细亚的或印度等国的农村公社，只是原始社会

① 《马克思恩格斯全集》第 42 卷，北京：人民出版社，1979 年版，第 122 页。
② 同上，第 102 页。
③ 《马克思恩格斯选集》第 1 卷，北京：人民出版社，1972 年版，第 26 – 29 页。
④ 同上，第 70 页。
⑤ 马克思：《政治经济学批判》，北京：人民出版社，1976 年版，第 5 页。
⑥ 《马克思恩格斯全集》，第 30 卷，北京：人民出版社，1995 年版，第 475 页。

发展一系列依次更迭的最后阶段，是向私有制过渡的阶段。

恩格斯在马克思逝世后的第二年出版《家庭、私所有制和国家的起源》，该书也可以看作是对马克思研究成果的一个系统总结。恩格斯的这份工作对马克思的发展，主要体现在以下两个方面：第一，重新按照早期他们在《德意志意识形态》著作中的人类两种生产的思路，来分析人与人之间的生产关系及其所有制问题，并运用大量的实证材料，分析了原始社会家庭形式发展的不同阶段上所有制关系的变化，而且第一次指出，一夫一妻制家庭是私有制战胜原始公有制的第一个形式。第二，论述了人类社会早期两次社会大分工理论，以及分工和交换对原始社会解体及其对私有制产生的重大作用。

（3）根据上述对马克思的私有制起源理论的系统考察，为便于后面做形式化的分析，这里我们将马克思他们关于原始社会及其所有制演进与私有制产生的理论要点概括如下：①文明社会的私有制不是历来都有的，而是产生于人类社会发展的一定历史阶段，因此它有一个起源问题。②相对于有文字记载以来的人类文明社会历史来说，其原始社会是一个十分漫长的历史，因此，其生产方式与生产关系及其所有制的发展形式，由于无文字记载而根据有限的考古文献，使马克思他们很难真切地获知其发展的全部形态。③马克思他们对所有制或私有制的研究，虽然最初是从法学等方面的财产或私有权概念出发进行研究的，但是从一开始他们就是在生产关系上即人与人之间在生产中的地位和关系的角度上，将它们改造为政治经济学特有的所有制或私有制范畴的。④在历史上，原始社会的公有制转变为私有制，有一个过渡时期，这一时期在马克思他们看来发生在原始社会的解体过程中，它是和生产力及其分工的发展相联系的。

二、演化博弈论及其马克思主义分析的适应性

在生物学的演化博弈论中，群体中的复制动力学被假定为，某种规则的增长率依赖于它的适应性，而这种适应不仅依赖于它所遭遇的群体中被遵循的其他规则对应物的适应，而且还依赖于他们在群体中的频数。也就是说，当某种规则的适应超过群体的加权平均水平时，它的频数将上升；当等于平均水平时它的频数将保持稳定；当低于平均水平时，其频数就将下降。所以，演化博弈论是用来分析频数依赖选择的。那么，演化博弈论作为一种分析方法，对于马克思主义分析为什么也是适用的？我们认为，主要有以下三点理由：

第一，马克思历来都把社会及其制度不是看作亘古不变的，而是看作由低级形态向高级形态不断演进的产物。马克思的这一唯物史观与演化博弈论对生物演化过程的分析是一致的。

第二，博弈论互动的基本思想和分析框架，与马克思的人与人之间生产关系的概念是一致的，因为马克思的生产关系概念，讲得就是人与人之间在经济上的某种互动关系，亦

即博弈关系。但是，古典博弈论中人的完全理性行为模式，与现实中人与人之间的有限理性的互动模式不一致。

第三，演化博弈论在分析制度时，不像以科斯、诺思等人为代表的新制度经济学那样，把制度，即人与人之间生产关系的硬化形式或稳定形式，看作人为设计的外生的博弈规则，而是看作人们在互动过程中的博弈均衡的产物，因而制度是内生于人们的博弈过程的。所以，演化博弈论所提出的演化稳定战略均衡概念，与马克思的生产关系不断再生产的观点，以及把制度看成生产关系稳定形式或硬化形式的思想是一致的。

三、私有制起源的演化博弈论分析

（一）相关的定义和假设

为了便于演化博弈论的分析，需要先对相关的知识和概念作以下界定，并给出相应的假设：

（1）原始社会的氏族公社或农村公社即原始“共同体”，可视为生物学的演化博弈分析模型中一个大种群。

（2）其策略（或行动）可分为共同的集体劳动和分散的私人劳动，前者简称为集体劳动，后者简称为私人劳动。① 根据前面对马克思的公有制和私有制的理解，集体劳动可定义为公有制，私人劳动可定义为私有制。

（3）原始社会的共同体通过生产劳动来获取生存所需的消费资料，进而决定了该共同体的适存性。所以，这里可以用博弈的支付或效用（收益）来衡量其适存度。

（4）人类获取生存资源的方式，是生产及其劳动，因此，生产力的变化将改变博弈矩阵中的支付结构，亦即改变博弈矩阵中的适存度结构。

（5）根据演化博弈论理论，如果突变的小群体在混合群体中博弈所得支付大于群体中个体所得支付，小群体就能侵入大群体；反之则不能，而在演化过程中消失。所以，原始初期的共同体可视为突变的小群体被同化，而选择大群体相同的策略，即演化稳定均衡。

（6）我们用比较静态均衡方法，分析原始社会三个不同阶段：前期、后期和原始社会解体期即阶级社会产生期，这样三个时期的人类社会关于所有制的制度演化过程。

（7）假定选择私人劳动策略的频率为 P，那么选择集体劳动策略就为 1 - P。

① 要强调，根据马克思的所有制内涵要求，这里的集体劳动和私人劳动，并非指劳动者是否在形式上集中在一起劳动，而是突出其生产及其劳动和产品，是否服务于共同体的全体成员即集体的利益，如果是，它就具有公共性或集体性，否则就是为了某个人的私利而具有私人性或个人性。

（二）原始社会三个阶段的所有制演化博弈

1. 原始社会前期的公有制的演化博弈

原始社会前期，由于生产力低下，集体劳动的收益大于私人劳动，因此该时期博弈支付矩阵如图 1。

	集体劳动	私人劳动
集体劳动	2, 2	1, 0
私人劳动	0, 1	1, 1

图 1　原始社会前期的博弈矩阵

根据图 1 中的支付矩阵的数据，可以解出不同策略行动下不同的预期收益（EU）。于是有：

$$EU_{公}=2-P;\ EU_{私}=P \tag{1}$$

由公式（1），在纵轴表示预期收益，横轴表示选择不策略的频率图上，我们可以分别得到选择集体劳动和私人劳动的预期效用曲线，即 $EU_{公}$和 $EU_{私}$曲线。（见图 2）

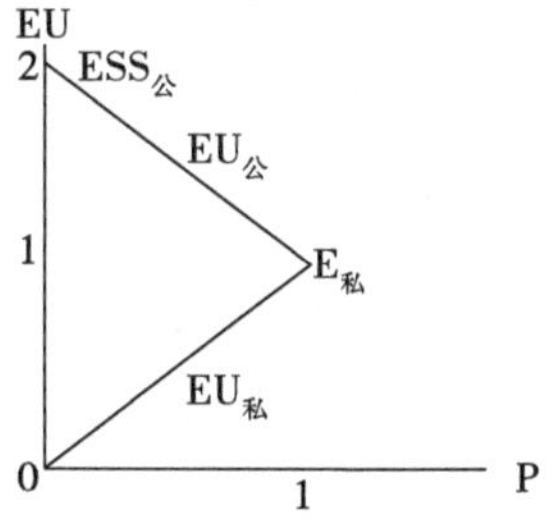

图 2

图 2 表明，在原始社会前期，（私人劳动，私人劳动）的策略集合，即 $E_{私}$点，虽然是一个纳什均衡，但它不具有稳定性，即便有十分微小的变异，就会干扰其均衡，使演化沿着公有制的预期效用曲线（$EU_{公}$）不断移动，直至 $ESS_{公}$。所以，只有（集体劳动，集体劳动）的策略集合，才是稳定的纳什均衡，即点 $ESS_{公}$处才是演化稳定的均衡。

2. 原始社会后期公有制和私有制的演化博弈

原始社会后期，由于生产力难以提高，或者即使有提高也赶不上人口的增加，从而人口压力导致集体劳动的收益下降。所以，有图 3 所示的原始社会后期的博弈支付矩阵结构的变化。

	集体劳动	私人劳动
集体劳动	1, 1	0, 0
私人劳动	0, 0	1, 1

图 3　原始社会后期的博弈矩阵

根据图 3 中的支付矩阵，我们可解出原始社会后期不同策略行动下的不同预期收益。于是有：

$$EU_{公} = 1 - P;\ EU_{私} = P \tag{2}$$

由式（2），可分别得到选择集体劳动和私人劳动的预期效用曲线。（见图 4）

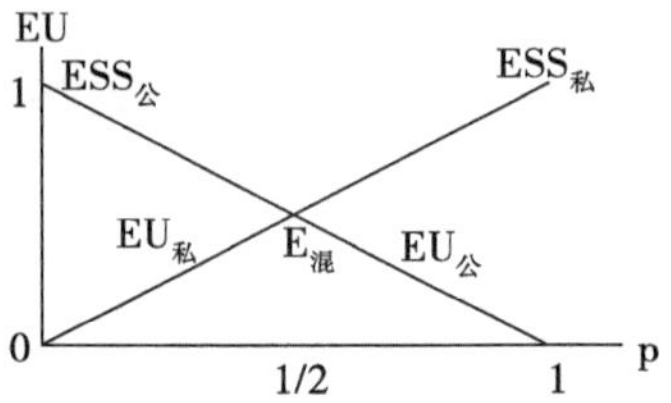

图 4

图 4 表明，原始社会后期，由于人口压力，公有制的集体劳动不再有绝对优势，而私有制的分散私人劳动也有可能成为演化稳定的战略。而选择各占 50% 的集体劳动和私人劳动的混合策略不具有稳定性，即在点 $E_{混}$处的均衡不具有稳定性，任何一方策略的微小增加，都将不可逆地向该方向发展，从而形成 $ESS_{公}$或 $ESS_{私}$的演化稳定战略的共同体。这就是说，在原始社会后期，两种不同的所有制即公有制和私有制可能共存。

3. 原始社会末期私有制的演化博弈

原始社会末期即瓦解时期，由于生产力的提高并能赶上人口的增长，私有制的分散私人劳动的收益大于公有制的共同集体劳动，从而有以下博弈支付矩阵结构的变化（见图 5）。

	集体劳动	个人劳动
集体劳动	1, 1	0, 1
个人劳动	1, 0	2, 2

图 5　原始社会末期的博弈矩阵

根据图 5 中的收益结构，我们可解出原始末期不同策略行动下的不同预期收益。于是有：

$$EU_{公} = 1 - P;\ EU_{私} = 1 + P \tag{3}$$

由上述式（3），可分别得到选择集体劳动和私人劳动策略的预期效用曲线。（见图 6）

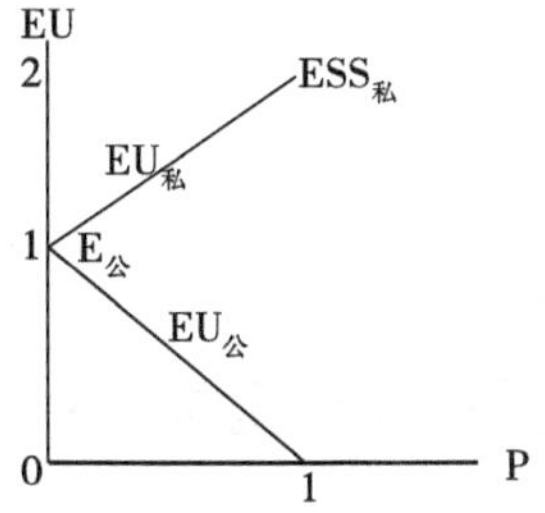

图 6

图 6 表明，在原始社会解体时期，由于生产力提高，点 $E_{公}$处的（集体劳动，集体劳动）策略集合即公有制共同体，虽然也可以是一个纳什均衡，但它不具有稳定性，而私有制的私人劳动策略很容易侵入该共同体，并不断扩大，直至点 $ESS_{私}$处，使（私人劳动，私人劳动）的策略集合成为演化稳定的战略，最终使公有制共同体瓦解，即私有制最终取代公有制。

正确认识马克思的一般均衡理论及其意义

王勇①

（中国民航大学人文社科学院）

早在19世纪中叶，马克思就已经对经济发展中的一般均衡问题进行过深入研究，他的社会劳动按比例分布规律实际上就是西方经济学所谓的一般均衡理论。而且，马克思的一般均衡理论在思想深度和逻辑的严谨程度上要比西方经济学的一般均衡理论更进一步。

一、马克思的一般均衡理论

马克思认为，任何社会都应该实现一般均衡。他提出，在人类的经济活动中，在社会劳动分工和交换规律的作用下，会产生出众多各不相同并要互相交换产品的劳动生产部门，而每一个部门总要按照劳动分工规律在社会总劳动中占有一定的比例。这种按一定比例分配社会劳动的必要性，决不可能被社会生产的一定形式所取消，而可能改变的只是它的表现方式，这是不言而喻的。自然规律是根本不能取消的。

在商品经济条件下，由于私人劳动和社会劳动这一基本矛盾的存在，使社会劳动按比例分布规律取得了价值规律的形式。这个规律决定，“只有当全部产品是按必要的比例进行生产时，它们才能卖出去。社会劳动时间可分别用在各个特殊生产领域的份额这个数量界限，不过是整个价值规律进一步发展的表现，虽然必要劳动时间在这里包含着另一种意义。为了满足社会需要，只有这样多的劳动时间才是必要的。在这里界限是通过使用价值表现出来的。社会在一定生产条件下，只能把它的总劳动时间中这样多的劳动时间用在这样一种产品上。”② 也就是说，在完全自由竞争的状态下，如果用来生产某种商品的社会劳动数量，同要由这种产品来满足的特殊的社会需要的规模相比太大，那么这种商品生产上耗费的社会劳动量就有一部分得不到社会的承认，这个商品中的一部分甚至卖不出去，就可能出现供大于求。与此同时，如果用来生产其他商品的社会劳动量，同要由这些商品

---

① 王勇，中国民航大学教授，研究方向：政治经济学。

② 马克思：《资本论》（第3卷），北京：人民出版社，1975年版，第716－717页。

来满足的社会需要的规模相比太小，这些商品在市场上实际实现的社会劳动量就比它们实际包含的社会劳动量大得多，这些商品的一部分社会需要甚至不能得到满足，就可能出现供不应求。因此，只有当生产所有商品的社会劳动量都是按社会需要量所决定的正确比例进行分配时，这些商品生产上耗费的社会劳动量才能得到社会的承认，这些商品才能全部按市场价值出售。此时，所有商品的供给和需求恰好相等，市场处于一般均衡状态。

那么，社会是否可能做到按由各种商品的社会需要量所决定的正确比例分配社会总劳动量呢？对此，马克思认为，在自由竞争的经济条件下，通过价值规律自发的、事后的调节作用，可使社会总劳动按正确比例在不同生产部门之间进行分配。具体来说，当一些商品出现供大于求时，生产者之间的竞争会把市场价格压低到市场价值以下。相反，当另一些商品出现供不应求时，消费者之间的竞争会把商品的市场价格抬高到市场价值以上。在这种情况下，市场价格的上升导致其他商品生产者进入市场，使这类商品的生产和供给量增加。而且，这类商品的市场价格提高又会导致有支付能力的需求减少。总的结果就是，这类商品的供给将比原来增加，需求将比原来减少，市场价值也将比初始水平略低。与此同时，前一类商品市场价格的下降会导致部分商品生产者退出市场，使这类商品的生产和供给减少。而且，这类商品市场价格的降低又会导致有支付能力的需求增加。总的结果就是，这类商品的供给将比原来减少，需求将比原来增加，市场价值也将比初始水平略高。以上两种情况将在不同类的商品中反反复复地进行，一直到所有商品的市场价格都达到市场价值的水平为止。从这个意义上说，在价值规律的自动调节下，实现一般均衡是经济运转的一种客观趋势。

在分析上述内容的基础上，马克思进一步论述了社会资本的再生产问题。在马克思看来，社会资本再生产的基本问题，是社会产品各部分的价值补偿和实物补偿问题，也就是社会总产品的实现问题。而社会产品的实现问题，实质是社会产品总供求的均衡问题。只要社会总劳动是根据社会对各种商品的需要按比例进行分配的，那么各种商品就都能实现供求均衡，社会产品的总供求就可以实现均衡。只要社会产品的总供给和总需求是均衡的，那么社会产品价值的实现就不成问题，社会总劳动就能全部得到社会承认，社会资本再生产就可以顺利地进行下去。而为了更加直观地反映社会资本再生产的实际过程，马克思将社会生产又分为两大部类：一类是制造生产资料的部类，称为第一部类；另一类是制造消费资料的部类，称为第二部类。马克思的一般均衡理论同样适用于两大部类之间的关系。第一部类积累和扩大再生产的规模，决定着第二部类的积累和扩大再生产的规模；第二部类积累和扩大再生产，又对第一部类的扩大再生产起制约作用。也就是说，只有社会生产的两大部类之间和各部类内部各部门之间都保持适当的比例关系，只有各部门之间的构成或产业结构均衡合理，社会资本的扩大再生产才能顺利进行，经济才能不断增长。

尽管马克思曾提出，在价值规律的自动调节下，实现一般均衡是经济运转的一种客观趋势。马克思认为，在资本主义社会，一般均衡只是作为一种趋势而存在，自发的资本主义生产方式不可能经常满足这种平衡条件。而且，随着资本主义的发展，特别是它进入垄断阶段后，对经济均衡的破坏日益严重。此时已不仅仅是“自发形式”所为，而是资本家阶级追逐超额利润的贪婪和欲望的膨胀，致使他们会利用自己的强势地位，把以货币形式所表现的物化劳动和以劳动力形式所表现的活劳动更多地汇聚到自己手中，同时使处于弱势地位的广大劳动者在产品和劳动的私人交换中逐渐失去自己本应得到的份额。这种“人为形式”已经超出了价值规律的调节范围。它导致的结果是一些部门可以占有更多的资源和剩余劳动，而其他部门能够获得的这些要素则大幅减少，甚至短缺，从而造成社会上不同产品之间过剩或者短缺的两极分化。同时，还造成资本家在不断获取和追求剩余价值的过程中，劳动者的购买力不断下降，生活呈现出日益贫困。① 这些都最终导致了周期性经济危机的爆发和对生产力的严重破坏，也表明了资本主义制度的历史局限性。

二、与西方一般均衡理论的比较

在共同方面，首先双方都非常关注或强调供求关系问题。马克思的一般均衡其实就是商品供求关系的均衡，无论是社会劳动的按比例分布，还是社会总产品的实现，以及对资本主义社会经济失衡和经济危机的分析，都在围绕着一个核心问题即如何实现供求关系的平衡。而西方的一般均衡理论也很看重供求关系。西方一般均衡理论认为，这个交换比例不仅取决于商品本身的供求关系，而且还取决于相关商品的供求关系。

其次，双方都认为一般均衡要体现在各行业、各部门、各个商品的相互联系之中。西方一般均衡理论强调，经济体的运行是复杂的，牵一发而动全身。一种商品或服务市场的供需平衡往往会取决于其他所有商品或服务市场的供需平衡。对此，阿罗曾经指出，“30年代，由于得克萨斯州及波斯湾地区发现了石油，油价变得非常低廉。许多家庭在热能或能源的消费上，从煤改成石油，因此减少了对煤的需求，连带也降低了煤矿工人的就业水准。炼油厂迅速扩张，雇用了更多的劳工。同样地，由于炼油涉及复杂的化学程序，产生对炼油机器设备的需求，从而又导致对专业化学工程师以及钢铁的需求。油价便宜了，汽车的购买与使用也更为普遍。这里每一项变动，都会引发其他的变化，而这些后续的变化又回过头来影响石油的需求与供给。”② 而马克思的一般均衡理论则通过分析社会资本再生产中两大部类之间的关系来强调这个观点，即只有社会生产的两大部类之间和各部类内

---

① 王勇：《对马克思经济危机理论的再认识》，《当代经济研究》，2014 年第 9 期。

② ［美］伯烈特/史宾斯：《诺贝尔之路：十三位经济学奖得主的故事》，成都：西南财经大学出版社，1999 年版，第 31 页。

部各部门之间都保持适当的比例关系，只有各部门之间的构成或产业结构均衡合理，社会资本的扩大再生产才能顺利进行，经济才能不断增长。

在差别方面，首先双方研究的深度不同。前文讲过西方一般均衡理论的理论基础是均衡价格论，但这种均衡价格论只是停留在价格的现象形态上，只停留在商品交换本身，它不涉及决定价格的价值及其实质等问题。而马克思的一般均衡理论是建立在劳动价值论基础之上的，要通过劳动价值论分析均衡与失衡背后的真正原因。通过对商品价值的分析，马克思揭示了被商品交换这种物与物之间关系所掩盖的其实是商品生产者之间人与人之间的社会关系。社会劳动分布比例关系的均衡才是供求关系均衡的关键。从这个意义上说，马克思的一般均衡理论比西方一般均衡理论要深刻得多。

其次，双方对市场经济的看法不同。西方一般均衡理论的目的是要证明市场经济的有效性。虽然它也认识到市场价格与均衡价格不一致和市场经济的局限性，但总的来说认为资本主义市场经济可以而且应该一直存在下去。因为在这种做法的背后，隐藏着这样一种信念，即不能承认市场经济有缺陷，如果承认它有缺陷，就等于承认要抛弃市场经济。于是西方一般均衡理论找到了两个避免由于市场经济的局限而出现问题的办法：一是设想存在一种机制使得人们根本不可能在错误的价格上进行交易，二是设想价格的调整过程是如此迅速以致于人们来不及进行“错误的”交易。前者所谓的“机制”就是瓦尔拉斯的“重订契约特权”，后者所谓的“调整过程”就是马歇尔的“瞬时调整过程”。然而，无论是“重订契约特权”还是“瞬时调整过程”，都不是现实经济生活的真实写照。如果交易者没有“特权”的保护，而价格调整的速度又不会很快，那么在非均衡出现之后和调整到均衡之前的这段时间内，就一定会出现“错误”交易。因此，西方学者所谓的一般均衡，只不过是一种与现实经济生活无关的假想状态。而马克思一般均衡理论的目的则是要证明市场经济的局限性以及对它如何加以克服。马克思的一般均衡理论认为，一般均衡只是作为一种趋势而存在，现实的状态往往是一般非均衡，市场价格和均衡价格往往是不一致的。在价值规律的自动调节下，各种商品的市场价格具有一种不断逼近其均衡价格的经常性趋势。因此，在自发条件下一般均衡是可以达到的，市场经济是可行的。但是，又存在市场失灵。特别是在资本主义发展到一定阶段，在人为干扰下，不仅均衡经常被打破，而且造成的失衡更加难以克服。在马克思看来，市场经济的这种局限性只有通过计划手段如政府的宏观调控才能加以解决。所以，马克思的一般均衡理论比西方一般均衡理论更现实，也更能经受历史与实践的检验。

三、认识马克思一般均衡理论的意义

首先，要处理好计划与市场的关系。

一方面，要使市场在资源配置中发挥决定性作用，坚决克服对政府权力的迷信和过分依赖。另一方面，在市场经济条件下，社会劳动的体现是由不同个人生产各自不同产品进而完成彼此之间私人交换所决定的。因此，就需要利用计划手段，更好地发挥政府作用，而政府所要做的就是对不同行业、部门间社会劳动的分布比例进行监测，并在确定其不平衡程度的基础上，通过计划调节、宏观调控予以纠正。

其次，政府要积极地进行结构调整。

前文已经讲到，实现经济均衡就是要实现结构均衡。在此过程中，自发条件下的一般均衡可以依靠市场调节而逐步达到，但是在越来越多的“人为干扰”下特别是今天高度社会化大生产所提出的宏观经济协调运行问题和要兼顾解决的社会问题，就需要发挥政府的作用。一方面，要加快淘汰僵尸企业，有效化解过剩产能；对过热苗头，政府要压缩给相关行业、企业提供的各种隐性和显性支持以帮助降温。同时扶植那些国家经济发展所需要的但其利润率水平还低于平均利润率的行业和部门，从而加大对市场上所需产品的引导、开发、投资力度，激发微观主体创新、创业、创造潜能，不断增加有效供给。另一方面，通过立法、执法等手段规范各类不同性质的企业法人及时、准确地公开其产品的销售、库存、实际利润等信息，打破所谓“商业秘密”的禁忌。政府职能部门在汇总、整理后，运用大数据手段加以分析，在对外公布客观、准确的供求信息的基础上，建立供、产、销信息网。它将有效指导企业和个人做出较为准确的判断并及时调整自身的生产和经营。

第三，调控中要贯彻以人民为中心的发展理念。

一方面，要改变要素价格扭曲导致资源不能有效配置的问题，打破个别行业或者一些影响到全局的大企业借助某些“超市场”力量以较低成本获取生产要素的状况，限制和压缩它们攫取的巨额超额利润，促使企业将更多资金用于风险较高的技术研发和高附加值产品的投入上，增强产业结构升级的动力。另一方面，要去补那些本身急需发展却往往得不到资金青睐、一直偏“冷”的行业或领域的短板，例如农业、服务业、民生建设、社会保障等等。由于这些行业或领域存在短板，反过来无法对那些过剩产能行业的产品形成有效需求，也造成了大量工业产品积压，价格下行压力不断加大，企业普遍经营困难，亏损日益严重。因此，要大力发展现代农业、战略性新兴产业和现代服务业，增加公共产品和服务供给，在压缩原有产能的情况下，提高技术进步和创新能力。同时，要更有力、更扎实地推进脱贫攻坚的各项工作，推动精准扶贫、精准脱贫等各项政策措施落地生根。

马克思经济思想的非均衡理论构建

——对总体性的解读及其现实意义

徐可①

（江苏师范大学）

一、非均衡范式的检验标准：对经济思想史的梳理与归纳

新古典经济学的缺陷催生了形形色色的非均衡流派。它们有的源自于新古典经济学体系内部的分歧，有的以其对立面而出现，虽自圆其说却没有统一的分析范式和方法，造成一系列的矛盾与混乱，甚至对“均衡”与“非均衡”的界限也达不成共识，出现了诸如一般均衡与局部均衡、机械均衡与生物均衡、纳什均衡与合作博弈均衡等等不同理解和定义。同时，新的均衡概念诸如分离均衡（斯蒂格利茨）、非瓦尔拉均衡（贝纳西）、角点均衡（杨小凯）、演化均衡（霍奇逊）也纷纷涌现，而这些概念按照传统的标准又被视为“非均衡”的。萨缪尔森因此无奈地宣称：“均衡概念是经济学中最难以掌握的概念之一，均衡概念具有诡辩性。”

判别均衡与非均衡的界限并非易事。传统的标准只是以静态与动态、供求是否相等、市场是否出清等外在可观察的、现象层次的状态来界定；但现实中并不存在绝对均衡的理想状态，总是存在许多偏离均衡的干扰和误差。更为重要的是，这些“偏离”往往具有重大的理论意义。随着研究视域的拓宽，新的社会经济因素和它们之间的联系机制不断纳入理论当中，致使原来的“偏离”有了合理的解释。由此，理论的突破也采取了“均衡—非均衡—均衡”的往复递进、循环上升的形式，构成了经济思想史中的深层脉络。这个过程类似于“进化论和分类学”的关系。从进化论的观点看，生物的分类标准总是不断变动的，固定标准总是被新的物种所打破，由此产生了“分类学”。而分类是一种主观认识和概念形成的过程，随着新物种的产生，原有的范畴、分类、概念和理论体系必定不断推陈出新。

---

① 徐可，江苏师范大学商学院教师，上海财经大学经济学博士，博士后。

均衡与非均衡的界定标准应该超越现象层次，在理论构造的方法上来划分两者的不同。从经济思想史中可以梳理出以下四项标准：

（1）状态与动因。马歇尔被奉为静态均衡的创始者，但他自己却在《经济学原理》中说："本书特别注意近代的正常状态，表明本书的中心思想是静态的，而不是动态的。但是，事实上，本书自始至终研究的是引起发展的种种力量：基调是动态的，而不是静态的。"① 显然，马歇尔已经意识到非均衡标准划分的复杂性，主张用"动因"来取代"状态"作为两者的界限。

（2）外生性与内源性。均衡理论把各种非均衡现象视为外部因素对均衡的扰动所引起的偏离，因此把事物变化的原因看作是外源性的。而熊彼特说，"我深感这种看法是错误的，深信在经济体系内部存在一种能源，正是这个东西本身使得将要达到的均衡遭到破坏。"② 熊彼特因此而享有"彻底的"非均衡经济学家的声誉。

（3）收敛与发散。均衡理论认为各种偏离将会在均衡机制的作用下自行恢复到原有的均衡点，如同供求关系中的负反馈机制，因此事物运动的倾向是收敛有界的。而非均衡理论则认为事物运动过程中存在着相互激励的发散的正反馈机制。例如维克赛尔的"累积过程"、缪尔达尔的"循环累积因素"、萨缪尔森的"乘数—加速数原理"等等都表达了一种无法收敛于某一均衡点的正反馈发散过程。

（4）共时性与历时性。均衡理论认为各种均衡的恢复过程都是可逆的，因此排除了分析中的时间与过程。而非均衡经济学倾向于在历史过程中找到事物变化的原因，因此是历时性的。

总之，均衡与非均衡不能借助实证标准来判定。从本质上讲，它们是出自不同的理论建构需要，是两种经济分析范式。非均衡的上述四项标准也并非孤立而是相互关联，具有内在一致性，统一于一种"总体性"的理论构造之中。马克思的经济理论体系就彰显了这种"总体性"，而这将是下文的论题。

二、非均衡思想的理论构造：马克思经济学的总体性特征

马克思通过以下三个步骤最终完成了其理论体系的构建：

——马克思赋予资本以社会关系的属性，把剩余价值不断回馈到扩大再生产系统的社会条件例如雇佣劳动制度、资本的剩余索取权等引入经济分析，以资本的逻辑来整合各种社会关系；这就得以在社会经济系统内部寻求社会变迁的动因与机制。

① 马歇尔：《经济学原理》，北京：商务印书馆，1981 年版，第 8 页。

② 熊彼特：《经济分析史》第 2 卷，北京：商务印书馆，1992 年版，第 90 页。

——资本在自身本性的驱使和相互竞争的强制下，构成了为积累而积累的、加速度的、正反馈的社会机制。从此，资本扩张的力量不断打破均衡状态，成为社会经济变迁以及种种非均衡现象的动力之源，以至于西方经济学中零散的非均衡思想都可以统一在资本扩张的宏大框架下。

——资本推动了经济发展和时代变迁，其逻辑的展开也是社会历史的过程。如同熊彼特所说的那样，“积累是正反合的展开过程，经历一种内在的进化。”① 所谓“积累”就是资本的动力机制；“正反合”就是资本的逻辑环节；“进化”就是资本的演化过程；这“三位一体”地构成资本主义运动的总过程。马克思也因此被熊彼特称为“试图为资本主义过程建立清晰模型的第一人”。

这种理论构造具有一种“总体性”特征。“总体性”作为一种方法论在马克思经济理论中的运用，就是对社会变革力量的内源性求解、系统论的思维方式，以及对辩证法的坚持（辩证法对总体性的意义在下文还要继续论及）。这三个方面也是马克思经济学方法论的标志性特征，集中地体现在马克思的上述理论构造当中：首先是对现象层次即静态均衡思想的批判，得以深入到社会经济系统内部探寻社会经济变迁的动因。其次是视社会经济系统为具有内在联系的有机整体，并且按照资本的逻辑来整合与统摄社会经济中各个组成部分的相互联系与相互作用，以此作为社会经济变迁的发生机制。最后通过辩证的逻辑环节与历史过程的一致性展示，揭示出资本主义发展与演化的总趋势。这种“逻辑”与“历史”的方法又是统一在一起的，标志着马克思总体性的最终形成。

三、非均衡理论的统一解释：资本扩张的三个维度

我们运用马克思的理论构建方法，沿着资本扩张的逻辑线索，通过对一系列正反馈过程的揭示，能够对这三大理论做出统一的解释。同时这也体现在马克思的生产力理论、市场演化理论与历史唯物主义在资本逻辑下的相互契合与内在一致性，从而印证了马克思理论的总体性特征。

（一）资本的技术维度：生产力理论与规模报酬递增

规模报酬递增是技术进步的同义语，也是新古典经济学中的理论盲区。而发展经济学将之归诸于人力资本、产业集聚、边干边学、技术创新等因素，各执一词却无法形成共识。如果顺延着资本扩张的逻辑线索，可以发现报酬递增产生于资本组织控制下的一系列累积作用形成的正反馈机制。这就不再指涉某一具体要素，而将之归诸一种机制；避免了

① 熊彼特：《经济分析史》第2卷，北京：商务印书馆，1992年版，第39页。

盲人摸象的局限性而得到了总体性的解释。

马克思说“增加劳动的生产力的首要方法是更细地分工、更全面地运用和经常改进机器，内部实行分工的工人大军愈庞大，应用机器的规模愈广大，生产费用相对地就愈迅速缩减，劳动就更有效率。”① 可见，报酬递增以特定的生产规模为门槛，规模越大，劳动力之间、生产资料之间，以及劳动力和生产资料之间越是容易产生累积作用，最终表现为报酬递增现象。

总之，在资本的组织控制下，生产要素的相互累积使得报酬递增产生于一种自发状态：“分工必然要引起更进一步分工，机器的采用必然要引起机器的更广泛的采用，大规模的生产必然要引起更大规模的生产。”② 报酬递增所导致的社会后果超乎所有个体的预期。从技术维度看，它如同资本扩张过程中的自然现象，是一种客观的、最具变革性的社会力量③，构成马克思生产力理论最核心的内容。萨缪尔森因此由衷地承认：“规模的经济效果是非常重要的，马克思在一个世纪以前就强调了这一点。”④

（二）资本的市场维度：市场演化与总供求的正反馈

凯恩斯作为新古典经济学的对立面是以“非均衡”的革命面目出现的；其主旨在于揭示“总需求决定总供给”。而在巨额赤字、经济乏力等“凯恩斯政治遗产”上诞生的供给学派则强调了“供给会创造它自己的需求”。⑤ 两者看似针锋相对、各执一端；而从马克思总体性的角度来看，实则构成了总需求与总供给之间相互激励的正反馈过程，统一在规模不断扩展的市场演化历史中。

“总需求—总供给”正反馈的另一古典表达形式是“分工—交换”的相互激励的关系，两者都对“总供给恒等于总需求”信条的颠覆。古典经济学家包括斯密、杨格与当代的斯蒂格勒对此都不乏论述。而马克思的独创之处在于，他以破除封建的人与土地固定关系的“可变分工”的雇佣劳动制度为社会条件，如此方能使得资本获得剩余索取权，方能开启分工与交换之间的一系列正反馈过程，导致市场的急剧扩张与演化。

马克思认为市场的历史与语言、货币的形成一样，呈现一种“自然的扩展秩序”。《资本论》的开篇就用很大的篇幅描述了货币从“偶然的交换”到“扩大的交换”，直至“一般的交换”的漫长演化过程。货币的广泛使用通约了人们之间的权利与义务，使之可

---

① 马克思：《雇佣劳动与资本》，北京：人民出版社，1961年版，第36页。
② 马克思：《马克思恩格斯全集》第4卷，北京：人民出版社，1958年版，第121页。
③ 马克思：《马克思恩格斯全集》第4卷，北京：人民出版社，1958年版，第320页。
④ 马克思：《马克思恩格斯全集》第4卷，北京：人民出版社，1958年版，第320页。
⑤ 吉尔德：《财富与贫困》，上海：上海译文出版社，1985年版，第49页。

用于“资本主义算计”，为资本扩张做了工具与理性上的准备。更重要的是，由于货币的普遍使用，市场成为人们普遍交往方式，促使人们从“机械分工”转向“有机分工”，从“口袋里马铃薯”的简单构成关系转向了相互依存的有机联系。只有如此，社会经济系统内部的各种因素才能够相互作用和累积，资本主义兴起时期的各种奇迹才得以涌现出来。

资本所到之处一方面消解了原有的传统结构，另一方面又按照市场关系重构了新的社会结构：即以“货币资本”来消解“等级资本”，以“契约权力”来取代“科层权力”，以匿名的“市场关系”来重构血缘身份的“社会关系”使得社会经济系统发生了翻天覆地的变化。

（三）资本的历史维度：历史唯物主义与路径依赖

伴随着报酬递增现象与市场的扩展，资本不断借助“技术”与“市场”的力量来壮大自己，终于能够对社会制度和意识形态带来冲击并使之急剧变迁；而这些上层建筑又反过来与新的生产力以及组织形式相互适应，构成第二级的正反馈。层层正反馈之间的相互累积作用凝聚为更为宏大的正反馈系统，释放更大的社会力量。历史唯物主义就是关于这一过程的宏大理论。

历史唯物主义的内容博大精深，本文特别关注的是其中所包含的“路径依赖”原理，这是一种历史过程中的累积作用。马克思说：“生产力是以往活动的产物，是人们不能自由选择的既得力量……单是由于后来的每一代人所得到的生产力都是前一代人已经取得而被他们当作原料来为新生产服务这一事实，就形成人们历史中的联系。”① 这种历史的联系构成了单向度的、递增的、自我增强的发展路径，保障了生产力的单调递增式的不断积累和扩大。这是因为“人们永远不会放弃他们已经获得的东西。为了不致丧失已经取得的成果，为了不致失去文明的果实，人们在他们的交往方式不再适合于既得的生产力时，就不得不改变他们继承下来的一切社会形式。”这一段著名的论述被广泛引用来说明历史唯物主义思想，其中对路径依赖原理的揭示也是清晰可见的。

路径依赖理论类似于物理学的“惯性”，经济主体一旦选择进入某一路径就对之产生了依赖性，并在既定方向和以后的发展中得到自我强化。这就意味着事物发展的单向度不可逆性，或者说“均衡”的不可恢复性，因此具有了非均衡的性质。诺思把技术领域中报酬递增的讨论引进到制度变迁之中，最先使用了“路径依赖”的术语并将之理解为累积的“自我加强的机制”。而马克思看到了人们为了既得的物质利益将不惜改变生产关系与社会的形式，而这种改造过的关系与形式反过来又保障了物质生产力的持续增强与不断进步，

---

① 马克思：《马克思恩格斯全集》第4卷，北京：人民出版社，1958年版，第116页。

这是一个更为宏大的、社会历史层面上的“自我加强机制”。

四、本文的启示与现实意义

本文针对性地回应了美国的马克思经济学家布朗芬布伦纳的观点：“马克思的理论体系在无论怎样不完善的程度上是同他的社会哲学的其余部分分开的。”① 他进而试图构造出马克思经济学的一般均衡方程组并求解得出均衡点，认为“这个体系显而易见是一个无矛盾的或全部均衡的体系”，从而调和马克思经济学与西方经济学的争论，认为两者“决不会产生重大矛盾”。布朗芬布伦纳的观点非常流行，我国也有不少学者热衷于构造“马克思的一般均衡”理论体系。

一般均衡是由诸多局部均衡所构成的，对马克思经济学进行一般均衡理论构造的前提是将之分割为各个部门经济，这必然是牺牲马克思经济学的总体性为代价的。当代西方经济学的理论困境正是在于“总体性”的缺失。正如科尔内在三十年前说：“经济系统理论处于零散分割的状况。如果每一流派都清醒地意识到其他流派的存在将是很好的事情。然而更常见的是它们之间竟完全忽视了对方的存在。宏观经济学和微观经济学几乎在相互隔绝的情况下发展的。用数学公式表述的经济学和用文字表述的经济学，社会主义经济学和资本主义经济学，瓦尔拉学派和行为学派，计量经济学和数理规划之间同样如此。在经济学的多维空间上，各学科之间这种相互分割的例子实在不胜枚举。但全面综合的时机正在成熟。”②

总体性还要求更多地吸纳、融合其他流派不同的理论，因为马克思的总体性本身就意味着马克思经济学具有整合其他经济学流派的方法论优势，更具包容性和开放性。这对于“马学为体、西学为用、国学为根”，构建中国特色的理论体系具有现实的指导意义。

---

① 布朗芬布伦纳：《现代人理解（资本论）》，载《现代国外经济学论文选》第3辑，北京：商务印书馆，1982年版，第20页。

② 科尔内：《反均衡》，北京：中国社会科学出版社，1988年版，第400页。

社会扩大再生产的第二个前提条件的改进

——消除条件中的非确定因素[①]

陶为群[②]

（中国人民银行南京分行）

一、社会扩大再生产的第二个前提条件需要改进

马克思的两大部类社会总资本扩大再生产的前提条件，是社会再生产理论中的重要内容。政治经济学教科书对于扩大再生产的前提条件的经典表述是：扩大再生产有两个基本前提条件。第一个前提条件是，生产生产资料部类的可变资本和剩余价值大于生产消费资料部类的不变资本；第二个前提条件是，生产消费资料部类的原有不变资本加上新增不变资本，大于生产生产资料部类的可变资本加上用于投资者的个人消费（程恩富等，2012）。[③] 容易辨析，在第一个前提条件当中，生产生产资料部类的可变资本、剩余价值以及生产消费资料部类的不变资本，数量都是已经确定的因素，因而第一个前提条件是确定的条件。而在第二个前提条件当中，生产消费资料部类的“新增不变资本”和生产生产资料部类的“用于投资者的个人消费”，都是非确定因素，是待定的变量，因此第二个前提条件由于含有非确定因素而不是一个确定的条件。

前提条件意指某种现象发生所需要具备的最起码条件。前提条件的根本作用是用于判断当不具备此条件某种现象就不会发生，所以前提条件应当是确定的条件，条件当中不能够含有非确定因素。社会扩大再生产的第二个前提条件是根据扩大再生产的派生实现条件之二“生产消费资料部类的全部产品价值等于两大部类的原有可变资本加新增可变资本再加投资者的个人消费”推导出来的。社会扩大再生产的实现条件和前提条件具有不同的作用：实现条件的作用是指明扩大再生产的各个待定变量之间的关系；前提条件的作用是指

① 【基金】国家社科基金后期资助项目（15FJL008）。

② 陶为群，中国人民银行：南京分行研究员，主要从事马克思主义经济学研究。

③ 程恩富、冯金华、马艳：《现代政治经济学新编》（完整版 第二版），上海：上海财经大学出版社，2012 年版，第 195 – 207 页。

明必须具备怎样的条件，各个待定变量之间才可能形成实现条件所指明的关系。从逻辑关系而论，社会扩大再生产的前提条件是为判断实现条件可否成立服务的。具体说第二个前提条件的作用是，指明必须具备怎样的条件，所对应的扩大再生产的派生实现条件才可能成立。所以，第二个前提条件应当和任何一个前提条件一样是一个不含有非确定因素的确定条件，才能够对于所对应的实现条件可否成立起判断作用。目前，政治经济学教科书中所列出的社会扩大再生产的第二个前提条件，无法用于判断社会扩大再生产的派生实现条件之二究竟可否成立。所以，需要对其加以改进，消除条件中的非确定因素，使其变成一个符合前提条件属性的确定的条件。

二、马克思社会扩大再生产的实现条件

马克思社会再生产理论在两大部类社会再生产公式得到集中体现。按照马克思社会再生产理论，社会生产部门划分成生产生产资料、消费资料的两个部类，分别记为第Ⅰ、Ⅱ部类。第 j 部类（j = Ⅰ，Ⅱ。下同）在年初的总资本分解成用于购买生产资料的不变资本、购买劳动力的可变资本两个部分，分别记为 C_j，V_j，按照经典的马克思再生产公式中的假定，设 C_j 和 V_j 都是每年周转一次；C_j 作为中间消耗转移到产品当中，V_j 在产品当中新创造出来，并产生剩余价值 M_j；第 j 部类的不变资本对于可变资本的固定不变倍数 h_j 表示该部类的资本有机构成，剩余价值 M_j 与可变资本 V_j 之间保持固定不变的比率 e_j 是剩余价值率。以 Y_j，X_j 分别表示第 j 部类的新创造价值、总产值，对确定了含义的字母前面加符号 Δ 表示在当年再生产过程中所形成的增量，以 M_{xj} 表示第 j 部类投资者把本部类的剩余价值中用于个人消费的部分。由于剩余价值 M_j 是形成本部类的新增资本和投资者的个人消费的唯一来源，所以社会再生产公式中有剩余价值使用的行为方程：

$$\Delta C_j + \Delta V_j + M_{xj} = M_j \qquad j = \text{Ⅰ}，\text{Ⅱ} \tag{1}$$

实现社会再生产需要当年的全部生产资料使用量与生产量平衡，因而有生产资料的均衡条件：

$$\sum^{\text{Ⅱ}} (C_j + \Delta C_j) = C_{\text{Ⅰ}} + V_{\text{Ⅰ}} + M_{\text{Ⅰ}} \tag{2}$$

式（2）就是政治经济学教科书指出的扩大再生产的派生实现条件之一“生产生产资料部类的全部产品价值等于两大部类的原有不变资本加新增不变资本”。实现社会再生产也需要当年的全部消费资料的使用量与生产量平衡，因而有消费资料的均衡条件：

$$\sum^{\text{Ⅱ}} (V_j + \Delta V_j + M_{xj}) = C_{\text{Ⅱ}} + V_{\text{Ⅱ}} + M_{\text{Ⅱ}} \tag{3}$$

式（3）就是政治经济学教科书指出的扩大再生产的派生实现条件之二。

社会再生产公式主要由式（1）、式（2）、式（3）组成。实现社会再生产也就是能够

从式（1）、式（2）、式（3）中获得一组待定变量 ΔC_j，ΔV_j，M_{xj}的解。当 ΔC_{I}，ΔC_{II}当中至少有一个大于零，就对应着扩大再生产；当 ΔC_{I}，ΔC_{II}同时为零，就对应着简单再生产。社会扩大再生产的前提条件，就是社会扩大再生产公式有解的前提条件。

三、社会扩大再生产的第二个前提条件需改进之处

政治经济学教科书中基于生产资料的均衡条件式（2）推导出社会扩大再生产的第一个前提条件。如果实现社会扩大再生产，两个部类追加的生产资料 ΔC_{I}，ΔC_{II}至少有一个大于零。因而将从生产资料的均衡条件式（2）左边去掉 ΔC_{I}和 ΔC_{II}，则左边小于右边。于是得到：

$$C_{\text{I}} + V_{\text{I}} + M_{\text{I}} > C_{\text{I}} + C_{\text{II}} \tag{4}$$

式（4）表明了社会扩大再生产对于生产资料的最低需求：第Ⅰ部类一年中所生产的全部生产资料，除了维持两大部类简单再生产所需要的生产资料以外，还必须有一个余额，用以满足两大部类扩大再生产对追加生产资料的需要。再把式（4）左右两边的 C_{I}都减去，就成为：

$$V_{\text{I}} + M_{\text{I}} > C_{\text{II}} \tag{5}$$

式（5）就是社会扩大再生产的第一个前提条件。

政治经济学教科书中基于消费资料的均衡条件式（3）推导出社会扩大再生产的第二个前提条件。如果实现扩大再生产，那么消费资料的均衡条件式（3）成立，在式（3）左、右两边都减去 V_{II}，并把（$\Delta V_{\text{II}} + M_{x\text{II}}$）移项到右边。得到：

$$V_{\text{I}} + \Delta V_{\text{I}} + M_{x\text{I}} = C_{\text{II}} + M_{\text{II}} - (\Delta V_{\text{II}} + M_{x\text{II}}) \tag{6}$$

将剩余价值使用的行为方程式（1）代入式（6），得到：

$$V_{\text{I}} + \Delta V_{\text{I}} + M_{x\text{I}} = C_{\text{II}} + \Delta C_{\text{II}} \tag{7}$$

由于第Ⅰ部类的新增可变资本 ΔV_{I}大于或者等于零，如果把式（7）左边的 ΔV_{I}去掉，则左边变小，因而形成不等式：

$$C_{\text{II}} + \Delta C_{\text{II}} \geqslant V_{\text{I}} + M_{x\text{I}} \tag{8}$$

对于第Ⅰ部类有新增可变资本即 $\Delta V_{\text{I}} > 0$ 的情形，式（8）中就是严格不等号。成为：

$$C_{\text{II}} + \Delta C_{\text{II}} > V_{\text{I}} + M_{x\text{I}} \tag{9}$$

式（9）就是政治经济学教科书中列出的社会扩大再生产的第二个前提条件“生产消费资料部类的原有不变资本加上新增不变资本，大于生产生产资料部类的可变资本加上用于投资者的个人消费”。前面已经指出，式（9）由于含有非确定因素而不是一个确定的条件，无法用于判别扩大再生产的派生实现条件之二可否成立。

政治经济学教科书中还以另一个公式推导出社会扩大再生产的第二个前提条件（程恩

富等，2012）。① 当实现社会扩大再生产，两个部类追加的不变资本 ΔV_{I}，ΔV_{II} 至少有一个大于零。因而从消费资料的均衡条件式（3）左边去掉 ΔV_{I} 和 ΔV_{II}，则左边小于右边。于是得到：

$$C_{\mathrm{II}} + V_{\mathrm{II}} + M_{\mathrm{II}} > V_{\mathrm{I}} + M_{x\mathrm{I}} + V_{\mathrm{II}} + M_{x\mathrm{II}} \tag{10}$$

在式（10）左、右两边都减去 V_{II}，并把 $M_{x\mathrm{II}}$ 移项到左边。得到：

$$V_{\mathrm{II}} + M_{\mathrm{II}} - M_{x\mathrm{II}} > V_{\mathrm{I}} + M_{x\mathrm{I}} \tag{11}$$

式（11）就是政治经济学教科书以另一个公式列出的社会扩大再生产的第二个前提条件。解释这个公式的含义是：第Ⅱ部类向第Ⅰ部类提供的消费资料，除了满足第Ⅰ部类简单再生产时工人和投资者的个人消费需要外，还必须有一个余额，用以满足两大部类扩大再生产追加工人对追加消费资料的需要。然而，式（11）当中“投资者的个人消费” $M_{x\mathrm{I}}$ 和 $M_{x\mathrm{II}}$ 也都是非确定因素，因此以式（11）表示的社会扩大再生产的第二个前提条件同样不是一个确定的条件，也无法用于判断扩大再生产的派生实现条件之二可否成立。

四、基于社会扩大再生产的实现条件改进第二个前提条件

政治经济学教科书中是基于社会扩大再生产的派生实现条件之二推导出第二个前提条件，着眼点是消费资料必须达到某个最低生产量，才可以满足社会扩大再生产对于消费资料的最低需求。由于社会扩大再生产的第一个前提条件是以扩大再生产对于生产资料的最低需求为着眼点而推导出来的，因而以扩大再生产对于消费资料的最低需求为着眼点推导扩大再生产的第二个前提条件具有对称性，是恰当的。并且由于前提条件是最起码的条件，因而以扩大再生产对于消费资料的最低需求为着眼点，是符合逻辑的。

有研究揭示了社会扩大再生产对于消费资料总产品的最小数量限定。② 第 j 部类的消费资料需求由可变资本 V_j 和使用剩余价值 M_j 两个方面产生，其中由可变资本产生的是既定的。在第 j 部类把剩余价值 M_j 全部用作资本积累的情形下，由使用剩余价值产生的消费资料需求仅仅是全部追加可变资本产生的消费资料需求，是 $M_j/（1+h_j）$。剩余价值一部分用作资本积累、一部分用作投资者个人消费是社会扩大再生产的一般情形。在此情形下第 j 部类的追加不变资本 ΔV_j 与投资者个人消费 M_{xj} 都来自于剩余价值 M_j 的使用，ΔV_j 和 M_{xj} 具有此长彼消的关系。当剩余价值 M_j 用作资本积累时，因为分割为新增不变资本 ΔC_j 和新增可变资 ΔV_j 两个部分，由 1 单位剩余价值使用而产生的消费资料需求是 1 （$1+h_j$）

---

① 程恩富、冯金华、马艳：《现代政治经济学新编》（完整版 第二版），上海：上海财经大学出版社，2012 年版，第 195－207 页。

② 陶为群：《用按比例规律推导社会扩大再生产的必要条件——揭示社会扩大再生产的生产可能性边界》，《创新》，2017 年第 2 期。

单位；当剩余价值用作投资者个人消费时，由 1 单位剩余价值使用而产生的消费资料需求就是 1 单位。所以，当剩余价值全部用作资本积累时，由其产生的消费资料需求最小，是 $M_j/(1+h_j)$。所以，社会扩大再生产对于消费资料的最小需求量是 $\sum^{\text{II}}(V_j+\frac{1}{1+h}M_j)$。而第Ⅱ部类生产的总产品是 $(C_{\text{II}}+V_{\text{II}}+M_{\text{II}})$，必须不低于社会扩大再生产对于消费资料的最小需求量才可能实现社会扩大再生产。所以得到改进后的社会扩大再生产的第二个前提条件：

$$C_{\text{II}}+V_{\text{II}}+M_{\text{II}}\geqslant V_{\text{I}}+V_{\text{II}}+\sum^{\text{II}}\frac{1}{1+h}M_j \tag{12}$$

这个前提条件可以表述为：第Ⅱ部类生产的消费资料，必须不少于全社会对于消费资料的最低需求。如果这个前提条件得不到满足，也就是 $C_{\text{II}}+V_{\text{II}}+M_{\text{II}}<V_{\text{I}}+V_{\text{II}}+\sum_{j=I}^{\text{II}}\frac{1}{1+h}M_j$，那么消费资料均衡条件式（3）就不可能成立，也就是社会扩大再生产的派生实现条件之二不可能成立。

将式（12）两边都减去 V_{II} 以及和 $M_{\text{I}}/(1+h_{\text{I}})$ 和 $M_{\text{II}}h_{\text{II}}/(1+h_{\text{II}})$，得到：

$$C_{\text{II}}+\frac{h_{\text{II}}}{1+h_{\text{II}}}M_{\text{II}}\geqslant V_{\text{I}}+\frac{M_{\text{I}}}{1+h_{\text{I}}} \tag{13}$$

式（13）可以变化成为：

$$V_{\text{I}}+M_{\text{I}}-C_{\text{II}}\leqslant\sum_{j=1}^{\text{II}}\frac{h_j}{1+h_j}M_j \tag{14}$$

式（14）也可以作为改进后的社会扩大再生产的第二个前提条件。按照马克思社会再生产理论，当投资者把剩余价值看作全部预付资本带来的产物时，剩余价值便转化为利润的形式。把第 j 部类的剩余价值 M_j 看成是利润，那么该部类的不变资本对于利润的贡献度就是 $\frac{h_j}{1+h_j}$；由不变资本带来的利润是 $\frac{h_j}{1+h_j}M_j$。所以，式（14）可以表述为："生产生产资料部类的可变资本加剩余价值与生产消费资料部类的不变资本之差不超过两个部类由不变资本带来的利润之和。"社会扩大再生产的第一个前提条件式（5）与第二个前提条件式（14）可以统一起来表示，是：

$$0<V_{\text{I}}+M_{\text{I}}-C_{\text{II}}\leqslant\sum_{j=1}^{\text{II}}\frac{h_j}{1+h_j}M_j \tag{15}$$

社会扩大再生产的两个前提条件式（15）可以表述为："生产生产资料部类的可变资本加剩余价值大于生产消费资料部类的不变资本并且二者之差不超过两个部类由不变资本带来的利润之和。"

五、社会扩大再生产的前提条件的存在是按比例发展规律的作用

由于在实现社会再生产的情形下，如果将式（2）和式（3）相加，得到的结果是社会总产品的全部需求等于社会总产品的全部供给，是一个恒等式。这说明，生产资料均衡条件式（2）和消费资料均衡条件式（3）只有一个是独立的，或者说二者是可以相互替代的。所以，社会扩大再生产的第一个前提条件和改进后的第二个前提条件，都既是生产资料均衡的前提条件又是消费资料均衡的前提条件。

生产资料总产品、消费资料总产品的数量是分别由第Ⅰ部类、第Ⅱ部类的总资本数额所决定的。于是，社会扩大再生产的第一个前提条件和改进后的第二个前提条件实质上分别体现了对于年初第Ⅰ部类、第Ⅱ部类总资本的最低数额要求。由于社会总资本只由第Ⅰ部类、第Ⅱ部类总资本构成，因而对于第Ⅰ部类、第Ⅱ部类总资本的最低数额要求，等价于每个部类总资本在社会总资本中所占最低比例的要求。所以，存在社会扩大再生产的第一个前提条件和改进后的第二个前提条件，根本原因是按比例发展规律对于社会扩大再生产的作用。已经有研究提出，“按比例发展规律不仅包括按比例分配社会劳动，还包括按比例分配经济资源和社会资源”，[①] 存在社会扩大再生产的第一个前提条件和改进后的第二个前提条件，正是在社会扩大再生产中按比例分配经济资源和社会资源的客观规律的具体体现。

已经有研究证明了式（15）是扩大再生产的充分条件（陶为群，2014）。[②③] 所以，社会扩大再生产的第一个前提条件与改进的第二个前提条件合在一起，就是社会扩大再生产的充分必要条件。

综合以上全部研究表明：可以从消除社会扩大再生产的第二个前提条件中包含的非确定因素入手，对第二个前提条件加以改进，获得改进的社会扩大再生产的第二个前提条件。社会扩大再生产的第一个前提条件和改进后的第二个前提条件，分别表明了社会扩大再生产对于生产资料、消费资料数量的最小需求。社会扩大再生产的两个前提条件是按比例分配经济资源和社会资源的客观规律的具体体现。

---

① 段学慧：《按比例发展规律及其实现机制》，《当代经济研究》，2016 年第 9 期。

② 陶为群：《两大部类扩大再生产的充分必要条件与求解》，《经济数学》，2014 年第 3 期。

③ 陶为群：《马克思扩大再生产公式的图解法》，《创新》，2015 年第 1 期。

改革开放以来中国经济研究的范式、方向变化与存在问题

——基于《经济研究》（1980—2015）发表论文分析

周文[1]　赵果庆[2]　周明明[3]

（复旦大学）

一、中国经济研究范式转变：特征事实与阶段划分

“范式”是由美国著名科学哲学家托马斯·库恩（1962）在《科学革命的结构》中阐述科学研究的概念，他认为范式就是反映某个学科内被理论家和应用者所共同接受、使用并作为交流思想的共同工具的一套概念体系和分析方法。

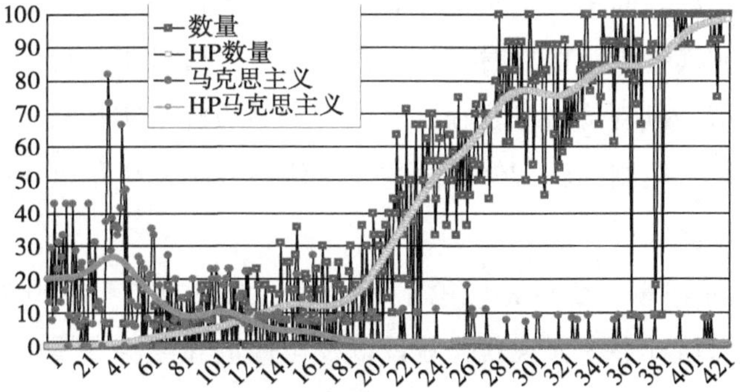

图 1　1980 年第 1 期至 2015 年第 12 期《经济研究》刊载数量型与马克思主义政治经济学论文占比

图 1 所示为《经济研究》1980 年第 1 期至 2015 年第 12 期共 432 期 5230 篇论文中数量型与马克思主义政治经济学文章占比及其 HP 趋势变化，从 HP 趋势看，两类文章占比经历三个阶段。（1）起初阶段。数量型论文数量比在由零开始上升，而马克思主义政治经济学文章占比由 20% 上升到 28% 后下降，两者交于 8%。（2）中期阶段。马克思主义政治经济学文章占比逐步由 20% 上升到 28% 后下降到零，数量类论文数量比上升到 20%。

① 周文，复旦大学中国研究院。

② 赵果庆，云南财经大学数量经济研究所。

③ 周明明，云南财经大学统计与数学学院。

（3）后期阶段。数量类论文数量占比大幅上升，直至100%，而马克思主义政治经济学文章占比在零线上，没有起升。很明显，数量型论文崛起对马克思主义研究类论文产生了“挤出效应”，马克思主义政治经济学在我国经济研究中极度边缘化已是不争的事实。

二、描述范式主导下的经济研究重点与贡献：1980—1992年

1980年至1992年，我国对经济问题的研究大体上采用的是描述范式。此阶段，我国正处于改革开放与建设中国特色社会主义市场经济的起始点，这也决定了只可能用定性的描述性范式进行研究。

在1980年至1985年时期，经济研究主题是批判现代修正主义经济理论，研究我国社会主义革命和社会主义建设中遇到的经济问题，研究的重点都集中在“调整国民经济和经济体制的改革”“财贸经济”“农业经济”“生产力、生产关系”“商品生产和价值规律”等问题上。在这一时期内，经济体制改革提出了“计划经济为主、市场调节为辅”，将市场机制引入了计划经济体制之中，突破计划经济与市场经济的完全相斥的局面。农业经济的调整主要是在农村推行以联产承包责任制，替代原有的集体公有、统一经营、统一生产的农业模式，家庭联产承包责任制的实行，使农业劳动力逐步释放出来，农民收入水平也有了很大提高。财政经济方面主要是实行分灶吃饭的财政管理体制，具体举措包括财政支出按隶属关系划分及明确中央和地方财政收支范围等。价格机制实行的是双轨制定价，即将计划价格体制引入市场机制价格双轨制，不仅对产品的价格实行双轨制，对生产资料和消费品也实行双轨制；双轨制的施行使我国的商品价格机制发生了巨大的变化，也让市场机制在的资源配置上逐渐发挥作用。

1985年《经济研究》编委会重新讨论了新形势下的办刊方针，开始倡导与国际学术规范接轨，并把着重探讨社会主义现代化建设以及当代世界经济发展中的重大经济问题作为研究重点。在这一时期中，“经济体制改革”“国民经济综合问题”“农村经济”“财政经济”“价格改革”等经济问题的研究得到了进一步深化，金融与产权制度开始成为我国经济的研究重点，国有企业的改革问题得到了初步的探讨。经济体制改革方面提出了发展有计划商品经济理论，进一步明确了计划经济与市场经济内在的统一。农村经济的改革方面主要是改革农产品流通体制和农村非农产业体制，加大政府管控向市场自由交易的转换力度。财政方面主要是按照利改税新要求重新划分中央和地方的财政收入，实行划分税种、核定收支、分级包干的财政管理体制。价格体制方面继续实行双轨制，建立和改善价格宏观调控体系。在这一时期，金融方面的主要任务是建立金融机构的框架体系，逐步形成多元金融机构并存的格局。在所有制方面，基本形成了公有制为主体多种所有制形式并存的混合所有制结构，但关于所有制越大越公、越纯越单、越统越少越好的传统结构被打

破。企业承包制在国有企业的改革中得到初步的实施，即使在不改变国家所有权的前提下，按照两权分离的原则，通过利润承包的方式，将经营权完全下放给企业。

值得一提的是，在描述性范式阶段，是我国马克思主义政治经济学研究取得重大进展的时期，也是新中国成立以来我国学者对《资本论》研究最集中的时期（夏业良、王欣，2000）①。随着“经济体制改革”的大量研究，1986 年以后国内对《资本论》研究在《经济研究》中基本消失，马克思主义政治经济学的研究也在减少，计划与市场、商品经济和国有企业改革等成为当时最重要的经济问题，这极大地丰富了中国特色社会主义市场经济的内涵。金融和产权制度研究的开始，特别是证券市场的建立，更是为我国经济的多样化、市场化做出了重大的贡献。然而，但中国政治经济学对改革中出现的大量新的经济现象基本上停留于政策性诠释或批评的阶段，学科体系尚未创新和研究方法也没有真正做到与时俱进，始终没有突破描述范式，改革开放经验没有上升到理论高度。

三、范式交替过程中经济研究方向与重点：1993—2011 年

1993 年至 2011 年是中国经济研究范式进入两种范式交替转变阶段，主要体现在数量范式逐渐地替代了原有的描述范式，并占据优势地位。基于数量类论文与描述性论文占比的变化、《经济研究》栏目变化以及经济体制进程，将此阶段划分为三个时期。一是描述范式占优时期（1993—1998 年），描述性论文占比大于 60%；二是相持时期（1999—2004 年），描述性论文与数量类论文数量占比 40% ~60%；三是数量范式占优时期（2005—2011 年），数量类论文占比超过 60%。

（一）描述范式占优时期（前 6 年）：1993—1998 年

1993 年以城市经济改期全面推开，对国有企业、中央财政、金融汇率进行了改革，也对医疗住房的发展模式进行了一定的探讨。这期间研究的主要经济问题有“改革与发展问题”“财政·金融·价格”“国有企业与国有资产管理”“宏观经济研究”“开放经济、西方经济理论”“农业经济”及“所有制、产权制度改革”等，同时关于“住宅房地产”的研究也进入了学者们的视野之中。

我国确立了“建立社会主义市场经济体制”的目标后，我国的经济研究理论与方法也开始发生了转折性变化，其中樊纲（1995）《“苏联范式”批判》及林毅夫（1995）《本土化、规范化、国际化》最具代表性②。前者宣布了以描述范式研究为主的传统政治经济

① 夏业良、王欣：《中国理论经济学 50 年发展轨迹的缩影——对〈经济研究〉刊载文章的统计分析与简略评论》，《经济研究》，2000 年第 5 期。

② 樊纲：《“苏联范式”批判》，《经济研究》，1995 年第 10 期。

学研究方法开始破产，而后者则论证了规范的现代经济学方法在研究中国具体的经济问题中的重要性，及现代经济学方法的科学性，这为西方的经济研究理论和数量方法加速进入我国经济研究领域产生了催化作用。

（二）描述范式与数量范式相持时期（中间 6 年）：1999—2004 年

由于社会主义市场经济体制改革深入与海归队伍的积极参与，我国对于经济问题的研究逐渐越来越多地引用西方的理论和数量方法，《经济研究》所刊载的数量类论文是呈现出慢慢增加，而描述性论文却不断减少的情形，但数量类论文与描述性论文数量大体上还是相当。1999 年，《经济研究》期刊的设置栏目出现了较大的变化，栏目变得更加祥实而具有导向性。同时，随着我国改革开放的不断深入，经济问题不断涌现，西方经济理论与数量方法开始活跃，用于研究解决出现的新问题。这时期，主要集中研究“微观经济与产业组织”“金融”“宏观经济学和货币经济学”等相关经济问题；关于“农业经济”的研究开始渐渐地减少，价值规律与企业改革问题的研究全都并入了“微观经济与产业组织”之中，财政货币、经济增长及其他宏观研究全都并入了“宏观经济学和货币经济学”；描述性范式下的所有制、产权制度改革研究已消失。在这一时期，我国的经济研究方法日趋规范化、国际化，但是还有许多地方存在不足。马克思主义政治经济学在我国的研究已进一步边缘化。

（三）数量范式占优时期（后 6 年）：2005—2011 年

2005 年，《经济研究》刊载的数量类论文占比已超过了 60%，描述性论文占比已不足 40%，数量范式已经在经济研究中具有比较优势。在 2005—2011 年期间，我国的经济研究大量地借鉴了西方经济学的数量方法，加之大量海归学者的加盟，不仅使得计量与数量方法在我国的经济研究之中崛起，而且还引入了许多较复杂的数量经济研究前沿方法，使经济学术研究更加规范化和国际化。这时期研究的主要问题有：“宏观经济研究”“金融市场与公司财务”“公共财政、就业与收入分配”“微观经济、产业组织”“国际经济与贸易”及“市场体系和区域经济”。

在此时期，我国的社会主义市场经济体制已基本完善，同时证监会也推行了股权分置政策，使市场在资源配置中的作用进一步扩大。为了使我国的经济研究更为的规范化和国际化，虽然，数量范式在这时期占据了经济研究的优势，但还有很多的学者，特别是马克思主义政治经济学流派的学者认为，我国经济研究存在“过度的数学化”，过分数学化影响经济学研究本土化，同时马克思主义研究的边缘化更为的凸显。

四、数量范式主导下的经济研究方向与问题：2012—2015 年

2012 年以后至今，我国的经济研究范式已由数量范式所主导，单纯的描述性范式研究渐渐地消失。在此阶段，大量的海外留学人员回国，他们运用了国外许多最前沿的方法在我国的经济问题研究，无论是在经济理论上的探讨，还是在研究方法上的运用都力求与国际接轨。甚至国内很多高校或研究机构都设置了专门的由海外归国人员组成的院系或机构，如北京大学、上海财大和厦门大学等，以此来凸显出对经济研究前沿理论与方法的重视，并在国际上发表重要成果，出现“双轨”运行。同时，在我国的高校和科研机构中，其所培养的经济类硕士研究生或博士研究生，高等宏观经济学、高等微观经济学及高级计量经济学即“三高”是其必修的科目，而这三个科目则应用了严密的数学推导与模拟，还有高深的计量方法。所以，在这阶段我国的经济研究范式基本上与国际接轨，和西方一致，数量范式的研究在这一阶段已达到了顶峰，占据主导地位；相反，马克思主义政治经济学更多停留在本科公共课，《资本论》也从研究生课程中成为选读，甚至于基本消失，从事马克思主义政治经济学研究队伍逐步弱化。

相应地，数量模型的运用也越来越趋于高端化和多样化。数理方面，涉及了拓扑学、随机过程、泛函、复变函数等高端的数学体系。其中，最具代表性的研究模型有：“动态随机一般均衡模型（DSGE）”“微分动态系统模型”“最优控制”及“谱分析”等方法。计量方面，特别是“动态随机一般均衡模型”的出现，使宏观的经济研究首次具备了微观经济基础，使经济研究更具严谨性，同时这个模型也代表了当今经济研究方法的最高水平，在《经济研究》中已有 10 篇以上，有时一期有多篇。相对来说，传统的数量研究方法，由于其前提条件和模型本身的局限性，在经济研究中有逐渐的没落趋势，而传统的描述性研究更是难以解决中国面临的经济问题。

很明显，数量范式研究伴随着我国经济高速增长而崛起。其对我国的经济秩序的建立和理论发展具有不可磨灭的贡献。在这一阶段中，我国的经济已经进入新常态，经济增长速度也明显出现了疲软。所以对于我国现在完全照搬西方的市场经济研究规律来研究我国的实际经济问题，是明显不适之处。学者们已意识到中国经济学出现了“范式危机”。龚刚（2014）认为，当前中国经济学研究的主要问题是：因强调学术化而过分地数学化，并进而影响经济学研究的本土化和现实化。① 田国强（2015）《经济学在中国的发展方向和创新路径》指出，我国的经济发展更需要借重经济理论的导向作用，这种经济理论不是单纯西方经济理论，而是关于自身的经济特点，也即是马克思主义政治经济学，与西方经济

① 《本土化、现实化、学术化和国际化——论中国经济学家的责任》，《光明日报》，2013 年 1 月 11 日。

理论的一种融合①。所以，我们在借鉴国外理论与数量方法时，还应该考虑我国的自身特点，只有这样才能使经济研究的范式更适合自身。李金华（2016）提出，要寻求经济学研究范式的互通共融，以建立新的经济研究范式。②

五、结论性评议：中国特色新范式构建

构建新的描述性范式与数量范式合二为一，极端融合经济研究新范式已十分必要且迫切。首先，要坚定不移地以数量范式为经济研究的导向。数量范式是国际上经济研究普遍遵循的主流范式。中国要建成经济强国，形成国际化的话语权体系，获得较多的诺贝尔经济学奖，数量范式是不可或缺的。其次，要注重描述性范式的基础性作用。数量模型的运用可以适应我国经济学的科学化、国际化要求，但难以使我国经济学本土化，更不能开拓当代中国马克思主义政治经济学的新境界。显然，本土化是中国经济根本，这就决定了描述性范式具有强大优势和生命力，其使命在于炼出中国特色核心概念，构建逻辑体系；出思想，构建理论体系；打造具有中国特色、中国风格、中国气派的经济学话语体系。最后，构建中国特色马克思主义政治经济学新范式。传统政治经济学理论已经对中国巨大成就以及新常态下中国面临的新问题缺乏具有说服力的分析和解说，需要摆脱传统政治经济学的束缚。新范式以描述性范式为基础，提炼、总结中国奇迹背后的成功经验，上升为理论，再用数量范式下的方法进行实证，同时对当前“五大理念”和供给侧改革等实践进行研究，取得成果，指导实践。只有这样，才能重新赋予马克思主义政治经济学新含义，开拓马克思主义新境界，扭转被边缘化格局。

① 田国强：《经济学在中国的发展方向和创新路径》，《经济研究》，2015 年第 12 期。

② 李金华：《寻求经济学研究范式的互通共融》，《光明日报》，2016 年 6 月 16 日。

正确认识中国特色社会主义政治经济学的重大原则[①]

侯为民[②]

（中国社会科学院）

在当代经济学说中，没有任何一种经济理论比中国特色社会主义政治经济学更能坚守原有的核心观点和理论原则，更能焕发出迷人的活力。在继承和发展着的马克思主义政治经济学理论中明确需要坚持的重大原则，具有两个层面的意义：其一，在理论探索层面，确立政治经济学基本原理在当代的适用范围及其在中国改革发展中的具体运用条件和方法；其二，在具体实践层面，根据上述适应范围和运用条件进一步确立政治经济学理论的理论指向和政策导向。

一、从马克思主义基本原理认识中国特色社会主义政治经济学原则

马克思主义经济学理论是经济现象和活动内在规律的逻辑呈现，是从历史实践中产生并反映历史实践的思想。在重大原则上，中国特色社会主义政治经济学必然要体现马克思主义基本原理的若干核心要素，在总结和提炼经验时与马克思主义基本原理保持着统一性。这种统一性，可以从三个方面体现出来。

（一）政治经济学重大原则与马克思主义世界观方法论的统一

任何经济科学，在原则问题上都直接反映了其内在的世界观和方法论。政治经济学必须始终以现实的经济活动为基础，它不可能是建构主义的产物。在中国特色社会主义政治经济学中坚持唯物史观，最根本的一条是要将社会发展看作自然历史过程，将生产力和生产关系相互作用的动力机制作为历史发展最根本的规律。在分析经济社会发展趋势时，一

① 本文是中国社会科学院创新工程项目《马克思主义话语体系研究》（课题编号 myycx201602）、北京高校中国特色社会主义理论研究协同创新中心（中国政法大学）阶段性成果。

② 侯为民，经济学博士，中国社会科学院马克思主义研究院思想政治教育研究室主任，研究员，兼任中国社会科学院经济社会发展研究中心副主任、中国社会主义经济规律研究会秘书长、中华外国经济学说研究会副秘书长。主要研究方向：马克思主义政治经济学，中国社会主义经济理论与实践。

方面坚持生产力对生产关系的决定作用，将社会主义生产力发展作为一个基础性要素；另一方面，也需要通过改革和不断完善制度体系，发挥好生产关系对生产力发展的促进作用。这是中国特色社会主义政治经济学的重大原则所必须坚持的。中国社会主义市场经济本身也具有历史的过渡性，但其确立和构建过程中的理论，却并不会停留在当下的历史情境下。相反，在重大原则上中国特色社会主义政治经济学是以科学社会主义的科学指引和价值诉求，作为自身的理论指向的。习近平同志指出："中国特色社会主义是社会主义而不是其他什么主义，科学社会主义的基本原则不能丢，丢了就不是社会主义。"① 中国特色社会主义的历史阶段性，不会也不能遮蔽其经济理论基础的关键要素和核心理念，更不会解构社会主义理论体系本身的自洽性。

科学社会主义原则在政治经济学领域的贯彻，是中国特色社会主义政治经济学的一个重大特色，也是后者区别于当代西方所谓主流经济学的重要特征之一。这种原则层面的贯彻包含着两个方面：一方面是要立足马克思主义经济学的根本立场，另一方面要贯彻马克思主义理论的彻底性。就前者而言，主要是要确立马克思关于未来社会"生产以所有人的富裕为目的"的思想，真正认识到"发展为了人民，这是马克思主义政治经济学的根本立场"。② 就后者而言，就是要从物质资料生产的起点出发，坚持将生产看作是分配、交换和消费的决定性要素，从生产资料的社会共同所有出发来看待发展成果共享问题，明确划清公有制经济和非公有制经济的界限，重视基本经济制度的巩固和完善，尤其是公有制主体地位的巩固和完善。

（二）中国特色社会主义政治经济学重大原则与马克思主义政治经济学原理的统一

马克思主义政治经济学原理集中体现在《资本论》中。作为一个完整和科学的理论体系，《资本论》通过科学的抽象法，使经济研究的视角从现象层面转入本质层面，深刻揭示了商品经济发展的内在规律和剩余价值生产的奥秘，使人和物之间被颠倒的关系第一次在经济学研究中被重新摆正过来。总之，只要资本主义私人占有制度存在，马克思阐述的剩余价值理论、资本主义积累规律仍然是科学的真理。

坚持中国特色社会主义政治经济学重大原则，要坚持历史分析方法，从现实经济生活的具体矛盾及其发展演化出发，通过经济学范畴、概念、术语及其相互关系的联系和转化，揭示社会主义经济建设的规律，为社会主义经济改革和发展提供指导。由于生产力水

① 习近平：《习近平谈治国理政》，北京：外文出版社，2014 年版，第 22 页。

② 中共中央文献研究室：《习近平关于社会主义经济建设论述摘编》，北京：中央文献出版社，2017 年版。

平的制约，在当代中国商品生产仍然是社会生产的主要组织形态，市场机制仍然是调节商品生产的基础，市场经济的一般规律必然渗入和构成中国特色社会主义原则的重要内容。因此，马克思主义政治经济学的基本原理仍然是我们理解、认识和把握经济发展内在规律的指导。从生产力和生产关系相互关系规律出发，在我国生产力不发达发展阶段建设社会主义，需要根据现实生产力水平调整和完善所有制结构，而不能在全社会搞单一的公有制。从马克思关于价值和使用价值的区分出发，中国特色社会主义政治经济学需要正确区分价值论和财富论，既要坚持劳动创造价值的原理，又要重视自然资源的财富性质和财富本身的分配；既不能用财富论来取代价值论，也不能用效用价值论、要素价值论来取代科学的劳动价值论。

二、从经济科学理论逻辑认识中国特色社会主义政治经济学重大原则

在政治经济学范畴中，原则本身是经济理论在社会实践中的具体运用。在某种程度上，坚持政治经济学领域的重大原则就是维护其核心观点。而中国特色社会主义政治经济学的核心观点，除了理论层面的界定，还有实践经验层面的总结，是基本原理和全新内涵的统一体。

（一）中国特色社会主义政治经济学重大原则根源于政治经济学的核心

经济理论是经济政策的基础和经济实践的指导，而经济学原则往往不过是理论内核的外在表现形态。应当说，中国特色社会主义政治经济学重大原则，只能是其核心理论要点在实践层面的呈现。习近平同志指出："邓小平同志讲：'社会主义阶段的根本任务就是发展生产力，社会主义的优越性归根到底要它的生产力比资本主义发展得更快一些、更高一些，并且在发展生产力的基础上不断改善人民的物质文化生活。'这就点明了中国特色社会主义政治经济学的核心。"① 对于这里所说的"核心"，需要作全面准确的理解。首先，邓小平指出的发展生产力是就社会主义阶段而言的，是在社会主义生产关系已经基本确立的基础上提出的发展生产力的任务。其次，社会主义的优越性本身，就建立在社会主义生产关系之上，而不是生产力基础之上。其三，生产力发展作为手段，它是和社会主义生产目的要一致的。因此，政治经济学的这个"核心"，自然构成社会主义经济建设的唯一科学的理念。从这一核心出发，在中国特色社会主义政治经济学重大原则中，中国仍然需要将发展作为首要任务，将发展放在解决一切问题的基础和关键的重要地位。

改革开放三十多年来，尽管我国经济实力实现了历史性的跨越，人民生活水平大幅提

① 邓小平：《邓小平文选》（第2卷），北京：人民出版社，1994年版。

高，但我国处于社会主义初级阶段的国情仍然没有改变。人均水平低、贫困人口多、生产力水平不均衡等老问题，目前仍然还在制约着中国经济的健康协调全面发展，成为实现社会主义生产目的和走向共同富裕的主要障碍。在这样的发展阶段和现实条件下，“发展是基础，经济不发展，一切都无从谈起。”① 因此，仍然要从解放和发展生产力出发，坚持“发展硬道理”的原则。

（二）在中国道路的理论逻辑中确立政治经济学重大原则

特色社会主义政治经济学是实践的科学，是随着中国的改革开放实践而不断发展的学说，也是与社会主义现代化历史进程相伴随的理论。中国特色社会主义政治经济学具有开放性和包容性，因此它对在中国现实国情下如何发展做出了科学的回应，并在实践中造就了中国奇迹。中国改革发展的经验，贯彻了实事求是、一切从实际出发的立场和方法，为在落后国家建设社会主义提供了新的答案。

中国特色社会主义重大原则蕴含着对社会主义经济运行规律的理论阐释，它是对中国发展道路和中国经验在理论逻辑层面的集中概括。在对中国经验的解读中，中国改革开放以来在引进市场机制、促进社会主义因素与市场体制相融合等方面的努力，成为世人集中关注的一个现象。一种被普遍接受的观点认为，中国经验就是传统文化基础上的高度集中体制和市场经济的巨大灵活性之间的有机结合。这种简单的二分法观点，割裂了中国的“特色”与当代中国社会主义的经济基础和政治基础。实际上，只要坚持历史唯物主义的观点就可以看出，构成中国特色的绝不会仅仅是中国历史上的集权传统和中国文化中“天下为公”“天下大同”等精神遗产，而是更多地来源于中国革命的历史遗产：公有制经济的主体地位、共产党的领导和中国特色的制度体系。对此，需要保持清醒的认识。“中国的发展道路非常独特，极具中国特色，它以自己独特的方式对待资本主义，它从没有把资本主义当成目标，而是把它作为实现目标的手段”②。

三、从经济发展问题导向认识中国特色社会主义政治经济学重大原则

中国特色社会主义政治经济学是立足实践、解决问题和不断创新的经济理论，因此，中国特色社会主义的重大原则不能脱离具体国情和发展实践，应当具有鲜明的问题导向。只有直面中国经济发展中的突出矛盾，才能在现实中运用好中国特色社会主义政治经济学的理论，使之为中国经济社会持续健康发展提供科学的引导。

---

① 中共中央文献研究室：《习近平关于社会主义经济建设论述摘编》，北京：中央文献出版社，2017 年版。

② 徐崇温：《国外有关中国模式的评论》，《红旗文稿》，2009 年第 8 期。

（一）创新引领原则

在马克思主义政治经济学原理中，生产力的发展不仅依托和体现于其三个简单要素或实体性要素，即劳动对象、劳动资料和劳动力之上，还体现在科技和管理等要素之中。在社会主义市场经济条件下，需要高度重视科技创新的引领作用。改革开放以来，尽管中国经济取得了快速增长，但增长仍然具有较强的粗放型特征，技术含量低、效益低、质量低、能耗大等因素制约发展的局面并没有得到根本扭转。从经济长远发展的角度看，坚持创新引领原则，要按马克思主义政治经济学的要求，始终将人作为创新过程中最根本、最活跃和最积极的因素，以人才资源作为第一资源，而不是以资本等物化要素作为创新活动的中心。只有这样，才能从根本上为破解发展难题探索出新路。

（二）两手结合原则

政府和市场的关系是现代经济生活中的核心关系之一，也是我国深化经济体制改革的核心问题。在马克思主义政治经济学看来，市场经济是商品经济发展到一定高度的一种经济形态，市场机制是商品生产中资源配置的方式和手段。坚持政府和市场两手结合原则，是我国社会主义市场经济体制改革的经验结晶。坚持这一原则，需要摒弃国家干预和市场调节的外部结合论、对立论等片面观点。在我国社会主义市场经济条件下，既不能忽视市场需要政府管制和引导的一面，将市场资源配置中出现的问题推给政府去解决，减轻企业在守法经营、保障劳动者权益、环境保护等方面的责任，加重民众负担；也不能用市场领域问题掩盖政府领域产生的问题，忽视政府不作为、乱作为等行为的危害；更不能将改革引向“非调控化”“完全自由化”。总之，两手结合是针对和解决现实问题的需要，这些都是贯彻问题导向的应有之义。

（三）结构协调原则

在社会主义市场经济条件下，产业结构、产品结构和生产要素的投入结构必须符合各大部类相互平衡的规律。相应地，积累和消费、生产和分配也必须相互协调，这是社会生产和社会消费实现总量平衡和结构平衡的基础。在资本主义私有制经济占主体的条件下，由于竞争的压力和生产的自发性，上述协调目标是难以实现的。在中国特色社会主义条件下，由于公有制经济的主体地位和社会主义的体制优势，实现这种协调才有可能。从这个意义上来说，“协调发展既是发展手段又是发展目标，同时还是评价发展的标准和尺度”。①

① 中共中央文献研究室：《习近平关于社会主义经济建设论述摘编》，北京：中央文献出版社，2017 年版。

从马克思主义政治经济学的空间地理学说观点看，区域协调、城乡协调等是全体人民实现共同富裕的内在要求。协调发展的整体性，最终要通过个体性的不同侧面来实现，但这些不同侧面的发展要兼顾其他侧面因素发展的要求和制约。从实际来看，经济结构的合理化、民生福利和社会事业的同步发展等发展要求，都是蕴含在协调发展原则之中。而打赢脱贫攻坚战、实现农村的小康特别是贫困地区的小康，更是全面建成小康社会的必不可少的内容，它同样也构成衡量中国经济协调发展的重要维度。

构建中国特色社会主义政治经济学话语体系的原则与路径[①]

邓金钱[②]　何爱平[③]
（西北大学经济管理学院）

一、构建中国特色社会主义政治经济学话语体系的基本原则

中国特色社会主义政治经济学的发展和创新需要有自己的话语和话语体系，用中国的话语和话语体系讲述中国故事、阐释中国理论。为保障中国特色社会主义政治经济学源于中国经济社会实践又更好地指导中国经济社会改革发展，构建中国特色社会主义政治经济学话语体系应该遵循中国经济学的基本原则。

（一）坚持马克思主义政治经济学的指导地位

马克思主义经济学研究经济现象的本质分析和制度分析，研究人与人之间在生产、交换、分配和消费中形成的社会关系。马克思主义经济学的话语体系具有鲜明的阶级立场，是阶级性、实践性、历史性和价值导向性的有机统一，这种独特的品质决定了马克思主义经济学是科学的经济分析方法和理论体系，其话语体系必然具有特定的意识形态，目标追求是在生产力高度发展的基础上，实现人们的自由、协调和全面发展，中国人民在革命和社会主义建设的历史进程中选择马克思主义的根本原因就在于此。

中国特色社会主义政治经济学无疑是马克思主义政治经济学，由生产力水平决定的处于社会主义初级阶段的生产关系和分配关系是其研究的基本对象，根本任务是解放社会生产力、发展社会生产力以及保护社会生产力，进一步完善中国的基本经济制度，指导新常态下中国经济持续增长的稳态转换和结构性调整的发展实践，因此中国特色社会主义政治

① 国家社科基金一般项目（16BJY104）；陕西省社会科学基金面向“十三五”重大理论与现实问题研究项目（2016ZDA18）；西北大学研究生自主创新项目（YZZ15049）。

② 邓金钱，甘肃武山人，博士研究生，主要研究方向为政治经济学、发展经济学。
③ 何爱平，河南济源人，博士，教授，博导，主要研究方向为政治经济学、资源环境经济与政策。

经济学的研究内容和任务涉及的是经济的本质层次、制度层次的分析，由此决定中国特色社会主义政治经济学话语体系要以马克思主义经济学范式为基础①。巩固马克思主义经济学的指导地位，坚持为中国政治经济社会实践发展服务，运用马克思主义立场、观点、方法观察和解决经济社会问题，是构建中国特色社会主义政治经济学话语体系必须坚持的第一原则。

（二）坚持以人为本的价值取向

经济学以经济社会中的物质利益关系作为主要研究对象，探究其背后人类经济活动规律和相应的制度安排，人类物质利益的最大化和全人类的共同富裕是经济学发展的根本属性，离开了对人的关注，离开了对人与人关系的研究，就背离了经济学研究的初衷②。马克思主义经济学从一开始就把人类经济社会发展变迁和历史命运作为核心研究内容，在其整个经济学体系中强调人文关怀的价值导向，揭示经济社会发展过程的内在规律和矛盾，其终极目标是实现全人类的共同富裕和人的自由而全面发展，这是马克思主义经济学人文关怀的本质属性的现实表征。

中国共产党作为中国特色社会主义的建设者和领导核心，始终代表最广大人民群众的根本利益，因此中国的经济社会实践的终极目标是满足人民群众日益增长的物质文化需要。中国特色社会主义政治经济学不管是从中国经济社会实践的历史过程来考量，还是从本源的马克思主义政治经济学来看，都有对人民群众利益的诸多考量和充分的人文关怀。以人为本的价值取向决定着中国经济学人对经济社会生活的思考内容和方式、术语的使用以及生存方式的选择③，使中国特色社会主义政治经济学做到以关注人民群众利益和人文关怀为价值取向的表达。构建中国特色社会主义政治经济学话语体系，必须给予更多的人文关怀，坚持以人为本的价值取向，巩固和发扬中国特色社会主义政治经济学的社会认知和价值判断分析批评功能，实现好、维护好、发展好最广大人民群众的根本利益。

（三）坚持发扬中国优秀传统文化

经济学的发展必须要有经济社会文化的支撑，基于自身优秀文化和经济实践发展的经济学各流派。中国经济学的研究始于20世纪对西方经济学和马克思主义经济学的引进，初始的简单拿来主义过分推崇国外的理论，排斥中国文化和中国元素，具有严重的教条主

---

① 洪银兴：《〈资本论〉和中国特色社会主义经济学的话语体系》，《经济学家》，2016年第1期。

② 何自力、张俊山、刘凤义等著：《高级政治经济学——马克思主义经济学的发展与创新探索》，北京：经济管理出版社，2010年版。

③ 万华炜：《基于政治发展的中国特色社会主义政治学话语体系的构建》，《社会主义研究》，2015年第1期。

义思想，中国经济学未能扎根于中国的传统文化，这不仅导致中国经济理论研究的缺失，更使中国经济学未能构建自己的精神家园。中国经济学的构建必须扎根于中国优秀文化，源远流长的中华文明中有很多优秀的文化，比如儒家文化，具有包容性、开放性、广泛性、现代性和持续性，这样的文化，对中国经济学未来走向有重要支撑作用，中国经济学提炼出的经济学说和经济理论体系一定是具有世界意义的东西。

中国特色社会主义政治经济学话语体系的构建必须扎根并发扬中华文化，反映中国人民意愿、适应中国发展和时代进步的现实要求，树立民族文化自信，加快扭转学术理论界对西方经济理论的过分推崇。坚持发扬中国优秀文化来构建中国特色社会主义政治经济学话语体系，必须基于中华传统优秀文化，实现时代与传统的有机融合。

二、构建中国特色社会主义政治经济学话语体系的基本路径

科学的马克思主义指导了中国共产党领导的中国经济社会实践，因而中国特色社会主义政治经济学从本质范畴来看必然属于马克思主义政治经济学范畴体系，其话语体系的构建必须融入中国元素，贡献中国智慧，在对已有经济学话语体系“有破有立”中构建中国特色社会主义政治经济学话语体系。

（一）遵循学科发展规律，重视政治经济学学科建设和人才培养

构建中国特色社会主义政治经济学话语体系，必须认识到政治经济学学科建设和人才培养是话语体系构建的根本。新常态下中国经济社会发展实践需要用自己的话语和话语体系表达，而话语体系的构建必须以科学的态度和方法正确认识和遵循学科发展规律，重视政治经济学学科建设和人才培养，重塑马克思主义政治经济学的主流地位。

政治经济学学科建设是一项经济学教学和科研中的基本任务，目前中国政治经济学学科建设主要包括理论体系创新、研究方法和阐述方法创新、强化政治经济学的科学性①，进一步创新和发展政治经济学，提升政治经济学学科地位。首先，优化大学经济学专业课程设置，在大学经济学教学中提升政治经济学的地位，激励更多优秀的中青年经济学家投身于政治经济学学科建设；其次，重构中国特色社会主义政治经济学的理论体系和话语体系，必须坚持运用马克思主义经济学的立场、观点和方法，结合社会主义市场经济发展实践，进一步推进政治经济学中国化的创新和发展；再次，教材建设是政治经济学学科建设的基本点之一，应该集齐全社会核心力量和权威人士编写一本权威的政治经济学教材，并使其用于各大学经济学专业人才的培养；最后，给予政治经济学学科建设更多的人文关

---

① 白永秀：《新时期政治经济学学科建设：背景、内容与途径》，《贵州社会科学》，2007 年第 9 期。

怀，让政治经济学学科发展立足于最广大人民群众的需要。

中国特色社会主义政治经济学话语体系构建和发展需要一支强大的专业人才团队和后备力量。首先，设定科学的激励机制，提升政治经济学人教学和科研的积极性，并吸引更多的经济学人参与到政治经济学的教学和研究中来。其次，在政治经济学专业人才队伍建设上要注重知识结构的优化，不仅需要具备扎实的马克思主义政治经济学的理论素养和知识结构，而且也需要对西方经济学理论有较高的科学认知，提升学术权威。最后，中国特色社会主义政治经济学话语体系的构建一定要关注未来政治经济学专业人才队伍建设，逐步扭转人才流失状况，使得更多的青年投身于中国特色社会主义政治经济学发展建设。

（二）借鉴古今中外话语体系，积极推进比较马克思主义研究

中国特色社会主义政治经济学话语体系的构建必须以博大胸怀借鉴古今中外的话语体系，不仅需要加强对经典马克思主义政治经济学的学习，基于《资本论》《马克思恩格斯全集》等提供的话语体系，并基于中国实践进行继承和创新；更要熟悉西方经济学各流派的话语体系，甚至是其他学科的话语体系，将古今中外话语体系融会贯通，基于中国经济实际和现实国情进行扬弃和创新，这样才能使得中国特色社会主义政治经济学话语体系能在世界范围内广泛对话，实践于国际沟通和交流。构建中国特色社会主义政治经济学话语体系，一方面需要中国经济学人依据中国经济社会实践和现当代资本主义的新发展、新特征对马克思主义政治经济学的经典理论进行发展和创新，探究其现代观点、现代意义，促进马克思主义政治经济学的中国化和时代化，以便更好地解释新常态下中国经济社会生产方式与生产关系的现实特征，形成具有中国特色的经济理论学说，反过来进一步指导建设中国特色社会主义的伟大实践；另一方面也必须正视和吸收现代主流经济学中的科学成分和合理成分，包括研究范式、概念范畴和分析方法等，构建中国特色社会主义政治经济学话语体系需要对人类创造的有益的理论观点和学术成果进行科学的吸收和借鉴。

在比较融合、兼容并包、创新发展中构建的中国特色社会主义政治经济学话语体系，比较马克思主义研究无疑是一种新的创新探索。随着经济全球化和马克思主义经济学在全球的发展，马克思主义的本土化和民族化成为必然发展趋势，比较马克思主义研究应运而生。有别于已有学科专注于马克思主义意识形态，比较马克思主义研究是在全球化视野的参照下，以中国化的马克思主义为参照系，寻求中国经济学从分立到均衡转化的逻辑基础，对现实经济运行进行深层次分析，不断创新和完善中国特色的社会主义政治经济学理论体系和话语体系，在比较中研究马克思主义的多样性与统一性 ①。随着经济学理论在中

① 赵康太：《比较马克思主义研究：开辟马克思主义理论学科的新领域》，《南海学刊》，2015 年第 1 期。

国的发展、融合与创新，推进比较马克思主义研究向纵深发展，以博大胸怀学习和借鉴古今中外话语体系，为中国特色社会主义政治经济学话语体系的构建提供更多的理论参考和实践经验借鉴。

（三）立足中国经济发展实践，关注经济发展的新情况、新问题，为马克思主义政治经济学的发展贡献中国智慧

以科学马克思主义为指导的中国革命、改革和社会主义建设取得的成就举世瞩目，建立和发展了社会主义制度和社会主义市场经济。在中国经济步入新常态、经济社会双重转型和经济发展动力的稳态转换期，社会主义市场经济的发展和完善需要结合中国社会主义建设的历史过程和改革开放以来经济理论和实践的新发展，创新和发展当代马克思主义政治经济学①。中国特色社会主义政治经济学话语体系的构建必须基于中国经济社会发展的历史实践资料，运用历史和逻辑相结合的科学抽象法，用中国话语总结提炼中国理论、构建中国特色社会主义政治经济学话语体系，总结提炼经济学的中国规律，以历史逻辑的分析传统给中国特色社会主义政治经济学话语体系的构建融入中国元素，贡献中国智慧。

改革开放以来中国经济社会实践在马克思主义政治经济学的指导下创造了经济增长的“中国奇迹”，形成了“关于社会主义本质的理论，关于社会主义初级阶段基本经济制度的理论，关于树立和落实创新、协调、绿色、开放、共享的发展理念的理论，关于发展社会主义市场经济、使市场在资源配置中起决定性作用和更好发挥政府作用的理论，关于中国经济发展进入新常态的理论，关于推动新型工业化、信息化、城镇化、农业现代化相互协调的理论，关于用好国际国内两个市场、两种资源的理论，关于促进社会公平正义、逐步实现全体人民共同富裕的理论等”当代中国马克思主义政治经济学的许多重要理论成果。这些理论构成了中国特色社会主义政治经济学理论体系的基础，但是这些理论和学说显得非常零碎，并没有形成一套系统的、完整的、具有严密逻辑的中国经济学说②。因此，只有基于中国经济社会发展实践，创新中国故事的中国话语、构建和完善具有中国特色、中国风格、中国气派的中国特色社会主义政治经济学话语体系，用中国话语和话语体系全面系统总结中国社会主义经济建设中的经验教训，深入研究新常态下中国经济社会面临的新情况、新问题，用中国特色社会主义政治经济学话语体系把中国经验凝练为系统化的中国经济理论学说，建立系统的中国特色社会主义政治经济学。

---

① 卫兴华：《怎样理解和把握“发展当代中国马克思主义政治经济学”》，《政治经济学评论》，2016 年第 1 期。

② 华明：《为马克思主义政治经济学创新发展贡献中国智慧》，《红旗文稿》，2016 年第 2 期。

五大发展理念之共享发展研究①

韩玉玲②　赵凯丽③

（山东财经大学）

中共十八届五中全会提出了创新、协调、绿色、开放、共享的五大发展理念。党的十九大报告中又再次强调要坚定不移地贯彻以人民为中心的新发展理念，即共享发展是以人民为中心的集中体现，是五大发展理念之归宿，也是今后我国经济发展的出发点与落脚点。

一、共享发展的内涵

共享发展是党的十八届五中全会提出的五大发展理念之一，其内涵丰富。习近平总书记明确指出了它包括的四个方面，即全民共享、全面共享、共建共享以及渐进共享。它要求发展的受益者要包括各个行业、各个阶层、各个地区以及各个民族的全体人民，并共享经济、政治、文化和社会以及生态在内的所有发展成果。这就明确回答了发展为了谁和发展成果如何分配的时代课题，是中国共产党人对全面建成小康社会发展理念的又一理论创新。它既体现了马克思主义的与时俱进，也反映了中国共产党人对人类社会发展规律和社会主义建设规律认识的进一步深化，是当前中国全面建成小康社会、实现中华民族伟大复兴中国梦的基本遵循与行动指南。

1. 全民共享。正如习近平总书记所讲："共享发展是人人享有、各得其所，不是少数人共享、一部分人共享"④。恩格斯早在《共产主义原理》中也曾指出，必须"结束牺牲一些人的利益来满足另一些人的需要的状况"，使"所有人共同享受大家创造出来的福

---

①【基金】本文系国家社科基金项目"中国经济模式与中国经济学创新与转型研究"（项目编号：13BJL012）的阶段性成果。

② 韩玉玲，山东财经大学经济学院教授，经济学博士。

③ 赵凯丽，山东财经大学经济学院硕士研究生。

④ 习近平：《在省部级主要领导干部学习贯彻党的十八届五中全会精神专题研讨班上的讲话》，《人民日报》，2016年5月10日。

利"①。据统计，2017 年，我国城镇居民人均可支配收入 36396 元，农村居民人均可支配收入 13432 元。可见，农村居民的可支配收入远低于城镇居民。我国的分配不公问题比较突出，收入差距、城乡区域公共服务水平差距都较大。为实现全民共享，就是要不断把做大的"蛋糕"分好，在分"蛋糕"的过程中要注重公平，充分体现出社会主义制度的优越性，即社会主义可以而且应该让全民共享经济社会发展所带来的福利，并努力扩大中等收入者比重，特别是要加大对困难群众的精准帮扶力度，让辛勤的劳动者和建设者过上尊严体面的生活。

2. 全面共享。目前我国的人民需求已经不仅仅局限于对于物质财富的追求，而是已经更多的向精神领域倾斜。所以，习近平总书记指出："共享发展就要共享国家经济、政治、文化、社会、生态各方面建设成果，全面保障人民在各方面的合法权益。"② 具体讲，在经济方面就是要公正合理地分配社会物质财富、逐步缩小贫富差距，使全体人民沿着共同富裕的目标前进；在政治方面就是要保障人民依法享有生存和发展等权利，使人民当家作主；在文化方面就是要共享人类先进文明成果、提升人民精神文化水平，使其拥有实现全面发展的条件。在社会方面就是要健全社会保障体系和促进基本公共服务均等化，使人民都能过上安居乐业的美好生活；在生态方面就是要使人与自然和谐相处、节约资源、保护环境，要认识到绿水青山就是金山银山，使人民共享天蓝、地绿、水净的美好家园。

3. 共建共享。"共建"是"共享"的基础和前提；"共享"是"共建"的目的和方向。坚持共享发展，不仅要人人享有，也要做到人人参与、人人尽力、人人贡献。正如习近平总书记指出，"共建才能共享，共建的过程也是共享的过程。要充分发扬民主，广泛汇聚民智，最大激发民力，形成人人参与、人人尽力、人人都有成就感的生动局面"③。

4. 渐进共享。在改革开放之初，为了调动人民群众的积极性和提高经济效率，我国选择了一条"让一部分人、一部分地区先富起来"的发展道路，这在当时环境下有其合理性。但在经济高速增长的同时，我国也产生了贫富悬殊问题。所以，我国现在必须重新审视以往的发展道路，逐步推进共享发展。习近平总书记指出："一口吃不成胖子，共享发展必将有一个从低级到高级、从不均衡到均衡的过程，即使达到很高的水平也会有差别。我们要立足国情、立足经济社会发展水平来思考设计共享政策，既不裹足不前、铢施两

---

① 《马克思恩格斯选集》（第 1 卷），北京：人民出版社，1995 年版，第 243 页。

② 习近平：《在省部级主要领导干部学习贯彻党的十八届五中全会精神专题研讨班上的讲话》，《人民日报》，2016 年 5 月 10 日。

③ 习近平：《在省部级主要领导干部学习贯彻党的十八届五中全会精神专题研讨班上的讲话》，《人民日报》，2016 年 5 月 10 日。

较、该花的钱也不花，也不好高骛远、寅吃卯粮、口惠而实不至”①。

二、共享发展理念与全面建成小康社会

共享发展理念与全面建成小康社会是相辅相成的，是理论与实践的有机统一。

1. 共享发展理念是全面建成小康社会的价值引领。它回答了发展目标是什么和发展成果如何共享的问题，是全面建成小康社会的出发点和落脚点，从而印证了社会主义的本质要求，体现了中国共产党人全心全意为人民服务的宗旨。邓小平曾指出，让一部分地区先发展起来，然后先富带动后富，最终达到共同富裕。我们建设小康社会也是由“全面建设”发展到“全面建成”，从先富到共富，从不全面到全面。这也就是共享发展的过程，是推进全面建成小康社会的实践使然。

2. 全面建成小康社会是推进共享发展的实现路径。全面建成小康社会是战略目标，共享发展理念是其战略指引，必须科学把握两者的内在逻辑关系。当前，我国在全面建成小康社会的过程中，最关键的就是地区之间发展的不平衡、不全面，特别是农村地区和西部地区贫困人口的精准脱贫问题。全面建成小康社会的重点就是“全面”，即逐步缩小贫困地区同发达地区的差距，让社会上绝大多数人共享改革发展的成果。

3. 共享发展理念与全面建成小康社会的辩证统一和相辅相成。共享发展理念的实质是坚持以人民为中心，重点解决社会公平问题，目的是逐步实现共同富裕。全面建成小康社会就是要让全体人民在共建共享中有更多获得感，使其生活水平和质量得以普遍提高。共享发展理念的确立将为全面建成小康社会作出更科学的顶层设计，其相关具体要求也为全面建成小康社会提出更明确的目标和方向。所以，共享发展理念是全面建成小康社会的价值引领，全面建成小康社会是实现共享发展理念的实现路径，二者相辅相成。

三、共享发展的实质是坚持以人民为中心

习近平总书记强调：“要坚持以人民为中心的发展思想，这是马克思主义政治经济学的根本立场。要坚持把增进人民福祉、促进人的全面发展、朝着共同富裕方向稳步前进作为经济发展的出发点和落脚点”②。党的十八届五中全会明确指出，必须坚持发展为了人民、发展依靠人民和发展成果由人民共享。这一核心理念的实质就是坚持以人民为中心，逐步实现全民全面共享。

---

① 习近平：《在省部级主要领导干部学习贯彻党的十八届五中全会精神专题研讨班上的讲话》，《人民日报》，2016 年 5 月 10 日。

② 习近平：《在中共中央政治局第二十八次集体学习时强调：立足我国国情和我国发展实践，发展当代中国马克思主义政治经济学》，《人民日报》，2015 年 11 月 25 日。

1. 发展为了人民。马克思在《共产党宣言》中指出："过去的一切运动都是少数人的或者为少数人谋利益的运动。无产阶级的运动是绝大多数人的、为绝大多数人谋利益的独立的运动"①。坚持发展为了人民，是马克思主义终极价值在当代的集中体现，也是共享发展的出发点。坚持发展为了人民，就是坚持全体人民共享改革发展成果。这是全面建成小康社会的基本要求，也是"以人民为中心"思想的集中体现。我国在制定发展的目标时，要广泛听取群众呼声，接受广大人民群众提出的宝贵意见，充分考虑人民群众的需求；在发展过程中，要建立反馈调节机制，及时掌握发展动态，兼顾社会各个成员各个方面的利益。只有人民共同享受到发展成果，提高生活物质水平和精神境界，才算是真正的发展。

2. 发展依靠人民。马克思唯物史观认为，人民群众是历史的创造者，是推动社会进步的决定性力量；人民群众在创造历史的过程中，也在创造自身，使自身得到自由而全面的发展。我国自新中国成立以来之所以能取得如此大的成就，就是党和国家坚持群众路线，从群众中来，到群众中去，依靠人民群众中蕴藏的巨大改革动力。坚持发展依靠人民，最根本的就是尊重人民的主体地位，充分调动人民的积极性、主动性和创造性，从人民群众的实践中汲取发展的智慧和力量。

3. 发展成果由人民共享。这是共享发展的根本目的和建设中国特色社会主义的终极目标。正如习近平总书记所说："广大人民群众共享改革发展成果，是社会主义的本质要求，是我们党坚持全心全意为人民服务根本宗旨的重要体现。改革发展搞得成功不成功，最终的判断标准是人民是不是共同享受到了改革发展成果。"

四、共享发展需要作出有效的制度安排

党的十八届五中全会强调要"作出更有效的制度安排"，为坚持共享发展理念提供实现路径。

1. 坚持和完善社会主义初级阶段的基本经济制度。共享发展的制度基础是社会主义。实现共享发展的根本制度前提是坚持和完善社会主义初级阶段的基本经济制度，尤其是要坚持公有制主体地位和国有经济主导作用的不动摇。因此，坚持发展和壮大公有制经济，做强做优做大国有企业，是共享发展的制度保障和经济基础。我们要坚持社会主义初级阶段的基本经济制度，在实践过程中来体现出共享发展理念的价值取向。第一，必须坚持"两个毫不动摇"的政策主张，由于公有制经济较非公有制经济发展缓慢，因此，坚决拒绝大规模的私有化经济，尤其是要杜绝以发展混合所有制经济为目标的国有企业改革在实

① 《马克思恩格斯文集》（第2卷），北京：人民出版社，2009年版，第42页。

践中沦为私有化的可能性；第二，必须坚持按照社会主义市场经济的要求做强做优做大国有经济，即要求我们要按照社会主义价值原则对国有经济做出一定的战略调整，不断提升国有经济之于社会主义的意义与价值。

2. 坚持和完善社会主义初级阶段基本分配制度。建立合理、公正的共享发展分配机制，必须坚持和完善按劳分配为主体、多种分配方式并存的分配制度，加快形成体现公平正义要求、符合共享发展方向的收入分配格局。为此，我国要构建以“提低、扩中、调高”为导向的收入分配调节体系（所谓“提低”是指提高低收入群体的收入；“扩中”是指扩大中产阶级的规模；“调高”是指通过制定相关的政策调节高收入群体，保护合法收入，取缔非法收入），从而形成合理的收入分配格局，建成两头小、中间大的“橄榄型”收入分配结构。

3. 建立配套制度，切实保障共享发展理念的落实，即建立科学的决策机制、全面的保障机制和完善的监督机制。政府要综合运用法律和行政等手段进一步监管经济活动、规范收入分配秩序，整顿垄断和权力寻租等不合理收入；要把共享发展纳入各级领导干部的政绩考核体系，使其能够真正为民办实事、为民办好事、为民谋发展，切实维护好最广大人民的根本利益；要逐步建立以权利公平、机会公平和规则公平为主要内容的社会公平保障体系，努力营造公平的社会环境，以保证人民的平等参与和平等发展权利。

五、共享发展的目标是全面共享发展成果

2015 年 2 月，习近平总书记强调，要“把改革方案的含金量充分展示出来，让人民群众有更多获得感”①。马克思曾经指出：“人们奋斗所争取的一切，都同他们的利益有关。”② 人们追逐利益，必然会先追求物质利益，但当人们最基本的物质利益得到满足之后，就希望有更多更高层次的获得感。随着我国改革开放的不断深化、党的惠民政策的不断实施，人民群众对物质利益以及更高水平的追求是多层次与高端化的。这种需求与满足需求的双向互动就成为不断推动着我国经济与社会不断发展的巨大推动力。

保基本与补短板，兜底线和促公平，都是让人民群众共享改革发展成果，也是推动发展的根本目的。因此，我们必须要围绕实现社会公平正义，以保障改善民生为出发点和落脚点，大力实施脱贫攻坚工程，在就业、教育、卫生和社会保障等各方面加大投入，努力改善社会治理体制，让改革发展成果更多、更公平、更实在地惠及广大人民群众。

第一，要注重就业领域的问题，着力解决结构性失业以及摩擦失业，落实好高校毕业

① 《习近平主持召开中央全面深化改革领导小组第十次会议强调：科学统筹突出重点对准焦距，让人民对改革有更多获得感》，《人民日报》，2015 年 2 月 28 日。

② 《马克思恩格斯全集》（第 1 卷），北京：人民出版社，1995 年版，第 187 页。

生就业促进计划和创业引领计划，统筹做好国有企业改革、化解过剩产能企业职工下岗再就业的问题。第二，缩小城乡居民收入差距，坚持实现居民收入增长和经济增长同步、劳动报酬提高和劳动生产率提高同步。第三，大力发展教育事业，继续推行科教兴国战略和人才强国战略，不断深化教育领域的各项改革，全面实施素质教育，解决好贫困家庭学生的学费问题。第四，提高全民健康水平，加强人民身体素质。要全面深化医药卫生体制改革和公立医院综合改革，加大重大疾病防治和职业病防治力度，倡导健康生活方式，提高全民健康水平。第五，建立公平的社会保障制度，实施全民参保计划，搞好合作医疗并健全政府保障和市场配置相结合的制度，满足困难家庭基本需求。

/第二部分/

西方经济理论研究

中外两种不同的经济新常态

程恩富①

（中国社会科学院）

西方各种经济危机和“经济新常态”是资本主义制度及其各类矛盾发展的必然结果。面对危机后西方主要国家的国民经济迟迟无法繁荣的局面，西方不少专家学者纷纷使用“经济新常态”一词，来悲观地描述现状和展望未来经济。而我国在迅速应对危机影响和冲击后，化西方危机为中国机遇，主动进入朝气蓬勃发展的“经济新常态”。西方资本主义经济新常态与中国特色社会主义经济新常态有不同的现实表现、制度特点和政策理念。

——两种经济新常态不同的现实表现。

一是增长速度比较。世界银行2008—2016年数据显示（按不变价计算），美国GDP平均增长率为1.3%（美国商务部经济分析局数据2017年第一季度GDP增长率为1.4%）；日本GDP平均增长率为0.4%；欧洲联盟GDP平均增长率为0.6%。而我国在持续30多年的高速增长后，2013—2016年的年均增长率为7.2%，平稳地实现从高速增长转向中高速增长。

二是失业状况比较。根据国际货币基金组织数据，2008—2015年美国平均失业率为7.56%，2016年的失业率估计值为4.85%；2008—2015年欧洲联盟平均失业率为9.47%，2016年的失业率估计值为8.53%。而近几年我国城镇失业率只有约4%，“就业”表现被瑞士洛桑国际管理学院发布《2017年度世界竞争力报告》列为全球63个主要经济体中首位，就业综合状况相对最佳。

三是政府债务比较。美国等资本主义国家用巨额财政资金救助亏损的私人垄断企业，使政府债务不断攀升。美国政府债务占国内生产总值的比重从2006年的61.8%上升到2016年的106.1%，欧元区的这一比重从67.4%上升到89.3%，日本政府债务占GDP的比重2016年超过250%。而截至2016年末，我国中央和地方政府债务余额为27.3万亿

① 程恩富（1950—），男，上海人，上海财经大学马克思主义研究院院长、海派经济学研究中心主任、博士生导师。

元，政府负债率为 36.7%，大大低于美欧日等西方国家。

四是实体经济比较。根据经合组织数据，2008—2014 年美国农林牧渔业、工业（含能源工业）、建筑业、实体服务活动（分配贸易、维修、运输、住宿和食品）以及信息和通讯业等实体产业增加值之和占总增加值百分比的平均值为 44.5%；日本该指标为 53%，欧洲联盟该指标为 51.3%，而 2008—2013 年中国该指标（信息和通讯业增加值占总增加值百分比尚未被统计在内）的数值为 73.17%。金融资本体系掌控西方国家的经济命脉，过度金融化的“脱实向虚”，致使实体经济萎靡不振。

五是收入消费比较。根据经合组织数据，2008—2014 年美国家庭债务占可支配收入的平均比率为 130.18%；2008—2013 年日本家庭债务占可支配收入的平均比率为 122.5%。西方国家 1% 超级富豪的财富和收入急剧增加，普通家庭的债务普遍增加，阶级阶层固化。美国 1% 的最富家庭占有全国家庭净资产的 1/3，较富的 9% 的家庭又要占有 1/3；美国最富有的 1% 阶层的收入占全国总收入的比重，从 1978 年的 9% 上升到近年来的 20%。前几年波及约 80 个资本主义国家的“占领华尔街”国际运动，就强烈要求改变“1% 与 99% 贫富对立”等不平等现象。这与近年我国限期精准扶贫、中等收入家庭增长较快、城乡居民大都有产权住房、户均资产大大超过美国等情况，是根本不同的。我国 2013 年、2014 年和 2015 年我国城镇居民人均消费支出占人均可支配收入的百分比分别为 69%、69% 和 70%；2013 年、2014 年和 2015 年我国农村居民人均消费支出占人均可支配收入的百分比分别为 81%、80% 和 79%，经济增长和发展同城乡居民的收入增长大体呈现同步态势。

六是福利保障比较。西方国家不同程度地削减劳动者的教育、医疗、养老等福利和保障。美国缩减公立大学教育经费，共和党医保议案是大幅减税、大幅削减联邦政府的医疗保健支出，势必使没有医保的国民增加。德国、葡萄牙、荷兰等国也相继减少医保投入。2016 年 3 月在法国巴黎爆发由修改劳动法引发的抗议示威活动，演变为全国 70 多个城市的“黑夜站立运动”，甚至蔓延到邻国和加拿大等非欧洲国家，中心就是反对降低社会保障和社会福利以及不利于劳动者的改革措施。这与近年我国大规模增加教育经费、不断提高最低工资和城乡医保水平，以及优惠老年人等现象，形成鲜明的对照。

——两种经济新常态不同的制度特点和政策理念。新自由主义的资本主义与中国特色社会主义存在经济制度和政策思路的重要差异。

一是前者主张完全私有化，将公共设施、教育和涉及国计民生的国有企业私营化；而后者强调公有制为主体、国有制为主导、多种所有制共同发展的基本经济制度，在发展混合所有制过程中做强做优做大国有企业，积极发展集体经济和合作经济，同时引导和发挥非公经济尤其是私人小微企业的重要作用，从而实现公私企业并进的双重经济绩效。可见，那种只重视非公经济的重要作用，而忽视或贬低国有经济和集体经济的主体作用的观点，是无益于提高全社会经济绩效和经济公平的。

二是前者主张完全市场化，过度放松对经济和金融的管制，政府不再对宏观经济进行积极的有效调控；而后者强调更好地发挥市场在一般资源配置中的决定作用，更好地发挥国家在宏观调控和微观规制中的重要作用，从而实现以提质增效为中心的市场与政府双重调节功能。可见，那种要求一切物质、文化、教育、科技、医疗、住房和服务等资源均由市场决定（即企业决定）的唯市场化和泛市场化的观点，是无益于统筹协调个人、企业与国家之间多种利益关系和经济社会发展规划目标的。

三是前者主张完全自由化，维护美元霸权为支点的经济全球化和自由化，反对建立国际经济新秩序；而后者强调构建人类命运共同体和各国利益共同体，引导国际社会共同塑造国际经济新秩序和国际经济共同安全，从而引领以“一带一路”为示范的合作共赢的新型经济全球化。可见，那种单纯经济融合和经济接轨的对外开放套路，是无益于贯彻参与全球经济治理、引领经济全球化和更好地接近世界经济舞台中心的新思想新战略的。

四是前者主张福利个人化，在大幅度减少私人垄断企业税收和增加军费的基础上压缩公民的社会福利，要求公民个人自己承担原有的部分社会福利；而后者强调以人民为中心的发展思想，不断提升全体人民的社会福利水平和生活质量，从而实现经济社会与收入福利同步增长的包容发展。那种不赞成逐步增加政府和企业承担的社会福利与社会保障的观点，是无益于逐渐建成高水平的社会福利制度和福利国家的。

五是前者主张贫富分化，通过垄断企业和政府共同削弱工会力量，促使资方完全控制劳方的收入增加，并减少垄断企业的税收等，不断扩大社会财富和收入的分配差距；而后者强调按劳分配为主体、多种分配方式并存的基本分配制度，积极推进脱贫致富、共同富裕和共享成果的新理念，从而实现改善民生就是发展的新谋略。那种偏离按劳分配为主体和先搞贫富两极分化、再搞共同富裕的观点，是无益于推进共同富裕、共同享受和共同幸福大方向的。

简评《吴易风文集》

丁冰[①]

（首都经济贸易大学）

著名马克思主义经济学家、中国人民大学一级教授博士生导师吴易风同志于2015年1月出版了他一生心血的结晶，10卷本《吴易风文集》（以下简称《文集》）。这是值得经济学界热烈庆贺的盛事。习近平同志最近斩钉截铁地断言："从世界社会主义500年的大视野来看，我们依然处在马克思主义所指明的时代。""马克思主义就是我们党和人民事业不断发展的参天大树之根本，就是我们党和人民不断奋进的万里长河之泉源。"又说："回应现实需要，深入总结中国特色社会主义实践更好实现马克思主义基本原理同当代中国具体实践相结合，同时也要放宽视野，吸收人类文明一切有益成果，不断创新和发展马克思主义。"[②] 吴易风教授的专业是从事西方经济学教学与研究的，但他同时也熟稔马克思主义经济学，是坚持以马克思主义的立场、观点和方法，特别是马克思主义经济学为指导去研究分析西方经济学的。因而他《文集》的全部内容都恰好能适应习近平同志上述指示和号召的要求，是当前我国人民和高校师生、广大干部深入研究学习马克思主义经济学和西方经济学难得的、高水平的参考书。

我和吴易风教授因工作关系，可以说是已相识相知近半个世纪的亲密战友，他的道德文章是我比较熟悉和素所佩服与敬重的。但现在通读他10卷本的鸿篇巨制，仍令我十分震撼，恍若是第一次接触他的著述那样的新鲜和引人入胜，爱不释手。

纵观《文集》10卷，大体可以分为四个相互关联的主题：一是关于马克思主义经济学的研究；二是关于西方经济学的研究；三是关于经济理论与经济现实的研究；四是关于马克思主义与西方经济学比较研究。而贯穿内涵于这四个主题之中的有五大理论特点或亮点是其最精彩之笔。

第一，理论的系统性。

这首先表现在《文集》对作为马克思主义经济学重要来源的英国古典经济理论和空想

---

① 丁冰，首都经济贸易大学教授。

② 习近平在中共中央政治局第43次集体学习会上的讲话，载《人民日报》2017年9月30日第1版。

社会主义理论的系统研究上。特别是对前者的系统研究及其成果都更加出色，被排列《文集》之首，并以整整一卷共50余万字的篇幅予以重点论述，足见其重视之程度。在论述中的结构体例上与一般史学家以人物为主皋不同，而是以更为清晰的经济原理范畴为主线，同时与人物的相关思想相结合的方法安排。仅此一点，就使人有耳目一新之感。更重要的是对各个古典经济学家经济思想的深入考证、分析和准确的评价，都有许多独到创新性的贡献。如作者把古典经济理论历史科学地划分为产生时期、发展时期、完成时期，对其中从配第到斯密之前的休谟为止的产生时期，包括洛克、诺思、康替龙、范德林特、斯密的"那位匿名的前辈"、马西、休谟等一系列重要人物，在以往同类著作中或者被忽略，或者语焉不详。在《文集》中则给予较全面深入分析，使各自获得了应有的学术历史地位和正确评价。不仅如此，《文集》还对个别历史评价有误的现象给予澄清。例如，对詹姆斯·斯图亚特（1712—1780年），按马克思观点，本应属古典学家，但国外学者过去长期都一直断言他是重商主义者。《文集》则按马克思的观点，改属英国古典学派，认为他"对英国古典价值理论最大贡献，是他关于生产商品的劳动具有二重性的天才猜想（《文集》第一卷第77页）"。马克思说："把商品归结为二重形式的劳动……是古典政治经济学一个半世纪以上的研究得出的批判性的最后成果。"①因此，把斯图亚特视为古典经济学家是比较合适的。

《文集》理论的系统性，还突出表现在对新世纪海啸式国际金融经济危机的系统研究分析上。国内学者对这次危机研究的文献著述，可以说汗牛充栋，为数不少，但属上乘者不多，全面系统的上乘之作就更少。吴易风教授的《资本主义市场经济系统性危机和西方经济思潮新动向》（《文集》第七卷）可以说是这极少数的上乘著作之一。他以大量翔实典型的事实数据为依据，系统深入分析了危机的根源、起点，以及何时和如何从次贷危机发展为银行危机、全面金融危机，又延伸为经济衰退危机和债务危机的每个节点，都作了有说服力的分析与判断。同时又把这次危机对整个社会和上层建筑的影响联系起来进行深入分析，最后得出了这次危机是一次经济危机、社会危机、政治危机、意识形态危机的再完整正确不过的结论。

第二，理论的彻底性。

判断一个理论是否正确的标准之一，是要看它在逻辑推理上是否彻底，能否一以贯之。吴教授的理论研究是坚持以马克思主义的立场、观点、方法为指导进行的。这个指导思想就成了他理论研究的逻辑的起点和前提，并在推理过程中也始终坚持不渝，因而就能得出科学的正确结论。例如在对政治经济学研究对象的问题上，在马克思主义者阵营和教科书中就存在歧义。有的认为是研究人们的社会生产关系即经济关系；有的认为是研究生

① 《马克思恩格斯全集》第13卷，北京：人民出版社，1962年版，第41页。

产力与生产关系相结合的生产方式；甚至有的认为生产力也是政治经济学研究的对象。吴教授则力排众议，认为这些意见或者是有片面性，或者是逻辑混乱，或者本来就是马克思所反对的观点。因此他坚决主张教科书在对象的定义上要“复归到马克思的定义上去”。（《文集》第三卷第2页）

马克思说：“我要在本书（指《资本论》）研究的，是资本主义生产方式以及和它相适应的生产关系和交换关系。”① 即认为政治经济学研究的对象是生产方式和与之相应的生产关系或经济关系。如何正确理解马克思的这个定义？吴教授认为关键在于理解马克思的生产力—生产方式—生产关系原理。他根据马克思一系列论述令人信服地表明：“在马克思那里，生产力—生产方式—生产关系三个范畴之间既不存在替代关系，也不存在包容关系。”（《文集》第三卷第6页）马克思所说的“资本主义生产方式”是指生产的资本主义的社会形式，即资本主义条件下雇佣劳动和资本相结合以生产人们所需要的物质资料的特殊方式。这样，吴教授便合乎逻辑地清晰说明了马克思关于研究“对象”定义的准确含意：一是研究生产方式、二是研究与生产方式相适应的生产关系、三是生产力不是经济学研究的对象，但却是决定生产方式的条件和基础，即一定的生产力便决定一定的生产方式。因此，生产力与经济学研究对象之一的生产方式是有联系的，但它本身绝不是其研究的对象。马克思说得很清楚：“政治经济学不是工艺学。”② 生产力则属于工艺学研究的范畴。可见，在上世纪80年代国内有的学者把生产力视为经济学研究的对象来大肆炒作是没有什么道理的；另外有的指责马克思定义中没有对资源配置的研究，也是没有道理的。因为作为最重要的生产资源——劳动力和生产资料——的配置问题，已包含在生产方式范畴之内了。可见，在研究对象的问题上，吴教授由于理论的彻底性，严格遵循马克思的论述和立场、观点、方法，就得出了令人满意的正确结论，从而澄清了许多混乱思想，为马克思主义政治经济学的健康发展作出了重要贡献。

第三，理论的坚定性。

理论的坚定性是以理论的彻底性为前提的。就如在政治经济学研究的对象问题上，吴教授由于理论的彻底性而得出的正确意见，不仅澄清了国内学界有关的混乱思想，而且与现代西方经济学的研究对象也划清了界限。

上世纪30年代以来的现代西方经济学家，一般都把生产资源的配置视为经济学研究的对象。具有代表性的说法是，1932年英国经济学家莱昂内尔·罗宾斯说：“经济学是一门研究作为目的和具有不同用途的稀缺手段之间关系的人类行为的科学”。③ 这表明他们

① 《马克思恩格斯全集》第23卷，北京：人民出版社，1979年版，第8页。

② 《马克思恩格斯全集》第46卷上册，北京：人民出版社，1979年版，第23页。

③ 莱昂内尔·罗宾斯：《政治经济学的性质和意义》，伦敦：麦克米伦，1935年版，第16页。

是以研究人与物、物与物之间的关系，而不涉及人与人之间的生产关系或经济关系。尽管罗宾斯的定义会涉及企业与企业之间的关系，但却绝不研究资本家与雇佣劳动之间剥削与被剥削的这个资本主义生产中最基本的关系，相反却极力回避这个问题，从而成了为资本主义永恒论辩护的工具。

现我们再把西方经济学的研究对象与前述马克思经济学的研究对象相比较则可看出，后者不仅要研究前者所说的资源配置问题，而且还要研究更为重要的生产方式（此中已内含有资源配置）及与之相适应的生产关系或经济关系。这就是马克思主义经济学与现代西方经济学在研究对象上的根本区别所在。由此也就决定了这两种经济理论体系有原则区别。吴教授说："任何一种经济学或政治经济学理论体系，只要把生产方式以及与之相适应的经济关系排除在研究范围之外，就不可能是真正科学的理论体系。"而"把研究范围退缩到资源配置这个角落的西方经济学，充分暴露出了它的阶级性和科学性的矛盾"。（《文集》第六卷第169页）从而也就必然表现出资产阶级的西方经济学理论体系与代表无产阶级利益的阶级性和科学性高度统一的马克思主义经济学理论体系的根本对立。

当然，吴教授在坚持这两种经济学理论体系的根本对立的同时，也清醒看到西方经济学有二重性。他说："应该用唯物辩证法一分为二的观点，对它进行科学的、全面的分析，分析哪些是意识形态成分，哪些是在特定条件下有实用性的成分。对于前者要进行必要的批判和揭露；对于后者要考虑借鉴和吸收。"（《文集》第六卷第170～171页）为此，他不仅在对西方经济学进行专题研究的论著、文章和编著的教材中始终坚持"一分为二"的观点，而且在上世纪八九十年代以来，面对新自由主义对我国进行猖狂进攻之际，更是义无反顾地挺身而出，以马克思主义为武器进行分析批判。

例一，关于访俄报告。当苏东巨变后，受苏东资本主义复辟的影响和西方新自由主义思潮的侵蚀，国内思想呈现相当混乱的形势下，《高校理论战线》1995年第11、12期连载了吴教授在同年九月访问俄罗斯报告的著名文章：《俄罗斯经济学家谈俄罗斯经济和中国经济问题》（收入《文集》第九卷）。它翔实地记录了俄罗斯的私有化过程及其影响，表明"新自由主义经济学给俄罗斯带来了一场空前的大灾难"；并且如实转述了俄国经济学家克洛茨沃格语重心长的忠告："中国过去在十月革命后'以俄为师'，那时俄罗斯是胜利者，取得了革命的胜利。现在，我建议中国的同志这一次仍'以俄为师'，只是我们这次不是胜利者，而是失败者。"（《文集》第九卷第201页）。文章发表后，社会反应十分强烈，褒贬不一，但绝大多数都认为是给社会混乱思想的一副清醒剂。

例二，对科斯产权理论的批判，吴教授总是冲锋在前的。20世纪90年代初，新自由主义的新制度学派的主要代表人物罗纳德·科斯（1910—2013年）于1991年获得诺贝尔经济学奖，名声大振，其首创的所谓科斯产权理论和科斯定理，也就随势风靡全国。加之，自称是科斯弟子的张五常乘势推波助澜，积极窜入我国大江南北，掀起一阵鼓吹科斯理论实即私有化的“张五常热”。我国一些人也自觉不自觉地卷入这场私有化大合唱之中，声称要把国企“产权量化到个人”，而且要“靓女先嫁”。面对如此严峻形势，吴教授多次作报告、接受记者采访、写文章，鞭辟入里地狠批科斯理论。① 更可贵的是，为了彻底揭穿所谓科斯是世界首创产权理论的神话，吴教授通过对马克思理论宝库的深入挖掘研究，终于发现“马克思系统地研究了经济领域的生产关系和相对应的法律领域的财产关系，研究了与财产有关的法的权利”。“国外比较尊重事实的经济学家……对马克思和西方产权学派的产权理论进行比较时说：‘马克思是第一位有产权理论的社会科学家’”。（《文集》第八卷第64页）不仅如此，他还指出，马克思认为产权所包含的所有权、占有权、使用权、支配权、经营权、索取权、继承权、不可侵犯权等一系列权利，可以统一，也可以分离，分离属于不同的主体。因此，“按照马克思的所有制理论和产权理论，从社会主义制度的基本要求出发，从我国当前社会的物质生产力水平出发，社会主义市场经济的生产资料所有制必须坚持以公有制为主体，多种所有制共存；相应地，在产权方面，必须坚持以公有产权为主体，多种产权制度并存”，从而得出了与由科斯产权理论得出的要把国企产权“量化到个人”的私有化主张大相径庭。尽管吴教授对马克思产权理论的重要发现未能阻滞当时来势强劲的私有化浪潮，但他的发现本身就不能不说是对弘扬、运用马克思理论的一大贡献；也不能不说是他自己在坚持马克思主义理论上的彻底性和坚定性。

例三，在上世纪90年代中后期国内经济学界围绕如何建立我国社会主义市场经济、是否要坚持四项基本原则这个中心而展开争论之际，吴教授发表了一系列脍炙人口的坚持马克思主义立场、观点，坚持四项基本原则的文章、访谈。随后于2000年5月汇集成册以《当前经济理论界的意见分歧》书名出版（其主要部分收入《文集》第八、九卷）。在争论中，吴教授准确地把这场争论的主要分歧归结为：关于市场经济和基本经济制度的关系、关于所有制、关于分配制度、关于市场机制和宏观调控的关系等与政治经济学基础理论上的分歧紧密相联的四个方面的问题。而学界有的却认为，“经济学的基础理论本身具有普遍的、一般的科学意义，是无国界的、无‘阶段性’、无‘阶级性’的”，因此，不应该有中国特色基础理论。吴易风则旁征博引，以大量事实为依据，坚决驳斥了这种违反马克思主义基本原理和常识的观点，从而充分证明了，我国当前必须坚持以公有制为主体，同时允许和鼓励多种经济共同发展，反对私有化的主张，也反对在“非国有化”“民营化”等各种名义下搞变相的私有化。

---

① 详见吴易风：《西方产权理论和我国的产权问题》（《文集》第八卷）、《产权理论：马克思科斯的比较》（《文集》第十卷）、《“张五常热”解析》（《文集》第九卷）等等。

例四，将马克思主义经济学与西方经济学进行比较分析。这实际就是以马克思主义为指导，实事求是地以“一分为二”的科学态度对待西方经济学。因而这种分析方法本身就充分体现了一个学者对忠诚于马克思主义理论的坚定性。吴教授在《文集》中这种分析方法比比皆是。他最推崇老一辈著名经济学家陈岱孙教授的题词：“弘扬马列、锐意求新、借鉴西学、体察国情”，就体现了这种坚定性精神。他的推崇，不仅见诸文章（见《文集》第十卷首篇），而且在他担任会长的中华外国经济学研究会的大会小会上，都反复强调，予以弘扬。他的《比较理论经济学》（《文集》第十卷）更集中体现了这种精神。据我所知，尚有未收入《文集》而由他主编的三卷本《马克思主义经济学与西方经济学比较研究》，是一部洋洋2556000字的鸿篇巨制和学习研究西方经济学的百科全书，也充分体现了这种精神，进一步充分说明吴教授坚持马克思主义理论的彻底性和坚定性。

第四，理论的实践性。

理论最可贵的品格和意义在于它要联系实际，指导实践，预见未来。《文集》中的大量论述都是十分重视这一点的，特别重视与我国当前特色社会主义建设事业紧密联系起来，或者是如上述，对于不利于其健康发展的言行予以揭露批评；或者是对更有利于其健康发展的政策措施积极提出建议。例如1985年，为了保护居民收入不因价格调整而下降，曾提出实行收入指数化方案；1994年，为了确保公有制的主体地位，提出成立国有资产管理委员会的建议；1997年，提出明确规定社会主义市场经济基本特征的建议；1998年，提出关于国有企业改革和脱困的基本思路和政策并制止出售国有企业成风的建议；2003年，提出积极探索我国扩大内需的根本途径和措施的建议；2004年，提出不能让新制度经济学产权理论误导中国国有企业企业产权改革的建议；2005年，提出成立权威性的国民经济综合平衡研究机构，负责向中央和国务院报告国民经济综合平衡出现的问题并提供政策方案的建议等等。其中有的已被当局采纳或参考，有的至今或许也还有参考价值。

第五，理论的创新性。

这是《文集》中最闪亮之点。以上所述，实际就已涉及许多创新性的内容，如关于对新世纪海啸式金融危机的完整系统论述、复归马克思关于政治经济学研究对象的本意、发现马克思产权理论的创立等等。这里还须补充的是，吴教授在研究分析批判西方经济学的过程中，或者是为了寻找批判的武器，或者是从中受到启发，或者是二者兼而有之，还对马克思主义经济学作出了更加引人注目的创新性贡献。主要是：

1. 发现马克思最早地建立起科学的经济增长理论。在西方经济学的经济增长思想史上，一般认为，从古典学派的亚当·斯密开始就有了经济增长的思想；后来经过以哈罗德—多马增长模型和索洛增长模型为代表的增长阶段而得到很大发展。如果说过去很长时间的增长论都认为经济增长主要取决于劳动和物质资源，那么从上世纪80年代中期出现的新增长论，则认为增长主要取决于人的智力资源，并把知识技术进步视为经济系统的内生变量，因此又称为内生经济增长论。吴教授发表了一系列论文（收入《文集》第十、六卷）对这西方增长理论进行了系统研究，并把它与马克思的经济增长理论进行比较分析发现：在经济增长理论史上，马克思第一个系统地制定了科学的经济增长理论，即在《资本论》中的社会资本再生产和流通理论；在经济思想史上，马克思第一个将静态分析动态化、短期分析长期化，建立了第一个经济增长理论模型。这些是连务实的西方经济学家都不得不承认的事实。

2. 在分析方法上建立起一系列马克思经济理论的数学模型。在经济学的分析方法上，吴教授始终坚持认为，马克思主义的唯物辩证法和历史唯物主义是最主要、最科学的分析方法，特别是作为历史唯物主义重要组成部分的阶级分析方法是至关重要，必不可少的。而现代西方经济学在这阶级分析问题上却讳莫如深（见《文集》第六卷第116～117页），以致使其不可能成为科学。但它也有其数学分析法的相对长处。马克思虽然也很重视和运用数学分析，他的《资本论》由于受当时数学还不很发达的历史局限，在这点上与现代西方经济学比较起来仍相对较弱，并因此而成为西方学者用以贬损《资本论》的借口。这个借口当然是完全没有道理的。为了更好地捍卫和丰富发展马克思主义经济学，吴教授则经过深入研究主编出版了《马克思经济学数学模型研究》一书（收入《文集》第四卷），建立起一系列马克思经济理论的数学模型，填补了马克思主义经济学中的一大空白。这当然也说明了吴教授很重视数学分析，但他同时也很反对滥用数学。他认为“数学本身不能创造任何经济理论，不能创造任何经济范畴和规律”。“在经济学中运用数学时，要使结论正确，首先要求前提正确。……数学可以给错误的经济理论披上科学的外衣，使读者不易识别它的伪科学性，但不能赋予错误理论以科学的内容”。因此，“在经济理论研究中不能滥用数学。”（《文集》第六卷第172页）

综上可见，10卷本《文集》是一部关于研究马克思主义经济学与西方经济学的不折不扣、内容丰富、很有特色和科学的优秀经济学著作。如果说作为中国特色社会主义指导思想的马克思主义经济学理论体系与西方经济学的理论体系是对立的，那么，在经济学领域里，《文集》的内容就足以证明，吴易风教授是我国少有学贯中西的坚定马克思主义者和杰出的马克思主义经济学家。

2017 年约翰·贝茨·克拉克奖得主戴夫·唐纳森学术思想评述

王今朝[1]　叶贝贝
（武汉大学经济发展研究中心）

一、戴夫·唐纳森的生平、工作领域

唐纳森 1978 年 4 月出生于加拿大多伦多，现同时拥有加拿大、英国和美国三国国籍。2001 年，他在牛津大学（三一学院）物理系获得物理学硕士学位，随后进入伦敦经济学院学习，于 2003 年获得经济学（荣誉）硕士学位，2009 年获得经济学博士学位，同年，受聘为麻省理工学院经济系助理教授。2014 年，唐纳森转入斯坦福大学经济系，并获得终身轨道制副教授职位。唐纳森同时还是斯坦福大学弗里曼·斯泼格里（Freeman Spogli）研究所的高级研究员和政治学系的兼职教授（Courtesy Professor）。这样的学术背景帮助他在学术上发表了大量数理、数量的研究成果。

二、唐纳森的“成功学”：一种推测

唐纳森很早就对买卖双方的距离和铁路的经济意义形成了兴趣，对于贸易理论的兴趣大概就是由此培养起来的。指出这个路径依赖问题对于中国年轻学者的成长极为重要。本文第一作者对此是深有体会的。第一作者早在高一时就阅读《毛泽东选集》四卷，从而对中国社会经济发展得到了相比一般人更多的了解，也因此，他想，在当代中国，想要做好社会科学，非得有较好的自然科学知识，这是他报考武汉大学数学系的思想根源之一。第一作者转行到经济学，博士毕业后在武汉大学西方经济学专业从事教学和研究工作，对西方经济理论自然有了很多了解，早在攻读博士期间就教授过中级微观经济学，近些年又曾经教授或多次教授高级宏微观经济学理论。但他对于政治经济学的研究起自于对中国问题展开的一系列合作研究（见龙斧、王今朝，2009；王今朝，2009）。正是在这些研究中，本文第一作者突然悟到，可以用数学的方法来展示马克思的供求不决定价格的思想，这就

---

① 王今朝，武汉大学经济学系、经济发展研究中心、战略决策研究中心经济学教授。

是王今朝、龙斧（2011）的内容。有了这类经验，唐纳森的成功之路就不难理解了，而对唐纳森的贡献就不难衡量了。

三、唐纳森的国内贸易理论

（一）国内贸易成本变化的问题

在国际贸易中，关税是一种重要的贸易成本，运输成本也存在。而在国内贸易中，没有关税，只有运输成本。于是，运输成本就成为唐纳森国内贸易研究中的重要变量了。而且，美国高速公路收费极低，美国铁路更没有类似中国高速公路那样的收费站，识别出这个变量并不困难。严格地说，中国高速公路的收费不能全叫运输成本，因为它太高了，不是因为运输需要而支付了。

识别出运输成本后，运输成本的变化就变得重要了。中国地形复杂，有的地方地处大山之中，把产品运出来的成本几乎是无限大。中国正是在这样的背景下大力发展一些交通基础设施。美国的地形与中国的地形有所不同，但在交通基础设施的建设降低运输成本上与中国是有共性的。

美国的远程交通基础设施主要是由铁路、高速公路和航空构成。水运的自然条件依赖性太强。而铁路建设在美国经济发展过程中曾经喧嚣一时，早就引起了经济史学家的注意。铁路建设不仅具有不可分性，而且具有网络效应。唐纳森、霍恩贝克（Donaldson，Hornbeck，2016）提出了“市场准入”这一概念，并用这个概念来表示铁路网对每一个市的总影响。所谓市场准入，就是铁路在一定时间里到达某个城市的最低成本。很显然，这个成本越低，另一个城市的产品进入这个城市就越容易，于是两个城市之间的贸易就越顺畅。这个最低成本可以看作是一种市场距离。然而，就交通基础设施来说，这种市场距离并不是在任何城市之间都越小越好。这是因为不同城市具有不同的经济价值。很显然，在经济价值大而且产品结构不同的城市之间建设铁路才是合乎经济理性的。所以，唐纳森他们使用19世纪美国市级农业用地价值的数据，来对美国铁路网的结构进行分析，从而来保证他们的市场准入的概念具有经济上的显著性。相对当下研究中普遍关注的“本地铁路密度”，这个研究无疑是一种改进。一个经济落后的地区过早地发展过密的交通基础设施很可能是一种浪费。他们的这个概念对于研究美国经济适用，对于打破中国已经过度使用的“要想富先修路”的思维也是有好处的。

（二）国内贸易成本变化的影响

1. 国内贸易成本变化对 GNP 的影响

福格尔（Fogel，1964）认为，铁路建设对于美国经济的影响是很微弱的。唐纳森的系列研究实际上是重新思考了福格尔关于美国铁路提出的问题。研究结果表明，假如没有铁路，美国的 GNP 会比按照福格尔的“社会储蓄”方法估计出来的结果下降得更多，而不是相差不多。

唐纳森、霍恩贝克（2016）借鉴了福格尔的反事实研究思路，他们认为市场准入改善带来的经济增长最终会体现在农业用地价值的增加上，并且实证检验了市场准入环境（有无铁路）与农业用地价值的关系。通过这一方法的论证，唐纳森等人认为，铁路的发展对农业部门非常重要，铁路的经济效益远比福格尔方法估测结果要大。

外国的问题留给外国人考虑吧！对于中国而言，更为重要的是要认识到，基础设施领域相对产品（如飞机、汽车、电脑、手机）生产带来的经济利益是更小的。因此，在一定限度内修建交通基础设施是有好处的，但过度投资交通基础设施就变成不理性了。

2. 国内贸易成本变化对地区间价格差异的影响

有了上述的理论，很容易把它们做一些延伸。比如，在交通基础设施极端匮乏国家，市场一体化程度会怎样？老实说，这个问题有许多学者在研究。早就有西方学者用东北玉米在东北的价格和在广州的价格差来衡量中国的市场一体化程度。其实，在这个意义上，早在中国计划经济时期，京哈铁路和京广铁路的贯通就初步使中国形成了全国性的市场。而在私有化之后，用价格差来衡量由交通基础设施所推动的市场一体化会产生偏差。这是唐纳森希望加以解决的。

3. 国内贸易成本变化对饥荒的影响

如果说，地区间的价格差异还是发达国家与发展中国家的共性问题，那么，饥荒则是发展中国家特有的现象。饥荒在经济学中得到了很多研究。人类经历了很多饥荒，就像经历了很多次通货膨胀一样。但是，可能人类本来可以经历更多饥荒的。特别是，在经济落后国家，雨水灌溉是农业生产中所依赖的唯一手段，它受天气变化的影响非常大，因此农业生产面临着来自天气变化的巨大的不确定性冲击。于是，产生了一个问题，除了如中国 20 世纪五六七十年代由政府主导来大修水利之外，即那些本来可能发生却没有发生的饥荒究竟是由于什么原因呢？唐纳森的研究当然排除了类似中国这种政府直接克服天气影响农业方面的努力的可能性，而是聚焦于交通这个与农业生产相关性弱得多的一个变量，来研究它与饥荒的关系。他的观点是，铁路的修建引起了贸易开放度扩大（这可以称作为铁路引起的开放性），这对消除那些不利性生产力冲击造成的不良影响（如：收入水平降低、饥荒甚至死亡等）起到了很好的缓解作用，从而提高了福利。

4. 理论总结和方法总结

唐纳森（Forthcoming）一文总结了交通基础设施项目的好处。在这篇文章中，唐纳森通过整理殖民地时期印度的档案资料，构建了关于印度235个地区的经济和交通基础设施的面板数据，时间跨度从1870年到1930年，并利用这些数据研究了铁路接入（access to railroads）对农业实际收入的影响。

四、唐纳森的国际贸易理论

（一）对比较优势理论的看法：相信还是不相信

对比较优势理论的看法是国际贸易领域内的一个关键问题。在多篇文章里，唐纳森显示了他对比较优势理论的经验可信性依然非常信任。科斯蒂诺、唐纳森和科缪哲（Costinot，Donaldson & Komunjer，2012）指出，由于缺少明确的理论基础，比较优势理论自从1960年代就很少得到经验验证。科斯蒂诺、唐纳森（2012）不准确地提到了那个著名的故事，他们说数学家乌拉姆有一次挑战萨缪尔森，请他提出社会科学中的一个既真又非平凡的命题。其实，这不是乌拉姆挑战萨缪尔森。乌拉姆一生发表了100多篇数学论文。萨缪尔森本人的用词，是乌拉姆在20世纪30年代末在哈佛大学时取笑（tease）而不是挑战（challenge）萨缪尔森。而且，在30年的时间里，萨缪尔森并没有做出回答。只是在1968年，萨缪尔森在做美国国际经济学会的主席演说（应该是卸任）时，才推出李嘉图的比较优势理论作为唯一的既真又非平凡的理论（贾利军、王今朝，2017）。

科斯蒂诺、唐纳森、科缪哲（2012）把生产率分解为具有国家和产业特性的基础生产率（反映气候、基础设施和制度）和随机生产率（反映产业的技术特征）。正是在该文中，他们假设基础生产率水平（即某一类商品由1单位劳动力来生产能够生产出的数量）独立地取自弗雷歇（Fréchet）分布。给定一个多“要素”（不一定是柯布－道格拉斯）生产函数：

$$Y=Y(K,L,A) \tag{1}$$

我们可以得到一个类似于罗默（Romer，2012，第30页）增长核算公式的核算公式：

$$\frac{\dot{Y}(t)}{Y(t)}\equiv\frac{K(t)}{Y(t)}\frac{\partial Y(t)}{\partial K(t)}\frac{\dot{K}(t)}{K(t)}+\frac{L(t)}{Y(t)}\frac{\partial Y(t)}{\partial L(t)}\frac{\dot{L}(t)}{L(t)}+\frac{A(t)}{Y(t)}\frac{\partial Y(t)}{\partial A(t)}\frac{\dot{A}(t)}{A(t)}$$

$$\equiv\alpha_K(t)\frac{\dot{K}(t)}{K(t)}+\alpha_L(t)\frac{\dot{L}(t)}{L(t)}+R(t) \tag{2}$$

其中，$\alpha_K(t) \equiv \frac{K(t)}{Y(t)}\frac{\partial Y(t)}{\partial K(t)}$，$\alpha_L(t) \equiv \frac{L(t)}{Y(t)}\frac{\partial Y(t)}{\partial L(t)}$，$R(t) = \frac{A(t)}{Y(t)}\frac{\partial Y(t)}{\partial A(t)}\frac{\dot{A}(t)}{A(t)}$。

根据公式（2），全要素生产率的增长率 $R(t)$ 就可以表示为如下形式：

$$R(t) = \frac{\dot{Y}(t)}{Y(t)} - \left(a_K(t)\frac{\dot{K}(t)}{K(t)} + \alpha_L(t)\frac{\dot{L}}{L(t)}\right) \tag{3}$$

根据公式（3），TFP 的增长率取决于产出增长率与要素增长率的加权平均值之差，权重为要素的收入份额。这意味着劳动者工资收入和资本所有者收入占 GDP 的比重会影响到 TFP 增长率。很显然，劳动者工资收入占 GDP 比例越低，全要素生产率就越高。① 同样的，如果一个国家或一个行业的产品价格越高，其他保持不变，则全要素生产率也越高。所以，把 TFP 作为生产率的代理变量也不具有根本性的说服力。

可见，对于中国而言，唐纳森的研究深度是不够的，并没有处于正确性的前沿上。

（二）本国市场效应检验

本国市场效应是指，在一个存在报酬递增和贸易成本的世界中，那些拥有相对较大国内市场需求的国家将成为净出口国。它是一种特殊的国际贸易格局。

五、唐纳森的方法论思想和局限

好的方法论是学术研究可信性和科学性的重要保证。唐纳森在研究中使用了很多方法论术语。但唐纳森的使用并不是都达到了很高的水平。

（一）反事实方法

"反事实"的概念与西方机会成本的概念有相似之处，但比它更为科学。王今朝、王刚（2017）已经论证，由于一个资源的机会成本被定义为使用该资源所得到的最大的收益，而从理论上看，最大的收益只能是无穷大，所以，西方经济理论中的经济成本不可能是机会成本。这使得机会成本的概念看起来有道理，而实际不过是一个修辞性说法，而不是一个在经济学上可以使用的概念了。"反事实"的概念则只是要求决策者考虑一种资源的多种可能的用途，而不是无限多种用途。这样，它就是更为科学的概念了。它与西蒙（H. Simon）的有限理性的概念也能一致起来。

---

① 上述公式和分析在王今朝作通讯作者的一篇文章里提出了。见游士兵、王梦获、王今朝（2017）。

（二）抽象模型下的计量检验方法

唐纳森和朋友们把建立抽象模型和进行计量检验这种研究模式又推到更加具有戏剧性的地步了。老实说，他们作为世界最好的大学的博士毕业生、教师、“主流”期刊的编委，并拥有极强的理工科背景，很容易让全世界的其他学者顶礼膜拜。而不膜拜他们的都可能被边缘化。这并不是世界哲学社会科学之福！

首先，实际上，唐纳森他们当然知道，他们建立的模型距离实际世界极远。米尔顿·弗里德曼说假设是否真实不重要，这是对的，因为对待纷繁复杂的世界必须需要抽象，一抽象，就必然有不真实的因素。但是，科学的抽象必须以保留下真正具有重要性的特征为前提。

其次，基于任何数据的（计量）检验都只是证明了一种可能性，而不是证明必然性。因为在这个世界上存在多因一果现象。比如，即使现有数据显示，比较优势理论是正确的，也不能否定这些数据是由其他因素作用下得出的可能性。

最后，其实，现实世界充满了矛盾，而显示这些矛盾只需要几个数字，甚至只需要定性的概念即可。就解决这些矛盾而言，方法是简单的，根本无需动辄几十页的文字。比如，当人类充满了不平等时，革命是解决问题的有效手段。

六、结论

克拉克奖是授予美国经济学家的一个重要奖项，其推崇的是美国经济学家的经济理论，不一定适用于中国乃至全世界。因此我们不应过分推崇克拉克奖，可以了解，但不能盲从。有许多问题他们没有探讨，他们所探讨的问题不一定对中国是重要的，对中国重要的问题他们得出的结论可能与正确的答案正好相反。

就是从纯学术的角度看，正如美国经济学会授奖致辞中所提到的，唐纳森是一个经验贸易学家，他对实证研究非常热衷，喜欢并且擅长用数据来研究经济现象、回答政策建议等问题，用数据传达具有可信性和可靠性的答案。他认为，人们希望能从经济学家那里得到解答的问题，都可以通过对数据的研究得出答案。这是所有科研活动开展的方式，经济学也不例外。但是，是否数据的可得性在支配着模型的构建呢？而所有构建出的模型都难以达到完美的估计结果，似乎也是不能让人满意的。

再从学术实践看，他们所得到的数据库是国内学者所难以得到的，他们所研究的问题与中国国内学者所接触到的问题也有很大的差别，对于美国或许重要，对于中国则并不重要。比如，就医药来看，欧美日更为发达，所以，本国市场效应的有无只是对这些国家重要。这样就再次证明，中国的学术界最好不要被外国所颁奖项“引领”了。

经济学和心理学的整合与行为经济学的拓展及其应用①

——2017 年度诺贝尔经济学奖得主理查德·塞勒主要经济理论贡献述评

李宝良②　郭其友③

（华侨大学经济与金融学院　厦门大学经济学院）

一、经济学和心理学的整合与行为经济学框架的构建

行为经济学探讨人们的行为偏差及其对经济决策和市场结果的影响。所谓的偏差是相对于基准而言。而基准则是传统主流经济学所遵循的“合乎理性的人”的前提假设。然而，由于时间和精力有限，人们的理性并不是无限的。早在 20 世纪 50 年代，西蒙（Herbert A. Simon）就率先质疑并提出了有限理性的概念。然而，西蒙的有限理性概念并未受到真正的重视，直到 1974 年特沃斯基和卡尼曼对启发法和偏差的研究出现以后，经济学家和心理学家才开始关注和研究人们在何时以及何种情况下会做出偏离理性的行为，偏离又会如何影响人们的经济决策等问题。塞勒探讨了有限认知、有限意志力和有限自利等这三种违反人是理性的前提假设的情况。

（一）禀赋效应与心理账户

塞勒研究的第一种违反理性假设的情况是可替代性问题（Fungibility）。按照理性人假设，人们对钱或者其他有价值的物品的看法应该是一致的。如同样的钱不管是辛苦赚来，还是赌博赢来，对于人们来说都是一样的。然而，塞勒及其他研究者的许多研究证明，情况并非如此。塞勒在有关消费者选择的实证理论的论文中已列举了许多违反可替代性的例子，创造了“禀赋效应”这一术语，用于刻画人们在拥有和不拥有某个物品时不同的态度（Thaler，1980）。考虑如下两个情形。

---

① 基金：福建省高等学校新世纪优秀人才支持计划（批准号：2014FJ－NCET－SK04）。

② 李宝良，华侨大学经济与金融学院副教授，经济学博士。

③ 郭其友，厦门大学经济学院教授，经济学博士。

调查1：

（1）假设你感染了一种疾病，有可能在一个星期之内死亡，其导致死亡的概率是0.001，有一种方法能将其治好，请问你最多愿意支付多少钱来治疗？

（2）假设有一种疾病的研究需要招纳志愿者，志愿者有0.001的概率会感染这种疾病并死亡，请问至少要支付多少钱你才愿意去当志愿者？

调查1中的两个问题的本质是一样的，都是对0.001死亡概率价值的评估。按照人是理性的假设，人们对这两个问题的回答应该是一样的，至少相差不多。然而，塞勒的调查表明：对问题（1）通常人们支付不会超过200美元，而对问题（2）至少要10000美元才愿意当志愿者。这种愿意接受的价格和愿意支付的价格之间的巨大差异是传统经济学难以解释。

塞勒是第一个借助前景理论（Kahneman & Tversky，1979）中的损失厌恶来解释的。根据前景理论，人们对损失比对收益反应更为敏感，即所谓的损失厌恶特征。在感染疾病的情况下，花钱将其治好，相当于“买入”健康，这是一种收益；而在拥有健康的时候去当志愿者，相当于“卖出”健康，这是一种损失；由于损失厌恶，人们对失去的东西要求的补偿要高于获得东西时愿意支付。因而，面对收益和损失，许多东西并不具有完全的可替代性。我们“敝帚自珍”的成语正是禀赋效应的生动表达。

正因为禀赋效应对人们的行为有重要的影响，塞勒进一步深化研究禀赋效应的深层次含义。如禀赋效应使得人们有强烈的倾向保持现状导致“保持现状偏差”，这是塞勒在养老金计划改革研究中认为应该对默认选项进行明智的设置的重要理由之一；禀赋效应也使得法律纠纷难以解决（Jolls，Suntein & Thaler，1998），并且使得产权的初始分配会影响资源的最终配置，即使交易成本为零的时候也是如此，这无疑是对科斯定理（Coase，1960）的严峻挑战。塞勒使用前景理论中的损失规避来解释禀赋效应，使得前景理论从风险清晰扩展到确定性情形，弥补了前景理论的一个不足之处。禀赋效应只是塞勒对行为偏差如何系统地影响经济决策开创性工作的开端。随后，塞勒根据其对钱的不完全可替代性的研究，进一步将其扩展为心理账户理论（Thaler，1985），并将它用于理解个人如何组织和评估其经济活动的认知操作。塞勒观察到，人们将其支出进行分组为不同的类别，类似于会计记账一样，人们会在心中创造各种独立的账户，在进行决策时对每个账户单独进行核算，每个账户有其预算和参照点，这导致了不同账户之间的有限替代性，而不是考虑其整体影响，从而简化了金融决策并在一定程度上克服认知局限，但是这样的简化往往会导致次优决策。考虑如下两个情形。

调查2：

（1）假设你决定去听一场音乐会，票价为200元。要出发的时候，你发现新买的价值为200元的电话卡丢了。请问，你是否还会去听音乐会?

（2）如果你昨天花200元买了一张今晚的音乐会门票。要出发的时候，你突然发现音乐会的门票丢了。如果要去听音乐会，必须再花200元买门票。请问，你是否还会去听音乐会?

调查2中的两个问题实际上是一样的，即丢失了200元价值东西之后还要不要去听音乐会。如果钱是完全可替代的，那么对这两个问题的回答应该是一样的。然而，塞勒的调查表明，在问题（1）中，大部分人会选择继续去听音乐会；而在问题（2）中情况刚好相反。这一问题可以用心理账户进行解释。根据心理账户理论，人们会在心中为音乐会和电话卡创建不同的心理账户，并且单独进行核算。电话卡丢失并不影响音乐会账户的核算，因而人们仍然会选择去看；但再买一张音乐会的门票会被归入原来音乐会的账户进行核算，这使得人们感觉听音乐会的成本上升到400元一样，从而放弃去听音乐会的选择。

在心理账户的基础上，塞勒将消费者购买商品所得到的效用分成获得效用和交易效用两个部分，所谓的获得效用就是传统经济学中的消费者剩余，而交易效用则来自实际支付价格与参考价格之差。诸如打折等营销手段使得实际支付价格低于参考价格，从而使得交易效用变大而使得消费者认为这是一项好的交易；更一般地，交易效用取决于参照点的选择，参考价格的不同而导致的交易效用差别，也可以解释消费者在五星级酒店和超市对同样的商品愿意支付的价格的不同。因而参照点对消费者决策有重要的影响。事实上，企业在市场营销中广泛应用了交易效用理论来影响消费者选择。

（二）自我控制问题与计划者—执行者模型

跨期选择是另一类重要的消费决策。消费者要在当前与未来之间进行选择，例如决定多少钱用于当前消费多少钱用于储蓄。事实上，不仅消费和储蓄涉及跨期选择，还有生活中的许多事情诸如减肥、戒烟、戒酒等等都涉及当前与未来之间权衡，其本质都是跨期选择问题。跨期选择是宏观经济学的基础之一，人们的跨期选择决定了消费函数的特征。费雪和萨缪尔森等人对跨期选择问题进行了深入的研究，提出了指数贴现效用模型（Fisher，1930；Samuelson，1937），这个模型是传统经济学解释跨期选择问题的标准模型。

然而，上述的跨期选择模型中实际上隐含了一个理性假设，消费者制订了一生的消费计划之后，能够严格执行其计划，也就是说理性人在制订和执行计划时具有无限的意志力。但是，塞勒在对行为偏差的观察中，敏锐地发现人们在进行跨期选择时表现出许多前后不一致的特征。例如，出于对其自身一生福利的长期考虑，人们通常会下定决心要减肥、戒烟、戒酒、为未来进行储蓄等等，然而在面临短期诱惑时，人们往往会改变其行为。这说明人们并不像理性人假设的那样具有无限的意志力，相反，现实中的人们往往具有有限的意志力。由于意志力有限，人们经常会随着时间推移而改变原来的决定，导致所谓的时间偏好的动态不一致性问题。

塞勒第一个给出了人们跨期选择中的时间偏好的动态不一致性问题的证据（Thaler，1981）。他要求人们在不同的假设性选择中进行选择，发现当前贴现要更为陡峭；并且塞勒还表明，人们对损失的贴现率比收益要小得多，这与前景理论的损失厌恶相一致。

（三）社会偏好与独裁者博弈

按照传统经济学的理性人假设，人们在进行经济决策时，考虑的是其自身利益的最大化。然而，现实中人们在做决策时，不仅会考虑自身的利益，也会考虑公平和正义问题。这就是所谓的有限自利问题。经济学家们已经用最后通牒博弈（Ultimatum game）实验证明，人们有时候会放弃一些资源去惩罚那些使其受到不公平待遇的人。在最后通牒博弈中，先行者首先提议某个分配方案，第二参与者选择接受或者拒绝，如果接受，则按提议的方案分配，否则双方什么都得不到（Guth 等人，1982）。最后通牒博弈的实验表明，典型的第一个参与人的配置方案是平均分配，并且发现如果低于 25%，第二方将会拒绝。这与塞勒等人后来的研究一致。

然而，最后通牒博弈也存在一些问题，例如，人们是否因为担心报复而采取公平行动，或者出于声誉的考虑才会选择公平的分配；另外，如果为涉及自身的利益，人们是否还会采取这样的行为。塞勒与其合作者设计了全新的实验（Kahneman，Knetsch & Thaler，1986a），揭示了人们在相互作用过程中公平偏好的另外两个重要特征，他们设计的实验被称为独裁者博弈。

（四）在行为经济学框架及其实践的应用

塞勒极力推动行为经济学在实践中的应用。其中，“为明天储蓄更多”计划是其典型代表。1994 年，塞勒提议改革养老金固定缴款计划的默认选项（Thaler，1994），当时的养老金计划需要雇员积极填报许多表格，选择储蓄率并决定如何进行投资。由于缺乏明智的默认选项，养老金参与率较低，并且导致了雇员出现许多次优选择。例如，雇员平均投资策略会使得投资者过多地投资于债券基金（Thaler & Benartzi，2001）。因此，塞勒建议新的默认选项应该改为自动注册，并且有默认储蓄率和默认投资策略。在这些研究的基础上，塞勒和贝纳茨设计了一个旨在增加养老金储蓄的机制，以克服自我控制难题和其他行为偏差（Thaler & Benartzi，2004）。

塞勒的贡献构架了经济决策的经济分析和心理分析之间的桥梁，其理论洞见和实证发现行为经济学这个新的且迅速发展的领域起到了关键的作用，并且对经济理论研究和政策制定产生了深远的影响。塞勒及其合作者已经给经济学家对人类心理新的洞见，并提供了新的框架用于理解和预测经济结果。来自行为经济学的洞见的政策能够帮助个人做出更好的决策。他的工作在市场营销和法学等经济学邻近学术领域也有广泛的应用。更为重要的是，塞勒将行为经济学的研究成果应用于金融市场，证明了投资者心理以及有限套利是如何影响金融市场的价格。由此，塞勒也是行为金融学领域的奠基者。鉴于此，下面重点阐述塞勒对行为金融学的贡献。

二、对夯实行为金融学两块基石的贡献

行为经济学在其发展过程中受到了传统经济学界的各种质疑，其中最大的质疑来自金融学界。金融经济学家认为，在激烈的竞争下，非理性的人将被理性的人逐出市场（Fama，1970），因而被认为是最不可能受行为偏差影响的地方。如果能够证明非理性行为影响了金融市场，那么这将强有力地证明行为偏差无处不在。换言之，没有什么能比证明金融市场的行为偏见更有效的。

塞勒对夯实行为金融学的这两块基石做出了重要的贡献。一方面，他证明了投资者心理会影响资产价格，并且对股票市场的可预测性之谜和股权溢价之谜给出了新的解释；另一方面，他巧妙地利用了封闭式基金的特点以及股票拆分问题，避开了传统金融学借以质疑行为金融学的联合假设问题（Fama，1970），对套利的局限给出了令人信服的证据。其中，最重要的贡献之一是给出了经验证据证明了投资者心理对股票价格的影响。1985 年，塞勒与德邦特质疑了传统金融学认为的投资者在新信息到来时能够根据贝叶斯法则更新其信念的观点。他们借助卡尼曼和特沃斯基（1974）的研究成果，认为投资者会对新的信息过度反应。为了检验过度反应假说，他们将股票按照过去 3 年的历史收益率进行排序，将股票表现最好和最差的 50 只股票分别组成赢家组合和输家组合，然后跟踪两个投资组合随后的收益。如果有效市场假说成立，那么这两个投资组合的收益应该没有显著的区别。德邦特和塞勒的实验发现，输家组合的表现要好于赢家组合，这与过度反应假说相一致（De Bondt & Thaler，1985）。随后，他们进一步检验了这个结论的稳健性，得到了支持证据（De Bondt & Thaler，1987）。这无疑是对有效市场假说的致命打击，因为有效市场假说最弱版本弱式有效市场假说认为，股票价格反映了所有的历史信息，因此投资者不可能利用通过对股票价格历史信息的分析而获利。然而，塞勒等人对股票市场过度反应的研究，使用的正是股票的历史价格数据。

三、结语

在行为经济学 40 多年的发展过程中，塞勒可以说是全程参与者之一，也被认为是现

代行为经济学和行为金融学的重要先驱者。他在行为经济学理论建树和应用的贡献表明，塞勒既有十分敏锐的洞察力，又有理论创新和实际问题的解决能力。具体地说，一是塞勒擅于从社会经济生活的观察中发现问题，通过将传统经济学的理性人假设作为基准，发现了许许多多行为偏差的情况，并发现理论诱导的盲区（卡尼曼，2011）。并且塞勒对经济问题的分析则体现了其高超的分析问题和解决问题的能力。二是塞勒擅于寻找合适的场景来排除其他因素的干扰，从而正确地分析和解决其中的问题，从而给出令人信服的证据。如利用各种娱乐节目来回答高赌注会消除行为偏差的质疑。并且塞勒创造性地提出了许多新的概念和理论，极大地丰富了经济学家研究的工具箱。

经济思想编史学：学科性质、内容与意义①

李黎力② 贾根良③

（中国人民大学经济学院）

一、学科性质与源流

“经济思想编史学”（historiography of economic thought）这一学科概念产生自“historiography”英文术语。该术语字面意思为“历史的编纂或书写”，通常包含两种不同的含义。这意味着这种更为宽泛的含义往往囊括“史学理论”（theory of the history）和“史学史”（history of the history）两个部分在内（美国不列颠百科全书公司，2007，第94页），即既包括有关历史研究的理论或方法论，又包括历史研究和编撰以及史学自身发展的历史。④ 正因如此，该术语在国内有不同的译法，如“史学”“史学史”“史学理论”“历史编撰学”和“编史学”等。本文从第二种宽泛意义上来使用该术语，因而将其译为“编史学”，以作为对历史研究的“元”史学研究。⑤

表1 经济思想编史学与经济学学科的三阶（三层次）体系

研究层次与学科类别	研究者	研究对象
经济学	经济学家	经济现象
经济思想史	经济思想史家	经济思想和经济学家
经济思想编史学	经济思想编史学家	经济思想史和经济思想史家

资料来源：作者参考刘兵（2009，第5页）表1绘制。

① 本文系中国人民大学科学研究基金（中央高校基本科研业务费专项资金）资助项目“经济思想史‘元理论’研究”（16XNQ010）成果。

② 李黎力，中国人民大学经济学院讲师、经济学博士，主要从事经济思想史研究。

③ 贾根良，中国人民大学经济学院教授，中国特色社会主义经济建设协同创新中心研究员，主要从事经济思想史、西方经济学流派和演化经济学等研究。

④ 以上所援引的柯林伍德所谓的“次级的历史”，更接近于此处的“史学史”概念。

⑤ 国内学术界常用“史学”一词来指代与史学基础性问题有关的历史研究，如“经济史学”（叶坦，2013）。虽然该词与编史学所指相近，但其所关心的问题和研究方法却与国外的“编史学”研究有不少的差别。“编史学”外延更为宽泛，包括了“史学理论”和“史学史”所指代的内容，并且比“历史编撰（纂）学”更精炼。综上考虑，本文采用“编史学”这一译法。

作为经济思想史领域的一个相对独立的学术分支，与一般历史学领域甚至科学史领域的编史学工作相比，经济思想编史学的兴起和发展相对较晚。研究发现，该领域晚至20世纪四五十年代才出现，当时产生了一些有关狭义上的“经济思想史学史”（经济思想史的历史）[①] 以及“经济思想史学理论”的讨论。由于当时处于战争时期，斯塔克选择以短论《与社会发展之关系的经济学史》（Stark，1944）的形式仅呈现出他极其有限的研究成果，因而在当时并未产生多大影响。[②] 60 年代，波佩斯库（Popescu，1964）发表了一篇题为“经济思想编史学：一个文献调查”的论文，第一次提出有必要发展“经济思想编史学”[③] 这一分支学科，着眼于通过经济思想史文献调查对经济思想史这门学科的发展阶段进行划分和描述，并提供1768—1963 年期间有关经济思想史通史书目的批判性指南。豪伊（Howey，1982）在其基础之上汇编了1692—1975 年期间的经济学通史书目，旨在于为经济思想编史学研究提供素材和梗概。90 年代，作为经济思想史学科自我检视和反省的一段时期，产生了许多有关经济思想编史学问题的论文和著作，迎来了我们可称之为“经济思想编史学的十年”（the historiography decade）。[④] 其代表性事件有二：一是斯塔克1939—1941 年期间完成的或许可称作经济思想史上第一部专门探讨经济思想编史学的著作《政治经济学史与政治经济学史家》（Stark，1994）的面世，完整呈现了以上所述他的编史学研究成果；[⑤] 二是著名经济思想史家布劳格（Mark Blaug）所编辑的第一本题为“经济学编史学”的论文集（Blaug，1991）的出版，汇聚了有关经济思想史的功能和研究方法论等相关编史学问题的讨论。

二、研究内容与议程

作为经济思想史学科的理论或哲学这一元学科层次上的研究领域，经济思想编史学研究的是经济思想史作为一个整体所呈现出来的基本性问题和主题。首先，经济思想编史学研究的是经济思想史的历史，即对经济思想史学科发展或学术发展的历史考察。这便是以上所谓的经济思想史的“次级的历史”或“史学史”，是有关经济思想史在历史上实际上是如何开展研究的问题，因而可以说是经济思想编史学最为基本的研究内容。显而易见，

---

① 确切而言，是一些经济思想史家在自己的著作的导论或附录中罗列甚或简要考察当时及之前所出版的具有代表性的经济思想史书目。

② 其他代表还有熊彼特（J. A. Schumpeter）和斯皮索夫（Arthur Spiethoff）等。

③ 该术语在此文中很少使用，只在标题和正文中各出现一次，使用更多的则是狭义上的“经济思想史学史”，即“经济思想史的历史”。

④ 科茨（Coats，2000）对20 世纪90 年代期间的部分文献作了综述。

⑤ 该书包括两大部分，其中第一部分“有关政治经济学史的文献”在早前的目录手稿中的标题原为“政治经济学编史学”（*Clark*，1994）。

为了开展这方面的研究，首先需要对过去的经济思想史教材和著作进行整理和考察。因此，如上所述，经济思想编史学的产生便最早源自经济思想史家罗列、汇编和评判当时最具代表性的经济思想史著述（Stark，1944；Popescu，1964；Howey，1982），以及如何解释和看待经济思想史家往往都是异端经济学家（贾根良、兰无双，2016a）。以上这三个方面均可以细分为具体的经济学分支学科或领域（如政治经济学、西方经济学和经济学方法论等）以及具体的国家或区域（如英国、美国、法国、中国、欧美等）进行专门考察。[①] 迄今为止，这部分经济思想史学史的研究依然比较匮乏，要比一般历史研究滞后，尚未形成显著的研究规模（Klaes，2003），尽管近些年这种状况有所好转。[②]

其次，经济思想编史学集中探讨经济思想史的元理论问题，即对经济思想史展开批判性的哲学反思。该部分研究内容便是以上所谓的经济思想史学理论，是关于经济思想史可以以及应当如何开展研究的规范性研究问题，因而由于包含价值判断而成为编史学当中充满持久性争论的古老话题。这些问题主要是围绕以下两大方面展开的。

一方面，从理论上讨论和分析经济思想史学科的价值、功能和定位，是经济思想编史学的一项重要任务。该问题由来已久，自经济思想史研究领域在 18 世纪产生以来便蕴含着对这一问题所持的立场和看法。

另一方面，探究经济思想史观和经济思想史研究方法论，是经济思想编史学永恒的研究主题。经济思想史观是经济思想史家对经济思想或经济学是如何产生和演进的基本看法，往往取决于他们关于经济思想史本质的特定立场，以及背后的有关经济学的哲学观，具体涉及经济学的具体演化模式（演化的原因和机制）、经济学是否在不断取得进步、经济学作为一种科学的进步是否在本质上与其起源和发展方式无关等。前者狭隘地关注经济学理论概念和分析，后者广泛关注经济思想与社会的互动。在经济思想史的研究进路和风格方面，布劳格（2009）所提出的"理性重建"（rational reconstruction）与"历史重建"（historical reconstruction）两分法同样成为讨论的出发点。前者指按照现代思想，利用现代分析工具来重新表述过去的思想；后者指按照过去的思想家实际上是如何思考的方式来重新表述其思想，尽可能忠实文本写作时的背景进行重建。关于经济思想史的客观性和文本解释问题，产生了客观性与主观性以及一元论与多元论的对立。前者认为存在客观的经济思想史，可以通过文本解释揭示唯一的本意；后者认为，经济思想史是史家主观性建构的产物，存在多种且可变的文本含义（Brown，2003）。

---

① 如巴克豪斯（Backhouse，2004）对英国 1824—2000 年期间经济思想史学科发展状况的考察。

② 最近这种情况的改善主要源自几个有关经济思想史的权威性词条（Goodwin，2008，2015；*Backhouse and Fontaine*，2014）的撰写。

表2　经济思想编史学中的二元对立

绝对主义	相对主义
辉格史	反辉格史
内史	外史
连续性的、累积式进步	非连续性的、间断式演化
经济分析史	知识史
浅薄历史	厚重历史
概念史/回顾史	社会史/文化史
理性重建	历史重建
客观性、一元论	主观性、多元论
教规史	去教规史
实证主义	反实证主义
现代主义	后现代主义
机械的	有机的
方法论个人主义	方法论整体主义
现在主义	历史主义/语境主义
正统	非正统
保守	激进

资料来源：作者根据相关资料自行绘制。

最后，经济思想编史学还包括对经济思想史具体研究（编写）进路、研究纲领、研究方法、教学方法以及由此引申出的特定问题的考察，即经济思想史的实践性研究问题或狭义的经济思想史学研究。

三、研究意义与展望

作为经济思想史研究领域的一门重要的分支学科，经济思想编史学研究具有重大的学术价值和意义。

首先，如上阐述的该门学科的性质和内容所示，任何经济思想史研究事实上都离不开经济思想编史学这门学问，经济思想编史学对于经济思想史专业训练至关重要。

其次，作为对经济思想史元理论意义上的反思，经济思想编史学对于经济思想史乃至理论经济学学科，以及中国本土经济学的发展都具有基础性的理论意义。长期以来，经济思想史学界将经济思想史学科自上个世纪下半叶以来的衰落和边缘化以及由此产生的“身份危机”，更多地归咎于诸如经济学数学化、技术化等外部因素的冲击，而对该学科本身所存在的问题缺乏足够的反思，对该领域本身“次级的历史”缺少应有的重视。从经济思想编史学这一学科出发，从整体上以历史的、批判的视角研究和反思经济思想史学科，理解该门学科的演变路径和规律，无疑有助于经济思想史学科的振兴和发展。

最后，作为研究经济思想史的新兴研究领域和分支学科，经济思想编史学对于总结和梳理经济思想史有价值的研究成果不可或缺。作为经济思想史的研究者，我们也许过分理所当然地认为，时间将会筛选出我们历史研究中有价值的东西，它们会自动进入不断积累的“有效的”编史学储备。

为了促进经济思想编史学研究以助推其早日成为一门成熟的学科，我们不仅需要在以上历史、理论和实践三大研究部分分开推进，而且还需将这三部分研究有机结合起来着力。第一，在经济思想史学史研究方面，需要整理和汇编自20世纪70年代以来以经济思想史教材和专著为主体的各类经济思想史研究文献，在此基础之上深入考察经济思想史作为一门独立学科自20世纪六七十年代形成以来的历史发展状况，特别是追踪2008年全球金融危机和经济衰退以来的各种新发展，并对未来的发展趋势进行研判。第二，就经济思想史学理论研究而言，一是需要总结和理清经济思想史家关于经济思想史价值和功能的各种不尽相同乃至相互冲突的公开的和隐含的观点，认识和廓清经济学学科与自然科学学科以及其他学科之间的关系，理解和重视经济思想史学科作为经济学学科史在经济学内部所应扮演的至关重要的角色，从而为开展经济思想史研究提供明确的行动指南和研究策略；二是亟待对经济思想史观与经济思想史研究方法论中各种“二元对立”的争论和分类进行深入剖析，厘清和界定各种术语的准确含义（如布劳格－罗蒂（Richard Rorty）的“历史重建”与拉卡托斯的“历史重建”术语含义的差异），辨明各对术语之间的差异（如“绝对主义”—“相对主义”、“理性重建”—“历史重建”和“辉格史”—“反辉格史”三对分类术语之间的区别），认识到这些分类均代表的是纯粹的“理想类型”，并且用于分类的术语本身并非中性，以及探究如何在这些二元对立之间保持“必要的张力”。第三，就狭义经济思想史学研究层面而论。第四，对于将以上经济思想史的历史、理论和实践研究综合考察来说，一是“以史带论”，将经济思想史的理论研究纳入具体的历史语境当中去考察，从语境论的角度理解经济思想史理论的演变，例如从经济思想史的历史语境着眼把握经济思想史观的变化；二是“以论释史”，从经济思想史的理论出发去解释和厘清经济思想史的历史发展和演变，例如从经济思想史的功能角度划分经济思想史的发展阶段；三是“以行引论”，探寻经济思想史的编史实践和进路对经济思想史理论的影响，例如社会建构主义对传统史观和研究方法论“二元对立”的部分消解。沿着以上这些思路和方向进行文献挖掘和批判分析，在不远的将来必将最终形成有关经济思想史“次级历史”意义上的独立的经济思想编史学学科。

作为经济思想史事件的学科评估：英国的经验及启示

张林[①]

（云南大学经济学院）

经济学发展史上，有许多重大事件影响了经济学的进程。对这些事件的研究有助于厘清经济学在某个历史时刻发生某种转变的缘由；如果是近期发生的事件，对它们的研究还有助于找到当前面临问题的解决办法。本文以 1986 年至今英国的学科评估为研究对象，这个事件对英国经济学的发展产生了决定性的影响。无独有偶，中国正在进行的学科评估与英国有诸多相似之处，英国的经验和教训对我们有重要的启示意义。本文第一部分阐明什么是经济思想史事件研究，第二部分叙述英国的学科评估这一思想史事件及其影响，第三部分评述中国的学科评估，并提出一个替代现行学术论文质量评价方法的思路，最后是一个简要的结论。

一、经济思想史事件研究

曾在经济学教学和研究中占据重要位置的经济思想史学科，[②] 如今无论在国外还是国内，都举步维艰，异常凋敝。在国外，主要受保罗·萨缪尔森（P. Samuelson，1915—2009 年）倡导的“辉格史观”的影响，[③] 许多经济学家认为现代经济学已经吸收了历史上所有“正确”的思想，从而对经济学历史的研究已无必要。这种观念导致有人主张把经济思想史当作科学史来研究，从而将其“逐出”经济学。[④] 澳大利亚统计局曾提议将经济思想史和经济史这两个子学科划入“历史学、人类学、宗教和哲学”的学科分类中；欧盟研

---

① 张林，云南大学经济学院教授、博士生导师。

② 除非特别说明，本文所说的“经济思想史”都是指“外国经济思想史”。在中国的学科分类中，经济思想史这个学科包含三个子学科：外国经济思想史、中国经济思想史和马克思主义经济思想史。外国经济思想史与西方经济思想史是同义词。

③ P. Samuelson：“Out of the Closet：A Program for the Whig History of Economic Science”，*History of Economics Society Bulletin*，1987，9（1）：51－60.

④ M. Schabas：“Breaking away：History of Economics as History of Science”，*History of Political Economy*，1992，24（1）：187－203.

究委员在2011年也曾计划将这两个学科归入“人类过去的历史研究：考古学、历史和记忆”这个分类中。[①] 在国内，许多高校的经济学类本科专业已经长期没有开设“经济思想史”课程；这个学科的从业人员已寥寥无几；多年来取得的有影响的成果也是屈指可数。

简单地说，经济思想史事件是经济学这个学科历史发展过程中发生的大事情，这些事情影响了经济学学科的发展进程。与经济理论的历史背景不同，经济思想史事件是发生在经济学学科内部，是思想史上的事件，而不是一般历史上的或者经济史上的事件。举例来说，经济学界比较熟悉的思想史事件有：李嘉图学派的瓦解、边际革命、方法论之争、形式主义革命、新自由主义经济学的兴起，等等。经济思想史事件中包含了理论、人物、历史背景和方法论这些传统元素，但它们不是事件研究的对象。事件研究关注的是事件本身。

经济学的发展总是由各种事件串连起来的。近年，一个事件影响了英国经济学的进程，即英国对各大学科研成果质量组织的官方评估。本文之所以关注这个事件，是因为中国同样在开展以科研成果评价为主体的学科评估，英国在这方面的经验和教训对我们有很大的启发。

二、英国的科研评估活动：一个经济思想史事件

作为一个事件，需要把它发生的时间、地点、原因、过程和结果描述清楚。因此，本节首先概述英国的科研评估活动，然后把它放在整个经济学发展进程中分析它的影响。[②]

英国的“科研评估活动”（Research Assessment Exercise，RAE）始于1986年[③]，并于1989年、1992年、1996年、2001年和2008年共进行了六次，2008年之后被改进了科研

① 参见乔洪武、程晓林：“辉格史观对经济思想史学科的影响评析”，《经济学动态》，2015年第6期，148－156页；贾根良、贾子尧：“经济思想史研究的辉格史方法及其争论”，《学习与探索》，2016年第1期，76－84页；贾根良、兰无双：“关于经济思想史学科专业归属和栖息地的争论”，《经济学动态》，2016年第12期，132－140页。

② 对英国科研评估活动的研究，国内外有较多文献，但大多是从教育学和科技管理的角度来分析，比如：J. Doyle，A. Arthurs，R. Green，L. McAulay，M. Pitt，P. Bottomley and W. Evans.“The judge，the model of the judge and the model of the judge as judge：analysis of the UK 1992 RAE data for business and management studies”. *Omega：International Journal of Management Science*，24（1）：13－28；杜向民、朱燕锦、刘兰剑：“英国人文社会科学成果评价体系及其借鉴”，《中国高教研究》，2014年第10期，74－79页。把经济学学科评估独立出来研究的成果，在国内不多见，只有宗晓华、陈静漪的论文“英国大学科研绩效评估演变及其规制效应分析”（《全球教育展望》2014年第9期，101－111页）有所涉及。在国外文献中，弗雷德里克·李和合作者的系列成果系统研究了英国科研评估活动对英国经济学发展的影响，本文参考了这些成果。见：Frederic S. Lee and Sandra Harley：“Peer Review，the Research Assessment Exercise and the Demise of Non－Mainstream Economics”，*Capital and Class*，1998，66（Autumn）：23－52；F. S. Lee：“The Research Assessment Exercise，the state and the dominance of mainstream economics in British universities”，*Cambridge Journal of Economics*，2007，31（2）：309－325；F. S. Lee，Xuan Pham，and Gyun Gu：“The UK Research Assessment Exercise and the narrowing of UK economics”，*Cambridge Journal of Economics*，2013，37：693－717。另外，英国科研评估活动的多数资料可在官方网站上查到：http：//www.rae.ac.uk/和 http：//www.ref.ac.uk/。

③ 1986年和1989年的两次评估当时称为“科研选择活动”（Research Selectivity Exercise，RSE）。

评估体系“科研卓越框架”（Research Excellence Framework，REF）所取代，2014 年进行了第一次 REF 评估。在 RAE（以及 REF）三十余年的发展中，尽管争议不断，批评不断，但它毫无疑问是英国高校发展史上的重大事件，对英国经济学的发展而言，也是一个重大的思想史事件。

RAE 和 REF 采用的同行评议方法，的确是一种较为客观的、通行的科研评估方法。但是，这种方法在经济学这个学科又碰到了问题：如何界定“同行”？正统经济学家和非正统经济学家都有经济学家这个共同身份，按理说他们都是同行。但正统学界一直视非正统经济学为“不正确”的思想，从来没把非正统经济学家当作同行。无论是从科学家所共有的信念这种范式的意义上来说——经济学的这两个阵营从来没有过共同的范式——还是从整个经济学发展史上正统对非正统的压制甚至迫害来看，正统经济学家和非正统经济学家的确不是同行。[①] 既然如此，正统经济学家怎么可能客观评价非同行的成果？

然而，RAE 和 REF 就是这样做的。最简单的同行评议方法，就是根据期刊排名来判断论文的质量：在排名越高的期刊上发表的论文，质量就越高。这种方法有它的合理性，因为排名高、影响因子大的期刊，一般就是同行认可度高的期刊。RAE 和 REF 对各大学经济学科提交的论文成果的评估，主要依据的是“戴蒙德期刊名单”（Diamond List）。这是 A. M. 戴蒙德在 1989 年主要根据引用率挑选出来的排名前 27 位的正统经济学核心期刊。同时，据学界推测，[②] 专家组在戴蒙德期刊的基础上，增加了一些欧洲大陆和英国本土的期刊，以及经济学家经常发表论文的一些跨学科期刊或专业期刊。见表 1：

表 1　RAE 和 REF 采用的经济学核心期刊

戴蒙德期刊（按字母排序）	可能增加的英国期刊
American Economic Review	*Oxford Bulletin of Economics and Statistics*
Brookings Papers on Economic Activity	*Journal of Industrial Economics*
Canadian Journal of Economics	*The Manchester School of Economic & Social Studies*
Econometrica	*Bulletin of Economic Research*
Economic Inquiry	*Scottish Journal of Political Economy*
Economic Journal	*Applied Economics*
Economica	**可能增加的欧洲大陆期刊**
Economics Letters	*Scandinavian Journal of Economics*

① 20 世纪 90 年代后，有的非正统经济学家（比如杰弗里·霍奇森）和经济思想史家（比如大卫·科兰德尔（David C. Colander））曾力主非正统经济学界要主动与正统经济学界沟通、交流，让正统经济学接受经济学多元化。但当他们作出这样的努力之后，正统经济学界的反应大多是不予理会，甚至嘲讽。这一事实也表明，两个阵营不可能是同行。

② 之所以是推测，是因为评估专家组未公布以哪些期刊为标准来评价论文质量。

续表

European Economic Review	*International Journal of Industrial Organization*
International Economic Review	*Recherches Economiques de Louvain*
Journal of Development Economics	*Welteirtschaftliches Archiv*
Journal of Econometircs	*Empirical Economics*
Journal of Economic Literature	*European Journal of Political Economy*
Journal of Economic Theory	*Kyklos*
Journal of Financial Economics	**跨学科期刊或专业期刊**
Journal of International Economics	*Public Finance*
Journal of Labor Economics	*Regional Studies*
Journal of Law and Economics	*British Journal of Industrial Relations*
Journal of Mathematical Economics	*Economic Modelling*
Journal of Monetary Economics	*Urban Studies*
Journal of Political Economy	*Journal of the Royal Statistical Society*
Journal of Public Economics	*Journal of Transport Economics and Policy*
Oxford Economic Papers	
Quarterly Journal of Economics	
Rand Journal of Economics	
Review of Economics and Statistics	
Review of Economic Studies	

资料来源：F. S. Lee and S. Harley："Peer Review, the Research Assessment Exercise and the Demise of Non－Mainstream Economics", *Capital and Class*, 1998, 66：50.

从表 1 可以看出，由正统经济学家组成的经济学评估专家组选择的评价论文质量的期刊，不但没有一份是非正统经济学的核心期刊，[①] 甚至根本没有非正统经济学期刊。

不可否认，在经历了六次 RAE 之后，英国学生仍然积极参与到经济学多元化国际运动中。比如，曼彻斯特大学经济系的学生在 2014 年向校方提交了一份研究报告，用有力的证据阐明了新古典一元化在该校经济学教育中的弊端，呼吁经济学教育的多元化。[②] 这

① 非正统经济学的核心期刊不是一个严格界定的概念。在非正统经济学期刊中，按 SSCI 影响因子排名前五位的是：《美国经济学和社会学杂志》（*American Journal of Economics and Sociology*）、《剑桥经济学杂志》（*Cambridge Journal of Economics*）、《经济与社会》（*Economy and Society*）、《国际社会经济学杂志》（*International Journal of Social Economics*）、《经济行为和组织杂志》（*Journal of Economic Behavior and Organization*）。其他著名的非正统经济学期刊还有：制度主义的专业期刊《经济问题杂志》（*Journal of Economic Issues*），后凯恩斯主义的专业期刊《后凯恩斯主义经济学杂志》（*Journal of Post Keynesian Economics*），激进经济学的专业期刊《激进政治经济学评论》（*Review of Radical Political Economics*）、马克思主义的非专业期刊《每月评论》（*Monthly Review*）、专业期刊《资本和阶级》（*Capital and Class*）、《科学与社会》（*Science and Society*），社会经济学的专业期刊《社会经济学评论》（*Review of Social Economy*），综合性专业期刊《政治经济学评论》（*Review of Political Economy*）等。

② The Post－Crash Economics Society：*Economics, Education and Unlearning：Economics Education at the University of Manchester*, 2014.《政治经济学报》即将发表该报告中译本。

份报告得到了包括英格兰银行首席经济学家安德鲁·霍尔丹（Andrew Haldane）在内的许多实际经济部门人士的支持，引起了 BBC 等媒体的关注。但是，同样不可否认，英国学生的行动并未得到教师的支持。不像美国和欧洲大陆国家的学生，在推动经济学多元化国际运动的过程中，有在相关大学任教的非正统经济学家的组织和引导，曼彻斯特大学的学生只能凭借自己的力量。他们在报告中提到，为了挑战经济系教学中的新古典一元化，学生自己开设了一门选修课，用各种非正统经济学说的方法和理论来解释历史上的金融危机。也就是说，在曼彻斯特大学经济系，已经没有非正统经济学家能够开设学生需要的这种课程。RAE 对英国经济学方方面面的影响可见一斑。

三、对中国高校经济学学科评估的启示

本文提出一个改进经济学学科评估中评价学术论文质量的思路：现行学科评估各级指标体系保持不变，在“学术论文质量”这个三级指标上，按经济学二级学科确定期刊名单。[①] 中国的学科划分中，经济学有两个一级学科：理论经济学和应用经济学。理论经济学包含 6 个二级学科，应用经济学包含 12 个二级学科。现行学科评估办法是分别对理论经济学和应用经济学两个一级学科进行评估（两个一级学科采用的是同一个评估指标体系），而这两个一级学科内部尤其是理论经济学一级学科，包含了前述“政治经济学”和“西方经济学”两个知识体系。一个统一的期刊名单不可能兼顾两个知识体系，特别是在“西方经济学”占主导地位的情况下，期刊名单必然向其倾斜。如果按二级学科确定期刊名单，当前的很多问题以及可能出现的英国 RAE 式后果会在很大程度上得到避免。

四、结论

经济思想史充满了各种各样的事件，对这些事件的研究一方面可以拓宽经济思想史的研究视野，产生新的成果；另一方面，对当前事件的研究有助于解决经济学发展进程中的问题。本文对经济学学科评估这一事件的研究，就是希望达到这一目的。

不可否认，以新古典经济学为代表的正统经济学（国内的“西方经济学”）知识体系目前在经济学界处于主导地位。这个知识体系充分利用其强大网络中的各种元素巩固地位、排斥异己。在这种局面下，非正统经济学（国内的“政治经济学”）知识体系处境艰难。但是，这并不意味着这个知识体系只能接受逐渐消亡的命运：它的网络尽管力量有

---

① 这个思路并非笔者首创，在第四轮学科评估方案引发争议时，一些经济学家提出过类似思路。比如邱海平教授有过类似的呼吁，见：http：//qiuhaipingblog. blog. 163. com/blog/static/12117176520164162115144/。2004 年的第一轮学科评估是按二级学科来评估的。不过，本文的建议是仅对“学术论文质量”这个三级指标按二级学科确定期刊名单，不同于 2004 年全部评估指标都按二级学科来设定的方法。

限，但却有一些独有的元素。在国外，对正统经济学实用性的质疑是非正统经济学网络可吸收的独有元素，这也是经济学多元化国际运动合理性的依据之一。在国内，政治支持是“政治经济学”知识体系独有的网络元素，而且这个元素的力量日渐增强。非正统经济学/“政治经济学”知识体系完全可以利用这些元素与正统经济学/“西方经济学”相竞争，进而不断壮大自身。

就中国经济学的发展而言，具体到学科评估这一事件，本文提出的学术论文质量评估的替代方案，就是“政治经济学”知识体系充分发挥其特有网络元素的一个思路。需要强调的是，这个方案并非暂时的：它虽然是在当前“西方经济学”知识体系处于主导地位情况下，避免“政治经济学”知识体系和经济学其他弱势二级学科进一步被边缘化的一个权宜之计，但是，即便在中国经济学实现了“话语权转移”[①] 之后，也不能用另一套单一的评估指标来评价所有经济学学术论文。这也是经济学多元化的真谛。

---

① 侯为民：“经济学方法论分野及其在变革社会中话语权意义”，《南国学术》，2017 年 6 月第 7 卷第 2 期，第 221 页。

西方主流经济学全要素生产率理论的实践检视与方法论反思

——一个马克思主义政治经济学的分析框架

魏旭[1]

（吉林财经大学 马克思主义经济学研究中心）

自美国学者阿布拉莫维茨提出“除要素投入增加推动经济增长之外还存在其他因素的贡献”的观点之后，罗伯特·索洛构建了一个可操作的模型度量了阿布拉莫维茨的所说的“不可知”的因素，并将这一不可知的因素归于技术进步的贡献，即通常被我们称之为“索罗残差”的部分，美国学者肯德里克将这一残差称之为“全要素生产率”。自此，全要素生产率就被赋予了魔幻般的作用，被西方主流经济学看作是衡量一国或地区经济增长质量或经济能否维持可持续增长的关键指标，并将其作为国家或地区制定宏观经济政策的重要理论依据。特别是在克鲁格曼对“东亚奇迹”提出质疑之后，对全要素生产率的研究持续成为学术界关注的热点问题，中国学者也纷纷加入其中，涌现了诸多关于中国经济增长质量和资源配置效率的观点及政策主张。在当下，很多学者将提升全要素生产率看作是中国引领经济新常态和实现供结侧结构性改革目标的关键，甚至有学者直接将其看作是我国供给侧结构性改革的目标。

一、全要素生产率理论的思想渊源与演化

全要素生产率或总要素生产率（Total Factor Productivity，TFP），常常被指认为一个经济体增加的产出中不能用生产要素投入的增加所解释的部分，即产出增长率减去要素投入增长率的剩余部分[2]。主流经济学将其称作要素组合的配置效率，也就是说，全要素生产率度量的不是单一要素对增长的贡献，而是所有投入要素组合的贡献，即人们常说的“索罗残差”。索罗残差在莫塞斯·阿布拉莫维茨看来，就是度量人类“无知”的部分，只是

① 魏旭，吉林财经大学，马克思主义经济学研究中心。

② 所谓的生产要素的投入，最初常常系指资本和劳动。随着增长核算模型的不断拓展，技术进步、人力资本以及其他要素也不断被纳入要素的分解与核算体系当中。这里，尽管将资本和劳动等作为并列的要素本身就是一种混乱的界定，但为行文的方便，我们暂时借用西方经济学的话语对资本和劳动等范畴加以使用。

这个“无知的部分”被索罗解释为“技术进步”，而后来者则一步步地将其归于不同的主客观要素，尽管这些要素的界定与分解本身未必是科学的。亚当·斯密在其所著的《国民财富的性质和原因的研究》中指出，“无论什么产品的全部价格，最后必由那三个部分或其中一个部分构成。……分开来说，每一件商品的价格或交换价值，都由那三个部分的全数或其中之一构成；合起来说，构成一国全部劳动年产物的一切商品价格，必然由那三个部分构成，而且作为劳动工资、土地地租或资本利润，在国内不同居民间分配。”亚当·斯密将社会商品总价值归于工资和剩余的总和的这一观点，被称作“斯密教条”。事实上，斯密的这一观点之所以被称为“斯密教条”，是因为其忽略了生产中固定资本及其价值向商品的转移。正是缺少了对固定资本的科学分析，阻塞了斯密对宏观经济的分析，尽管斯密曾经试图通过将收入划分为总收入和纯收入来弥补自己理论的缺陷，但由于其始终是与我们称之为“斯密教条”的东西混杂在一起的，这使斯密最终没能建立起科学的宏观经济理论。也正是斯密教条将产出或收入归于这三个部分的观点，为现代增长理论及其要素贡献的分解和度量提供了思想来源与理论建构的基础。萨伊继承了斯密价值理论的庸俗部分，在“斯密教条”的基础上提出了他的生产和分配的三要素学说。萨伊之后，西方主流经济学继承了他的这一思想，在微观经济学领域形成了要素价格理论，在宏观经济学领域形成了增长的要素贡献理论和后来的全要素生产率理论。随着边际主义分析占据主流，西方经济学不断引入数学方法进行要素的分解和度量，在技术上就表现为各种生产函数的构建和检验方法的演变。从生产函数的构建来看，全要素生产率的度量经历了由使用生产函数到尽量回避生产函数。而在使用总量生产函数上，也存在不断改进测算方法和生产函数之间的关系的修正过程：由柯布—道格拉斯生产函数到随机前沿面生产函数的使用等等。与上述相对应，在全要素生产率的度量上，最终形成了两种占主流的测算全要素生产率的方法：参数法和非参数法。

二、全要素生产率理论的本质与分析逻辑

由于对全要素生产率的分解和度量是以对要素的增长贡献的准确测度为前提的，而要素贡献理论又是以萨伊的要素价值学说为基础的，因此，要科学认识全要素生产率理论的科学性问题，我们首先要分析其理论基础和分析的前提是否是科学合理的。事实上，早在马克思那里，就已经对萨伊的“三位一体公式”进行了深刻的批判，并且指出了其观点和方法的混乱与错误。

马克思指出，“庸俗经济学丝毫没有想到，它作为出发点的这个三位一体：土地—地租、资本—利息、劳动—工资或劳动价格，是三个显然不可能组合在一起的部分”，而且，“这个公式应该包括各种收入源泉之间的关系”。即土地，另一方面摆上一个价值，而且是

一个特殊的价值部分”。对此，马克思指出，“借此形成一个对立，那是愚蠢的做法”。这样，萨伊就将生产的社会形式完全从这一公式中抽象掉了——完全抽象掉了资本主义生产关系，“资本—利息，土地—地租，劳动—工资；在这个公式中，利润，这个体现资本主义生产方式的独特特征的剩余价值形式，就幸运地被排除了。”由此，资本主义财富的真正来源就被这一形式掩盖起来，经济增长的源泉也被混淆为要素组合的贡献。本来，工资是劳动力价值的转化形式，而利息（利润）和地租是雇佣工人创造的剩余价值的转化形式。因此，工资、利息（利润）和地租都来源于雇佣工人所创造的新价值。但是，“三位一体公式”却把这三种收入分别归于了劳动这一根本不存在的抽象、作为一种社会生产关系的资本和作为单纯的自然要素的土地。而且，从总量的经济增长来看，“总收益或总产品是再生产出来的全部产品。把固定资本曾被使用但是没有消费掉的部分撇开不说，总收益或总产品的价值，等于预付的并在生产中消费掉的资本即不变资本和可变资本的价值，加上分解为利润和地租的剩余价值”。作为社会总收入在不同资本之间分配的，也只是“总产品扣除了被补偿预付的、并在生产中消费掉的不变资本的价值部分和由这个价值部分计量的产品部分以后，所余下的价值部分和由这个价值部分计量的产品部分”，而劳动者的工资，则是在流通领域通过预付支付的，并没有参与所谓的收入分配。萨伊的这一系列混乱的观点，甚至招致了另一位庸俗经济学的代表人物庞巴维克的批判，“萨伊是想让我们把资本的服务理解为真实资本里存在着的自然力量的活动，如负重兽类和机器的实际活动、煤的热力的发动等。但是如果他所指的是这一点，则整个问题便全都错了”。

三、全要素生产率理论的实践检视

（一）价值源泉的错设使要素分解无法真实反映要素的增长贡献

按照马克思的观点，在资本主义生产方式下，生产剩余价值或赚钱是这一生产方式的绝对规律，这一规律又会以竞争的方式转化为对资本家外在的强制规律发挥作用。现实的资本主义竞争，是通过使商品变得便宜来实现的，而商品的便宜程度，是由各个企业所具有的不同的劳动生产率决定的。因此，不断提高劳动生产率使商品变得便宜就成为资本获取价值增殖和维持自身生存的必然选择。追求价值增殖和应对部门内部与部门之间的竞争，推动资本主义企业不断调整企业的生产方式以实现自身劳动生产率的提高，这使资本主义的生产方式由作为资本主义逻辑和历史起点的协作，转化为以企业内分工为基础的工场手工业、以大机器体系为标志的大规模生产，最终发展为当代的以全球性分散生产的国际分工网络。相应地，剩余价值的生产方法也由绝对延长劳动者工作时间的绝对剩余价值生产转化为以缩短劳动者必要劳动时间而相对延长剩余劳动时间的相对剩余价值生产。相对剩余价值生产使劳动者由对资本的形式隶属转化为实际隶属，于是劳动的生产力也就转化资本的生产力。

（二）资本与技术的不可分性使要素贡献无法被有效分解

1957 年，新古典增长理论的代表人物罗伯特·索洛在其增长理论中，将经济增长分解为资本、劳动和被忽略的因素的增长，并将这一被忽略的要素归于进术进步。按照索洛的研究，1909—1949 年的美国经济增长有 87.5% 应归因于美国这一时期的技术进步。这里，索洛将资本（常常指新的投入或投资，因为全要素生产率主要是一种度量即期的方法）和技术进步分离开了，将技术作为一个独立的要素纳入其增长的分解当中。索洛的这一增长的要素分解，甚至受到了西方学者如菲利普等的批评，他们认为这一方法所使用的参数估计具有强烈的主观随意性。然而，西方学者的批判只是流于全要素生产率度量方法这一表面的错误，并未从本质上指出全要素生产率理论的错误根源。因此，知识和技能的积累，社会智慧的一般生产力的积累，就同劳动相对立而被吸收在资本当中，从而表现为资本的属性，更明确些说，表现为固定资本的属性，只要固定资本是作为真正的生产资料而加入生产过程。“因此，机器体系表现为固定资本的最适当的形式，而固定资本——就资本对自身的关系来看——则表现为资本一般的最适当的形式”。可见，在现代资本主义生产条件下，技术进步总是与资本特别是固定资本联系在一起的，两者从来是不可分的。为获取更大的价值增殖和为应对资本主义的竞争，资本总是不断寻求提升自身的生产率，这就赋予了资本一种趋势：不断赋予生产以科学的性质。于是，“一方面资本是以生产力的一定的现有的历史发展为前提的，——在这些生产力中也包括科学，——另一方面，资本又推动和促进生产力向前发展”。既然资本和技术进步是不可分的，那么将技术进步作为独立的要素纳入全要素生产率分解就必然难以得出科学的结论。我们知道，伴随企业的资本积累和生产规模的扩大，资本有机构成是不断提高的，也就是说，新的固定资本的投入可能完全是一种新的异质性技术的体现，这必然会引起企业内部组织方式的变革，从而带来产出效率的增长。而且，一个企业或产业的技术进步，可能完全是由于异质性生产资料或劳动对象（由其他部门或产业提供的中间品）的购入和使用实现的。但对固定资本投入来说，其在生产过程中会长期发挥效应——这一效应在统计量上具有较强的滞后性，这种即期的计量就将固定资本在以后的生产中所发挥的作用忽略掉了，如此测度的全要素生产率，必然是以资本要素的贡献被低估为前提，自然也就夸大了全要素生产率的效果。我国学者郑玉歆就指出，“全要素生产率的度量不但包括了所有没有识别的带来增长的因素，而且还包括了概念上和度量上的全部误差及差异”。

（三）“劳动要素化”分析无法真实反映增长的动力

按照马克思的观点，构成生产力要素的是劳动资料、劳动对象和劳动者的劳动。其中，最活跃最能动的是劳动者的劳动，劳动者的主观能动性是生产力中最为重要的因素。然而，建立在“斯密教条”和“三位一体公式”基础上的西方主流生产理论，将劳动者与资本等并列纳入生产要素的集合，以生产函数形式构建了生产者决策模型，把一定社会关系下的物质生产仅仅看作是技术上的投入产出关系，认为生产理论的基本内容就是通过生产要素的不同组合形式，实现利润最大化。在增长的核算中，主流经济学往往使用新增就业指标，以劳动者收入在总收入的占比度量劳动对增长的贡献。对于中国产业在经济新常态下所面临的“双重锁定”和“双端挤压”困境，我国学者黄群慧将其归因于“工匠精神”的失落，并强调：“合理的激励制度，能够引导培育产业工人精益求精的行为习惯，最终形成体现为工匠精神的行为准则和价值观念。这就要求围绕产业工人的技能提升培训、钻研精神奖励、创新导向激励、职业社会保障等建立完善相应的激励制度体系”，这是对劳动者主观能动性对经济增长质量提升和生产力进步作用的一个很好的阐释。

（四）结论与启示

全要素生产率作为产出增长率扣除各要素投入增长率后的余值，因其分析的理论基础和前提本身的含混性与模糊性，建立其上的分解和度量也必然是含混而模糊的。一定意义上，学术界对全要素生产分析的热情，来自于对技术进步的厚望。然而，一个社会的技术进步及由此所推动的经济效率的提升，总是在生产力和生产关系的矛盾运动中实现的。对此，马克思指出，“在这里，起作用的普遍规律在于：后一个［生产］形式的物质可能性——不论是工艺条件，还是与其相适应的企业经济结构——都是在前一个形式的范围内创造出来的。机器劳动这一革命因素是直接由于需求超过了用以前的生产手段来满足这种需求的可能性而引起的。……且是作为在工场手工业占统治地位的时期所建立的殖民体系和在一定程度上由这个体系所创造的世界市场的结果而产生的。随着一旦已经发生的、表现为工艺革命的生产力革命，还实现着生产关系的革命”。

幸福经济学研究新进展

王艳萍[①]　张翔[②]　陈烨[③]
（河南财经政法大学）

一、幸福经济学的简单回顾

幸福经济学起源于“伊斯特林悖论”。伊斯特林在“经济增长是否改善了人类的命运？一些经验证据”（1974）一文中提出，对发达国家整体而言，一国平均的幸福感与人均 GDP 没有显著的关系。换句话说，在一国内部，收入较高的人更容易获得幸福感，但在国家层面，一国平均幸福感不会随着人均 GDP 的增长而改善，因而产生了明显的悖论。伊斯特林的结论引起了学术界的广泛讨论，之后的很多研究主要围绕伊斯特林悖论而展开。在国家层面和国际范围内，收入和幸福之间的联系一直是幸福经济学研究的一个重要方面。

二、幸福的度量

经济学家、心理学家以及哲学家对自我报告的幸福测量越来越感兴趣（Deaton & Stone，2013）。Miret et al（2014）认为，幸福可以分成两类，一类是可评估的幸福（evaluative well－being），另一类是体验幸福（experienced well－being）。可评估的幸福是指一个人对其生活质量的总体评价，也可表述为生活满意度（包括工作满意度、财务满意度、健康满意度等方面），而体验幸福则是指人们体验到的积极和消极情绪，也被称为主观幸福感。有些时候，两类幸福的表现并不一致，比如，一些高收入者的生活满意度较高而幸福感却较低，因此，这两类幸福的度量都是重要的。

---

① 王艳萍，河南财经政法大学教授，硕士生导师，研究方向：经济思想史。
② 张翔，河南财经政法大学硕士研究生。
③ 陈烨，河南财经政法大学硕士研究生。

三、收入、消费与幸福

（一）收入与幸福

1. 围绕伊斯特林悖论的讨论

Easterlin et al（2010）再一次验证了幸福—收入悖论。幸福和收入之间的非正相关关系不仅适用于发达国家，也适用于一些发展中国家、东欧转型国家以及之前的研究样本中没有包含的更广泛的发达国家（样本包括 17 个拉丁美洲国家、17 个发达国家、11 个转轨国家、9 个发展中国家），不仅适用于穷国，也适用于富国。Sacks et al（2010，2012）提出与伊斯特林悖论相反的结论。

2. 收入等级以及收入不平等与幸福

Boyce et al（2010）提出收入等级假说，即收入等级而不是收入水平影响生活满意度。对假说进行验证的结果表明，收入带来的效用取决于收入排名。在与社会参照群体进行比较时，个人的相对收入等级决定其生活满意度，而绝对收入对幸福没有任何影响。进一步说，收入水平与效用没有直接联系，只有当收入排名上升时，增加个人收入才会增加其效用，同时，收入排名下降的那些人的效用将减少。收入等级假说可以解释为什么增加所有人的收入却不能提高所有人的幸福。

（二）消费与幸福

根据经济学教科书中的消费者行为理论，效用是人们对商品或服务所带来的满足程度的评价，当一个人的消费增多时，满足感或幸福感就会增加。消费被视为经济的驱动力。

四、个人及人口特征与幸福

有关幸福的个人及人口特征因素的研究文献比较丰富。这些文献的研究结论可以大致概括为：从个人层面来看，在快乐的人中，年轻人和老年人、富人、受过良好教育的人、已婚人士、有工作的人、健康的、饮食中含有丰富水果和蔬菜的人、爱运动的人以及身材苗条的人占多数；从国家层面来看，在幸福的国家中，富有、受教育程度高、民主、信任、失业率低的国家占多数（Ashkanasy，2011）；收入、失业和婚姻是个人幸福的主要决定因素（Tiefenbach et al，2015）；幸福与逆境中的适应性有关（Graham，2011）；积极情绪影响人们的行为和幸福（Ifcher et al，2011）。

（一）幸福的年龄和性别特征

几乎所有相关的研究均发现，年龄与主观幸福感之间存在着U型关系，即年轻人和老年人是最幸福的；女性通常具有较高的幸福感（MacKerron，2011）。Hawkes（2012）也得出类似结论，即成年人的幸福感随时间呈U型变化趋势：青少年时期处于高峰，45～49岁下降到最低点，60岁末和70岁时的幸福感再次上升。人们的生活满意度和幸福感得分最高的年龄区域在75～79岁。

（二）婚姻、家庭、生育与幸福

1. 婚姻及夫妻收入状况与幸福

Zimmermann & Easterlin（2006）考察了在德国，同居、婚姻以及离婚对生活满意度的影响。夫妻关系的形成对生活满意度有显著的积极影响，而分居或离婚对生活满意度有显著的消极影响。无论已婚还是离婚人士，孩子没有影响到他们的生活满意度；生活满意度在结婚当年和第二年（“蜜月期”）显著提升，之后两年或更长时间内有所下降，但仍明显高于婚前。

2. 家庭内的利他主义与幸福

Bruhin et al（2009）基于德国社会经济面板（GSOEP）数据库所进行的研究显示，大约21%～27%（或者大约1/5）的父母具有利他主义倾向。孩子的生活满意度对利他主义父母的主观幸福感的影响是很大的。除了利他主义所给予的快乐，互惠为父母对孩子的转移支付提供了额外的动力。平均来说，利他群体的父母对孩子的实际转移支付可能是很大的。在一小部分人口中，利他主义偏好有比较高的流行程度和比较广泛的流行范围，且有可能影响到公共政策。

3. 生育与幸福

Margolis & Myrskylä（2011）借鉴社会学、心理学以及经济学相关研究，对全球范围内的生育—幸福关系进行了调查和比较。

（三）健康、关爱与幸福

1. 健康与幸福

总的来说，心理和身体健康对主观幸福感具有很强的积极影响（MacKerron，2011）。Miret et al（2014）对芬兰、波兰和西班牙三国的家庭进行调查发现，在所有三个国家，健康状况与幸福感紧密相关，甚至比收入更具有相关性。该结论具有重要的政策含义。由于健康状况是幸福感的重要因素，决策者应针对相关高危人群进行干预，以改善他们的健康状况，提高人们的幸福水平。

2. 关爱与幸福

关爱对护理者和被护理者的幸福都会产生影响。2013 年，伊拉斯谟幸福经济学研究组织（EHERO）“幸福经济学的进展：幸福与关爱”专题会议上，许多学者就“护理者的负担与幸福”“正式护理者与非正式护理者的幸福比较”以及“护理者的幸福测量”等相关问题进行了探讨。

（四）教育、个人选择、时间偏好与幸福

1. 教育与幸福

从个人层面上来说，教育是幸福生活的一个至关重要的因素，因为教育可以使人们获得生活所需技能。不同教育水平的人有着不同的主观幸福感（MacKerron，2011）。Zagórski et al（2010）认为，幸福感受一国整体教育水平的影响。社会的平均教育水平越高，高等教育对个人幸福所带来的好处就越小。具体来说，受过高等教育的人比受教育程度偏低的同龄人更幸福，但是，随着一国平均受教育程度的提高，这种幸福感的差距也就越小。

2. 时间偏好与幸福

跨期选择在我们的生活中起着重要作用，因此，有必要充分理解幸福与时间决策之间的关系。Flesher（2015）探讨了贴现与幸福的动态关系。把时间和金钱所带来的幸福作为假想的回报，把受访者表达出的未来一定时期的回报的既定现值作为无差异点，根据这个无差异点计算各种贴现参数。

五、宗教、社会关系和社会资本与幸福

（一）宗教与幸福

宗教信仰通常伴随着较高的主观幸福感。以佛教为例，佛教习俗为控制和调整情绪提供了巧妙的手段（Ash，2007）。Childs（2010）认为，关于宗教参与和幸福之间正相关关系的研究存在两个主要的空白。首先，研究者认为，宗教参与通过两个途径给人们带来幸福，一是人与上帝关系的感知，二是社会凝聚力的体验。

（二）社会关系和社会资本与幸福

幸福来源于良好的人际关系或社会关系。Haller et al（2006）从社会学角度，通过对

41 个国家的幸福进行国际比较以及多层次回归分析得出结论：良好的基本社会关系、工作参与和社会地位、有利的社会文化参与会对幸福产生积极影响。社区参与或者志愿服务、社交活动以及定期参加教会活动等都会给人带来较高的主观幸福感（Bruni & Stanca，2008）。

六、政治、经济、制度环境以及公共政策与幸福

（一）经济环境与幸福

失业率、通胀率、经济增长、经济危机以及收入不平等，以及诸如此类的宏观经济因素会对幸福产生影响。通货膨胀以及失业率上升导致的失业恐惧降低了人们的幸福感；正在寻找工作的人们相比处于就业状态的人显得更不开心；经济自由无论从个人层面还是国家层面都会对个人幸福和国家平均幸福产生积极影响（Jackson，2016）。对失业的日益担忧以及不平等程度的增加使得日本人的幸福水平在 20 世纪 80 年代后期大幅度下降（Knabe et al，2010）。

（二）政治环境与幸福

Álvarez – Díaz et al（2010）研究了政治环境对美国各个州生活质量的影响，尤其是选民们投票选举的政府以及该政府随后建立的公共政策制度是否决定了个体的生活满意度。把个人层面的特征、经济条件、种族差异、社会资本以及文化等因素作为控制变量，把福利支出、市场调节、政府的意识形态、政府的政党控制作为政策变量，研究者并不考察政治如何影响中介变量进而影响主观幸福感，而是考察政治因素是否直接对最终的利益变量（即生活质量本身）产生确切的重要影响。

（三）福利制度与幸福再分配

Ono & Lee（2013）从社会学角度探讨了福利国家的福利制度所导致的幸福再分配问题。作者认为，为了研究福利国家的幸福，学者需要剖析宏观和微观之间的各种相互作用，主要的研究结论为：（1）福利国家的总体幸福感不高，幸福总大小不随福利国家规模的大小而变化。（2）公共福利支出并不能为全体公民带来幸福，公民幸福感很大程度上反映这些国家资源和收入的再分配，或者说，福利国家的资源和收入的再分配特性产生了幸福再分配或导致了“幸福不平等”。

（四）公共政策与幸福

幸福指标既可以评估公共政策，又可以设计公共政策。越来越多的研究支持使用幸福

指标来评价外部性、社会资本与信任、失业、税收结构等方面的公共政策效果，Adler & Seligman（2016）探讨了促进幸福的公共政策。

七、自然及周围环境与幸福

（一）自然环境与幸福

在幸福经济学研究中，存在一个被忽视的方面，即经济行为的现有模式影响到环境的完整性和可持续性。更好地了解幸福的影响因素和机制可能有助于形成一种更环保的可持续的生活方式（Welsch，2013）。Cuñado et al（2013）探讨了西班牙地区的气候以及空气污染对主观幸福感的影响。

（二）经济移民与幸福

幸福研究发现，一般来说，富裕国家比贫穷国家更有利于带来高的平均个人幸福水平，部分原因是政治和制度因素，如富裕国家通常具有更高层次的自由（Frey & Stutzer，2002；Radcliff，2002；Diener et al，2009），所以，这些国家更“宜居”。

（三）居住地区与幸福

Glaeser et al（2014）以美国为例，考察了生活满意度与一系列地区特征之间的关系。一般来说，衰退地区、铁锈地带（指美国等已陷入经济困境的老工业区）或锈带（包括底特律和中西部大部分地区）居民的主观幸福感低于全国其他地区，这种情况与城市衰落有关。一般来说，人口总体上向更幸福的地区迁移。

八、劳动力市场的幸福

（一）工作满意度与主观幸福感

Štreimikienė & Grundey（2009）以立陶宛为例，将劳动力市场状况与个人幸福以及生活满意度联系起来，分析了工作对生活满意度和主观幸福感所产生的作用。研究结果表明，失业是不幸福的重要因素；金钱买不到幸福，额外收入对生活质量的积极影响出人意料地小；人格因素、人际关系以及社会参与对幸福的影响大于经济因素的影响。

（二）幸福与生产效率

大量的幸福研究将幸福作为被解释变量，幸福的各种影响因素作为解释变量。在幸福经济学研究中，也有一部分学者将幸福作为解释变量，研究了幸福感如何影响生产效率等其他经济变量。早在 1989 年，Argyle 考察了工作满意度对工作绩效的影响。在某些情况下，幸福可能是劳动者行为动机的潜在来源（Cornelißen，2009）。

九、幸福感的个人差异和跨国差异

（一）幸福感的个人差异

最近的许多幸福研究揭示了各国公民幸福水平（SWB）差异与各国经济社会因素之间的密切关系。但是，这些跨国比较只是针对主观幸福感的全国平均水平而言的，而国家内部的幸福感指数得分却比较分散，这一事实完全被算术平均所掩盖。

（二）幸福感的跨国差异

早在 1999 年，Schyns 发现幸福与一国的经济和文化生活条件有关。穷国以及文化管制的国家，客观生活条件与幸福之间的关系并不密切；富国群体中，文化与幸福之间存在着正相关关系；自由国家群体中，控制了文化因素之后，幸福与经济繁荣之间具有正相关关系。控制了经济繁荣因素之后，文化与幸福之间不再存在相关关系；对于转轨国家，经济繁荣、文化与幸福之间具有因果关系。

十、主要结论及政策启示

（一）主要结论

从研究内容来看，近年幸福经济学研究继续围绕幸福测量以及幸福影响因素而展开，但研究的范围有所扩展。比如，将幸福感作为解释变量，研究幸福感如何影响生产效率等其他经济变量。同时，研究深度也有所加深。

（二）政策启示

1. SWB 成为 GDP 之外的社会经济进步的一个补充测量

社会进步指标是公共政策的主要驱动力。随着经济学家、心理学家和哲学家对自我报告的幸福测量以及它们是否可以用于政策制定越来越感兴趣，这种兴趣使得人们对 GDP 衡量标准的局限性有了新的认识（Deaton & Stone，2013）。

2. 经济增长对国民幸福仍具有意义

如前所述，穷国和富国的收入—幸福关系有不同表现。在越穷的国家，收入增加，幸福感提高；在富裕的国家，收入增加，幸福感下降。这意味着较贫穷国家的长期 GDP 增长是可取的，发展中国家的经济增长也具有一定的意义。

3. 政府的社会经济政策应考虑促进幸福

幸福经济学研究已明显影响到各国公共政策。提高幸福测量水平、提升主观幸福感和生活满意度越来越被全球各国政府所重视。幸福经济学研究具有了明确的政策含义，并且一定程度上可以成为检验政策效果的依据。

国外创新经济学在中国的传播与发展

——以熊彼特学说为例

陈潇潇[①]　安同良

（江苏师范大学）

一、熊彼特学说在中国发展的第一阶段（1949 年之前）

根据目前已掌握的资料统计，新中国成立之前，研究熊彼特的中文文献只有王惟中教授的“熊配达 J. Schmpeter 之利息理论”（王惟中，1943）和“熊配达 J. Schmpeter 之经济发展学说评论”（王惟中，1947）。这也是仅有的在熊彼特去世之前中国学者对其思想和经济理论研究的两篇文献资料。据贾良定（2013）考证，当时没有熊彼特经济论著的中文版，中国学者对其经济学说的研究主要根据他的原文著作，由此推断出王惟中教授参考的应该是熊彼特的德文著作《经济发展理论》。

王惟中教授的“熊配达 J. Schmpeter 之利息理论”发表于《中农月刊》1943 年第 4 卷第 8 期，同年同名论文编入梁庆椿主编的《近代金融学说》。王惟中对熊彼特的研究方法也进行了评价：“就熊氏研究之方法观察，纯粹经济学，实由熊氏而登峰造极，其体系之完整，殆无以过。”而 1947 年发表的“熊配达 J. Schmpeter 之经济发展学说评论”则是集中介绍熊彼特的经济发展理论、陈述作者的个人观点并对照该理论评论了当时中国的经济发展、制度和文化。王惟中 1947 年发表的这篇文章，其结构是按照熊彼特《经济发展理论“对于利润、资本、信贷、利息和经济周期”》一书的篇章结构展开的，分为“经济发展之基本现象”“信用与资本”“企业家利润或剩余价值”“景气波动”四部分。

王惟中教授的这两篇文章是国内最早研究熊彼特的文献。虽然距今年代较远，但对熊彼特创新理论的研究却非常系统、深入和准确。文章不仅探究了熊彼特创新思想的根源和特色，还与其他经济学说进行了对比，在熊彼特经济学说回归中国学术界之前的约半个世纪里，代表了中国学者对熊彼特研究的最高水平。

---

① 陈潇潇，江苏师范大学商学院讲师。

二、第二阶段（1949—1989 年）

新中国成立后，熊彼特的主要著作除了《理论经济学性质与精要》外，都有了中文译本。电子工业出版社也于 2013 年出版了该书。根据中国知网统计的数据，20 世纪 80 年代研究熊彼特的文献中直接引用《从马克思到凯恩斯的十大经济学家》的有 6 篇。该书最早是由李瑞芝发表在《西北大学学报（哲学社会科学版）》1983 年第 2 期的“试析熊彼特对马克思主义学说的评价”一文中加以引用的。其后，此书引用率呈现不断上升的趋势。相关研究主题主要包括经济学术史（江春泽、张宇燕，1987，1988）、熊彼特的经济理论体系（傅钧文，1984；范家骧、高天虹，1988a，1988b）、劳动价值论（汤在新，1996）、经济哲学史（杨建飞、刘宏雄，1999）以及经济政策史（陈祖洲，1997）等。进入 21 世纪，该书的引用率增长较快，近四年引用该书的中文文献每年都在 10 篇以上。主要驱动因素来自国内马克思研究热潮的兴起，使得本书对马克思理论体系的分析也受到重视。

《资本主义、社会主义和民主主义》是熊彼特的重要代表作之一，也是他生前发表的最后一本著作。该书由商务印书馆 1979 年出版，绛枫翻译，张培刚教授作序。这是熊彼特的学术思想第一次被介绍给中文读者。吴良健于 1999 年重译了该书，译名为《资本主义、社会主义与民主》，并由商务印书馆在 2009 年和 2012 年两次再版。虽然翻译的版本略有不同，但《资本主义、社会主义与民主》通常被认为是综合地表达了熊彼特在哲学、政治学、经济学等方面的思想观点。根据中国知网的文献引用记录，《资本主义、社会主义与民主》的被引频次为 386 次，其中大部分文献都是政治经济学和中国政治与国际政治，而经济理论和经济思想史的引用数量较少，创新研究方面的引用率更低。这说明熊彼特的创新与产业组织理论并没有在国内引起足够的重视，中国创新学者对该书的重视程度不够。

这一时期，除了引入熊彼特著作的中文版本，评述熊彼特学说和理论的研究也开始出现。研究内容大体可以分为熊彼特的理论体系研究（傅钧文，1984；大野忠男，1984；伊达邦夫，1984；陶文达，1985；范家骧、高天虹，1988a，1988b）、企业家创新与技术创新研究（唐岳驹，1981；王慎之、邱兆祥，1985；余志罡，1986；陈其广，1987；丘衫，1989；亚青，1989；贾蔚文，1989）、信用理论研究（盛松成，1985；李忠宽，1989）、经济周期理论研究（赵涛，1987；谭慧，1988；孙裕生，1989）。此外，还有《现代外国哲学社会科学文摘》1984 年第 1 期上张启新整理的熊彼特著作目录。这段时期属于熊彼特学说的引入阶段，中国学者自身的理论贡献相对较少。

三、第三阶段（1990—2007 年）

（一）熊彼特经济学在理论界的传播与发展

1990 年，商务印书馆出版了熊彼特的重要代表著作《经济发展理论》，作者在书中首次提出了“创新理论”。该书由何畏和易家详翻译，张培刚、易梦虹和杨敬年等著名经济学家承担校译工作。《经济发展理论》的出版进一步向我们展现了熊彼特作为一流经济学家的风范，并为此后中国演化经济与创新经济学的研究提供了重要参考文献。该书的中文版是国内熊彼特著作中中文引用率最高的一本，同时也标志着熊彼特学说在中国的传播进入了新的发展阶段，熊彼特的著作出现了不同版本的中译本，打破了商务印书馆一家独大的局面，并且国内学者开始关注对熊彼特个人的研究。

国内学者撰写的第一本熊彼特传记是《卓尔不群的创新者：约·阿·熊彼特》，作者是殷凤，于 2001 年出版。该书介绍了熊彼特的主要经济思想，包括生平研究方法和理论体系，并附有熊彼特生平简表和主要著述。2006 年，徐则荣出版了《熊彼特》，同年又推出了《创新理论大师熊彼特经济思想研究》，书中突出了熊彼特在创新理论方面的贡献。

（二）新熊彼特学派和演化经济学的发展

1992 年，由多西等编著的《技术进步与经济理论》由北京经济科技出版社翻译出版，以技术创新理论为核心的新熊彼特学派开始在中国产生影响。1997 年，纳尔逊和温特合著的《经济变迁的演化理论》由商务印书馆出版，以新熊彼特学派为主的“演化经济学”正式进入中国学者的视野。而国内第一篇系统介绍和评价演化经济学的文章是贾根良 1999 年发表在《经济社会体制比较》上的“进化经济学：开创新的研究程序”。技术创新经济学和演化经济学的发展进一步突出了熊彼特在创新领域的开创性贡献。

演化经济学两个原创性的流派是新熊彼特学派和老制度学派。国内研究新熊彼特学派比较突出的代表人物有洪银兴、安同良；老制度学派的代表人物是张宇燕、贾根良和张林。

与熊彼特经济学和新熊彼特学派在我国的迅速传播不同，老制度学派的传播相对缓慢，主要的研究成果有张宇燕 1992 年和 1993 年连续出版的《经济发展与制度选择》《制度经济学：异端的见解，载现代西方经济学前言专题》；贾根良（1999）的《重新认识旧制度学派的理论价值》和《制度变迁理论：凡勃仑传统与诺斯》；张林（2002，2006）的

《谁是制度经济学的正统：论制度主义中的凡勃伦—艾尔斯传统》《中国的“新制度经济学运动”》以及2006年出版的研究专著《新制度主义》。

（三）熊彼特学说传播与发展的计量分析

这一时期，研究熊彼特的期刊文献开始大量涌现，熊彼特学说在中国的传播和影响呈现明显上升趋势。

我们以CNKI的中国学术期刊网络出版总库作为平台，搜索有关熊彼特的文章。在期刊年限上不作限制，数据库更新时间截至2014年9月。因为某些期刊没有或者在某些年份没有摘要和关键词，如果采用摘要和关键词方式进行检索则不能准确反映研究现状。如果检索条件为主题，模糊匹配，则结果不能反映是否直接讨论熊彼特的议题。本文以“熊彼特”为检索词，分别以篇名模糊匹配模式和主题精确匹配模式进行跨库检索。最后检索到专门性文献有250篇，相关研究文献1354篇。

本文主要对熊彼特思想的专门性研究文献进行计量分析。在250篇专门性文献中，还需要剔除国外学者以他们国家发展背景所写的文献（本文是研究熊彼特思想在中国的传播）、重复发表的文献、新闻报道、会议纪实以及转引报刊杂志文章等非学术性的论文后共217篇。其中，期刊文献207篇，硕博士论文10篇。

四、第四阶段（2008—2013年）

2008年3月，第一届“中国演化经济学会议”在武汉召开，标志着熊彼特学说在中国进入有组织发展的新阶段。至2014年5月，中国演化经济学年会已经成功召开六届，年会的规模和影响力逐年扩大（表1），已发展成为中国经济学界重要的年会之一，对进一步推广和深化熊彼特学说做出了重要贡献。在第一届中国演化经济学年会召开的同一年（2008年），陈劲和王焕祥编著了《演化经济学》，这是国内第一本演化经济学教材；同年创办了《演化与创新经济学评论》，由经济科学出版社出版。目前，《演化与创新经济学评论》每期刊出十篇左右的文章，已成为中国期刊网（CNKI）的来源刊物，其影响力不断扩大，近几年的论文在人大复印资料《理论经济学》的转载率约为30%。至2014年，该评论已累计出版了11辑。此外，2009年，受中国演化经济学年会的委托，刘志高和崔岳春创办了中国演化经济学研究网；2012年浙江大学成功召开了第十二届“学习、创新与能力建设经济学全球网络”年会。这都标志着以熊彼特学说为基础的新熊彼特学派和演化经济学其他流派在中国得到了蓬勃发展。

表 1　历届中国演化经济学年会概况

	主题	会议	举办单位
2008 年第一届	未定主题		中国地质大学（武汉）
2009 年第二届	演化经济学：理论、方法和应用		云南大学
2010 年第三届	演化经济学与跨学科研究		浙江大学
2011 年第四届	因倡导跨学科性与开放性特征，此次年会未设主题	演化与创新经济学、演化经济学与市场经济制度多样性	清华大学
2012 年第五届	制度与演化	制度与演化经济学，熊彼特主义与创新经济学，方法论、模型与跨学科研究，企业演化、产业动态与经济发展	山东大学
2014 年第六届	中国经济学的自主创新	熊彼特经济学的再造，经济史、经济思想史与新李斯特学派演化经济学，产业、金融与科技创新，制度创新与演化经济学	中国人民大学

资料来源：在贾根良“中国演化经济学年会情况介绍”基础上修改整理。

这一阶段，中国学者更加注重将熊彼特学说与中国的现实经济问题相结合，撰写和翻译了大量与熊彼特或其创新理论相关的著作（表 2）；同时也翻译了许多国外优秀学者关于熊彼特的研究成果（表 3）。

表 2　国内学者出版的熊彼特研究专著

著作	作者	出版社	出版年份
孤独的创新者——熊彼特	张卫东	江西人民出版社	2008
约瑟夫·阿洛伊斯·熊彼特——创新经济学之父	袁辉	人民邮电出版社	2009
创新思想者：当代十二位创新理论大师	陈劲、王焕祥	科学出版社	2011
企业成长、创新空间与产业升级——“熊彼特假设”的理论延伸与中国证据	李宇	中国社会科学出版社	2012
经济学家熊彼特	施建生	吉林出版集团	2012
回归熊彼特：整合战略、技术、市场、组织与服务创新	吴贵生、高建	清华大学出版社	2012
熊彼特式创新的经济学分析——创新原域、连接与变迁	蔡晓月	复旦大学出版社	2013
理解熊彼特	陈劲、贾根良	清华大学出版社	2013

表3 引介国外学者的熊彼特相关著作

著作	作者	译者	出版社	出版年份
竞争与企业家精神	伊斯雷尔·柯兹纳	刘业进	浙江大学出版社	2013
约瑟夫·熊彼特	埃斯本·安德森	苏军	华夏出版社	2013
经济学统治世界	海尔布隆纳	唐欣伟	湖南人民出版社	2013
熊彼特传	安奈特·舍尔佛	刘斌、黄莎莉	机械工业出版社	2010
开门	洛林·艾伦	马春文等	吉林人民出版社	2011
经济困局中，谁的经济学管用	吉川洋	曹逸冰	中国人民大学出版社	2012
现代经济学的历程——大思想家的生平与思想	马克·斯考森	马春文	长春出版社	2009

除了熊彼特的研究专著之外，中国学者编写的许多经济学史书籍中也对熊彼特进行了深入研究。包括王志伟（2002）的《现代西方经济学流派》、姚开建（2003）主编的《经济学说史》（2011年再版）、杨虎涛（2011）的《演化经济学讲义——方法论与思想史》、白瑞雪（2012）的《演化经济学与经济学的演进》、张旭昆（2012）编著的《经济思想史》等都用了较多篇幅来介绍熊彼特的生平、著作、理论贡献以及其他经济学家对他的评论。

与此同时，演化经济学的研究也不断向前推进。代表性文献有贾根良（2011，2013）的《演化经济学：第三种经济学体系的综合与创新》和《第三次工业革命与新型工业化道路的新思维——来自演化经济学和经济史的视角》，以及黄凯南（2009，2010）的《演化博弈与演化经济学》和《主观博弈论与制度内生演化》等。

五、结论

本文梳理了熊彼特学说在中国的传播路径、发展阶段，以及中国学者对于熊彼特理论的创新性研究，并将熊彼特学说在中国的传播与发展分为连续递进深入的五个阶段。未来，中国学者应进一步引入国外学者对熊彼特经济学说做出的卓著研究成果，继续从事熊彼特经济学、新熊彼特学派与演化经济学其他流派的比较研究，加强学术交流与合作，挖掘熊彼特经济学的“深层结构”，从源头上推进熊彼特经济学的创新，并且要立足于我国实际，为解决中国经济发展所面临的重大挑战提供新的理论和政策思路，使中国提高自主创新能力，真正走上创新驱动之路。

美国政府执行了弗里德曼哪些货币政策主张?

黄卫东[①]

(中国科学技术大学)

米尔顿·弗里德曼(Milton Friedman),生于1912年,2006年去世,是美国芝加哥大学教授、新自由主义经济学派代表人物之一,货币学派的奠基人。以主张自由放任资本主义而闻名。1976年获诺贝尔经济学奖,以表彰他在货币供应理论及历史和货币稳定政策复杂性等方面的贡献。弗里德曼被誉为“货币大师”,曾担任过美国总统尼克松和里根的经济顾问和美国经济学会主席,多次受到美国政府表彰。

一、对美国央行的建议

1. 均匀地增加货币数量,使年增长率稳定在4%

本条建议就是著名的“单一货币规则”,国内外有很多讨论。弗里德曼认为,货币总量是指流通中的货币加上商业银行的部分存款,就是除去政府存款、银行间的同业存款和各种托收过程中的项目;货币增长率应与经济增长率大体相适应;货币供应增长率一经确定不能任意变动。货币供应量的最佳选择是实行“单一规则”,即公开宣布并长期采用一个固定不变的货币供应增长率。

弗里德曼认为,在货币政策上盯住利率是有缺陷的,因为利率并不是货币供给变动的最终性指标,货币供给的加速增加会降低利率,刺激支出,这等于收入增长,就会推动贷款需求增加和价格上涨,从而发生逆转。弗里德曼作为货币主义的奠基人,其标志性成果就是关于货币理论,最著名的结论为“通货膨胀归根结底是货币现象”,“通货膨胀在任何时候、任何地方都是一种货币现象”。

但是,引起物价飞涨的原因,可不仅仅是货币数量过多。例如,1815年印度尼西亚坦博拉火山爆发,第二年北半球天气出现的严重反常。欧洲、北美洲及亚洲都出现灾情,夏天出现罕见低温,甚至下雪;欧洲及美洲农业生产受影响尤甚,导致农产品大量减产,很

① 黄卫东,中国科学技术大学副教授。

多城市粮食价格上涨超过50%。

按照美国金融学教科书的介绍的知识，货币量才是难以控制的，首先是由于货币乘数短期内剧烈变化，央行很难及时了解实际情况和调整，让市场上货币数量控制在一定范围。我国学者指出，由于影子银行存在，我国的货币供应量统计数据存在失真现象，因而使控制货币量更加困难。在过去30年间，美国货币数量曾发生大幅度变化。例如，2001年9月11日美国发生恐怖袭击事件后，美国民众到商业银行大量提现现金，从而使美联储应市场要求被动供应的现钞大幅度增加，从日常日供应30亿~50亿美元增加到750亿美元。2008年美国发生金融危机后，美国央行同样大幅度降低利率，敞开供应，应商业银行交易要求，使基础货币供应量增加，一日提供数千亿美元救助处于困境中的美国商业银行。虽然美国央行曾在1980—2000年期间，在每半年向国会提交的《致国会的货币政策报告》中提及货币增长率目标，但在实际操纵上，只能通过市场交易来调控利率，实现货币投放；到2000年，美国央行就取消了制定和发布货币增长率目标数据。在最近30年，尽管美国有非常剧烈的基础货币量变化，美国央行却很好地实现了利率控制和物价稳定。

其次，在美国金融市场制度下，市场交易者本身也会产生货币。美国央行实际操作上一直盯住的是利率，主要根据物价变化情况，制定今后一段时间内的目标利率，日常通过买入或卖出债券来调控市场利率，使其与目标利率一致。

2. 废除规定央行发行货币，必须储备与25%货币量等价的黄金做货币储备的要求

现在各国都使用纸币做货币。由于发行量过大，美国政府又没有储备金属兑换，很快就贬值到百分之一以下，以至于汉语的不值分文，翻译成英语，字面意思就叫不值一个大陆币。因此，近代西方各国都会规定，发行纸币，必须储备抵押物。以黄金做储备的抵押物，就是历史上比较著名的黄金本位制。当然，战争时代或危机时代，各国也会废弃此项规定，历史上西方各国都曾废弃过这种规定。美国内战时期，就发行了大量不负责兑现的纸币。由于黄金数量有限，常常不能满足经济增长需要，后来就不再要求100%储备黄金，但法律要求发行货币时，黄金储备要大于一定的比例。美国央行最初成立的时候，储备抵押物包括约50%黄金、15%白银，其他是商业债券。后来法律要求储备的黄金比例下降到25%。

回顾历史，二战期间，西方各国因战争需要，黄金都拿到美国购买军火了，美国获得了大部分黄金储备。1944年美国组织盟国召开战后国际贸易上的货币安排，主持通过了国际货币基金协定，掌控了该协定的执行机构——国际货币基金组织。美国是唯一承诺本国货币可兑换黄金的国家，是布雷顿森林会议上达成货币协议的基本条款之一。通过这个协

议，就可以让美元侵占这些国家的货币主权。由于国家间协议都是自愿的，当时只有美国控制的9个拉丁美洲国家加入，美国正在通过马歇尔计划源源不断地向欧洲提供援助，吸引西方盟友加入协定，不可能接受弗里德曼的建议，毁掉承诺美元可兑换黄金的基本保障，使美国放弃侵占他国货币主权计划。到20世纪70年代，美国因侵越战争，大量发行货币，从其盟友手里获取物资，当时西方各国政府手里的货币高达450亿美元，比美国政府储备的黄金价值高4倍以上，加上西方各国民间储备的美元，远多于美国的援助等付出，也远远超过美国政府的黄金储备，美国虽采取种种措施，包括保持政府间互换规模，要求西方各国政府不要兑现黄金，但难以阻挡西方各国民意。但是，美国经济学家赫德森教授论证，宣布不兑现美元并不有碍美国当前利益，虽然弗里德曼主张，发行纸币不需要储备黄金做货币发行依据。但是，现在美国政府仍然储备了大约8千吨黄金。综上所述，美国政府取消承诺美元兑换黄金，并非采纳弗里德曼先生的建议，而是经济形势推动的必然结果。中国早在新中国成立时，在弗里德曼建议之前，就发行不承诺兑现的纸币做货币了，而且实现了长达30年的稳定物价。

3. 要求央行给其成员银行的准备金支付利息，要求利息率与短期公债的市场利率一致

联邦储备银行系统是由商业银行和中央银行组成，商业银行加入联邦储备银行系统时，必须缴纳一部分资金给央行，才能成为联邦储备系统的成员银行。这是1913年美国国会通过的美国联邦储备法规定，央行则每年按规定利率支付利息。国内一些媒体称美国央行是私人银行，其原因就在于此。但美国央行的盈利，占95%以上，都上交给美国财政部了。

另外，商业银行还需要根据存款，按一定比例，就是央行规定的准备金率，向央行上交准备金，以应付突发的提现，防止无钱兑付而倒闭的风险。弗里德曼的建议，实际就是要求央行给这部分准备金也发利息。

4. 废除对成员银行定期存款利率规定上限，以及不得给活期存款支付利息的规定

美国利率管制始于1933年，以2011年允许活期存款收取利息结束，一共历时78年。早在上个世纪70年代初，美国就在其控制的后院拉丁美洲推销实施取消管制的银行业政策了；其后就是金融市场化自由化。与此同时，美国则制定了更加细致的管制要求，包括资本充实率、贷款方向、缴纳保险金等风险防范措施，以及随时抽查等监管措施，防止商业银行倒闭。这是因为，商业银行，尤其是大型商业银行一旦倒闭，就会引起经济崩溃，因而，其经营风险是政府承担的，政府必须有效控制其风险，单纯取消管制是不可能的。

这是美国金融教科书讲授的基本常识。

5. 废除对有价证券限量的控制

本建议主要针对美联储对银行方面的要求，该要求的目的是限制银行的风险，防止银行过度扩张。在银行投资有价证券方面，美联储对银行的要求包括：

不得购买投资级别以下的债券；

持有单个私人发信站发行的债券不得超过资本额 25%；

银行向另一家银行贷款不得超过资本额 25%。

直到今天，这些限制仍然存在，因此，美联储没有采纳弗里德曼的主张。

6. 废除联邦储备银行可以向成员银行发放贷款，贴现票据，以及对私人、公司或非联邦公共团体发放贷款的权力

美国央行一直持有这些权力，它们从没有被美国国会废除过。2008 年金融危机爆发后，美联储发行的货币大部分都通过这些方式进入市场，占货币发行量一半以上了。以前以这些方式投放的货币，从没有超过 20%，因此，美联储实际所做与弗里德曼的主张是完全相反的，不是废除，而是加强了这些权力。

7. 对成员银行的法定准备金和实际准备金的差额课以一系列惩罚（a set of fines）

这是要求央行处罚上交准备金不足的银行，保证准备金制度能够得到执行。美国的商业银行十分注意形象，通常不愿公开向央行借贷，以免暴露自身存在问题，因此，是否进行处罚，并不重要。只要公示某商业银行缺钱缴纳准备金，就是对该商业银行的巨大打击。1933 年罗斯福上台前后，由于经济危机，人们大量兑现美元为黄金，当时还是金本位时期，发行货币必须储备一定量黄金，从而使金融业停业，濒临崩溃。当时罗斯福只是通过媒体威胁要公布拿美元到银行兑现黄金的客户名单，暗示他们不爱国，就逼迫大家就范了。因此，此条建议无关重要，也没有被美国政府采纳。

8. 废除央行调整准备金率的权力

美国国会从未废除美联储调整准备金率的权力。只是存款准备金率改变，会对市场上存款水平和货币量形成巨大改变，因而美联储很少改变准备金率。美联储规定了不同存款水平下需要按不同准备金率上交利率，美联储每年都会上调这些存款水平。1994 年开始，美联储改变了准备金计算依据，例如，不再要求对活期存款账户余额征收准备金，等于降低了准备金率；2008 年美联储开始给超额准备金提供利息，从而增加了超额准备金，等于增加了准备金率。因此，美国政府没有采纳弗里德曼的此项主张。

9. 给予央行发行债券的权力

美联储主要购买国债或其他商业债券，使货币进入市场。美联储只需卖出持有的部分债券，就能收回货币，不需要发行债券来收回货币。在本书写作的时候，但是美联储实行的是黄金本位制，为了维持黄金储备达到法定要求，联邦储备法第26条许可美联储发行一年期黄金券，但在1968年，美国准备取消黄金本位制之前，将其取消。现在美联储所使用的政策工具，包括下列四项：

（1）公开市场操作，买卖债券；

（2）准备金率，基本不用；

（3）超额准备金；

（4）通过贴现窗口，给银行提供贷款。

因此，美国央行没有发行债券的功能或权力，也就是说，没有采纳弗里德曼的主张。

二、对美国财政部的建议

（1）取消财政部对债务的管理，让联邦储备银行来管理政府债务。或者只发行两种，包括短期和长期国库券，提前公布发行额，定期公开拍卖，发行额度应平缓增长。应在商业银行或央行进行交易，避免两者之间转换。

（2）废除承诺35美元兑换1盎司黄金的固定价格，使外汇汇率市场化。

参见前面的分析。

（3）废除目前购买白银的条例，取消白银券，在十年里卖掉财政部的白银存货。

由于工业发展对白银的需求巨大，使得白银价格大涨，推动人们兑现白银券，使得美国的白银券大幅度减少，这是经济推动的结果，并非美国政府采纳弗里德曼的建议，现在美国财政部还储备700万盎司白银。因此，美国财政部从未采纳此项建议。

（4）回收美国财政部发行的美钞，包括硬币，将货币发行权都交给美联储。

美国一直由财政部发行硬币，财政部还每年发行纸币，因此，美国政府从未采纳此项建议。

三、对美国银行的建议

（1）要求银行100%存款准备金，就是说，要求银行将吸引的活期和定期存款都转存到央行。或者修订对所有银行一致的准备金要求；同时将准备金定义为库存现金和联邦银行的存款。

前面一个建议，等于取消了商业银行的基本功能，是明显不可行的建议，当然没有得到采纳。后面一个建议，也没有得到美国政府采纳。因为美国仍然对不同规模银行的准备金率要求不一样。

（2）取消支付活期存款利息禁令和定期存款利率限制。

见前面的分析。

四、总结

在弗里德曼所提出的 14 项建议中，现在只有 3 项建议与当前美国政府的政策一致，但这并非是美国政府采用了弗里德曼现实的建议，而是现实推动的结果。其中美国政府取消对银行利息的管制同时，加强了对银行的监管，是改变银行管制办法，并非如弗里德曼所建议的单纯取消管制。香港大学经济学教授张五常先生指出，弗里德曼从 1982 年对通胀的推测，到他 2006 年去世，一直是错的。作为研究通货膨胀著名的享誉全球的“货币大师”，这实在很难得。美国最具政治影响力的杂志之一《国家评论》创办人和主要撰稿人 William F. Buckley, Jr. 则公开指出，“弗里德曼先生绝对说过，他的理论不适合应用。毫无疑问，他是正确的。”这也说明，弗里德曼的一套货币理论，不能反映社会现实。事实上，美国政府不仅没有采纳弗里德曼的货币政策，而且经济政策也与美国政府推销的以弗里德曼理论为基础的新自由主义政策完全相反。

新自由主义经济学还能走多远

方建国①
（福州大学）

新自由主义经济学作为一种经济思潮，诞生于20世纪30年代、兴盛于资本主义70年代“滞胀”之中，是与凯恩斯主义相对立的各种自由主义流派和学说的总称。主要的流派和学说的具体分类和分布情况大致如下：在美国是以米尔顿·弗里德曼（Milton Friedman）为旗手的货币主义学派，以阿瑟·拉弗（A. B. Laffer）为代表的供给学派，以小罗伯特·卢卡斯（Robert E. Lucas Jr.）为核心的理性预期学派，以詹姆斯·M. 布坎南（James M. Buchanan）和戈登·塔洛克（Gordon Tullock）为创始人的公共选择学派和罗纳德·科斯（Ronald H. Coase）开创的新制度主义经济学；在欧洲主要是以弗里德里希·哈耶克（F. A. Hayek）为领军人物的新奥地利学派和以瓦尔特·欧肯（Walt Eucken）为首的德国弗莱堡学派。米尔顿·弗里德曼被公认是新自由主义的旗手，而始终如一地坚守传统市场自由主义的人却是弗里德里希·哈耶克——他应当是新自由主义的旗帜——与其他新自由主义者接受新的方法和工具所不同的，哈耶克天生就“对新东西持有深深的怀疑”②

一、新自由主义在不断地否定自己的基本假设，它们逐步地认识了“完全理性”的不可能性，“有限理性”的含义越来越明确，概念也呼之欲出，因而它在逻辑起点上就开始制造逻辑的自我否定

新自由主义经济学都在基本假设上退回到新古典主义经济学的理性人（而不是亚当·斯密的经济人）的假设上去了，但新自由主义的不同学派所讲到的理性人也是有差别的。大多数新自由主义学派都强调遵从“理性人假设”，而理性预期学派则“假定单个经济单

① 方建国，福州大学民建经济研究院副院长、教授。

② ［美］尼古拉斯·韦普肖特：《凯恩斯大战哈耶克》，闾佳译，北京：机械工业出版社，2014年第1版，第101页。以下同一文献只写书名和页码。

位在形成预期时使用了一切有关的、可以获得的信息，并且对这些信息进行理智的整理”①。由此可以看出，理性预期所谓的“理性”，同新古典经济学的理性人的“理性”是有区别的。新古典经济学的理性人的“理性”是先天就有的，不是后天的。因为新古典经济学的三大假设注定了理性人的理性——似乎是“上帝赋予每个人平等的权利”一样——同质且全能，先知先觉，神算。在这个假设或假象空间，生产者和消费者对等，厂商与劳动者对等，因为他们知道的一样，掌握的信息一样，整个世界都是透明的。但理性预期学派所说的“理性”却是后天形成的，因为——“可获得的信息”和“不确定性因素”——这两点，就可以说，实质上理性预期学派所谓的“理性”是“有限的理性”——这样，不知不觉与新制度经济学的“有限理性”“同流合污”了——在新制度经济学中，威廉姆森（Oliver Williamson）和德姆塞茨（Harold Demsetz）等人直接宣布他们的理论是建立在西蒙（Herbert Simon）的“有限理性”基础之上的。

从“无限理性”（特别是新古典理论的理性人假设）到“有限理性”的转变，理性预期学派的理性假设已经开始动摇，到新制度经济学完全确立“有限理性”的基本假设，说明新自由主义经济学并非铁板一块地接受新古典理论的基本假设，作为一个整体新自由主义是不统一的，对基本假设的动摇也预兆着在一些观念、观点和理论上将有所不同，从而形成不同的经济学流派。

二、新自由主义经济学在形式上运用了一些先进的技术工具，但在思想和观念上却是落后的、倒退的

弗里德曼的货币需求函数继承了传统的货币数量说中的现金余额数量说，又受到凯恩斯的流动偏好理论的重要影响，这是他的独特之处。从研究方法上看，在建立货币需求函数时，弗里德曼运用了实证经济学的方法论，并在分析各种影响货币需求的因素时，运用了大量的实际统计资料。但在弗里德曼的货币需求函数中，我们不难看出，他的货币理论实质上还是旧的货币数量论和凯恩斯的流动偏好论的大杂烩。在此，我们不得不说凯恩斯货币理论的创新意义巨大。凯恩斯的货币理论将货币从传统经济学的“交易”的地位丰富到“经济调节手段”的地位——为什么可以这样呢？极端个人主义就是无政府主义，认为政府只有压迫、强权和剥削的功能，而无改善公民生活的职能。在这种认知下，哈耶克建议由私人公司代替政府履行公共职责——这等于是要求公共职责慈善化，因为私人免费提供公共产品（职能）就是慈善——这本身就不符合个人主义教条和原则，也不符合西方经

① ［澳］贝尔特·T. 麦卡勒姆：《合理预期理论的意义》，载《现代国外经济学论文选》（第七辑），北京：商务印书馆，1983 年版，第 40 页

济学的企业追求最大化利润的教条。

从本质来说，个人主义不仅希望自由地处理个人的经济事务，也希望政府的制度运转也是放任的。但是，这种双重的自由一遇到危机就立马崩溃，谁也救不了谁，谁也别指望谁，“大难临头各自飞”，就使危机更加恶化。哈耶克以私人公司替代政府履行公共职责的论调，是建立在新古典理论完全理性人、完全竞争市场和市场均衡（出清）的严格假设条件下的（虽然哈耶克的奥地利学派与新古典理论并不完全一致），在这种条件下私人企业完全不受限制，似乎是可能获得最大化利润的。但现实并非如此，私人公司处处受到限制（来自各个方面的），它明显达不到最大化利润状态。这时如果又得不到来自政府的扶持，这是注定要让公众受苦的。因而自由放任是虚假的、不合逻辑的。

在坚定的自由主义者哈耶克和奥地利学派看来，所有关于政府干预的主张和建议就是玷污了市场，因为他们坚信自由市场是良性的，任何试图驯服它的人，不是居心险恶，就是在做无用功，甚至两者皆然。

三、新自由主义经济学坚持遵循了新古典理论的传统，将表面的流通（和需求）看成是经济学的本质，但在新的现实面前又不得不回到生产（和供给）这个中心上来

继承了新古典理论的传统和出于资本主义生产相对过剩的要求，需求从古典经济学的次要位置跑到了现代经济学的主要位置上来。只有当资本主义生产相对过剩（供给过剩）的时候，“顾客是上帝”的观念才会真正地深入“商”心，这个变化导致了经济学中心从生产转移到需求上来——边际革命把需求提上研究日程，凯恩斯的“需求管理”理论更加巩固了“消费者中心论”。所以，在经济学发展史上，自马克思之后，经济学基本上一味地谈论“需求”了。

理性预期学派从货币周期理论到实际周期理论，就是一个从流通回到生产的典型。巴罗（Robert Barro）认为货币周期理论在解释周期波动中可能夸大了货币的作用，是有缺陷的，因而创立了实际周期理论，强调经济周期性运动主要是受技术（生产率）的冲击引起的，同时货币存量的内生性可以解释货币和产出之间的联系。

四、新自由主义经济学在理论上已经建立起了严格的话语权，但在实践上面对危机时毫无作为，甚至一定程度上导致了经济恶化

20 世纪 70 年代，当凯恩斯主义陷入“滞胀”困境之后，哈耶克和弗里德曼先获得诺贝尔经济学奖，重新唤起了人们的自由主义情结，新自由主义在思想、观念和理论上大有一统天下之势，重新夺得经济学的主流地位，并在理论上建立起了严格的话语权。但是，

实践战绩如何呢？我们知道，新自由主义经济学在南美和拉丁美洲的“结构改革”中名声狼藉。撒切尔夫人以货币主义的自由化原则来治理英国经济，她和她的继任者们推行的金融自由化改革更是使英国陷入虚拟经济繁荣而实体经济衰落的高失业危机，为今天英国经济的困境埋下了祸根。美国里根总统将供给学派作为治国的经济学基础，但结果却用起了凯恩斯的工具。“华盛顿共识”下的“休克疗法”使今天的俄罗斯已经沦为一个二三流的国家。

五、新自由主义经济学家在理论上还能坚持和固守自由的底线，但在实践上却往往做出一些相反的行动，（赞同和支持）新自由主义的政治家在做相反的事情上走得更远

新自由主义虽然一直在反凯恩斯主义，但他们同时也看到对于凯恩斯的一些理论、观念和命题的反对已经是无力回天了。因为凯恩斯的宏观方法，不仅为经济学家们（当然包括新自由主义经济学家）所认同，而且还得到了普遍的应用，诸如国民生产总值（GDP）等概念，已经成为经济学家们衡量经济的重要工具，这虽然没有从根本上但也相当部分地改变了自由主义经济学家的研究和分析的关注点，宏观经济目标或问题成为任何一个新自由主义经济学家绕不开也回避不了的问题，他们不得不发明了一种从下至上地从微观角度来理解经济——也就是将宏观经济问题微观化的研究和分析方法。在一些关键性、区别性的问题上，他们也采取了一些比较灵活的折中的方法：反对国家干预经济，主张最小的政府，但又承认和赞同经济应当受到管理，以实现稳定发展。除哈耶克坚持绝对主义不妥协立场外，我们可以看到，新自由主义经济学家被凯恩斯经济学的强大气场所逼而不得不进行一定的折中或妥协——虽然大多数人基本上还在坚守和固守着自由的底线——弗里德曼就在赞美凯恩斯的学术成就中，发挥着他的自由主义。他认同有限度和有条件的政府干预，比如国家或政府要控制货币供应量。

六、新自由主义与现实之间充满着矛盾，因为深受新自由主义经济学教育、熏陶和影响的人们，一边在纵情宣泄内心的自由愿望，一边当经济出事时却大声要求政府出面进行干预

当罗斯福新政放弃了一切依赖于市场机制的想法，开始通过国家和政府的力量来挽救危机的时候，自由的人们对“小政府”的狂热也只停留在愿望和观念上，深处经济危机和困境的社会大众还是希望政府能够切实地解决他们面临的经济危机，使他们能够摆脱日益加深的经济困境——毕竟危机和失业对普遍的人们形成的压力和威胁是严重的，罗斯福新政也告诉了他们“国家干预是改善公民生活的合适途径”。

七、新自由主义经济学泛滥的结果是，发达国家和发展中国家都遭受到了伤害，对后者造成的伤害远远大于对前者所造成的伤害

亚当·斯官提出的“自由放任”是针对英国不自由的封建经济体制的。而凯恩斯提出的“国家干预”则是针对资本主义有效需要不足的危机的。可见，“自由放任”是历史的需要，“国家干预”也是时代的需要。

当代坚信自由主义能够拯救危机的国度不是美国，而是英国。因为美国大多数总统实行的凯恩斯主义政策（虽然一些人在竞选中反对政府干预，但在现实中却执行了凯恩斯主义政策），而英国的一些政治家却坚信自由市场能够拯救大英帝国。1979 年 6 月，撒切尔夫人当选英国首相，着手缩小公共部门规模，减少货币供应量，减税收，变卖国有资产，偿还国家债务，废除约束企业的政策法规，实行激进的自由化政策。这是纯粹的哈耶克，再加上了少许的弗里德曼。

八、新自由主义和凯恩斯主义“革命”，对于为什么国家要干预经济和为什么国家不能干预经济的原因的解释过于宽泛和肤浅，相对缺乏从深刻的本质和根源上寻找解释

关于生产和危机的本质，马克思已经有深刻的分析。但马克思对于资本主义经济运行所开出的药方，是基于对资本主义长期趋势的判断和预言的，而不是针对性地治疗资本主义眼前危机的。对于为什么要干预经济，凯恩斯的解释直接而乐观，面对危机政府应当责无旁贷地用公共政策来解决危机，更多的是强调政府的公共职责；新自由主义则主要是从对自由的信仰出发，捍卫资产阶级民主革命的权利，反对任何公权力对个人的侵犯。相比之下，凯恩斯倾向于赋予政府以责任，相信公权力或国家干预是改善公民生活的有效途径；而新自由主义则认为民主革命的成绩不容否定，

公共产品具有非竞争性和非排他性的特征，也就是说，国家为什么干预经济？因为它本身就是公共资源和公共产品的配置方式和行为主体；市场为什么不会被抛弃？也因为它是私人产品和私人资源的有效配置方式。只要仍然存在着公私资源、产品和服务之分，国家干预和市场机制就不会消失，而且它们之间的界限也是泾渭分明（只是这个界限长期被一些理论弄得模糊了）。在当今各国都处于一种混合经济的状态中——说明资本主义已经不是传统的资本主义了，社会主义也不是传统的社会主义了——政府和市场务必各司其职，各展所长，共同为经济稳定增长和发展尽到自己的责任。

九、新自由主义强烈的反独裁主义和极权主义的倾向和斗争精神，激励着人们为争取自由经济活动而奋斗，但它却不该在倒洗澡水的时候把孩子一同倒掉了

哈耶克相信，只要自由企业不受影响，国家介入是可以接受的。这似乎是一个妥协，但实质上绝对不是那么回事儿，因为哈耶克所谓的政府介入，实质上仍然是强调政府的行政和法治职能方面，只不过是稍微向社会救助方面迈进了一步而已，即认为政府应当保证“一些最低限度的食物、住宿、服装足以维持人的健康和工作能力”。

污染与环境：马克思主义经济学与西方经济学的比较[①]

宋宇[②]　王美望[③]

（西北大学经济管理学院）

一、马克思主义经济学中污染与环境理论

马克思主义经济学中污染与环境理论应作狭义和广义两种理解。按照广义的马克思主义经济学，除马克思、恩格斯等经典作家关于环境污染问题所形成的系统理论成果以及对经济、社会和环境三者之间关系的合理性协调发展见解外，又包含后来的马克思主义经济学者拓展的环境与可持续发展理论。

马克思指出："自然界属于人无机的组成身体，人类依赖自然界生存发展。即人类与自然界彼此相互联系，相互作用。人的精神和肉体生活与自然界息息相关，这一切都源于人是自然界的一部分。"[④] 辩证唯物论将自然界置于人赖以生存发展的客观物质基础地位，经济、社会和生态的可持续发展依附于清洁无污染的环境。按照马克思主义观点，环境污染主要不是经济增长而是由资本主义造成的，资本主义的社会结构鼓励滥用环境资源。就个体而言，在资本主义私有财产制度的前提下，资产阶级与工人之间的利益矛盾冲突驱使资本家对劳动者进行无情剥削来满足他们各方面需求，对商品的过度占有令环境负荷加重；再者造成异化现象的出现，每个个体都处于无安全感的孤岛状态，将自己设置于与他人对立的场面，要摆脱这种无保障状况就是消费和占有环境资源，进行"显示性消费"，但其并不能反映人类的真实需要，对环境造成额外负担。

恩格斯进一步认为：近代工业革命是生态破坏和环境污染的导火线，而资本主义制度是导致人与自然关系紧张以及出现环境污染的罪魁祸首，人与自然的矛盾解决与否取决于

---

① 国家社科基金一般项目"马克思主义经济学的创新发展研究"（14BJL009）；陕西高校人文社会科学青年英才支持计划项目（HSSTP201426）。

② 宋宇，西北大学经济管理学院教授、博士生导师。

③ 王美望，西北大学经济管理学院硕士研究生。

④ 《马克思恩格斯全集》第3卷，北京：人民出版社，2002年版，第272页。

资本主义社会制度是否实施根本性变革。资本的逻辑就是利润，资本家生产经营活动的目的是获取超额利润，生产力水平的提高，人口增加和城市化进程加快，反倒表现为对自然环境采取一系列过分的行为造成环境污染。这实则反映的人与人之间的关系受占支配地位的生产关系的制约。消灭私有制，实现人对资本主义的超越是解决环境危机的根本。除此之外，人类要以变化和发展的眼光（即阶段性、过程性、可持续性的眼光）看待自然环境，研究自然界和人类社会发展变化的客观规律，认识对自然环境所做习常行为的干涉所带来或远或近的后果，协调好各方之间的关系。

中国马克思主义经济学家程恩富在辩证看待科技对生态环境影响的基础上指明科技本身是中性的，环境污染问题的产生与解决，不单纯在于科技进步与发展，而在于如何正确使用科技。由于科技进步的资本主义运用方式，作为资本家追逐资本升值的工具，更多是把科技当做追逐无限财富和利润的工具，忽略生态环境的破坏，必将带来生态环境危机①。要摆脱环境污染这一困境，并非抑制科技的进步，而在改变逐利性资本主义制度的前提下正确运用科技进步。

总之，马克思主义经济学主张对于污染与环境问题的研究不能脱离一定的社会生产关系，不能忽视体制和机制在其中所起到的决定性作用。经济社会的发展是以人的发展为目的，追求公共利益和满足公众要求，使人类享受同等优越的自然环境。如果背离此目的，忽略人类周遭生活环境的恶化，过分关注利润与经济增长和物质追求，发展将不可持续。

二、西方经济学中污染与环境理论

（一）古典经济学的观点

美国学者克拉克在《政治经济学——比较的观点》一书中归纳了西方经济学中有关污染与环境的三种观点。其要点为，首先，古典自由主义（古典经济学）的观点。这种观点将自然环境视为需要加以控制和操纵使之服务于人类利益，但其忽略了市场失灵问题。

1. 污染的动因

自然资源和环境物品是公共品，任何公民都对其享有公共产权，可以按照自己的意志在不违反法律规定和道德规范的情况下对待环境。这样，经济人比如消费者过分重视自身利益而轻视环境的保护，容易产生环境污染。

交易成本的存在是市场失灵的原因之一。搜寻信息成本、确定价格成本、监督执行成本的存在使得市场不能出清，污染不能达到最优的排放水平，只会趋向于维持现状。科斯

① 程恩富、王中保：《论马克思主义与可持续发展》，《马克思主义研究》，2008 年第 12 期，第 51－58 页。

正是基于以上情况提出科斯定理：如果交易费用为零，无论产权如何界定，都可以通过市场交易和自愿协商达到资源的最优配置；如果交易费用不为零，就可以通过合法权利的初始界定和经济组织的优化选择来提高资源的配置效率，实现外部效应的内部化，而无需抛弃市场机制①。关键是需要界定某些环境的私人产权使污染权利归属于最需要这些权利的环境利益主体，使环境资源配置处于最佳状态，达到环境服务中生产与消费的良性循环。

2. 环境政策

古典自由主义者坚信市场具有保护自然环境的能力，市场通过促进生活水准的提高来为防治污染提供动力，满足人们基本生活需要后才会对自己赖以生存的环境有较高期望。

一种策略就是私人企业家在污染者与被污染者之间通过协商解决，根据某一方的利益受到侵害而向制造污染的一方索取赔偿最后达到一致意见的一种状态。另一种环境保护策略是令公共产权私有化，让产权回到最能发挥其效用的人手中，实现环境资源的高效配置，但在现实生活中由于交易成本不可能为零，故私有化不能完全解决环境污染问题。古典自由主义者还坚持实行政府管制，征收排污税或费，在企业实现利润最大化的过程中将环境污染对社会的影响折算为成本的一部分，在此基础上去追求自己的利益能够有效地处理废弃物及提高生产水平。与此相关的是拍卖污染许可证的方法，让污染较高的企业为获得污染许可证支付较高的价格，而其他企业以较低的污染成本进行生产，使整个污染权市场处于有效运转的状态。最后还有一种策略就是采用成本—收益分析方法将污染进行量化处理，任何会减少财产价值或利润的政府管制都要求向其所有者赔偿经济损失。

（二）现代主流的观点

现代自由主义者或目前的主流观点认为快速的增长不会永远持续下去，最终会达到增长的极限；而人类的生存能力取决于对环境的态度及对环境的所作所为，污染与资源的耗竭正是因为市场失灵导致社会偏离其最优资源配置状态的位置。

1. 污染原因

英国经济学家西奇威克率先提出存在“外部性”，指出不能直接对受灯塔外部性收益的人收取费用。从公共资源管理角度来看，保护和改善生态环境由此生产出来的产品——良好的生态环境，是一种外部性很强的公共产品。理论上各环境利益主体均有权对环境资源进行使用，但由于环境资源自身稀缺性和非排他性的特质，其公共产权失灵或界定不清，若不了解如何与环境和谐相处，单纯对公共环境资源采取“无利用极限”和“过度

---

① 查尔斯·D. 科尔斯塔德：《环境经济学》（第二版），北京：中国人民大学出版社，2016年版，第259页。

使用”等不当行为或进行一些短视的环境破坏甚至机会主义行为，会导致环境关系日益紧张恶化，进而产生污染这一公共厌恶品①。

2. 环境政策

现代自由主义者主张政府为提升居民的生活环境质量要进行环境市场有关政策的制定。政府应率先与企业共同设计产权交易，将环境资源的所有权细化并进行层级划分：若产权交易较为明晰，通过市场拍卖给相应发挥最大效率的环境利益主体，避免其余个体或企业机会主义的滋生；若产权界定模糊，则在空间上进行区域分割，奉行“谁污染谁治理，谁环保谁受益”的原则，但不局限于生产方的责任，也可以扩展到消费领域促进人们理性消费、合理使用的义务②。再而庇古税的征收，此税种是建立在局部均衡分析基础上的单一税制，主要是向造成污染的一方征税，税额与企业造成的外部边际成本相一致用来治理污染或是对利益受侵害的居民进行补贴，具有一定合理性，但政府很难确切地掌握边际污染成本，故征收庇古税在信息不对称的市场经济中难以普遍应用，转而政府为各行业制定统一的污染标准以维持公正平等，避免造成局部地区的严重污染。

三、比较与评述

（一）两种污染与环境理论的比较

由前文的梳理可知，马克思主义经济学和西方经济学有关污染与环境理论的阐述有一定的相通之处：比如将资本家进行环境污染活动的原因归结于逃避巨额成本，获得超额利润；分析的一致目的是降低污染排放，提高环境质量和清洁度，为经济增长和人类生活创造绿色环境，实现人与自然的和谐相处以及保持经济的健康可持续增长。然而两者理论背后还存在根本性的差异，主要体现在以下几个方面。

1. 理论深度的异处——揭示本质还是阐述现象

马克思主义经济学力求追溯到环境污染现象背后的本质，认为正是因为在资本主义制度下，资本家为获得更多的超额剩余价值对劳动力进行无休止的剥削与压迫造成两方的矛盾激化，进而生产过程中生产力和生产关系不相匹配才会导致污染的产生以及资源的浪费。因此，只有经济社会发展以人的发展为目的，向更高社会形态迈进能从本质上摆脱这

---

① 吴冠岑、牛星：《从公共资源管理角度看区域环境协作机制的构建》，《兰州学刊》，2009 年第 12 期，第 100－102 页。

② 王雅俊、王书斌：《生态资源环境公共产权的经济学分析》，《技术经济与管理世界》，2011 年第 1 期，第 82－85 页。

种现象。西方经济学将污染的原因归咎于市场失灵而不是资本主义制度，试图通过政府实施干预政策，如庇古税的征收、排污权的拍卖、产权界定来解决环境污染问题，在对污染本质的揭示中是错误的，在实际操作中由于信息不对称等各种限制条件的存在使得其不能被广泛采纳。简而言之，西方经济学只是力图对减少污染的表面现象进行描述，并未涉及甚至是刻意回避污染源头——资本主义制度的本质、内在矛盾和规律。

2. 对待环境污染问题的态度及解决方法的区别

马克思主义经济学主要是站在辩证历史唯物主义的高度，基于人民大众的利益和资本主义发展规律，经描述、演绎、归纳与推理得出：环境污染问题是在资本主义制度下经济危机引发生态危机的过程中造成的。抵制这种现象的愈演愈烈并且要从根本上解决环境污染问题，只能通过转变社会制度体系，彻底消灭资本主义迈入共产主义，实现资源共享。而西方经济学不同学派对环境污染问题都持不同态度，莫衷一是。古典自由学派和现代主流学派都将人类的位置摆放在大自然之上，主张控制驾驭自然环境，通过成本收益法来衡量利益，产生不利的环境影响可以通过政府这只“看得见的手”来进行干预。在交易成本为零，只要产权界定清晰就可采用科斯定理；不完全信息背景下可以征收庇古税或发放补贴等等。综上可知，马克思主义经济学关于污染与环境问题的解决方法是寻找污染产生的源头，进行根本性变革社会体制，而西方经济学则针对现实生活中具体的污染问题给出具体解决方案，适用范围存在局限性。

（二）对可持续发展的政策启示

通过从马克思主义经济学和西方经济学两方面观察和剖析污染与环境问题，有助于人们全方位、多层次地准确把握和揭示环境污染的本质、规律及其解决措施。西方经济学基于现实中的环境问题进行理论分析并给予解决方案，虽然片面，但仍在环境的管理和治理方面提供了一些值得关注的思路。马克思主义经济学关于污染与环境的观点不仅对于西方国家寻找污染产生和恶化的根源具有指导意义，还对我国怎样在以公有制为主体的社会主义市场经济基础之上，科学减缓环境问题，彻底解决已面临或已造成的污染问题以及实现可持续发展具有理论意义和提供政策启示。

1. 正确认识环境与污染现象产生的根本原因，理清背后隐藏的经济运行逻辑

西方经济学环境污染的相关理论更多的是针对现实中的具体问题进行表象分析和描述，如从产业结构调整角度论述，但未透过现象深究其背后内在机理和资本主义经济制度的缺陷，认识问题的角度比较狭隘和片面。马克思主义经济学就其大量的历史资料和现实材料运用历史唯物主义和辩证唯物主义的研究方法探求本质缘由，指出污染的罪魁祸首是

资本主义制度的不合理性。在资本主义制度引领下，资本家过分追逐利润和资本增值，对经济增长和物质财富的关注高于人类的发展，这样，资本的无限扩张与一定自然和社会条件下物质生产的限制之间存在着根本的失衡，不可避免地引发能源短缺、环境危机①。在经济运行过程中，生产领域和消费领域的不合理举措都会对环境造成威胁②。只有消灭资本主义制度，在社会主义市场经济体制中，与一定社会阶段生产力发展水平相适应的宏微观调控机制等，将国民收入的提高、技术进步作为工具范畴以求人的自由全面发展，才为真正解决环境与污染问题提供保障。

2. 结合社会主义市场经济发展的现实需要、污染的具体状况，大力发挥微观监管在环境治理过程中的重要作用

改革开放以来，我国由计划经济转变为市场经济，鉴于市场资源配置存在若干缺陷，尤其是经济监管的不足，在社会生活领域出现一系列影响国民生命和健康、阻碍经济社会可持续发展的环境污染案例。进行保护公共健康和安全免受风险的微观监管是政府对市场干预的最主要方式③，它是一个不断改革完善的过程。要遵循充分的市场权利和有限的监管权利相结合的原则，明确现实中的社会主义市场经济是自由竞争和政府监管的有利结合。由于政府在环境治理过程中扮演着不可替代的角色，其应符合准确定位经济角色、适当限权经济行为的要求，在尊重市场经济发展规律，保障市场主体权利的基础上，引导经济社会环境的协调可持续发展，维护好政府、企业、居民及大自然间的关系。

---

① Paul Burkett. Marx and Nature：A Red and Green Perspective［M］. St. Martin' s Press，1999.

② 李义平：《马克思的经济发展理论：一个分析现实经济问题的理论框架》，《中国工业经济》，2016 年第 11 期，第 13－21 页。

③ 宋慧宇：《美国政府微观监管制度的演变及启示》，《经济纵横》，2011 年第 8 期，第 68－71 页。

熊彼特企业家思想评析

封岩①

（首都经济贸易大学）

熊彼特指出，实现创新的因素有外部因素和内部因素，关键因素是内部因素，而内部因素中最关键的是第三个因素，即“生产手段的新组合”，而实现“新组合”的主体不是普通人，而是创新的主体动力——企业家。

一、企业家的涵义

熊彼特认为，企业家的涵义也有广义和狭义之分。所谓广义上的企业家，不仅包括在交换经济中通常所称的“独立的”生意人，而且包括各个厂商的所有的头目们或经理们或工业家们，他们可能实现“新组合”。例如经理、董事会成员、金融家、企业“发起人”。所谓狭义上的企业家，只是指经营已经建立起来的企业，并实际履行“生产手段新组合”的人。熊彼特常常只使用后一种定义。在一般未加特别说明的情况下，他指的企业就是“新组合的实现”，企业家就是行使其职能实现新组合的人们。

二、企业家的特点

企业家不同于资本家，也不同于一般的人，他们是创新的“灵魂”，是“实现新组合的实体”，是“一种特殊的类型”，他们的行为是大量重要现象的产生动力。他们以自我为中心，善于抓住一切机会，实现“新组合”以获取利润。具体地说，企业家有以下几个特点：

（一）企业家具有“首创性”“远见性”和“权威性”

企业家不同于日常的管理者，他具有独立行动，自主支配资源的动机。日常的管理者是在静态循环流转中执行例行公事的人。企业家不墨守成规，他常常创造性地变更其行为

① 封岩，首都经济贸易大学经济学院副教授。

轨道。他认为自己的职能就是实现生产要素的第一次组合。因为只有要素第一次组合时，这才是一种特殊的行动，而如果是在经营一个企业的进程中去做时，就只是例行的工作。

企业家不同于技术专家。技术专家是从事发明创造的人。而企业家则是能将技术上的发明用于经济生活中，并敢于尝试他人没有运用过的新方法。企业家面对破坏性变化和新鲜事物带来的潜在影响，能立即采取行动。此时，所有事物的成功取决于直觉，企业家采用被后来证明是正确的方式来处理问题，抓住本质的东西。

在熊彼特看来，实现一个计划，和根据一个习惯的计划去行动，是两件不同的事情，就像建造一条公路和沿着公路行走是两件不同的事情一样。企业家具有的“首创性”“远见性”和“权威性”的“才能比起仅仅从事理性的经济行为的才能来，不仅在程度上大不相同，而且在种类上也是不相同的”。他以人的音乐才能为例，去谈论企业家：假定任何健康的人如果愿意都可以唱歌，在一个相同人种的集团中，可能有半数的人具有中等水平的歌唱能力，有1/4的人能力很差，另外1/4则具有中等以上的水平。在这部分人中，如果连续不断地提高他们的歌唱的技能，那么能够掌握较高技能的人就越来越少，最后，我们发现了卡罗索。同歌唱能力的情况一样，还有人们的领导能力，熊彼特认为，大约有1/4的人领导能力极差，他们只能从事经济生活中最日常的工作。还有大约1/2的人具有中等水平的创新能力，这里包括“实际上所有的企业界人士”，他们主要依靠来自经验的可靠常规办事，但也能应付一般的挑战。其余部分，就是真正的人杰了，这些人具有超高水平的智力和意志。

（二）企业家具有善于抓住机遇的特长

企业家与其他各种经济上的领导（如在原始部落里或共产主义社会里的领导）不同，他丝毫不具备作为其他各种领导特色的那种魅力，他为了完成一种非常特殊的任务，为了实现他的成功，他非常审慎，具有在不确定性中及时地发现和抓住机会的能力，具有促使生产手段进入新的渠道的才能。他从不感情用事，而这却是所有其他社会领导方式的荣耀。他不采用政治领导的方式，不通过说服人们去相信执行他的计划的可取性，不通过创造对于他的领导能力的信任，而是通过购买生产手段或它们的服务，然后按照他认为合适的方式去利用他们，同时吸引其他的生产者跟随他进入他的生产部门。

（三）企业家具有专家的知识

企业家从事生产前，必须要对“新组合”进行价值评定。新产品的价值必然要和在正常循环流程中以同样的生产手段生产出来的产品的价值进行相互比较。在制订计划、实施计划的创新过程中，企业家时刻留心机会，作出决定和行动。这种把现有思想应用于实际所需要的个人在智力和意志力方面的投入，比单纯地创造思想或者总结创新经验所需要的投入多得多。

（四）企业家以自我为中心

企业家反对用“经济人”一词去形容他，他认为他的行为动机是理智的。所谓“理智的”，是说企业家比起其他类型的人，更加以自我为中心。因为他比起其他类型的人，不依靠传统和社会关系，他的独特任务恰恰在于打破传统，创造新传统。这点不仅适用于他的经济行动上，而且可以推广应用于他的经济行动的道德上的、文化上的和社会上的后果。而且，在企业家特有的动机中也毫无享乐主义一类的意味，因为享乐主义是以闲暇为条件的。可是，典型的企业家当他们的精力已经耗尽，而且感到再也不能胜任时，才退出舞台。这并不符合经济人所具有的特征。与享乐主义相反，企业家的动机基本上表现为以下三种类型：首先，存在有一种梦想和意志，要去找到一个私人王国，也是一个王朝。工业上或商业上的成功可以达到的地位仍然是现代人可以企及的最接近于中世纪的封建贵族领主的地位。对于没有其他机会获得社会名望的人来说，它的引诱力是特别强烈的。权力的独立的感觉，并不由于这两者主要是一种幻想而有丝毫的损失。其次，存在有征服的意志，即战斗的冲动，同别人较量高低，决一雌雄的冲动，证明自己比别人优越的冲动，求得成功不是为了成功的果实，而是为了成功本身。最后，企业家寻求创造的快乐，把事情办成的快乐，或者施展个人的能力和智谋的快乐。

（五）企业家具有克服“新组合”困难的能力

熊彼特认为，仅有特殊才能还不能保证企业家成功。企业家在实施新组合时常常遭遇新环境的挑战，心理的、个人的障碍和社会的障碍。企业家像其他人一样，在习惯了的渠道中他自己的能力和经验对于正常的个人来说是够用的，但当他面临创新时，他需要指导。虽然他在自己熟悉的循环流转中是顺着潮流游泳，如果他想要改变这种循环流转的渠道，他就是在逆着潮流游泳。从前的助力现在变成了阻力。过去熟知的数据，现在变成了未知数。企业家有能力克服这些危险因素，将创新推行到底。所谓心理的、个人的障碍是指在一个人想做某项新的工作时，习惯的力量往往反对这种刚刚萌芽的事物。“固定的思维习惯的性质本身，以及这些习惯的节约能力的作用，是建立在下面这个事实之上的，那就是，这些习惯已经变成了下意识的，它们自动地提供它们的结果，是不怕和不受批评的，甚至是不怕或不在乎个别事实与之发生的矛盾的。但是恰恰因为这一点，当它已经丧失了自己的用处时，它就变成了一种障碍物。在经济世界也是如此。在想要做某种新事情的人的心中，习惯的力量升腾起来，反对处于萌芽状态的规划或设想。因此，需要有新的和另一种意志上的努力，以便在日常领域、范围和时间内的工作和牵挂中，去为设想和拟定出新组合而搏斗……这种心灵上的自由以超出每天需求的巨大剩余力量为前提条件的，是一种特殊的并在性质上稀少的东西”。所谓社会的障碍，是指企业家一旦决定采取某种行动时，可能受到政治的、社会的、官方的、非官方的或法律上的阻碍。这种情况不仅表现在传统社会，而且在高度文明的现代社会中仍然会发生。在经济事务中，这种抵制首先是在受到创新威胁的各个集团中表现出来，其次是在难于找到必要的合作上表现出来，最后是在难于赢得消费者上表现出来。这时，需要企业家是一个智慧和意志的巨人，并且有更大的勇气去克服各种障碍，以最终实现创新。

三、企业家的地位

（一）企业家是实现经济发展的动力和主体

企业家不同于普通人就在于他自己是一种特殊类型的人，他的职能也是特殊的（实现新组合），他是大量重要现象得以产生的动力，是资本主义经济发展的主体。企业家的行为只在非常不平等的数量上并且只对比较少数的人来说才是可能的，他的行为与其他行为比较，是指向某种不同的东西，并且意味着做某种不同的事情。他的行为与其他行为在目的上也不同，他以创新作为他特有的目的，并且这种行为的实现必须以行为主体具有特殊才能为前提。由于企业家的动力作用，经济发展中会出现两种类型的人物：单纯的经理和企业家本人。

（二）企业家是债务人

在资本主义社会里，企业家是典型的债务人。企业家为了使他能够最终进行生产，借以实现新组合，他必须有获得生产资料的购买力。但这种购买力不会自动流向企业家，他必须借入购买力。这样，企业家只有先当债务人，才能成为企业家。企业家成为债务人是情理之中的事，他最先需要的是信贷，他需要取得购买力。

（三）企业家是风险的非承担者

熊彼特反对把企业家同风险承担人联系在一起，特别是认为企业家获取利润是因为承担投资风险的缘故。他认为，随着银行信贷的发展，企业资本不再仅仅来自企业家个人，银行信贷成为企业家筹集资本的重要途径。对于通过银行信贷而形成的企业资产而言，企业家并不承担最终的经营风险，作为出资者的银行才是真正的风险承担者。他说：“企业家从来不是风险的承担者。在我们所举的例子中，这是很清楚的。如果新事业失败，贷款给这个企业的债权人就会倒霉。因为，尽管企业家所拥有的任何财产都负有还债义务，但这种拥有财富的情况并不是至关重要的，即使是有利的。如果这个企业家是靠过去的利润来经营，或者利用原属于他的'静态'企业的生产手段来经营，那他也只是以资本家或商品拥有者的身份，而不是以企业家的身份，来承担风险。在任何情况下，承担风险并不构成企业家职能的一个要素。哪怕在名声方面他可能要冒风险，但他从来不承担失败的直接经济责任。”

（四）企业家不是一种终身身份，而是实施生产要素新组合的人

熊彼特指出，企业家作为一个社会团体，只是他处于一定时期的名称，或者说，只有在一定的条件下一个社会团体才能称为企业家，但是他并不总是企业家。企业家的任务在于用全新的方法把生产要素组织起来进行经营。而且，也只有在他将这些新组织以及综合起来的要素按照新的方法付诸运行的特定阶段，他才是真正意义上的企业家。一旦这种方法在某一天变得陈旧，企业经营停止不前，他也就变得与静态经济里的普通管理者毫无两样了。正如他所指出的：不管是哪一种类型，每一个人只有当他实际上“实现新组合”时才是一个企业家；一旦当他建立起他的企业后，也就是当他安定下来经营这个企业，就像其他的人经营他们的企业一样的时候，他就失去了这种资格。这自然是一条规则，因此，任何一个人在他的几十年的活动生涯中很少能总是一个企业家，就像一个工商业者很少能从来没有一个时刻是一个企业家一样，不管其程度是多么微小。

四、企业家的职能和作用

熊彼特认为，企业家的职能就是组合各种生产要素进行创新，使企业财富不断增值。不抓住机遇进行创新就是渎职，就没资格当企业家。企业家的职能不是从技术方面实现生产过程，而是把各种生产要素集中起来投入企业并使企业的产品增值。在这一过程中，一方面，他要雇佣工人以利用资本；另一方面，他又要借贷资本以雇佣工人。当他同工人谈判时，他是资本的代理人。当他同他的代理人谈判时，他是工人的代理人。企业家和工人之间的纯经济的利益矛盾并不比企业家和银行家之间的矛盾更尖锐。

企业家职能的实现途径是通过利用一种新发明，通过利用一种生产新产品或用新方法生产老产品的没有试用过的技术可能性，通过开辟原料供应的新来源或产品的新销路，通过重组产业等等来改革生产模式。除此以外，企业家还有一个特殊的社会职能，那就是社会领导的职能。企业家社会领导的职能表现在两个方面：经济的方面和非经济的方面。企业家在经济方面的领导作用具体地体现在引导生产手段进入新的渠道。非经济方面的领导作用则体现在道德、文化和社会的变迁上。

企业家的作用在于他不仅是经济体系不断改组和运转的工具，而且也是包含社会上层在内的各种要素发生连续变化的传递手段。随着成功的企业家在社会上的地位的上升，他的家人的地位也一同上升。他们由于他的成就而获得不直接依赖于他们的各自的作为的地位。企业家获取成功的进程是靠在竞争中摧毁旧的企业以及依附于这些旧企业的一切存在。这种进程总是相应地伴随着一个没落、丧失社会地位、被淘汰的过程。这种命运威胁着那些势力处在衰微中的企业家，或继承其财富却无其才干的子嗣。企业家的成功体现于他对企业拥有所有权；该企业通常由其子嗣继续经营，并很快就变成了因袭行业，直至为新的企业家取而代之。

五、评价

1. 在对创新的探讨中，熊彼特强调了来自供给方面的企业家创新的根本重要性。这与西方长期关注“有效需求不足”并籍此开列活跃经济处方的作法颇为不同。澳大利亚一位研究工业经济的教授柯武刚（Wolfgang Kasper）在他的近作《澳大利亚在十字路口》一书中写道：“要克服七十年代的衰退，就必须来一次不亚于在合理的供给政策方面的‘熊彼特革命（Schumpeter Revolution）’。”

2. 熊彼特关于企业家条件与职能的理论颇有借鉴之处。他认为作为企业家必须具有首创性、远见性、权威性，必须具有善于抓住机遇的特长，必须具有专家的知识，必须具有克服新组合（创新）的能力；企业家的职能就是进行生产要素的组合与创新，促使企业财富不断增长，不进行创新就是渎职，就没有资格当一名企业家。这些观点无疑都是正确的。在我国社会主义市场经济与社会主义现代化建设中，无疑也需要这样的企业家。

3. 熊彼特把资本主义社会的企业家和资本家截然分开，甚至对立起来，这种观点也是不符合现实的，是为资本主义制度辩护的。因为在资本主义社会，特别在自由竞争阶段，企业家与资本家往往是一身二任，即使有被资本家雇佣的企业家，那也往往是二老板，也根本不是像熊彼特所说的那样，资本家和企业家是雇佣关系，是债权人与债务人的关系，是利益完全对立的关系。熊彼特这样来描述二者的关系完全是为资本主义制度辩护。

4. 熊彼特对创新主体的定义是狭隘的。熊彼特所指的创新主体仅仅是企业家，也就是实现“新组合的人”，这种观点显然是狭隘的。实际上创新主体首先应是工人（含总体工人中的科技劳动者和一般经营管理劳动者）。在马克思看来，创新主体至少包括：工人。一位日本学者曾说：“在经济学家中，马克思是将人作为经济要素并从正面给其以深入论述的少数学者之一。他通过对资本主义体制的分析，认为克服资本主义弊病的力量在于工人，即在于资本家的对立面。在马克思的理论里，人（工人）一跃成为经济学体系里的中心。”其次才是企业家和其他人。

米尔顿·弗里德曼的经济思想评析

申米玲[1]

（西北政法大学）

一、弗里德曼的自由化主张

（一）私有产权是个人自由的保证

作为新自由主义领军人物的弗里德曼的自由化主张贯穿于他所考察的一切领域，而把企业私有化视为实现其自由化主张的根本前提。弗里德曼承袭哈耶克“私有制是自由的最重要的保证”的观点，认为“在简单模型的经济中，和在复杂的具有企业和货币交换的经济中一样，合作完全是个人的和自愿的，其前提条件为：（a）企业是私有的……。”他在分析南斯拉夫工人自治失败的原因时指出，南斯拉夫摒弃苏联高度集中的计划经济模式之后，建立了企业个人自治模式。这种模式不同于兰格—勒纳模式，它不是“玩资本主义游戏。”但是，工人自治为什么会失败呢？弗里德曼指出，这主要是因为南斯拉夫没有实行彻底的私有化，没有建立可分割和转让的产权。

弗里德曼认为，南斯拉夫应建立私有的、可分割的产权机制。他说：“唯一完全有效的机制是，将所有权与就业分开，将生产企业的可转让的产权给予工人或者有关的其他人员，即建立一种真正的、实在的资本主义形式的可分割的产权。”

在弗里德曼看来，南斯拉夫的失败就在于没有彻底实行生产资料的私有化，然而实际上，南斯拉夫的问题恰恰就在于没有实行社会主义公有制的原则和中央统一的计划调控而片面地强调分散的工人自治。很明显，在这里已进一步充分暴露了弗里德曼的私有化的主张。

必须强调指出，弗里德曼把企业私有化视为自由的前提，如果硬要说这有一点道理，那也只是对极少数企业主因拥有企业所有权而有参与市场交易的自由，但对一无所有的无

---

① 申米玲，西北政法大学教授。

产者来说，则只有出卖劳动力的自由，在大量失业形势下只有选择失业的自由或选择任由企业主剥削压迫的自由。可见，他的私有化主张不过是在为少数人的利益辩护而已。

（二）财政金融方面的自由化要求

弗里德曼不仅以“持久收入假说”为依据反对凯恩斯主义相机抉择的财政政策，认为该政策具有“挤出效应”和“时滞”性，所以在调节经济方面是无效的；而且反对“权变”的货币政策，提倡“单一规则”的货币政策，认为“权变”的货币政策短期有效，长期无效。他认为通货膨胀是一种货币现象，起因于货币量的急剧增加，起因于政府干预不当，“是政府制造的”。

弗里德曼对财政政策和货币政策的不足之处的分析是合理的，但他把引起通货膨胀的原因看成是凯恩斯主义的宏观经济政策，其实质就在于否定国家对经济的干预，力主经济自由放任。

弗里德曼这种反对国家干预经济的自由主义主张是完全脱离现实或违反潮流的。因为当前资本主义经济已进入国家垄断主导，并正迈向国际垄断主导的时期，几乎没有一个国家不干预经济的，即使奉行货币主义的撒切尔夫人政府和里根政府也不例外。

（三）国际贸易与汇率的自由化要求

弗里德曼主张自由贸易，反对贸易保护主义，认为保护主义往往是“国家之间发生摩擦的一个根源”。

弗里德曼在批评传统贸易保护主义论的基础上，论证了实行自由贸易的经济和政治理由，认为自由的国际贸易能促进国家与国家之间的和谐关系。他说：“国际间自由贸易易哺育不同文化和制度的国家之间的和谐关系，正如国内自由贸易哺育不同信仰、态度和利益的个人之间的和谐关系一样。”弗里德曼以英国等欧洲国家自由贸易为例，称“从滑铁卢到第一次世界大战的那一百年，成了人类历史上西方国家之间最和平的时代，这说明自由贸易会对国家之间的关系产生多么良好的影响”。

弗里德曼主张各国实行浮动汇率制，摒弃固定汇率制，认为这是实现经济一体化的基本条件。他说：“……它（各个国家——笔者注）的汇率主要由私人交易在公开市场上决定，与此同时，则放弃对外汇交易的直接控制。各个国家朝着这个方向发展，是自由世界通过多边贸易实现经济一体化的一个基本的必要条件。”

此外，弗里德曼认为，浮动汇率是高度稳定的，汇率不稳定是经济基础结构不稳定造成的，汇率的有效调整要依靠私人的交易和投资活动，政府在外汇市场的干预是不可取的。他说：“……一个国家为了影响汇率的目的而在外汇市场上参与交易是不可取的。我看不出有任何理由期望政府官员能够比私人投机者对基本贸易条件的可能变动作出更好的判断，从而也没有任何理由期望政府投机活动将会比私人投机活动更加成功地促进一种理想的调整速度和时机。……政府投机活动的一个明显的缺陷是它存在着这样一种危险：在强大的政治压力下运行的政府当局将试图钉住汇率，从而使弹性汇率制度转变为容易受到官方行动的影响而时常发生变动的刚性汇率制度。即使这种情况没有发生，它可能会发生的持续可能性也很可能阻碍私人市场的充分发展。”

弗里德曼完全撇开了现实世界已明显地划分成发达国家与落后国家经济技术实力悬殊的差别而空谈平等、自由贸易，实际上是在纵容发达国家通过贸易对落后国家的掠夺，而反对落后国家的为独立自主地发展自己民族经济的保护政策。历史的实践证明，现在的发达国家如德国、美国当处于相对落后状态时期都没有一个不是实行保护政策，而反对自由贸易的。即使在今天，这些发达国家一方面要求发展中国家实行自由贸易，自己却实行形形色色的变相的保护主义。

至于汇率问题是否自由浮动，各国要依据自己的条件而定。这也是一个主权国家应有的主权。按照蒙德尔—弗莱明模型对一个国家浮动汇率制的有效性，要以资本自由流动等条件而定，若不顾条件地一味追求浮动汇率，就无异于让相对落后或实力不够的国家放弃国家主权，落入听命于发达国家主宰自己金融命运的陷阱。

（四）教育方面的自由化要求

在教育方面，弗里德曼认为，在市场经济条件下，在学校教育中，家长和学生是消费者，教师和学校管理人员是生产者；学校出卖教育，学生购买教育，学校与学生的关系是商品货币关系，买卖双方都为对方服务。因此，教育事业也应该遵守市场原则，他说：“一般说来，市场的作用越大，学校的教学也就搞得越好。”

弗里德曼指出，美国教育水平下降的原因就在于政府插手学校管理，所以，要使美国教育事业健康发展，首先就要减少政府对教育事业的干预，让学校自筹办学资金，让教师自由选择教育方法。因为，“政府在资助和管理学校方面作用的不断加大，不仅导致了纳税人金钱的巨大浪费，而且导致了比自愿合作继续起较大作用所能产生的教育制度远为落后的制度”。“政府的接管降低了教育质量，减少了教育的多样性”。其次，让学生和家长自由选择学校。再次，对高等教育实行交费上学，每个青年男女，无论其父母收入、社会地位、居住地区和种族怎样，只要愿意现在交付学费或愿意毕业后挣得的较高工资来补缴学费，都应得到受高等教育的机会。最后，在学校之间展开竞争。不仅公立学校之间要展开竞争，而且还要同私立学校展开竞争。

弗里德曼的教育市场化观点在我国受到一些人的青睐，他们主张我国教育走市场化和产业化道路，结果导致百姓家的孩子“上学难”。教育事业是关系一国国民整体素质和国家前途命运的大事，我国原教育部副部长张保庆就明确反对教育市场化和产业化的做法。他说：“中国绝对不能按照市场经济办教育，发展教育只能靠政府。”他还说：“教育部历来是坚决反对教育产业化的，因为教育是一个要体现社会公平的最重要的部门，教育是一种崇高的公益事业，对凡是能够接受教育的人都要提供教育，所以将教育产业化违背了我们的办学宗旨，也违背了我们的办学方针，也直接违背了人民群众的利益。可以说，直接违背了我们社会主义制度的一个根本原则。……绝对不能把教育产业化，教育产业化了，就毁掉了教育事业了。……个别地方把好的初中、好的高中，以改制的名义卖掉了，卖给私人了，这就是这种错误思想的直接原因，这个我们是坚决反对的。”

从张保庆副部长的讲话中我们可以很容易地看出，弗里德曼鼓吹的按市场规则办教育的观点显然是违背教育客观规律的谬论。

（五）公共卫生方面的自由化要求

在公共卫生方面，弗里德曼认为，美国食品和药物管理局虽然在一定程度上保护了公众免受不安全药品的侵害，但它的“管制是有损于生产的，它阻止生产和销售有用的药物带来的害处，大于它禁止出售有害的或无疗效的药物带来的好处”。由此，弗里德曼主张保护消费者利益的最有效的办法，是普遍的自由竞争和自由贸易。他说“对消费者的最大威胁是垄断——不论是私人的还是政府的垄断。保护消费者的最有效方法是国内的自由竞争和遍及全世界的自由贸易”。

弗里德曼的公共卫生市场化的观点在我国也备受推崇，有人主张将职工医疗推向市场，结果医院看病费用奇高，百姓没钱看病，只好小病拖成大病，大病在家等死。享受公共卫生安全是一国公民的基本权利，也是保障社会稳定的关键因素之一，2003 年我国政府和广大人民抗拒“非典”取得的胜利足以证实政府在维护公共卫生安全方面的不可替代的作用，弗里德曼鼓吹的按市场规则维护公共安全的观点最多不过是他自己的空想而已。

二、弗里德曼自由化主张的经济理论基础

弗里德曼自由化主张的经济理论基础是他的货币数量理论。这一理论渊源于旧的货币数量论。1956 年弗里德曼发表《货币数量论的重新表述》著名论文，提出了自己的现代货币数量论模型：

$$\frac{M}{P}=\mathrm{f}\ (\mathrm{Y};\ \mathrm{W};\ r_m, r_b, r_e,\ \frac{1}{P}\times\frac{dp}{dt};\ \mathrm{u})$$

这个现代货币数量论模型与剑桥方程一样都是一个货币需求函数方程。如果把剑桥方

程式中的货币流通速度的倒数（K = 1/V）看作决定于 r_m、r_b、r_e，$\frac{1}{P} \times \frac{dp}{dt}$及 u 等因素共同作用的结果，则这两个函数方程不仅在实质上，而且在形式上也没有多大差别。

现代货币数量论模型表明个人的实际货币需求量取决于：持久性收入（Y），它具有高度稳定性，所以该模型所表示的是一个相当稳定的货币需求函数；非人力财富在总财富中所占的比重（W），这个比例愈小，则对货币的需求愈大；各种非人力财富的预期报酬率（r_m、r_b、r_e，$\frac{1}{P} \times \frac{dp}{dt}$），它包括货币、债券、股票各种金融资产和各种物质财富（资本品、不动产、耐用消费品等）等各种有形资产的预期报酬率；其他不属于收入方面的因素（u）。

弗里德曼认为，以上影响货币需求的因素是就个人实际货币需求来说的，如果去掉 Y、W 在各单个财富持有者之间分配上的影响，这个货币需求函数也可运用于整个社会。当货币供给数量增加后，通过人们对持有财富结构的调整把过多货币转移到其他财富上，从而形成价格普遍上涨，名义国民收入增加。以 M、V、Y 分别代表货币、货币流通速度、名义国民收入，其变动程序是：M→MV→Y。

弗里德曼为了进一步具体阐明货币供给量直接影响名义国民收入变动的关系，他在 1970 年发表的《货币分析的理论结构》一文中提出“名义收入货币理论模型”，该模型的全部涵义是在短期内名义国民收入的变动主要取决于货币当局的货币供给量的变动。由此，货币主义学派得出结论：“货币最要紧”。

弗里德曼据此得出的政策含义是，实行扩张性货币政策，增加货币供给量对于增加产量和就业量来说，在短期内有效，长期内无效；无论是短期，还是长期，都会引起通货膨胀，而且时间愈长还会引起“滞胀”的经济混乱局面。同时考虑到由货币增加到名义收入增加之间有约 1 年 ~1 年半的“时滞”因素，货币当局更难用人为的扩张性货币政策来达到增加产量、就业量的目的。所以，应实行单一的货币规则，使货币量增加与经济增长相适应，以符合稳定的由现代货币数量论所规定的货币需求函数方程的要求。弗里德曼还认为，凯恩斯主义的国家干预经济的财政、货币政策却违反这稳定的货币需求函数要求，是引起通货膨胀和“滞胀”的根源，因此，他主张在货币单一规则的前提下实行自由放任政策，反对国家干预经济，让市场机制去自发地调节实现经济的稳定均衡增长。此外，他还主张在国内外实行其他一系列自由主义的福利政策和汇率政策。这样，以弗里德曼为代表的货币主义就成了反对主张国家干预的凯恩主义最主要的新自由主义学派。

由上看出，弗里德曼的货币主义理论和政策体系是以现代货币数量论为基础和核心建立起来的。我们不否认在这个理论体系中所建立的货币数量模型和“名义收入货币理论模型”所使用的数学逻辑推理有一定合理性；依据这些模型对于现代资本主义经济的通货膨胀、失业等现象也做出了一定合乎实际的描述，特别是建立在这个理论体系基础上的政策主张，要求货币量的增长应与实际经济增长相适应，以保持币值稳定，避免通货膨胀等，在客观上对维持和促进经济稳定增长是有积极作用的，因而是合理的。

三、当前弗里德曼新自由主义思想对我国的某些影响和我们的看法

（一）对主张经济自由化思想的辨析

弗里德曼主张经济上实行单一规则，反对国家干预经济，认为市场是万能的，只要充分发挥市场机制的作用就能在一切领域实现资源的最优配置。应当承认，市场机制在配置资源上有重要积极作用，但也有其很大的局限性。“市场失灵”是一些资产阶级经济学家也承认的，但我们国内有些人却也深受“市场万能论”的影响，主张一切都让市场去调节，所谓“有事找市场，不找市长”的论调就是如此，以致主张一些公益事业如医疗、教育等也要依靠市场去解决。近些年来出现的上学难、住房难、看病难等等带普遍性的社会问题与弗氏经济自由化的思想是不无关系的。可见，弗里德曼的经济自由主义思想不论在理论上还是实践上都是有很大片面性的。

（二）对废除国有制主张的辨析

弗里德曼强调市场经济的私人经济基础，极力主张国有企业的私有化。他认为市场经济的前提条件之一就是企业私有。他指出，社会主义国家要建立唯一完全有效的市场机制，就必须“建立一种真正的、实在的资本主义形式的可分割的产权”，即私有产权，“让私人企业进行尽可能多的活动”。

1988 年弗里德曼来华访问，在公开场合说：“公有和私有的界线分不清，不必管它什么是社会主义还是资本主义！”回国后他做了题为“中国的改革向何处去”的报告，明确提出中国的唯一出路是私有化的市场经济，认为中国最重要的问题是“私有产权、私有产权、第三还是私有产权。”

正是在弗里德曼的私有产权言论的鼓动下，一些人提出许多实现产权私有化的主张。诸如“以卖代改论”（认为国有中小企业改革其实就一个字“卖”！一般说来，承包不如租赁、租赁不如卖。主张将非垄断性和盈利性国有企业的产权 3/4 都卖掉）、“靓女先嫁论”（主张卖国企先挑好的卖）、“细分到人论”（主张把国有资产细分到人，“全面实行国有资产个人化”）、“主体换位论”（认为公有经济不应是主体，而应让私有经济称为主体）、“退出竞争、盈利行业论”（认为除涉及国家安全和必须由国家垄断的领域外，所有竞争领域和盈利领域都应退出，以便让民间资本进入而成为主体）。

近来，在上述谬论越来越不得人心的情况下，有的“精英”又提出要向瑞典民主社会主义所有制看齐。其实所谓瑞典民主社会主义所有制不过是以混合经济表现出来的以私有制为基础的资本主义性质的经济模式，它虽然拥有较优厚的福利制度，但由于是建立在私有制基础上通过国家干预的结果，实际形成了真正社会的“大锅饭”，严重地抑制了社会效率和生产力的发展，有时年均济增长率不到1%，甚至负数，以致迫使社会民主党不得不下台，因此，所谓瑞典的民主社会主义所有制，或瑞典模式与新自由主义一样绝不能成为我国追求的目标。

我国建立的以公有制为主体的社会主义市场经济，上述种种产权私有化的主张公然违背我国社会主义基本经济制度，其目的就在于推翻公有制经济而代之以资本化主义的私有制经济。

熊彼特增长理论的研究综述

李怀建[①]
（江苏师范大学）

一、前言

经济理论指出，技术进步是生产率长期增长的主要来源，新的过程使得企业提高了人均产出或者单位资本，而新产品则有助于改进消费者的福利。尽管还有其他因素，比如宏观经济冲击等，都会影响短期的生产率，但是只有技术的扩散能使得经济增长持续且持久。有证据表明，新技术尤其是上世纪 90 年代以来的信息技术，对企业生产率的改进有重要的贡献。现存的经济分析把研发（R&D）看作是技术进步的最后来源，该领域的大部分研究已经证明，国内企业 R&D 和外国 R&D 是经济增长的主要驱动力量。对于 R&D 的概念，正如 Frascati Manual（OECD，1993，p. 29）所定义的，R&D“包括在系统基础上的创造性工作，为了提高知识存量并通过这种知识存量的使用来设计新设备”。

熊彼特增长是一种特殊类型的经济增长，它基于创造性破坏过程。创造性破坏过程由 Schumpeter（1942）所描述，指的是新产品和/或新过程的引入。

二、理论演进及其评价

（一）熊彼特增长理论的演进

在众多相关的理论当中，熊彼特增长理论非常具有代表性。因此，本文更多地关注熊彼特增长理论的发展及演进，并对其进行相应的评价。熊彼特增长理论开始于 1980 年代后期和 1990 年代早期的四篇论文，这四篇论文建立了熊彼特增长理论的基础，它们分别是 Romer（1990a），Segerstrom、Anant & Dinopoulos（1990），Grossman & Helpman（1991a）和 Aghion & Howitt（1992）。Dinopoulos（1994）对早期的熊彼特增长模型进行了

① 李怀建，经济学博士，讲师，江苏师范大学商学院，研究方向是宏观经济理论与政策。

综述，而 Romer（1994）对该理论的起源提供了一个精彩的解释。到了 1990 年代中期，该理论的发展受到了很大的挑战。在两篇有影响力的论文中，Jones（1995a，1995b）指出，早期的熊彼特增长模型具有一个规模经济特征，即技术进步率被假设与 R&D 投资的水平成比例。例如，如果把 R&D 投入翻倍，则产出水平同样也翻倍。这种与规模相关的性质意味着，一个经济的长期人均增长率随着其用人口表示的规模而上升。在存在正的人口增长情况下，规模效应特征表明人均增长率随着时间以指数式地增加，并在稳态均衡中变得无限大。Jones 认为，规模经济特征与来自几个发达国家的时间序列证据是不一致的，这种证据显示用于 R&D 的资源已经以指数形式增加了，但是全要素生产率的增长率和人均产出增长率基本上保持不变。

理论学者对这种挑战做出了反应，他们发展了第二代的基于 R&D 的增长理论。新的理论有两种，它们有相同的基础但是却有不同的长期含义。一种是 Jones（1995b）、Kortum（1997）和 Segerstrom（1998）发展的“半内生”理论，该理论通过在 R&D 中加入知识存量的递减报酬从而修改了最初的熊彼特增长理论，即技术不断发展并变得越来越复杂，在 R&D 劳动上的持续增长可以维持一个给定的全要素生产率的增长率。半内生增长理论有一个完全的长期预测，即全要素生产率的长期增长率和人均收入的长期增长率取决于人口的增长率，它最终限制了 R&D 劳动的增长率，并排除了其他所有经济的决定因素。

（二）消除规模效应的方法

熊彼特增长模型中的规模效应特征与两个基本的模型建立模块相关：即经济的知识生产函数及其资源约束。前者把知识增长率（它与技术增长率是一样的）与 R&D 资源通过一个规模报酬不变的生产函数联系起来，后者要求在所有时点，用于所有活动的总资源必须不超过这些资源的总供给。

考虑一个经济，其中最终产出的生产使用下面的生产函数：

$$Y(t)=A(t)L_Y(t) \tag{1}$$

其中 $Y(t)$ 是时间 t 经济的最终产出，$A(t)$ 是技术水平，而 $L_Y(t)$ 是用于生产 $Y(t)$ 的劳动数量。技术进步的演化来自下面的知识生产函数：

$$g_A=\frac{\dot{A}(t)}{A(t)}=\frac{L_A(t)}{X(t)} \tag{2}$$

其中 g_A 表示技术增长率，$L_A(t)$ 是用于 R&D 的总资源数量（即经济中的科学家和工程师数量），而 $X(t)$ 表示 R&D 难度，更高的 $X(t)$ 表明相同数量的 R&D 资源产生更低的技术增长率。换句话说，$X(t)$ 的倒数是 R&D 中的全要素生产率。

现在，假设劳动是生产的唯一要素，而 $X(t)$ 的生产不要求任何其他经济资源。在这两个假设下，经济的资源约束可以表示为下面的劳动完全就业条件：

$$L_Y(t) + L_A(t) = L(t) \tag{3}$$

其中 $L(t) = L_0 e^{tg_L}$ 表示时间 t 的劳动力水平，它用来衡量经济规模；而 $g_L > 0$ 是人口增长率。这个资源条件表明，在每个时点用于生产的劳动数量加上用于 R&D 的劳动数量等于经济中的总劳动力。

用 $s(t) = L_Y(t)/L(t)$ 表示生产中雇用的劳动力份额，方程（1）意味着经济中的人均收入为 $y(t) = Y(t)/L(t) = A(t)s(t)$。由于 $s(t)$ 介于 0 到 1 之间，在稳态均衡时它必须不变（即 $s(t) = s$），因此人均产出的长期增长率为：

$$g_y = \frac{\dot{y}(t)}{y(t)} = \frac{\dot{A}(t)}{A(t)} = (1-s)\frac{L(t)}{X(t)} \tag{4}$$

它表明，人均产出的稳态增长率等于技术增长率，而技术增长率直接与用人口水平 $L(t)$ 表示的经济规模成比例，并与 R&D 难度水平 $X(t)$ 成反比例。

将劳动就业条件（3）的两边同时除以人口水平，并带入 $L_A(t) = g_A X(t)$（见方程（2）），得到下面的人均资源条件：

$$s + g_A \frac{X(t)}{L(t)} = 1 \tag{5}$$

方程（4）和方程（5）证明了熊彼特增长模型的基本模块，而且在每个时点都是成立的，独立于市场结构以及技术进步是采用种类增加或者采用质量进步的形式。在稳态均衡中，用于生产的劳动份额 s，以及技术增长率 g_A 必须是不随时间变化的常数。相应地，用比例 $X(t)/L(t)$ 表示的人均 R&D 难度水平在长期一定不变。

三、研发投入与生产率的研究文献

（一）R&D 与生产率

基于熊彼特思路的内生增长理论强调 R&D 在经济增长中的作用，关于此方面的实证研究也很多。比如，Griliches（1979）指出，R&D 有很高的社会回报率，并促进了国家的经济增长。尽管 Jones（1995a）通过对二战以后 OECD 国家的分析发现，OECD 国家的 R&D 投入不断增加，但是经济增长的速度并没有明显的上升。不过 Aghion & Howitt（1998）指出，Jones 忽略了社会总产品数的增多，而且忽略了技术复杂性提高的作用，当技术复杂性提高时，R&D 投入对技术进步的促进作用没有那么明显。

把 R&D 和生产率联系起来的文献有很多，Coe & Helpman（1995）估计了 1971—1990 年 R&D 存量和生产率水平之间的关系，并指出对于 G7 国家来说，R&D 支出的报酬为

123%，而对他们样本中的其他国家来说，这个报酬率只有 85%。Keller（2002）使用 1970—1991 年 OECD 国家的生产行业面板数据，指出国际 R&D 溢出占据了 R&D 存量影响生产率水平的 20%，而剩余的 80% 来自国内 R&D 存量。即总生产率效应的 80% 来自国内 R&D，而其他 20% 来自国际技术溢出。Griffith 等（2004）使用同样的行业层面 OECD 国家数据，其时间范围包括 1970—1992 年以及 1974—1990 年，指出 R&D 能提高企业的学习能力，并直接刺激创新。

Zachariadis（2004）使用 1971—1995 年 OECD 国家总数据和生产部门的数据，发现总的 R&D 强度对生产率的增长率和产出增长率有正向的影响，在没有规模效应的熊彼特内生增长框架下，R&D 对总体经济的影响明显大于对生产部门的影响。他指出，对于接近技术前沿的国家来说，R&D 投入会促进经济增长。

关于 R&D 的检验问题，有的是基于收敛意义的（Evans，1996），有的是基于与政府相关的变量与产出增长关系的（Kocherlakota & Yi，1997）、投资和 R&D 支出与产出增长的（Jones，1995a，b）。例外的是 Kocherlakota & Yi（1997），他们看起来反对内生增长理论的实证相关性。而 Dinopoulos & Thompson（2000）则提供了证据，支持 Romer（1990a）模型的跨部门情况。另外，Zachariadis（2003）指出，R&D 引致的增长与美国的经历是一致的。

R&D 和生产率之间的关系已经由产业组织的实证文献在局部均衡框架下进行了检验，这些较早期的文献使用 Cobb - Douglas 生产函数，研究了生产和 R&D 之间的直接关系，该生产函数把 R&D 存量看作是第三种投入。通常来说，这些文献揭开了 R&D 强度和生产率水平之间的关系，而不是 R&D 强度和生产率的增长率之间的关系。

（二）R&D 报酬及产出弹性

关于 R&D 报酬率以及 R&D 的产出弹性方面，有的单独研究 R&D 的报酬率，有的单独研究 R&D 的产出报酬，当然也有很多同时研究这两者的。在这些研究中，有的利用企业、工厂的数据，有的利用行业数据。

在估计方法上，从混合估计的方法看，Griliches（1980a）较早使用美国 883 个企业的数据，利用生产函数发现 R&D 弹性大约为 0.07，Schankerman（1981）同样利用美国 110 个企业的数据，得到 R&D 弹性为 0.16，Los & Verspagen（2000）通过使用美国 485 个企业的数据，得到的 R&D 弹性则小很多，其范围在 0.04 ~ 0.1。另外，Harhoff（1998）和 Bond et al.（2003）通过对德国企业的研究发现，德国企业的 R&D 弹性分别是 0.14 和 0.079，这个数据范围与对美国研究得到的数据范围很相似。Bond 等（2003）、Griffith 等（2006）和 Rogers（2009）研究了英国企业的情况，得到的 R&D 弹性分别是 0.065、0.03

和0.10。在众多用混合估计研究R&D弹性的文献中，除了很多使用发达国家（地区）的企业数据进行检验之外，Wang & Tsai（2003）使用了中国台湾136个企业的数据，得到的R&D弹性为0.20。相对来说，这个弹性值要比其他研究者得到的数据要大。对这些文献的汇总，见下面的表1：

表1　产出的R&D弹性和R&D报酬率混合估计的文献

研究者（时间）	样本	时期	R&D弹性	R&D报酬率
企业数据				
Griliches（1980a）	美国883个企业	1963	0.07	—
Schankerman（1981）	美国110个企业	1963	0.16	
Griliches（1986）	美国386个企业	1967，1972，1977	0.09～0.17	51%～76%
Harhoff（1998）	德国443个企业	1979—1989	0.14	71%
Los－Verspagen（2000）	美国485个企业	1974—1993	0.04～0.1	—
Wang－Tsai（2003）	中国台湾136个企业	1994—2000	0.20	8%～35%
Bond－Harhoff－van Reenen（2003）	德国234个企业 英国239个企业	1988—1996 1988—1996	0.079 0.065	19% 38%
Mairesse－Mohnen－Kremp（2005）	法国488个企业 法国351个企业	2000 2000	0.043 0.028	16% 27%
Griffith－Harrison－Van Reenen（2006）	英国188个企业	1990—2000	0.03	14%
Rogers（2009）	英国719个企业	1989—2000	0.12～0.16	40%～58%
Ortega　et al.（2009）	欧盟532个企业	2000—2005	0.10	35%
Hall－Foray－Mairesse（2009）	美国1513个企业	2004—2006	0.096	23%
行业数据				
Bartelsman（1990）	美国20个行业	1958—1986	0.11～0.15	—
Verspagen（1995）	9个国家的4个高技术行业	1973—1988	0.05～0.17	21%～24%

在跨期估计的方法上，Griliches & Mairesse（1984）研究了1966—1977年美国133个企业，得到的R&D弹性为0.09，R&D报酬率为64%，Hall（1993）使用美国1964—1990年1200个企业的数据发现，R&D弹性和R&D报酬率分别为0.06和22%，Los和Verspagen（2000）研究了1974—1993年美国485个企业的情况，得到的R&D弹性为0.14。Griffith et al.（2006）则研究了1990—2000年英国188个企业的情况，得到的R&D弹性和R&D报酬率分别是0.024和11%。还有学者利用行业的数据进行研究，Bartelsman（1990）使用1958—1986年美国20个行业的450个企业数据，发现R&D存量对全要素生

产率的弹性为 0.11～0.15，而使用生产函数得到的 R&D 弹性为 0.12。Verspagen（1995）则使用 1973—1988 年 9 个 OECD 国家的 4 个高技术行数数据，得到的 R&D 弹性为 0.05～0.17，而 R&D 报酬率为 21%～34%。这类文献的部分汇总见下面的表 2。

表 2　产出的 R&D 弹性和 R&D 报酬率跨期估计的文献

研究者（时间）	样本	时期	R&D 弹性	R&D 报酬率
企业数据				
Griliches - Mairesse（1984）	美国 133 个企业	1966—1977	0.09	64%
Mairesse - Cuneo（1985）	法国 390 个企业	1974—1979	0.022	0%
Griliches（1986）	美国 652 个企业	1966—1977	0.12	
Hall（1993）	美国 1200 个企业	1964—1990	0.06	22%
Hall - Mairesse（1995）	法国 197 个企业	1980—1987	0.05～0.17	23%
Capron - Cincera（1998）	多国 625 个企业	1987—1994	0.32	
Los - Verspagen（2000）	美国 485 个企业	1974—1993	0.14	
Bond - Harhoff - van Reenen（2003）	德国 234 个企业 英国 239 个企业	1988—1996 1988—1996	0.05 0.015	43% 20%
Griffith - Harrison - van Reenen（2006）	英国 188 个企业	1990—2000	0.024	11%
行业数据				
Bartelsman（1990）	美国 450 个企业	1958—1986	0.10～0.12	

在增长率对 R&D 强度的估计方面，Clark & Griliches（1984）使用 1971—1980 年美国 924 个工厂的数据，得到增长率对 R&D 弹性的估计结果为 18%；Lichtenberg & Siegel（1991）使用美国 2000 个企业的数据，估计的 TFP 对 R&D 强度的报酬率为 29%；Klette（1991）对 1978—1985 年挪威 200 个工厂的估计结果则要低很多，大约为 10%～11%。相比之下，Griliches & Mairesse（1990）、Bartelsman 等（1996）和 Sveikauskas（2000）使用企业和行业数据得到的 R&D 报酬率则要高很多，他们分别研究了美国和日本企业、荷兰企业以及美国 22 个行业，得到的结果分别是，增长率对 R&D 弹性的估计结果为 41% 和 56%、每四年增长率对 R&D 强度的报酬率为 30%，以及 TFP 对 R&D 强度的估计结果为 72.9%。

总的来看，这些研究基本上都是针对发达国家的企业或者行业，选择不同的时期进行检验的。虽然使用的估计方法有所差异，而且得到的 R&D 弹性大小也是不同的。但是，这些弹性值大都集中于一定的范围内，从最小的 0.024 到最大的 0.25，不过大多数集中在 0.1 左右。相对来说，对 R&D 报酬率的估计有较大的差异，最高的达到 90%，最低的界于 10%～11%。

四、结论

经过几十年的发展，熊彼特增长理论已经发展成为一个整合的框架。通过该理论，我们不仅可以理解经济增长的宏观结构，也可以理解很多微观经济问题。在本文中，我们分析了熊彼特增长理论的演进，并进行了相关的评价。而对于研发投入与生产率方面的研究，现有的文献主要集中于以下几个方面：一是关于 R&D 的私人报酬与社会报酬问题，大多数的这一类文献都发现 R&D 的社会报酬大于私人报酬，也就是说，R&D 投资存在着溢出。这些研究在不同的加总水平上对 R&D 的报酬率进行检验，比如单个项目的报酬、企业的报酬、行业的报酬以及国民经济甚至是全世界的报酬。在这方面，一般都是通过比较生产率的增长或者不同企业、行业内 R&D 存量的增长进行的。二是关于 R&D 的国际溢出，这类文献通常都以发达国家为研究对象，研究 R&D 在不同发达国家之间发生的溢出，而对发展中国家的研究较少。三是关于 R&D 弹性的研究，这一类的实证研究通过在企业层面、行业层面上进行，通过以不同时期、不同的发达国家的企业或者行业层面数据为基础，检验 R&D 对生产率的弹性。这些检验基于不同的函数、不同的估计技术，得到不同层面的 R&D 弹性，而且这个弹性一般处于一定的范围中，不同的研究得到的范围有的很接近、有的则差别很多。不过总的来说，这一类的研究所使用的方法大致都是相同的，只是使用了不同企业、行业或者是不同国家的数据，得到了大致相似的结论。

城市体系理论的回顾与评述

车卉淳　周学勤[①]

（北京物资学院经济学院）

一、城市体系发展理论的回顾与评述

（一）中心地模型

最早的城市体系理论是中心地模型。中心地理论（central place theory）是研究城市级层体系时难以忽略的重要理论。该理论认为，城市级层体系的出现起因于制造业和服务业产生时的规模经济，与不可流动性要素如土地等引起的交通成本之间的冲突，这样，城市的数量和规模便产生了。如果所有城市经济活动的规模经济和交通成本相同，那么有的城市将为同等规模。正如勒施（Losch）六角型城市所标明的那样，如果城市经济活动的规模经济和交通成本不同，那么将产生克里斯托勒（Christaller）所示的那种城市级层体系。但中心地理论的缺陷是它没有从“经济人”自利决策的结果中推出这一宏观结局，虽然它讲述的是在权衡了规模经济和运输成本之后，生产者决定集聚在一起形成一种城市结构，为相互交错的六角形市场区域提供产品，这的确是一个关于个体相互影响的决策问题，但是，它没有给出明确的决策者是谁，也没有言明决策者决策时的市场结构或者厂商是否存在相互作用问题，因此，正如克鲁格曼（Krugman）所说：“中心地理论提供的是某种纲要，一种可以把你对城市系统的思想和数据结合起来的方法，而没有提供一个更深层的原因来解释观察到的结构的经济模型。”近年来，弗吉塔（Fujita）和他的同事对中心地理论进行了改造，将它看作是一个经济人自利决策的结果，其中人口动态增长会产生城市边界的不断变化以及新城市产生，结果一个城市阶层体系会产生。

（二）城市区位论

德国地理学家克里斯托勒（Walter Christaller）的中心地理论源于区位论，也可称之为

① 车卉淳，北京物资学院经济学院教授，经济学博士，主要从事西方经济学研究。周学勤，北京物资学院经济学院副教授，经济学博士，主要从事城市经济学研究。

“城市区位论”。中心地理论的核心是城市服务功能地域网络体系规律。该理论认为，中心地是为居住在它周围地域的居民提供商品和服务的地方，中心地的基本功能是作为影响区的服务中心，为其影响区提供中心性商品和服务，由于这些中心性商品和服务依其特性可分成若干档次，因而城市可按其提供的商品及服务划分成若干等级，各城市之间构成一个有规则的层次关系。根据一定区域内各中心地提供货物和服务的高、中、低档次来分析和定性，可以确定一个中心地在中心地系统中的地位和作用。因此，中心地理论可用来说明一定区域内城市等级及空间分布特征。德国著名经济学家奥古斯特·勒施（August Losch）于1939年出版了其重要的著作《经济空间秩序》，全面系统地阐述了区位理论、经济区论和贸易理论。勒施通过分析和比较农业区位论和工业区位论后，进一步分析城市区位的产生与选择。勒施指出，城市是非农企业区位的点状集聚，“即使地球是一平坦而均等的球体，城市仍会为了种种理由而产生出来”。[①] 大规模的工业企业的发展，本身就会扩大到组成整个城市，而同类企业和不同企业的聚集，会增进聚集经济效应，实现内部经济与外部经济，从而建立起较大的生产综合体，并成为产生城市的重要因素。20世纪50年代，沃尔特·艾萨德（Walter Isard）努力把空间纳入经济学理论的核心，他的《区位和空间经济学》把杜能（Johan Thunnen）、韦伯（Marx Weber）、克里斯托勒（Walter Christaller）、勒施（August Losch）等人的理论放入一个框架中，“他的开创性贡献是把区位问题重新表述为一个标准的替代问题，他认为可以把厂商看作是在权衡运输成本和生产成本，就象他们做出任何成本最小化或利润最大化决策一样。”[②]

（三）增长极理论

增长极理论（Growth Pole Theory）是由法国经济学家佩鲁（Perroux）[③]于1955年首先提出来的。佩鲁认为，“增长极”是由主导部门和有创新能力的企业在某些地区或大城市的聚集发展而形成的经济活动中心，恰似一个“磁场极”，能够产生吸引或辐射作用，促进自身并推动其他部门和地区的经济增长。“增长极”的产生，使得人口、资本、生产以及技术等要素高度聚集，产生“城市化趋向”或形成“经济区域”。经济活动在空间上集中于少数几个城市，能比分散状态更快、更有效。区域经济的发展都是由增长极来启动的，而启动区域和增长极经济发展的又主要是推动型产业。佩鲁的增长极理论是对空间经济不平衡发展的概括和总结，但主要强调产业间的联系，忽略了对经济增长的空间演化机制的分析，因而在现实中运用增长极理论的结果往往加剧了地区差距的扩大。20世纪60

① ［德］勒施：《经济空间秩序》，北京：商务印书馆，1995。

② ［美］保罗·克鲁格曼：《发展、地理学与经济理论》，北京：北京大学出版社，2000。

③ 谭崇台：《发展经济学》，太原：山西经济出版社，2001年版，第347页。

年代，美国著名城市规划学家弗里德曼（A J Friedmann）发表了《区域发展政策——委内瑞拉案例研究》（1961 年）和《极化发展的一般理论》（1967 年）等著作，提出了中心—边缘理论，该理论拓展了佩鲁增长极理论的视角，把增长极模式与各种空间系统的发展相融合，认为在经济活动的空间组织中，通常具有强烈的极化效应与扩散效应，中心区和边缘区相互依存机制的形成，是通过中心区自身经济的不断强化，而形成对边缘区的支配态势。一方面，中心区通过向边缘区输送商品，吸引边缘区的资本和劳动力，从而对边缘区产生着极化作用，并增强中心区的累积效应；另一方面，中心区又通过向边缘区的创新扩散、信息传播和产业关联效应等带动边缘区的经济发展。由于核心区的存在，边缘地区的集聚和发展受到抑制，这样就构成了核心—边缘结构。整个空间经济受作为核心的城市支配，资本、知识、信息等各种要素大量流向核心地域，其他边缘地区相对停滞或走向衰退。弗里德曼还较为深刻地刻画了核心—边缘结构模式，从一般意义上把它分解为四个部分：核心增长区、向上转移地带、向下转移地带以及资源边际区。

二、城市体系层级理论的回顾与评述

（一）工业集聚中的外部经济影响最优城市规模

汉德森（Henderson1974，1988）[5]的研究表明，工业在城市集聚的外部经济和由此带来的外部不经济之间的张力将产生最优城市规模。但由于城市外部经济的大小随产业变化而变化，而城市外部不经济则主要与城市规模有关，这样，将产生几方面问题：第一，不具有双向溢出效应的产业布局在一个城市只会增加外部不经济，因此，每一城市应专业化于不同产品的生产。第二，钢铁、金融等产业外部经济效果显著，故折衷外部不经济的回旋余地大；轻纺等城市外部经济效果不显著，故折衷外部不经济的回旋余地小，轻纺类城市的最优规模应更小，而钢铁、金融等城市的最优规模应较大。第三，在人口、生产要素自由流动，人们的理性充分等条件下，整个经济体将达成一般均衡，一个城市带给人们的效用水平如果不如其他城市，那么人们便会迁往其他城市，最终不同类城市代表性居民的福利水平将出现均等化，城市级层体系由此产生。

（二）人力资本投资影响多样化的城市结构

在满足土地市场的完全竞争和城市政府的完全竞争条件，以及城市之间的产品市场出清和劳动力市场出清等条件后，将城市结构引入无限的代际增长模型，布莱克和汉德森（Black & Henderson，1999）以知识和人力资本的外部性规模经济为基础，分析了不同类型的城市规模和数量与经济增长的内在机制，及实现稳定增长的基本条件。汉德森（Henderson，2003）指出，这类模型还可以进一步考虑由于内在的生产率或禀赋不同而导致劳动力是不同质的情况。

（三）劳动分工水平影响最优城市级层数

杨和霍各宾（Yang & Hogbin，1990）则在一个分权的分层网络框架中考察了城市级层体系的关系。他们的结论显示，最优的城市级层数是产生分工水平的递增函数，是城市规模经济程度和每单位运输力矩的交易效率的一个递增函数。随着分工水平的演进，城市数量将增加。但城市规模经济程度越大，交易效率越高，最优的城市数量就越少。Yang & Hogbin 突出了交易效率、劳动分工在决定城市规模和级层体系中的重要作用，但缺陷是其模型操作性较差。罗森和瑞斯尼克（Rosen & Resnick，1980）、卡洛尔（Carroll，1982）等人发现，在过去的一个世纪时间里，美国的城市级层体系一直遵循这样一条经验规律：人口大于 S 的城市数量大体上与 $S^{-}\alpha$ 成比例，其中 α 是接近于 1 的常数。假若 S 的取值分别为 20 万、50 万和 100 万，那么，该经验规律意味着人口大于 20 万的城市数目的 2.5 倍，是人口 100 万城市数目的 5 倍，经济学家称之为城市规模分布的“帕雷托法则”。宋顺风、张宏霖（2002）基于 1991 年和 1998 年中国城市数据的经验分析表明，20 世纪 90 年代中国的城市体系也惊人地表现出这一经验规律。

三、新经济地理学派城市体系模型及其评述

（一）新经济地理学派的城市体系模型简介

克鲁格曼①的基础模型假设有两个部门，一个是规模收益不变及要素不流动的农业部门，也称为传统部门；一个是规模收益递增和要素流动的工业部门，也称为现代部门。新经济地理学家通过 CES 效用函数（constant – elasticity – of – substitution utility function）建立起市场效应模型（HME，home market effect）和中心—外围（CP，core – periphery）模型。该分析的思路是借助于企业水平上的收益递增来通过市场产生经济上的外部性：即如果一个企业增加生产就需要更多的由第二个企业生产的投入品，第二个企业将增加其产出，如此这般，因为有处在企业水平上的收益递增，就形成了平均成本下降和利润的增长。而另外，更多其他企业的进入会消解利润水平，一旦第一个企业获得了低的投入价格，它的利润就会上升。这样，企业将选择在那些有高的需求潜能的区域，交互的两种力量，即向心力和离心力决定了企业的布局，更多人口的区域将带来

① 克鲁格曼：《地理与贸易》，北京：北京大学出版社，2001 年版，附录。

更多的企业，运输成本越小，这个效应就越大。也即，在企业的区位选择问题中，报酬递增使得企业在几个工厂中进行集中生产。而工厂选择在哪里生产由运输成本决定。较高的运输成本，对于供给市场的本地化将鼓励企业分散在不同的区域布局，而对于适当的运输成本，经济的外部性就显现了出来，企业和工人就会集聚在一起。而一些企业选址在小市场，主要是因为正的运输成本可以使企业通过远离竞争者达到减小同他们进行的价格竞争。

（二）几点评述

新经济地理学派的分析多采用规范模型方法，通过建立不完全竞争市场结构下的规模报酬递增模型，把区域经济理论研究纳入主流经济学。模型证明了工业活动倾向于空间集聚的一般性趋势，阐明了由于外在环境的限制，产业区集聚的空间格局可以是多样的，特殊的历史事件将会在产业区形成的过程中产生巨大的影响力，也就是说现实中产业区的形成是具有“路径依赖性”的，而且产业空间集聚一旦建立起来，就倾向于自我延续下去。也就是说，区域经济一体化会导致规模收益递增的生产和创新产品的区域性集中。研究聚集经济条件下的区位竞争问题，新经济地理学派得出在同一区位的厂商数目会随着外生的相对成本优势和内生的聚集优势的增加而增加的结论。

四、城市体系理论的评价及对中国城市体系发展的启示

城市体系理论在本质上属于非均衡分析，早期的城市体系理论解释了城市的形成和工业在区域的集中，最近的城市体系理论解释了城市体系内部城市的规模和城市的数量。然而，现有的城市体系理论没有解决城市体系内部的可持续发展理论，因为按照这些理论的分析，任何城市体系的发展必然造成产业的集中，只有发展到一定程度，在规模收益递减出现后才会向其他城市扩散。造成非均衡发展的原因在于产业和人力资本同质假设，现实社会中产业发展是在不同层次上发展的，人力资本具有不同的层次，因而不同层次的产业和不同层次的人力资本的正确匹配就能够产生城市体系内部城市的可持续发展。

中国改革开放后经历了一次长时间、高增速的经济发展过程，在这次高速增长中，市场经济体制得以稳固发展，与此同时，中国的城市体系也逐渐建立起来，目前已经有长江三角洲城市体系、京津冀城市体系和珠江三角洲城市体系，然而这些城市体系的发展是以区域发展为基础的，这种发展仍然是基于区位发展的理论建立起来的。同时，在中国区域范围内，仅仅只有三个如此密集的城市体系是不足以使得中国整体经济稳定发展的，一定需要不同区域更多的城市加入到城市体系的形成和发展中。为此，就需要更多地研究城市

的发展机制以及城市体系的内在发展机制。不同时期的经济学家根据城市发展中体现出的不同层面总结而成的城市体系发展理论，为我们梳理出了城市发展的相应模式。然而，城市体系的发展是一个复杂的系统，需要通过更多的城市发展理论提供支撑，为此，我们需要通过上述不同的城市体系理论发展我国的城市体系理论，只有这样才会为我国城市体系的稳固健康的发展提供坚固的理论基础。

/第三部分/

新时代中国经济问题研究

"中等收入陷阱"：产业结构升级的障碍

李翀[①]

（北京师范大学经济与工商管理学院）

一、遭遇"中等收入陷阱"的原因和机理

（一）对研究文献的总体评述

关于"中等收入陷阱"的定义，笔者认为，由于一个国家国内生产总值与国民总收入差距不是很大，"中等收入陷阱"既可以用国内生产总值也可以国民总收入来分析。又由于一个国家人口增长是稳定的，"中等收入陷阱"既可以用国内生产总值或者国民总收入增长率，也可以用人均国内生产总值或者人均国民总收入增长率来分析。但是，不论使用总指标还是人均指标，都应该是以不变价格计算的指标。笔者赞同大多数经济学者的看法，"中等收入陷阱"可以定义为中等收入国家并非由于短期的或者经济周期的原因而造成的国内生产总值或者人均国内生产总值增长率出现停滞的状态。

（二）谁遭遇了"中等收入陷阱"？

既然"中等收入陷阱"是许多发展中国家遇到的"一道坎"，笔者试图通过分析什么类型的发展中国家没有遇到这道坎，什么类型的发展中国家跨越了这道坎，什么类型的发展中国家遭遇了这道坎，来寻找这道坎的特征。

在第二次世界大战结束以后，大部分发展中国家经历了从低收入国家向中收入国家的发展过程，部分发展中国家成为高收入国家。通过考察这些发展中国家的经济发展特征，有助于寻找"中等收入陷阱"形成的原因和机理。

图 1 显示了这些中东国家人均国民总收入（Gross National Income，GNI）的变化情况。在图 1 中，横轴表示时间，纵轴表示人均国民总收入。图中的资料来源于世界银行世界发

① 李翀，北京师范大学经济与工商管理学院教授。

展指标数据库国民项目所提供的以不变价格计算的人均国民总收入的数据。这些中东国家普遍存在统计数据不完整的情况，其中数据最完整的沙特的人均国民总收入数据也是从2010 年才开始提供。但是，从图 1 可以看到，这些国家都进入高收入国家的行列，其中卡塔尔的人均国民总收入居世界第一位。

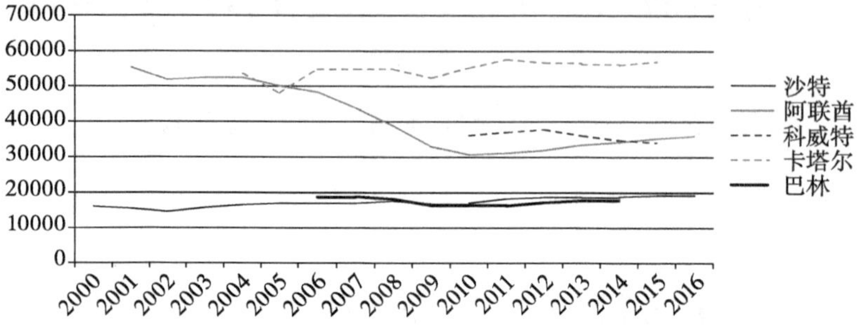

图 1　部分中东石油输出国人均国民总收入的变化情况

资料来源：The World Bank，GNI per capita（constant 2010 US Dollar），World development Indicators，http：//data. worldbank. org.

在发展中国家或地区中，部分发展中国家和地区跨越了“中等收入陷阱”，如亚洲的韩国、新加坡、中国香港等，中欧的捷克、匈牙利等。图 2 的结构和数据来源与图 1 相同，从图 2 可以看到，在第二次世界大战结束以后，韩国、新加坡、中国香港经历了完整的从低收入国家或地区、中收入国家或地区到高收入国家或地区的转变，捷克和匈牙利则在 21 世纪以后从中收入国家跨进高收入国家。

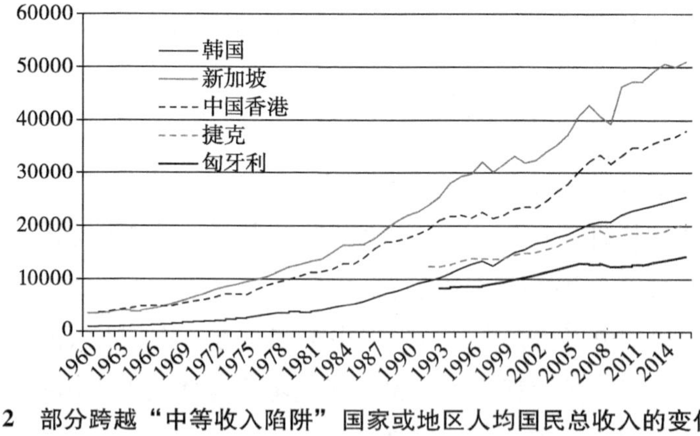

图 2　部分跨越“中等收入陷阱”国家或地区人均国民总收入的变化情况

资料来源：The World Bank，GNI per capita（constant 2010 US Dollar），World development Indicators，http：//data. worldbank. org.

但是，在发展中国家中，部分国家遭遇了“中等收入陷阱”，如拉丁美洲的巴西、阿根廷，北美洲的墨西哥、亚洲的马来西亚等。图 3 的结构和数据来源也与图 1 相同，从图

3 可以看到，这些国家在 20 世纪 60 年代已经是中等收入国家，但是半个世纪过去了，它们仍然是中等收入国家，经济发展出现了相对停滞的情况。马来西亚的情况好一些，其他国家的人均国民总收入曲线从 20 世纪 70 年代末开始就处于平缓的状态。

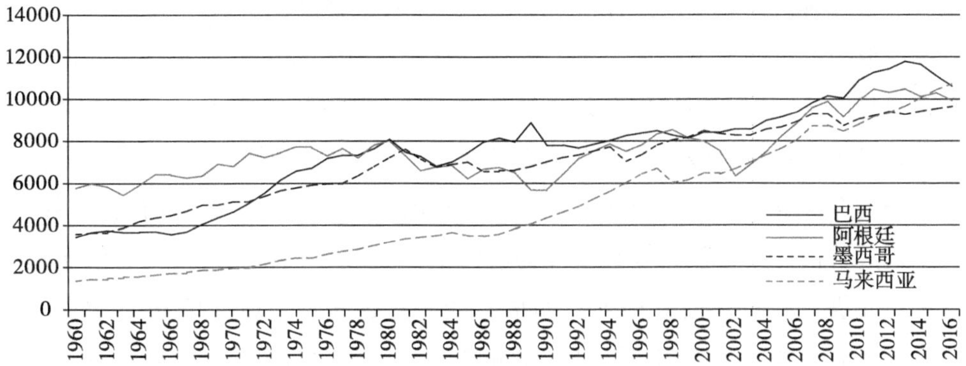

图 3　部分遭遇“中等收入陷阱”国家人均国民总收入的变化情况

资料来源：The World Bank，GNI per capita（constant 2010 US Dollar），World development Indicators，http：//data. worldbank. org.

（三）“中等收入陷阱”产生的原因

上面的分析表明，人均自然资源十分丰富而该自然资源又是重要的自然资源的国家，是不会遭遇“中等收入陷阱”的。如图 1 所示，像沙特阿拉伯这样的中东国家，它们拥有重要的自然资源——石油，尽管它们还实行君主制度，尽管它们的产业结构很单一，但是它们通过大量生产和出口石油，迅速成为高收入国家。这意味着“中等收入陷阱”不是所有发展中国家都会遭遇的陷阱”，它很可能是走常规工业化道路上的发展中国家遭遇的“陷阱”。

以韩国为例，韩国从 20 世纪 50 年代开始先实行“进口替代”发展战略后实行“出口导向”发展战略，来推动工业化的进程。在实行“出口导向”发展战略的初期，韩国也是生产和出口劳动密集型产品。但是，韩国不失时机地进行产业结构调整，通过借进外国债务、引进外国先进技术或者自主开发先进技术，在当时的新兴产业如电子产业、汽车产业、造船产业、化学产业取得迅速的发展，并且在国际市场上形成了相当的竞争能力，从而跨越了“中等收入陷阱”。

反观不能跨越“中等收入陷阱”的国家，巴西是一个农业、牧业和矿业比较发达的国家，长期以来一直是农牧矿产品的重要出口国。从 20 世纪 50 年代开始，巴西优先发展重工业，以政府主导建立电力、钢铁、汽车产业，并视为是经济独立的保证。到 20 世纪 70 年代，巴西已经建立起一个比较完整的工业体系。因此，20 世纪 60 年代到 70 年代，巴西的人均国民总收入增长曲线还是比较陡直的。

但是，由于重工业不是巴西的优势产业，而要建立重工业就要进口机器设备，巴西不得不大量借入外债和鼓励工业产品的出口来解决资金和外汇不足的问题，结果在20世纪80年代发生了债务危机。随着巴西经济的发展，巴西也曾经努力建立高技术产业，并在民用航空业中取得一定的发展，但是巴西的产业结构没有出现根本性的升级，巴西的新兴产业没有在世界经济占据一席之地，结果导致巴西的人均国民总收入陷入停顿状态。

通过比较跨越和没有跨越“中等收入陷阱”的国家可以看到，“中等收入陷阱”实际上就是产业结构升级这道坎。在经济发展到一定程度时，原来的产业结构变得不能适应经济的进一步发展，产业结构能否升级就成为经济能否继续发展的“坎”。如果能够跨过这道坎，就有可能进入高收入国家行列；如果不能跨过这道坎，就会留在中等收入国家行列。因此，笔者对“中等收入陷阱”所下的定义是：中等收入国家的产业结构不能适时地实现升级所出现的经济停滞现象。

（四）“中等收入陷阱”产生的机理

人均国民总收入体现了经济发展水平，它与产业结构是相互联系相互促进的。人均国民总收入水平它决定了产业结构。例如，在人均国民总收入低下的条件下，不可能形成以高技术产业为主的产业结构。在人均国民总收入很高的条件下，不可能存在以农牧业为主的产业结构。但是，产业结构对人均国民总收入也具有重要影响。如果产业结构不能适时地随着经济的增长而调整和升级，将会阻碍人均国民总收入的进一步发展。如果中高收入国家的产业结构不能随着经济的增长而调整和升级，不能产生能够反映所处历史时期特征的具有一定国际竞争力的新兴产业，这个国家将难以跨入高收入国家行列。

经典的经济增长理论的不足之处在于它们只分析了经济增长的数量因素而没有分析结构因素。例如，哈罗德—多马模型揭示均衡产值增长率（G_w）与储蓄率（s）和资本—产量比率（C）的关系。但是，在现实的经济里，并不是储蓄率越高，均衡产值增长率必然越高。如果不能及时地调整产业结构，储蓄并不会必然转化为投资，产值并不能持续增长。

当一个低收入国家走上工业化道路的时候，由于该国劳动者工资较低，在国际分工的影响下，该国发展的产业通常是劳动密集型产业。同时，该国也会采取“进口替代”的方法发展可以替代进口产品的产业。但是，随着该国经济的发展和工资的提高，该国将会发现在劳动密集型产业已经竞争不过人均国民总收入比它低的国家，在资本密集型或技术密集型产品又竞争不过人均国民总收入比它高的国家或者高收入国家，该国产品的国际市场将萎缩。如果该国能够实现产业结构升级，从劳动密集型产业向资本和技术密集型产业发展，该国就可以跨越“中等收入陷阱”；否则，该国就会陷入“中等收入陷阱”。这就是笔者用自己的语言复述的埃居内尔的经典解释。

但是，笔者认为，这种解释主要适合于产业结构依次从劳动密集型、资本密集型向技术密集型产业转变的国家。但是，并不是世界上所有的发展中国家都经历同样的产业结构的转变过程。以前面提及的巴西为例，巴西在战后是从发展重工业开始工业化进程的。这就是说，巴西的产业结构变化是从资本密集型产业发展开始的。但是，不论产业结构调整的次序如何，如果某个中高收入国家的产业结构升级没有达到所处时代的高层次的产业结构水平，没有在所处时代代表性的新兴产业中形成国际竞争力，它就有可能陷入“中等收入陷阱”。

由此可见，中高收入国家要跨越“中等收入陷阱”，必须要建立代表所处时代特征的高科技产业。但是，高科技产业的核心技术用金钱是买不到的，必须依靠自己的技术创新。但是，不是每个中高收入国家都能够做到科学技术的自主创新。这样，它们将难以推进产业结构的升级，无法在反映时代特征的新兴产业上形成国际竞争力。这就是为什么总有相当一部分国家即使很清楚跨越“中等收入陷阱”的方法但就是不能跨越“中等收入陷阱”的原因。

二、中国面临“中等收入陷阱”的挑战

（一）面临“中等收入陷阱”的迹象

随着我国经济增长，我国人均国内生产总值迅速提高。由于 1979 年人民币汇率不是市场汇率，难以换算为美元进行比较。如果用人民币来表示，我国人均国内生产总值在 1979 年是 423 元，到 2016 年达到 53316 元，折合美元约 8000 美元。这就是说，我国从 1979 年的低收入国家进入 2016 年的中高收入国家。在图 4 中，纵轴表示人民币，横轴表示年份，从图中可以看到，我国人均国内生产总值一直在持续和迅速增长。

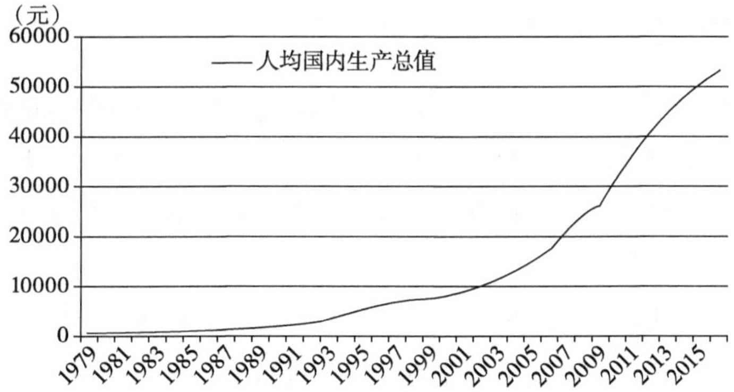

图 4　中国人均国内生产总值增长情况

资料来源：国家统计局：年度数据，http：//data. stats. gov. cn.

图 5　中国国内生产总值增长率变化情况

资料来源：国家统计局：年度数据，http：//data. stats. gov. cn.

图 5 显示了我国 1979 年以来国内生产总值增长率的变化情况。在 2010 以前，我国国内生产总值增长率出现两次趋向下降的波动，一次是 1989—1990 年我国受到西方发达国家的经济制裁，另一次是 20 世纪 90 年代末期我国出现生产过剩的情况，这都是短期因素或者经济周期造成的。在 2011 年以后，我国国内生产总值增长率又一次出现下降趋势。但是，这一次国内生产总值连年下降既有经济周期的原因，也有遭遇“中等收入陷阱”的因素。

我国面临“中等收入陷阱”的挑战，不仅表现为我国劳动密集型产业的竞争力下降，还表现为我国粗放型的发展方式。我国是一个发展中国家，整体科学技术不高，我国 30 多年来只能依靠生产要素的高投入来推动国内生产总值的高增长，但问题是劳动、资本和自然资源的高投入是不可持续的。这就是我国达到中高收入水平面临的主要矛盾：一方面我国不得不实行高投入和高增长的发展方式，另一方面这种高投入和高增长的发展方式又不可持续。

（二）跨越“中等收入陷阱”的方法

“中等收入陷阱”实质上就是产业升级的障碍，要跨越“中等收入陷阱”就要突破产业结构升级的障碍，要突破产业结构升级的障碍就要促进科学技术的进步。只有在代表当今时代的科学技术上取得突破，并且成功地转化为新兴的产业，才能实现产业结构升级和跨越中等收入陷阱。

从是否可能从外部获得的角度分析，科学技术可以分为两种，一种是核心技术，这种技术是发达国家的商业秘密，它是不可能通过国际贸易和直接投资的方法获得的；另一种是非核心技术，它是可以通过国际贸易或直接投资的方法获得。在改革开放之初，我国一直期待着通过对外贸易和直接投资引入外国的先进技术。但是，30 多年的实践表明，我国通过这样的方式引进的只是非关键技术或者过时的关键技术。

对于这种不可从外部获得的核心技术来说，只能依靠自主创新的方式来获得。我国是一个发展中国家，本来后发展的优势是可以学习发达国家积累的科学技术，但由于当今世界上各国经济竞争实质上是科学技术的竞争，发达国家对于核心技术的转移实行严格限制。显然，要跨越“中等收入陷阱”，我国必须通过核心技术的研究、开发和产业化来改变现行的生产的方式和生产的产品。但是，核心技术的自主创新是很困难的，不是必然可以做到的，这就是为什么相当一部分中高收入国家不能跨越“中等收入陷阱”的原因。

要跨越“中等收入陷阱”，有两个机制将发生作用：机制之一是市场，机制之二是政府。实际上，随着我国经济的发展，在市场的调节下，我国的企业不断从低端的传统产业产品的生产转向中、高端的新兴产品生产。但是，应该指出，市场的调节是有效率的，但市场的调节不是万能的。由于发达国家在高技术产业已经占据了优势地位，而且它们的新技术的研究和开发还在不断地推进。要超越发达国家，发展中国家政府的作用不可或缺。

我国政府在利用宏观财政政策和宏观货币政策稳定经济的同时，还应该运用促进技术进步的政策和推动产业结构升级的政策来应对“中等收入陷阱”的挑战。显然，核心技术的研究和开发是依靠科学技术人员进行的，核心技术的应用和产业化是依靠企业家来推进的，高素质的技术人员和优秀的企业家是核心技术自主创新不可缺少的两支基本力量。因此，我国政府还要注重人力资本的积累和企业家的培育，把它们作为促进技术进步和推动产业结构升级的辅助政策。

科学技术进步和产业结构升级是一个长期的过程。只有坚持不懈地努力，我国才有可能成功跨越“中等收入陷阱”。

经济新常态视角下中国产业结构转型与升级[①]

郭俊华　张冰　边卫军[②]

（西北大学经济管理学院　西安交通大学人文学院）

一、文献综述

何德旭姚战琪（2012）认为，中国应该以高技术产业为驱动，结合现代服务业和现代制造业打造我国产业结构的整体升级[③]。赵志耘（2014）认为，我国经济增长面临投资、消费和出口态势低迷、人口红利消失、资本过剩的问题，必须用创新驱动经济发展进行经济增长体制改革[④]。孙明春（2014）分析了我国经济走向新常态面临的路径和挑战，并分析对中国各个经济层面产生的影响[⑤]。王军（2014）认为，产业结构调整与产能过剩相互交织，创新驱动将为经济发展转型和升级提供根本动力[⑥]。李义平（2014）认为，经济发展进入“新常态”，粗放经营难以为继，不创新、不深化改革就难以持续发展[⑦]。黄群慧（2014）提出中国必须重视传统产业产能过剩的问题，将第三次工业革命契机和我国产业结构转型升级相结合[⑧]。苗圩（2014）认为，企业创新能力不足、产业结构不合理、发展环境差、激烈的国际竞争是我国新常态下工业面临的挑战[⑨]。石建勋（2015）认为，中国经济新常态要求，经济增长稳定、结构优化、环境改善和提高民生福利[⑩]。赵明亮（2015）认为，产业协调是新常态下中国经济增长的主要动力来源之一[⑪]。刘志彪（2015）

① 【基金】国家社科基金一般项目（11BJL033）；陕西省社科联重大理论与现实问题项目（2015Z054）。

② 郭俊华，经济学博士，西北大学教授，研究方向为西方经济学、转型经济学；张冰，硕士研究生，研究方向为西方经济学；边卫军，西安交通大学人文学院博士研究生，研究方向为社会发展与管理。

③ 何德旭、姚战琪：《中国产业结构调整的效应、优化升级目标和政策措施》，《中国工业经济》，2008 年第 5 期。

④ 赵志耘：《创新驱动发展：从需求端走向供给端》，《中国软科学》，2014 年第 8 期。

⑤ 孙明春：《迈向“新常态”的路径与挑战》，《新金融评论》，2014 年第 6 期。

⑥ 王军：《适应新常态 寻求新动力》，《中国经贸导刊》，2014 年第 19 期。

⑦ 李义平：《如何看待中国经济“新常态”》，《中国经济时报》，2014 年 6 月 20 日。

⑧ 黄群慧：《“新常态”、工业化后期与工业增长新动力》，《中国工业经济》，2014 年第 10 期。

⑨ 苗圩：《经济发展新常态下工业发展面临的挑战》，《四川统一战线》，2015 年第 1 期。

⑩ 石建勋：《中国经济新常态的演变逻辑分析及展望》，《光明日报》，2015 年 1 月 25 日。

⑪ 赵明亮《新常态下中国产业协调发展路径——基于产业关联视角的研究》，《东岳论坛》，2015 年第 2 期。

认为要改变过去那种扭曲要素价格方式创造人为比较优势的产业政策，率先在内涵、特征和功能进行转型升级①。

本文延续了新常态下创新驱动新兴产业发展的思路，从我国旧有产业结构障碍入手，用一系列数据指标对我国高技术产业的创新能力进行了评估，特别是在发展新兴产业和传统企业改造对于就业的影响方面提出了不同的见解，并从产业新技术、互联网＋打造的电子商务、清洁能源方面提出了具体的建议。

二、新常态下我国产业结构现状及转型升级困境

在经济进入新常态的同时，我国产业结构也逐渐由传统型过渡到现代型。第二产业比重下降的趋势明显；第一产业作为基础产业，在产业结构逐渐转化为现代型特征后，进入稳定发展阶段；第三产业发展迅速，成为经济发展的中坚力量。从三次产业对 GDP 的贡献率来看：第二产业和第三产业是对 GDP 增长贡献最大的两个产业，第三产业对 GDP 的贡献率首次超过第二产业。第三产业服务业内部包括生产性服务业和消费性服务业两个部分，我国消费性服务业需求略有下滑；而生产性服务业虽取得了一定程度的发展，但是效率低、流动性、市场化不足，金融业和批发、零售业整体发展态势较好，但是所占比例仍然较低；我国物流行业发展较为平稳，现代物流业发展依然有较大提升空间。目前我国产业主要面临以下的几个问题。

（一）产业内部发展不协调

1. 传统制造业产能过剩现象非常严重，国内需求趋于饱和、资源浪费十分严重。传统行业政府常年给予高额的财政补贴用于改造技术，弥补亏损，投资过度是导致产能过剩的主要原因。行业产能过剩势必引起企业竞争加剧、价格下跌、压缩企业利润空间。产业分工停滞于产业链的上端，产业层次低是我国传统制造业面临的难题。我国传统制造业中的落后产能的企业，势必在“供给侧结构性改革”的大环境下退出市场、达到产能出清的目的。

2. 经济高度依赖房地产业，严重打压以制造业为主的实体经济，国家经济和产业政策被房价“胁迫”。第一，资金大量涌入地产业，导致制造业资金配置严重不足；第二，政府事实上的“土地财政”，房地产价格与政府的财政收入挂钩，高额的土地出让金和地产税挟持了房价。第三，资本市场不健全、房产投资是居民获得财产性收入的重要来源。此外，在房地产行业内部产能过剩、购房需求两极分化阻碍了行业健康发展。

---

① 刘志彪：《经济发展新常态下产业政策功能的转型》，《南京社会科学》，2015 年第 3 期。

3. 劳动人口平均受教育程度较低，劳动力素质提升缓慢。产业发展受制于其内部劳动力质量和供给结构，低层次的劳动力难以满足转型升级后的传统产业和高技术产业的需要，阻碍产业结构升级过程。提高制造业从业人员教育水平是我国制造业迈入智能生产的当务之急，教育系统大力培养先进制造业发展亟需的专业技术人才、经营管理人才、技能人才是促进我国产业结构升级的必然选择。

4. 国际分工中产业低端，价值链层次低。长期以来，我国凭借“人口红利”和人为地干预土地、环境、资源定价，在全球范围内形成了一定程度上的低成本优势。但是，我国产业低端价值链升级存在两个问题：一是我国的制造业大部分采用 OEM（原始设备制造商）模式，处于产业价值链利润曲线的最底。二是我国企业主要是通过技术引进、消化吸收，来引导国际分工价值链升级，开发具有竞争优势的新产品是我国企业亟待解决的问题。

（二）企业创新能力和动力不足、产业协同创新体系不完善

1. 我国企业总体的创新能力和动力不足、高技术产业有效专利不足。我国企业缺乏关键核心专利，对国外技术转化运用能力不足。2011—2014 年我国高技术产业整体的有效专利数量不断增长，从 82240 件上升到 180601 件，然而年增长率却是不断下降的。2014 年我国高技术产业整体 R&D 经费占主营业务收入比重为 0.018，比 2013 年下降了 0.05，说明行业整体科技创新能力有所减弱。值得一提的是，电子及通信设备制造业技术创新潜力逐渐消失；电子计算机及办公设备、家用视听设备有效专利数量增长出现负数，说明行业内部技术成熟但缺乏有效的技术创新、企业的技术创新能力被锁定，发展前景受限。

2. 产业协同创新能力差，产业链整体竞争力不高。在我国，企业在组织生产过程中缺乏与上下游企业的互动合作，在创新链上行业内部企业彼此“孤立”，在产业内部缺乏共性技术、创新成果难以扩散到整个产业链中，导致产业整体竞争力提升受限。此外，高校和研究机构知识产权成果转化应用率低、企业的自主研发的技术和高校科研院所的最新理论成果之间存在时滞，企业不能将最新的科技成果转化到生产过程中去。

（三）就业与产业转型的“两难之选”

1. 制造业行业“减员增效”已经成为企业转型的常态。就一般的制造业企业而言，机械自动化设备替代简单的人工操作已经逐渐成为主流；同时从产品生产环节来看，机器生产线的标准化制造是产品“品控”的重要环节。同时由于高技术产业部门发展缓慢，劳动力吸纳能力不足、劳动力市场供需失衡，高素质劳动力不能达到充分就业状态，不但不利于行业的发展也削弱了经济增长的潜力。

2. 在国际产业分工中我国逐渐丧失制造业成本优势，外资撤出失业人口增加。根据美国波士顿咨询集团的报告《全球制造业的经济大挪移》中分析，在外商对华投资这部分中国的制造业成本已经与美国相差无几，制造业成本以美国为基准（100），中国的制造成本指数是96。2015年以富士康、松下为首的制造业企业逐渐撤出中国，公司工厂关闭企业大幅度裁员，在印度和东南亚等拥有更廉价劳动力的国家开设新工厂。国内的制造业企业无法提供足够的可以吸纳这部分失业人口的就业岗位，大量失业人口的存在，一方面使得国民收入下滑，内需疲软，同时也对我国的社会安定造成巨大的隐患。

一方面是传统制造业的大量失业现象，另一方面是新兴产业无法创造足够的就业岗位，甚至出现“机器代替人工”的现象，我国的制造业在迫切需要转型的同时也承受着保障就业的强大压力。

三、新常态下驱动产业结构升级的方向选择

（一）国际分工的产业价值链提升和中国制造的品牌塑造

1. 打造完整的国际分工产业链，培育国际合作和竞争新优势。一是把握优势、着力构建完整的全球分工产业链。我国作为制造大国，在许多行业都拥有成熟的供应链，打造完整的全球分工产业链关系着我国制造业的可持续盈利能力。同时，在既有产业发展层次上，通过技术进步提高生产效率，用渠道管理链接产品生产环节和服务环节，加快传统营销模式转型。二是以增强国际竞争力为目标，倡导国际化的产业分工，促进资本、产业、市场的国际化。我国可以逐渐将不具有比较优势的价值环节重新配置给位于低劳动成本国家（或地区）的初级产品生产商，通过“雁型模式”把潜在比较劣势的产业对外转移，产成品在第三方国家或地区直接贴标投放国际市场。

2. 用质量和品牌重塑中国制造的品牌形象。企业要加强质量监管，完善生产服务系统，打造自有工业设计、技术研发系统。同时，运用供应链管理策略，完善产品质量、降低管理成本，保障合理的预防和鉴定成本来提升产品和服务质量，进而降低内部和外部损失成本。提升企业内部管理能力，建立严格的企业管理制度和标准的工作流程体系，确保生产线的精细化管理，运用TQM（全员质量管理）等手段对产品的品质进行管控。

（二）“互联网＋”和创新驱动下的生产性服务业

1. 打造电子商务平台下的生产性服务业。电子商务在企业经营过程中的应用，以及互联网＋下的客户数据采集系统的建立，有助于企业更好地了解和满足客户需求、精准地锁定企业目标客户群。电子商务打造开放化的工业网络，为企业提供智能的生产管理模

式，它可以跨越产品整个生命周期，借助软件、大数据，使企业能够“按需生产”“定制生产”，使得制造类企业向“制造+服务”转型，推动企业在产品和服务领域的创新。

2. 在注重新能源的基础上实现产业发展的能源绿色化和用能高效化。我国政府的产业政策对产业的发展影响十分巨大，要求在政策上推行经济增长和环境保护协同、城市产业群与城市共融，将产业、城市、环境打造成一个有机的整体；“先治理再发展”政府积极鼓励企业“转型”“转产”，在全行业范围内推行污染治理，重点淘汰落后的化工产业并重点整治企业的排污不达标问题；在产业园区内部推行节能减排的技术和设备鼓励使用清洁能源，发展清洁生产和循环经济，打造制造业可循环产业链。

（三）创新驱动产业发展用新技术、新材料改造传统行业

1. 加快生产制造与信息技术服务融合，将数字技术和智能制造技术用于传统制造业改造。新技术的应用是我国传统制造业升级的重要手段，利用新能源、新材料和新技术重塑传统制造业的根基，提升设计研发能力，对产品线进行整体升级。对企业来说，利用数字整合，将生产线、机器设备、产品和消费者打造成一个高度互联的系统，开发新产品、提升产品功能，培育自主品牌，打造企业核心竞争力。

2. 发展现代农业、提高科技含量，打造涉农产业现代产业链。农业作为基础产业，在保证其稳定发展的同时，促进其生产效率和产业层次的提高。鼓励涉农企业打造经营产业链，建立集农用物资投入、农业生产、农产品运输、再加工和产成品分销的集成网络，延长农业产业链。同时，大力发展涉农生产性服务业，打造农用信息服务平台。

四、新常态下产业转型升级的对策建议

1. 着力化解过剩产能，运用新材料、新能源、新技术重塑制造业生产体系

坚持推行供给侧结构性改革，淘汰落后产能、关闭企业落后的生产线，着力提高企业自身技术创新能力、优化产能结构。政府要改善企业的创新环境，通过财政补贴企业提高产品质量和技术创新的行为，增加企业的创新收益，进而诱导企业按照市场信号进行供给创新。鼓励企业进行产品研发和设计创新，改变产业的“组装加工”现状，打造完整的国际分工产业链。

2. 完善产业协同创新体系，构建更有效率的技术创新生态系统

通过保护产权和反垄断来保障企业创新主体的利益、建立高效的融资制度，鼓励企业将技术创新投放进生产线，打造资金链、产业链与创新链相结合的技术创新生态系统。利用互联网+改造传统产业，提高企业管理信息化水平。同时从财政资金中拨出一部分支持

传统企业技术革新，利用降低税率的方式，对有转型意愿的企业进行补贴，对企业的重大技术革新予以奖励。

3. 注重劳动力素质的提高和人力资本配置的优化

针对制造业方面劳动力素质低下的现状，必须着力提升技能型人才和基础劳动者的文化技术水平。同时应调整高等教育学科结构、优化教育教学内容，增加工学、理学、工程技术、建筑和高新技术领域等相关学科专业设置；协调制造业部门技术进步与就业增长的关系，政府出台就业引导政策，对高技术行业加以补贴，吸纳就业。

4. 鼓励发展生产性服务业，促进产业转型升级

科技的更迭、产业制造模式升级产生新的需求，消费者更需要企业产品所能够提供的服务而不是产品本身，要将发展服务业与推进工业化相结合，以现代生产性服务业和制造业高端环节集聚为目标，用轻资产、扁平化的现代生产性服务业快速响应市场，最大程度上地满足和引导客户需求。

包容性绿色增长的思想生成、理论基础与框架设计

周小亮[①]　吴武林

一、包容性绿色增长的思想生成

（一）包容性绿色增长的生成脉络

随着全球经济一体化的推进，世界各国对于经济增长必须同时满足贫困人口的迫切发展需求和人们对美好生态环境，也就是说，应该走绿色的、社会包容性的和可持续的经济增长之路。在此背景下，2012 年 5 月世界银行发布《包容性绿色增长：可持续发展之路》指出，包容、高效、可负担的绿色增长对保持未来的经济发展至关重要，包容性绿色增长要求克服政治经济制约，摒弃根深蒂固的行为定式和社会规范，开发创新型的融资工具来改变激励方式和促进创新，从而解决导致过度使用自然资产的市场、政策和制度失灵的现象。2012 年 6 月，包容性绿色增长概念在“里约 + 20”峰会后被正式提出，其目的在于将工业化国家的利益同绿色增长和发展中国家的包容性增长相结合。2016 年 3 月，随着联合国新的可持续发展目标的公布，许多国家开始采用以“包容性绿色增长”为核心的新发展战略。至此，包容性绿色增长以绿色增长和包容性增长的综合体形式进入国际视野，成为一种具有时代特征和人文关怀的新的可持续发展理念。

（二）包容性绿色增长的内涵辨析

目前，包容性绿色增长的概念内涵莫衷一是。World Bank 认为包容性绿色增长属于可持续发展经济学，强调可持续发展需要绿色增长和包容性增长，而具备包容性和对环境友好的包容性绿色增长是实现可持续发展的重要途径。Slingerland & Kessler 指出包容性绿色增长强调增长是包容性和绿色的，以便能够提高社会福利，包容性和绿色主要指社会平等和环境可持续。最终将以这样的方式呈现：在经济社会发展的从始至终，所有

① 周小亮，福州大学民建经济研究院院长，教授、博士生导师。

不同背景和地位的人都被放在平等自由的条件下看待，都能公平地获得属于自己的一份利益权利而不受侵犯，并且共同参与推动和维护资源节约型和生态环境友好型的经济增长，最终实现让所有人与“无缘无故的人”之间、所有人以及由人产生的一切经济社会活动与自然系统之间形成一种根本的、和谐的、可持续的联系。由此，本文将包容性绿色增长视为实现经济、社会和自然三大系统协调发展的重要途径，是一种追求经济增长、社会公平、机会平等、成果共享、资源有效利用和生态环境良好的可持续发展方式。

二、包容性绿色增长的理论基础

包容性绿色增长这一伟大的理念创新是根植于一系列经典的马克思主义理论的肥沃土壤之中，上百年来不断传承的马克思主义关于人与自然和谐的思想、绿色发展的思想和社会公平正义的思想为其提供了丰富的理论供养，使得马克思主义理论成为当代国内外包容性绿色增长理念的最深厚理论基础。

（一）马克思主义关于人与自然和谐的思想，是包容性绿色增长追求“可持续发展”的理论基础

包容性绿色增长以促进人与自然和谐相处为本质要求，致力于实现人与自然的可持续发展。一方面，马克思恩格斯表明充足的自然资源和良好的生态环境是人类社会实现包容性绿色增长的最基本物质条件。马克思认为人和自然既是对象化关系，也是一体化关系，他指出人具有自然本性，与自然存在血肉联系。另一方面，马克思恩格斯警示人类必须善待自然、保护自然。马克思在批判资本主义生产对土地资源的滥用时写道：“资本主义农业的任何进步，都不仅是掠夺劳动者的技巧的进步，而且是掠夺土地的技巧的进步，在一定时期内提高土地肥力的任何进步，同时也是破坏土地肥力持久源泉的进步。”这就要求包容性绿色增长必须尊重自然界不以人的意志为转移的客观规律，兼顾当代人和后代人的利益。

（二）马克思主义绿色发展观是包容性绿色增长与谋求“资源有效利用”“生态环境良好”的理论指导

包容性绿色增长以提升资源利用效率和改善生态环境质量为核心要义，致力于实现经济绿色转型。一方面，马克思恩格斯认为资本主义生产方式缺乏生态性和人道性，造成了大量的资源浪费和环境污染。另一方面，马克思恩格斯强调人类必须适度消费和自我克制，以缓和人与自然的对立。马克思提出了消除人与自然对立造成的生态环境危机的伟大

设想："社会化的人，联合起来的生产者，将合理地调节他们和自然之间的物质变换，把它置于他们的共同控制之下，而不让它作为一种盲目的力量来统治自己；靠消耗最小的力量，在最无愧于和最适合于他们的人类本性的条件下来进行这种物质交换。"这里所说的人类本性实质上就是"生态人性"。

（三）马克思主义公平正义观是包容性绿色增长与倡导"机会平等""成果共享"的理论导向

包容性绿色增长是追求不同国家、不同民族和不同群体在经济增长过程中的平等参与、经济增长成果中的公平共享的发展，社会公平正义是包容性绿色增长的价值取向。首先，马克思恩格斯认为公平正义是具体的和历史的。在马克思看来，公平正义观在不同的时代有着不同的内容："1789 年资产者的公平要求废除封建制度，因为据说它不公平。所以，关于永恒公平的观念不仅因时因地而变，甚至也因人而异。"

其次，马克思恩格斯认为公平正义是阶级的和相对的，公平正义观由于阶级状态的更替而不同。马克思恩格斯批判了那些所谓被所有全体人民接受的公平正义，实质上已成为统治阶级的专属，马克思恩格斯相信"真正的自由和真正的平等只有在共产主义制度下才可能实现"，而这种社会制度正是全体社会成员所向往的公平正义所要求的。"平等仅仅存在于同不平等的对立中，正义仅仅存在于同非正义的对立中"，所以公平正义在任何时候都是包含着差别的公平正义。

三、中国包容性绿色增长的框架设计

基于包容性绿色增长的概念内涵和理论基础，结合中国发展现状及中长期发展规划，分别设计包容性绿色增长总体框架和测度体系来直观地反映其整体逻辑与实践成效具有重要的理论与现实意义。

（一）总体框架设计

中国经济增长的"包容性"和"绿色化"转型虽然已经起步并获得了一定成效，但距离包容性绿色增长的最终目标依然任重道远。对中国而言，推动包容性绿色增长是对以往粗放型增长方式的深刻反思和坚决挑战，是对如何增加国民财富和改善民生福利的积极探索，也是对如何实现经济、社会和资源环境的互利共赢的不懈努力。综合上述，本文设计中国包容性绿色增长战略的总体框架，包括目标层、问题层和保障层三大部分，重点强调一个中心目标、四大驱动力、五大关键问题和六大保障体系。

（二）测评体系设计

当前，国内外关于包容性绿色增长的测评研究较为鲜见，相关文献集中在绿色增长和包容性增长两方面。绿色增长的测评研究可以概括为两种类型：一是构建多指标体系，如OECD从经济、环境和人类福祉等方面构建绿色增长指标体系。二是创建绿色增长综合指数，如北京师范大学创建了涵盖经济增长绿色度、资源环境承载力、政府政策支持度三方面的绿色发展指数；向书坚和郑瑞坤创建了包括生产、消费、生态健康三方面的绿色经济发展指数。

绿色增长和包容性增长的测评研究为构建包容性绿色增长测评体系提供了基本思路和经验借鉴。在此基础上，本文结合中国包容性绿色增长的总体框架和理论内涵，设置经济增长、机会公平、绿色生产消费、生态环境保护四个维度来构建包容性绿色增长测评体系。这四个维度之间相互联系、相互影响、相互制约，最终确定30个基础指标作为中国包容性绿色增长指标体系的构成（见表1）。

经济增长是实现包容性绿色增长的前提条件，增长的核心目的以改善民生为导向，因此本文重点从增长水平、收入水平两方面选择基础指标。本文选择人均GDP、GDP增长率和第三产业占GDP的比重三个基础指标来反映增长水平；选择城镇居民人均可支配收入、农村居民人均纯收入来反映经济增长对城乡居民收入水平的提升效应，选择城乡居民收入比作为替代指标来表示城乡贫富差距，具体以“城镇居民人均可支配收入与农村居民人均纯收入的比值”计算。

表1　中国包容性绿色增长测评体系

维度	分项指标	基础指标	单位	指标属性	
				正向指标	负向指标
经济增长	增长水平	人均GDP	元/人	√	
		GDP增长率	%	√	
		第三产业占GDP的比重	%	√	
	收入水平	农村居民人均纯收入	元/人	√	
		城镇居民人均可支配收入	元/人	√	
		城乡居民收入比	/		√
机会公平	市场机会	本地市场潜力	/	√	
		国内市场潜力	/	√	
	就业机会	二、三产业就业率	%	√	
		城镇登记失业率	%		√
	教育机会	每万人拥有的教育资源	所/万人		√
		教育经费投入强度	%	√	

续表

维度	分项指标	基础指标	单位	指标属性	
				正向指标	负向指标
	医疗机会	每千人口卫生技术人员数	人/千人	√	
		每千人口医疗卫生机构床位数	个/千人	√	
绿色生产消费	绿色生产	万元 GDP 工业能源消耗量	吨/万元		√
		万元 GDP 工业废水排放量	吨/万元		√
		万元 GDP 工业二氧化硫排放量	吨/万元		√
		万元 GDP 工业烟粉尘排放量	吨/万元		√
		万元 GDP 工业固体废物排放量	吨/万元		√
	绿色消费	人均生活能源消费量	吨/万人		√
		人均二氧化碳排放量	吨/万人		√
		生活垃圾资源化率	%	√	
		城市人均日生活用水量	升/人		√
		每万人拥有公交车量	辆/万人	√	
生态环境保护	生态环境质量	水环境自净能力	/	√	
		空气质量二级与好于二级天数比例	%	√	
		森林覆盖率	%	√	
	生态环境建设	城市人均公共绿地面积	平方米/人	√	
		自然保护区占辖区面积比重	%	√	
		环境污染治理投资占 GDP 比重	%	√	

机会公平是构成社会公平和机会均等的重要内容，是包容性绿色增长的价值取向，它综合体现了经济增长对机会获得、过程公平和结果共享的包容性。本文将机会公平维度概括为市场机会、就业机会、教育机会、医疗机会四方面来选择基础指标。市场机会从需求侧反映了一个地区的经济机会，强调所有周边地区及自身对本地区产品的潜在需求，因此选择本地市场潜力、国内市场潜力来反映市场机会水平。就业机会是人们平等地参与增长过程的最基本权利，是机会公平的重要体现，因此采用二、三产业就业率、城镇登记失业率来共同衡量就业机会水平。教育机会指人们平等地享有和使用教育资源的权利，一般从教育普遍程度和教育资源存量等方面来衡量，因此选择教育经费投入强度、每万人拥有的教育资源来反映教育机会水平。

绿色生产消费是实现包容性绿色增长的重要保障，它强调生产与消费活动必须提高资源利用效率和降低污染排放，并向市场提供绿色产品从而促进人类社会健康发展。本文分别从绿色生产和绿色消费两方面来选择绿色生产消费维度的基础指标。粗放型增长方式导致中国付出了沉重的资源环境代价，而工业生产活动是资源消耗和污染排放的主体，因此选择具有代表性的“工业三废”排放量来逆向反映绿色生产水平，具体以“万元 GDP 工业废水排放量、万元 GDP 工业二氧化硫排放量、万元 GDP 工业烟粉尘排放量、万元 GDP 工业固体废物排放量”计算。本文选择人均生活能源消费量、人均二氧化碳排放量、每万人拥有公交车量、城市人均日生活用水量和生活垃圾资源化率作为反映绿色消费的基础指标。

本文将生态环境保护维度概括为生态环境质量和生态环境建设两方面来选择基础指标。本文选择水环境自净能力、空气质量二级与优于二级天数比例、森林覆盖率三个基础指标来反映生态环境质量。城市公共绿地规划和自然保护区设立是重要的生态环境建设举措，能有效提升生态环境容量，增强生态环境阈值，在很大程度上满足了居民对良好生态环境的需求；环境污染治理投资是生态环境保护的主要组成部分，目的在于修复环境破坏、维持生态平衡。因此，本文选择城市人均公共绿地面积、自然保护区占辖区面积比重、环境污染治理投资占 GDP 比重作为反映生态环境建设的基础指标。

四、结语

绿色包容性绿色增长是兼顾绿色、包容和增长的可持续发展方式，是人类对于长期以来处理经济、社会和自然三大系统之间关系的规律性认识的高度总结，是顺应从工业文明跃迁至生态文明的发展大势和历史规律形成的深厚思想积淀和理论概括，表达了谋求人与自然永续共存的最高境界。中国在推动包容性绿色增长战略的过程中，应当具体重视以下五个方面：第一，坚定不移地推进体制机制创新，特别是推动以民生为导向的财税体制改革，重点完善收入分配制度，改善居民的二次分配结构，形成合理的公共民生财税体制。第二，改革公共民生产品与服务供给制度，保障公共民生产品与服务的合理配置。政策上重点向贫困落后地区倾斜，加强穷人就业、教育医疗、社会保障和基础设施的帮扶投入，重点帮助贫困群体脱贫致富，消除社会矛盾与贫困代际转移。第三，科学推动城镇化和二元户籍制度改革，促进资源在群体之间、城乡之间、区域之间的合理流动，引导资金、技术和人才等要素从东部流向中西部，缩小群体之间、城乡之间、区域之间的发展差距。第四，广泛实施创新驱动发展战略，着眼于污染防治、资源节约和循环利用，科学地安排创新的方向与内容，重点加大新环保技术、新能源技术的研发投入，并加快科技创新成果转化，同时有针对地加强掌握绿色技术的创新型科技人才的培养和引进。第五，实施最严格的环境保护制度，重点建立水资源保护、空气质量控制、耕地保护和生态维护的红线管理制度，健全环境污染赔偿、环境污染责任终身追究和生态损害责任终身追究等制度，以及坚决推进环保法律法规的有效落实。

论生产关系调整与经济体制改革动力的持续性

贾后明[①]

（盐城师范学院）

中国改革一向以“摸着石头过河”的实验模式著称，选择这个方式并不是偶然的，而是反映了我国改革进程的内在要求。中国的经济体制改革是要求在保持社会主义基本经济制度不进行大改的框架内，从一种运行模式转变为另一种运行模式的整体改造。因为改革初期没有对体制变革设定目标，而是从改革实效角度，基于生产关系适应生产力发展的要求，把体制变革上升到生产关系调整高度，为改革提供了政治与理论保障。但是，增量收益型的改革驱使动力已经难以适应经济增速放缓的经济新常态下体制改革，体制改革面临着动力不足问题。应该理清体制改革与生产关系调整的内在逻辑，系统设计改革目标与方向，建立更加全面完善的社会主义经济体系。

一、社会主义基本矛盾与生产关系完善

对于社会主义国家来说，推动社会进步和发展的动力是什么，有没有矛盾，以何种方式解决社会基本矛盾，不断推动社会发展，是社会主义建设者面临的一个重要问题。斯大林在《苏联社会主义经济问题》中所表述：“在社会主义制度下，在目前还只有在苏联实现的这种制度下，生产资料的公有制是生产关系的基础。这里已经没有剥削者，也没有被剥削者。这里，人们在生产过程中的相互关系，是不受剥削的工作者之间同志合作和社会主义互助的关系。这里生产关系同生产力状况完全适合，因为生产过程的社会性是由生产资料的公有制所巩固的。”因为社会主义已经没有了阶级社会存在的阶级矛盾与斗争，自然也不存在之前社会的矛盾。这一思想通过苏联政治经济学教科书，就是说社会主义主要任务是与资本主义国家进行竞争与斗争，自身不存在社会制度问题。

对于社会主义是否存在生产力与生产关系的基本矛盾，应该说我们党没有教条地接受斯大林的观点。毛泽东在《关于正确处理人民内部矛盾的问题》中从哲学的高度认为，

---

① 贾后明，盐城师范学院教授。

“总之，社会主义生产关系已经建立起来，它是和生产力的发展相适应的；但是，它又还很不完善，这些不完善的方面和生产力的发展又是相矛盾的。除了生产关系和生产力发展的这种又相适应又相矛盾的情况以外还有上层建筑和经济基础的又相适应又相矛盾的情况……我们今后必须按照具体的情况，继续解决上述的各种矛盾。当然，在解决这些矛盾以后，又会出现新的问题，新的矛盾，又需要人们去解决。”问题在于这种基本矛盾在一定时期的具体表现形态和问题关节点并不是哲学上的肯定就可以解决的。所以正如邓小平所言：“关于基本矛盾，我想现在还是按照毛泽东同志在《关于正确处理人民内部矛盾的问题》一文中的提法比较好。毛泽东同志说：‘在社会主义社会中，基本的矛盾仍然是生产关系和生产力之间的矛盾，上层建筑和经济基础之间的矛盾。’当然，指出这些基本矛盾，并不就完全解决了问题，还需要就此作深入的具体的研究。毛泽东关于社会主义基本矛盾的认识是正确的，但是在如何使生产关系与生产力相适应的问题上，毛泽东更多时候强调用生产关系来提高生产力的发展速度，而较少注意生产关系对生产力可能存在的束缚和不适应问题，而没有根本性的对生产关系进行改革以适应生产力发展的必要。”

因此，邓小平才强调，只指出生产力与生产关系这样的基本矛盾还不够，还要深入研究生产关系中是哪些不适应生产力的发展要求。但问题在哪？在生产力还是生产关系，是生产力落后的结果还是生产关系有问题？社会主义国家生产力发展也就是经济发展，应该也有其他国家面临共同的经济问题，也就是应该遵循一些共同的经济规律。传统把生产关系的理解集中在所有制和计划体制方面，并且以生产力与生产关系的统一成生产方式，由生产方式转化为经济基础，由经济基础而决定上层建筑。这些都造成了把经济运行机制、经济组织方式和经济目标等经济因素与政治直接挂钩的做法，政治与经济无法区分，这样，传统社会主义国家在社会体制和生产关系变革方面并没有自觉意识和主观努力。

总之，在社会主义者看来，解决了生产资料私有制问题，也就解决了资本主义制度的基本矛盾，从而使整个社会生产力得到释放，实现生产与需求的直接对应关系。因此，把生产力集中在如何加快工业，只要能生产出来东西就不担心消费和分配。这一思想使得生产力发展只是生产能力的物质表现，是生产设施和设备增加，生产更多体现的是物质财富的生产。只要有行政调动能力，将这些材料组织好，就可以实现生产力提高。在这样的生产发展理念下，没有生产与交换的矛盾，也没有私人生产与社会有序衔接矛盾。

但是，生产的发展、财富的生产，不仅仅是技术性的资源组合问题，还涉及人的积极性、创造性的发挥，不同技术设备的配置与使用等。这些都会影响生产效率的提升，都是生产力的组成部分，也是生产关系的组成部分。把人的生产劳动放在整个社会来看，生产效率不是一个单纯的生产过程的组织技术问题，还涉及生产资源的获取方式、组织方式、产品分配模式和交换、消费实现方式。这些因素有些是在生产中要得到体现的，而有些则是在流通、分配、交换领域中体现。以往总是把生产力的理解局限在生产领域，更是局限在物质生产的技术领域。而事实是，生产力不仅仅是一个生产问题、技术问题，而且也是一个生产关系和生产方式问题，生产力与生产关系并没有本质性的区别，而是统一的。生产关系是社会经济运行的复杂系统问题，而不仅仅是生产资料所有制问题或是由所有权决定的分配权问题。生产关系的完善不能仅从经典作家对社会主义经济制度的论述上强化符合要求，而是应该从生产力发展角度建立与生产力发展水平相适应的经济主体组织形态和运行管理体制。

二、生产关系调整与完善的主要形态

传统社会主义经济体制是计划体制，要改变这样的体制必然遇到几大挑战：一是传统把公有制与计划经济作为是社会主义经济制度的主要特征，要改变这样经济结构与管理体制就会面临着姓社姓资的观念。二是改革要涉及减少和调整政府管理部门掌握的资源与权力，必然受到政府部门的阻碍；三是与公有制企业存在着利益相关部门和个体利益如何协调。这些障碍既涉及理论，也涉及政府、企业，还包括社会众多利益相关者，使经济体制改革面临着巨大困难。

生产关系适应生产力为改革提供了理论支撑。改革开放始于我们承认我们的生产力落后，承认是生产关系过于超前而阻碍了生产力的发展，承认了社会主义生产关系并不一定就是适合或适应生产力发展的。从传统观念来看，社会主义的生产关系是解放了生产力，是有利于生产力，生产关系对生产力有反作用，生产关系的超前更可以促进生产力的发展。但是邓小平同志则指出，社会主义生产关系是超前了，不能适合生产力的发展，因此应该退一步，让生产关系调整到可以适合生产力发展的需要水平上来。这样，邓小平同志既坚持了生产力决定生产关系的马克思主义经济学基本观点，又实事求是地认为在现有生产力条件下应该调整生产关系而来适应生产力的需要。

改革就是要承认社会主义制度还有不完善，不能适应生产力发展和经济社会发展要求的地方，要随着时代的变化和人民群众的要求不断加以调整，要在党的领导下，通过吸收群众的智慧和创举来实现这一目标。长期以来，我们的经济体制是依附在政治体制下的，是作为政治体制的一个部分而存在。经济发展的目标成为经济体制改革的目标。用这一目标来衡量和指导经济体制改革，就可以在对比不同体制下企业的效益和人们的生存和收入状况的改善。

生产关系的改革与调整以何种方式和形态来进行，是涉及改革能否成功的一个重要内容。有渐进式的改革，有激进式改革；有先城市后农村的，有先农村后城市的。有先试点再推广的，有总体设计全面展开的。

渐进式改革的生产关系调整形态之所以在中国改革中成为主要的形态，就因为改革初始的目标并不十分明确，在改革过程中还不断受到传统观念和经济体制的阻碍。但是在问题导向下，在改革前后明显效率与效益变化面前，改革又能够不断得以推进。从问题入手而不是一下子全面解决整体社会经济问题的改革方法使改革的冲击力远远小于对社会全面改革的影响。

计划体制向新体制转变的关键是社会主义经济是否容许商品存在，以及用何种方式对待商品生产及其交换。如果要承认社会主义存在商品，容许商品生产，就要容许市场交换。商品生产有其自身规律，如果不再继续压制商品存在和交换，那么商品就会按照自身规律来生产与再生产，并且不断扩大生产规模，商品生产会在数量和领域上不断延伸。

在商品生产和交换不断扩大下，必然会带来社会主义是不是商品经济为主体而不是传统的产品经济。改革过程越来越触及体制性因素，需要明确整个社会经济体制的最终改革目标，即经济运行体制和经济评价标准等涉及体制的系统性问题。这些体制系统性问题不解决，就无法形成明确的改革目标和方向，不可能达到理论对实践的指导作用。

因此，改革的一个重要成果是确立了生产力发展标准，这一标准通过经济指标方式来进行衡量和考核，从而使社会体制的变革有了一个可以度量、比较的标准。中国改革目标和标准的选择遵循了问题导向和效率标准。问题导向就是解决经济社会中长期存在的困难，而效率标准则以生产力发展为标准，以提高经济效率和效益作为评价改革成功与否的衡量标准。

经济发展目标和生产效率标准使生产关系调整有了明确而可比较的目标。在改革开放前经济管理体制也不是没有进行过调整，但是，这些调整往往以政治目标为导向，在政治口号中变得无从捉摸。政治目标只是强调下级对上级政治服从，而不会考虑实际效果。而效率目标则把经济关系调整后的社会经济增长指标作为可度量、可比较的目标，从而发现不同官员的不同政绩。在这样明确目标下，生产关系调整才能够不断推进，中国生产关系调整才取得了巨大成绩。

三、经济体制改革动力的持续性

传统改革之所以推进较快较好，就因为传统改革激发了不同主体追求利益的内在动力。以市场为导向的改革获得了广泛支持，是因为各个市场主体在市场改革目标下获得了发展。市场化改革目标触动的只是少数人的既有利益，而多数人在这样的改革下都获得了增量收益，正是效益激励成为我国社会经济体制变革的主要动力。但是今后生产关系调整将面临着新的局面，也需要接受更长期的现实考验。

经济新常态使增量收益改革形态难以持续，改革目标多元化使传统改革的效率目标正在模糊化。目前和今后，经济增速可能会进一步下滑并趋于稳定，改革目标需要更多地考虑环境、资源和社会权力结构和分配结构调整，而这些改革内容都不是增量收益而是存量利益调整。许多人在今后改革中不再仅仅是收益获得者，也可能面临利益受损，这样的改革就会遇到许多难题。当前我们在更大层面上提出了改革要求和目标，试图建立一个更加完善的市场经济体制和社会矛盾协调机制。在这样的一个改革目标下，社会整体目标多元化，如何延续前面改革的积极效应并不断推动改革进展存在不少变数，因此，传统改革理论和路径都面临着新的挑战。

改革主体正在发生变化。传统改革是以政府为主导，政府主导的改革基于两个方面：一是提供政府执政合法性，即使更多的民众拥护政府，因此，政府给予民众更多的追求自己利益的自主权，而民众也有强烈希望政府放开管制的要求；另一方面，政府为自己寻求更多的执政资源，如财政收入等，这样，经济利益指标的追求不仅在政绩上有了更好的体现，也使政府在解决社会矛盾时有了更多的经济资源。经济发展，不管是何种主体的经济发展都会给政府增加收入，这样政府才有积极性改进不适应经济发展的制度。但是，一旦经济指标不再作为政府工作指标，政府失去了原有的积极性，此时，社会群体更多的是从经济利益诉求转向了公平与正义的诉求，而这些诉求就不再是经济利益的内容，不能依靠传统的放宽管制来实现。公平与正义的诉求只能是通过法律的秩序执行来实现，而这一过程必然是一个长期过程。

资本主义以获取剩余价值为目标的经济运行模式促使了资本主义发展，但是在利益调整方面的巨大阻力使资本主义难以做到通过正常的生产关系调整达到社会和谐，中国要想在经济利益追求之外寻求社会生产关系不断调整也存在着巨大困难。当然，在中国改革前面有许多可借鉴的国家和内容，这必然成为学习动力，赶超战略在未来的一段时间里依旧是社会发展的目标。同时，努力使社会主义更加符合人民需要，也是改革的一个重要动力。社会主义理想和目标是美好前景和目标，结合人类共同文明成果，寻求一个更加清晰的社会发展目标，就可以把社会主义目标更加具体化地转化为现实社会改革发展的目标和动力。

论“新常态”下中国财政的变革方向①

——中国特色社会主义财政的性质、职能、原则和参与财富分配的合理程度

刘明国②

（贵州财经大学）

一、文献综述与研究背景

我国财政学界对中国社会主义国家财政的探讨，至今大体经历了以下四个阶段。

（一）立足于马克思主义国家理论的社会主义国家财政理论

杨炳昆认为：（1）社会主义国家经济职能的特点，直接决定社会主义财政职能的特点；（2）国家的经济职能具有两重性，一是一般的社会职能，二是阶级性；（3）国家财政的组织、协调、管理和监督社会经济的职能，不是社会主义国家财政特有的职能；（4）任何国家财政分配既包括狭义的财政分配，也包括广义的财政分配；（5）社会主义国家的经济职能同一切剥削阶级国家相比，具有三个方面的特点——民主性、全局性、计划性；（6）社会主义国家财政职能具有三大特点——人民性、总体性、预见性。③

（二）“公共财政论”与“国家财政论”之争

到了上个世纪九十年代，我国财政学界围绕社会主义国家的职能和财政的职能展开了激烈的论战。

以张馨为代表的公共财政理论者认为：（1）“公共财政”是否定西欧“家计财政”后的产物；（2）公共财政是为市场提供“公共”服务的国家财政；（3）公共财政是弥补市场失灵的国家财政；（4）公共财政是由社会公众对之规范、决定、制约和监督的国家财

---

① 【基金】2014 年国家社会科学基金西部项目“中国特色宏观经济学理论体系研究”（14XKS001）。

② 刘明国，贵州财经大学经济学院教授，中国社科院马克思主义研究院博士后，主要研究方向为当代中国马克思主义政治经济学。

③ 杨炳昆：《社会主义国家的经济职能和财政职能》，《中国经济问题》，1994 年第 5 期，第 42－48 页。

政；（5）公共财政是我国社会主义市场经济体制下应当确立的财政模式。①

以赵志耘、郭庆旺为代表的国家财政论者对公共财政论的反驳，集中体现在以下十大质疑中：（1）“公共财政”的概念究竟应该如何界定；（2）“公共财政论”是倒退还是进步；（3）“公共财政论”能推出“公共财政论者”所赞同的“三大”职能吗；（4）“public finance”直译成“公共财政”准确吗；（5）“公共性”是“公共财政”所独有的吗；（6）“公共财政”能作为我国的最终财政模式吗；（7）我国目前的生产性财政支出过多吗；（8）我国目前的财政问题主要是“越位”与“缺位”吗；（9）“公共财政论”这种“财政模式”是要用来推进我国经济运行市场化、财政管理市场化吗；（10）“公共财政”是让财政退出竞争性领域吗。②

（三）如何构建“公共财政”

进入21世纪，虽然围绕“公共财政论”的争论偶有出现，吴彦民2000年也指出了“‘公共财政论’至少存在三个方面的严重缺陷”③，但随着邓子基提出“借鉴‘公共财政’发展‘国家分配论’”的观点后④，我国财政学界已将关注的重点转向了如何构建“公共财政”了。但我国的“公共财政”实践说明，它并不利于实现我国可持续的国强民富和国泰民安。

（四）立足于国家治理的现代财政理论

高培勇认为，“新一轮财税体制改革的基本目标，在于建立与国家治理体系和治理能力现代化相匹配的现代财政制度”。⑤ 马骁和周克清指出，现代财政制度建设，必须以国家治理体系和治理能力的现代化为逻辑起点，必须服务于政府与市场关系、政府与社会关系、政府与纳税人关系及政府间财政关系的重新定位与优化。⑥

陈龙认为，新一轮的财政改革应“优化财政汲取比例与方式，规范收入分配关系”；“调整支出结构和权责，提高政府介入市场的规范性与有效性”；“构建‘三位一体’财权

---

① 张馨：《论公共财政》，《经济学家》，1997年第1期，第96－103页；《“公共财政”与“国家财政”关系辨析》，《财政研究》，1997年第11期，第25－28页；《应从市场经济的基点看待公共财政问题》，《财政研究》，1999年第1期，第62－65页。

② 赵志耘、郭庆旺：《“公共财政论”质疑》，《财政研究》，1998年第10期，第44－60页；郭庆旺、赵志耘：《“公共财政论”的再质疑》，《财政研究》，1999年第12期，第55－58页；《财政理论与政策》，北京：经济科学出版社，1999年版：第83－93页。

③ 吴彦民：《公共财政的理论缺陷》，《财经问题研究》，2001年第1期，第33－36页。

④ 邓子基：《借鉴“公共财政”发展“国家分配论”》，《财政研究》，2000年第1期，第51－55页。

⑤ 高培勇：《由适应市场经济体制到匹配国家治理体系》，《财贸经济》，2014年第3期，第5－20页。

⑥ 马骁、李雪：《法治财政：现代财政制度建设的核心》，《经济研究参考》，2015年第3期，第3－5页。

管控新机制，完善政府间权力制衡体系”；“推动预算的社会协商与参与，构筑政府与社会互动的新机制”。①

二、中国当前财政制度存在的问题和冲突

（一）入不敷出，公共财政的通病

一方面，财政收入不充分。1994 年实行分税制后，由于我国的财政收入主要依靠税收，税收收入占财政总收入的 85.54%，而征税对象又主要是增量性的收入，如增值税、所得税，和生产经营，如营业税，这种以工商服务业生产经营为本的税收制度，使得财政收入占国内生产总值的比重始终很低。庞大的存量资产对财政收入的贡献却微乎其微，2013 年房产税仅占财政总收入的 1.22%。

另一方面，开支却很大。中国在以经济建设为中心、在发展中解决问题的顶层思维主导下，尤其是在 1992 年后的出口导向型工业化发展战略思维、“三驾马车”宏观经济管理理论的主导下，财政资金大量用于补贴出口，以 2013 年为例，用于出口退税的资金占财政总收入的比例高达 8.14%，基础设施建设，甚至“三公消费”，中国财政入不敷出就是必然。如果考虑到我国地方政府巨额债务，我国财政的安全状况就更令人担忧。

（二）财政性质与国家性质的冲突

由于财政收入原本就不充分，调节社会收入分配结构的能力就不足，而市场经济相对过剩问题从 1995 年开始就始终困扰着我国的经济增长，“保增长”就成为吸纳我国财政资金的无底洞，社会保障资金不足、社会收入分配差距在市场机制作用下扩大就成必然。结果是，社会矛盾不断加剧，用于公共安全的财政支出又被迫不断增加，进一步挤占了原本应该用于化解社会矛盾、优化经济结构、缩小收入分配差距的财政资金。以“保增长”为基本特征的公共财政，体现出的是“锦上添花”的性质。

公共财政理论，一方面要求政府少征税、不要干预市场、“藏富于民”、以促进经济的扩张和实现资源的自由配置；另一方面，在经济不景气时又要求政府出钱救市、人为扩张市场需求或为市场注入资金。这实际上是西方新古典综合派“自由主义 + 凯恩斯主义”所派生出来的财政理论。

不管是从理论还是实践来看，经济不断地扩张根本就是不可能的事情。所以，要避免陷入这种“被迫强为不可能之事”——“保增长”的困境之中。我们进行财政制度设计

① 陈龙：《国家治理现代化中的财政改革》，《地方财政研究》，2014 年第 6 期，第 9 - 14 页。

时，必须明确我国的国家性质，并将财政性质与国家性质有机统一起来，同时结合“新常态”的时代特征和中国国情。

（三）财政分级管理，执政公益性弱化，中央权威下降，国家治理能力下降

随着我国由计划经济向市场经济转型的深入，1994 年我国财政实行中央和地方分级管理制度。这是一种类似于西方联邦政治体制下的财政管理制度。分级财政管理制度赋予了地方政府独立的财政权力，同时也让地方政府“自负盈亏”。尤其是在以 GDP 增长为地方政府重要考核指标的引导下，地方官员为了追求政绩、为了体现自己的权威，就只有扩张生产、大力招商引资了。

尤其是在“私有化”的导向下，官商勾结、无视党纪国法、贪腐成风就是自然。地方黑恶势力崛起，中央权威下降，国家治理能力自然下降。中国古代数千年的历史——实行王侯分封制的王朝，总是伴有藩王割据乃至社会动荡——也说明了，财政分级管理并不是一个高明的国家治理方略。阿根廷在 20 世纪 80 年代遭遇债务危机以及最终演变为 2001 年的金融危机，其分级管理财政制度也是脱不了干系的。

三、“新常态”下我国财政的性质与职能

要构建中国特色社会主义现代财政理论，首先需要探讨我国财政的性质与职能。

（一）新中国成立以来财政职能在实践和理论上的演变

新中国成立至今，中国财政职能大体上经历了以下演变：计划经济时期，两大职能——分配和监督；有计划的商品经济时期，三大职能——分配、监督、调节；社会主义市场经济时期，新三大职能——资源配置、收入分配、经济稳定。

另外，还有人提出社会主义财政具有四大职能，这又有以下三种观点：（1）筹集资金、供应资金、调节控制、监督管理；（2）配置、分配、调控和监督；（3）公共保障、收入分配、经济调控和国有资产管理。

目前国内财政学教科书中所主张的国家财政职能，主要有以下两种说法：四大职能——资源配置、收入分配、调控经济、监督管理；三大职能——资源配置、收入分配、稳定经济。似乎，这些职能适合任何性质国家的财政。

不管是西方诸国近年来爆发的主权债务危机、美国政府“停摆”，还是上述我国财政制度所面临的种种问题和冲突，都说明了“公共财政”及其理论是存在缺陷的。尤其是在中国经济进入“新常态”的时代背景下，构建具有中国特色的社会主义性质的现代财政理论更显迫切。

（二）“新常态”下我国财政的性质和职能

中国特色社会主义财政的性质，也自然应该体现在“社会主义”上，即财富分配的共富化和社会生产的计划化——“损有余而补不足”。中国特色社会主义财政的职能，也自然要充分体现其社会主义的性质，并紧紧围绕国家治理的根本目标。作者认为，在“新常态下”，中国特色社会主义财政，必须履行以下“新四大职能”：

第一，调节不同群体之间的收入分配结构，实现共同富裕，维持人口的可持续发展和代际平衡。第二，调节不同区域之间和不同产业之间的收入分配结构，维持不同区域的经济和不同产业的可持续发展和协调发展。第三，维持生产资源生产的可持续发展，推动科学技术的发展，提高人口素质。第四，为巩固中国共产党领导下的人民民主专政的政权、维护国家主权和国家安全准备足够资金。

四、“新常态”下我国财政的原则

中国特色社会主义财政的职能，就决定了其财政原则。

（一）可靠足够原则

要完成上述“新四大职能”，要求我国财政须有可靠足够的资源调控能力。这要求我们在制定财政制度时，必须考虑到财政收入的稳定性和总体规模，或者说，我们要用这个“足够的总体规模”去框定收入源和税率方面的制度。但这个“足够的总体规模”，更多地是指，保障国家正常运转所必需的、最低限度的财政支出水平。

（二）趋易避难原则

这又被亚当·斯密称为“经济原则”。① 这要求我们在制定财政制度时，须要考虑到政府获取收入的难易程度和相应的成本高低。最容易的，莫过于国有企业掌握相对稀缺程度比较高的资源及其有关产品的营销，让国有企业通过市场从社会获取收入，并以利润形式上缴财政。

（三）量入为出、量出为入原则

量入为出，是财政支出的基本原则。在正常年份中，一般遵循这一原则。在特殊情况

① 亚当·斯密著，郭大力、王亚南译：《国民财富的性质与原因的研究（下卷）》，北京：商务印书馆，1974 年版，第 384－386 页。

下，如遭遇战争、大的自然灾害，若已有财政收入不足开支，可以遵循量出为入原则。从这个意义上讲，中国特色社会主义财政制度在设计之初就不能机械化，而要做到这一点，全国财政必须一盘棋——区域之间、产业之间、中央和地方之间统筹考虑。

（四）平等原则

作为中国的任何一个公民，都拥有与他人平等地享有经济社会发展成果的权利——生存、受教育、医疗保健、人口延续的权利。这是社会主义性质在不同人群之间的基本体现。

（五）灵活性原则

在第三条原则中，已经涉及灵活性原则，即财政制度不能机械化、一刀切。在不同的经济形势下，对于不同的地区，针对不同的产业和人群，都要体现征税和财政支出的差异。

五、结束语与结论

中国先贤芮良夫认为："夫利，百物之所生也，天地之所载也。而或专之，其害多也。天地百物，皆将取焉，胡可专也。……夫王人者，将导利而布之上下者也，使神人百物无不得其极……匹夫专利，犹谓之盗，王而行之，其归鲜也。"

社会财富是天地所载、百物所生，在法理上归谁所有，并不意味着就是他所创造的。因此，中国古人认为，赋或税赋是国家赋予公民的应尽义务，而不是一种让人在道义上抵制的"负担"——税负。国家财政是避免"百物所生、天地所载之物"被"匹夫"专利的重要手段。

财政参与社会财富分配程度是否合理的标准，在于它是否完成了执政组织赋予它的职能。我国的社会主义国家性质要求，财政必须要充分参与社会生产与财富分配，以消除或者说尽可能减弱商品货币关系对市场中的弱势群体和弱势产业的不利影响。就中国特色社会主义财政参与社会财富分配程度的标准而言，在于它是否充分实现了"新常态"下的国家治理目标——可持续的健康发展，即可持续的国强民富（共同富裕）、国泰民安。

总之，"新常态"下中国现代财政，必须充分体现社会主义国家的性质，履行"新四大职能"，遵循"五大原则"，以是否实现了"新四大职能"为财政参与社会财富分配程度的标准。

供给侧结构性改革下的增长动力

李子联①
（江苏师范大学商学院）

一、中国经济增长动力的解构

中国改革开放以来所取得的巨大经济成就一直为世界所瞩目，且截至目前中国依然是世界经济体中增长速度最快的国家。“中国增长奇迹”中的“高速”已逐渐转向了“中高速”，且长期而言将在“L”型底部成为一种常态。

对于中国经济自“高速”转向“中高速”这一增长常态的形成，许多学者尝试从不同的角度对其深层次的动力特征进行了剖析，仅从需求层面来挖掘经济增长的动力，很容易忽略生产要素在其中所发挥的同样重要的作用，因而对于经济现实中为什么会出现增长动力后劲的不足这一现象，也就同样难以进行解释。毫无疑问，中国经济增长的动力来源于供给和需求的共同发力。

从需求理论来看，经济增长是由消费、投资和净出口三驾“马车”共同拉动的。其中，根据需求主体的不同，消费结构分为居民消费和政府消费，投资结构分为民间投资和政府投资，而净出口则可以分为内资企业和外资企业的净出口。在中国的经济现实中：第一，就消费需求而言，居民消费相比于政府消费在最终消费的占比中一直占有绝对大份额，但同时其占比却随着居民消费增速的放缓而不断下降。因此，相比于政府消费而言，居民消费对于经济增长的拉动作用正在逐渐减弱。

从供给理论来看，经济增长则是由劳动要素、资本要素和技术创新共同推动的。就中国的发展现实而言：首先，丰裕而廉价的劳动要素在中国工业化进程中一直发挥着重要的推进作用。但是，随着人口生育率的下降和老龄化程度的加剧，中国的劳动要素市场必将一方面面临劳动存量锐减的现象，另一方面又将面临劳动流量补充不足的困境，两者都将带来劳动要素成本的急剧上升。因此，作为中国经济增长重要动力源的“人口红利”正逐

① 李子联，江苏师范大学商学院副教授。

渐丧失其成本优势。其次，在资本要素中，相比于人力资本，物质资本具有较快的积累速度，且其在推动经济增长的过程中具有较大的贡献份额。资本要素促进经济高速增长的路径在于：物质资本和人力资本分别为社会投资提供了雄厚的资金保障和人才支持。最后，技术创新是推动经济长期增长的动力源。

二、增长动力受阻的成因解释

对于经济增长动力受阻的成因，诸多观点从不同角度就其制约因素进行了概括和解释。具体而言，中国经济增长动力形成及其受阻的成因主要包括：

第一，收入分配不平等制约着消费结构的升级。从更为广泛的影响机制来看，收入分配不平等是中国经济过去取得高速增长和未来面临发展约束的主要原因（李子联和朱江丽，2015），但就更为直接的传导路径来看，收入分配不平等因其对消费结构升级的制约，而成为中国经济增长动力受阻的主要成因。这是因为：一方面，收入分配不平等使得高收入群体倾向于消费高端产品或创新性产品，但这一类产品的市场需求规模由于高收入群体占总人口比重偏低而相对较为狭小，因此，富有技术创新的高端产品消费在收入分配不平等的情形下难以有效形成；另一方面，收入分配不平等使得低收入群体只能消费缺乏创新含量和技术进步的低端产品，而这一类产品由于消费群体较大因而具有较大的市场需求规模，这将进一步引致生产商进行重复性地、扩大性地和机械化地低端生产，其结果是在带来低端产品产能过剩的同时，技术创新则由于缺乏市场激励而并未得到有效提升。

第二，高等教育质量不高制约着创新能力的提升。技术创新是经济可持续增长的持久动力，但创新水平偏低则制约着经济增长动力的形成。就中国的发展现实而言，创新水平偏低带来的制约作用主要表现在：首先，由于自主创新能力不强，这不仅带来了低端产品的“产能过剩”，还从供给层面制约了消费结构的升级。其次，由于创新能力不强，因此大量企业一方面只能投资于技术门槛不高的低端行业，而这无疑带来了这些行业及其相关产品之间的激烈甚至恶性竞争，其结果便是这些行业的投资回报率呈现出不断下降的趋势；另一方面这些企业的经营业绩相对较低，相对应地，其获取银行信贷时的资信也相对较低，因此这些企业往往容易出现“融资难”和“融资贵”的问题。

第三，财税“制度约束”的负面效应逐渐增强。就目前中国的经济现实而言，财税体制的“制度约束”主要包括个人和企业的所得税偏高、地方政府的事权和税权不对等、土地财政依赖性强等。这些“制度约束”对经济增长所带来的负面效应主要体现在：首先，偏高的个人所得税使得居民必须承担更高的税负，这将导致居民用于消费的可支配收入份额相对下降；同时，政府从高税收中则获得了更多的财政收入，其用于消费的支出份额则相对上升。其次，偏高的企业所得税除了带来了与高个人所得税相似的消费结构失衡之外，还提高了企业自身的生产经营成本，这进一步降低了企业的投资回报水平，不利于社会投资特别是民间投资需求的扩大。因此，企业所得税偏高是“降成本”的主要障碍之一。

三、长期增长动力构建的制度路径

从中国经济增长动力受阻的成因来看，收入分配不平等、高等教育质量不高、财税“制度约束”和人口红利的式微都是供给侧分析框架内的重要维度，能够直接有效且更为根本地解释需求侧结构失衡的现象。因此，重构中国经济增长动力的长效机制，应从供给侧着手推进和深化各项制度改革。具体而言，从供给侧的制度维度来构建中国经济增长的长期动力主要包括：

第一，推进收入分配制度的公平性改革。收入分配公平不仅是促进消费结构升级的直接渠道，更是提升经济增长质量的重要保障。深化收入分配制度的公平性改革，应在已有改革成果的基础上，继续坚定改革信心和巧用改革智慧。首先，应从起点上更加重视机会平等的制度建设，应让社会成员都能够更加平等地参与经济建设、更加全面地享受医疗保障、更加有效地获取教育培训等活动。其次，应在结果上进一步缩小居民收入差距，以实现居民收入分配的结果公平。在分配过程中，应全面整治非法活动，严厉打击非法收入；应继续惩贪治污，严控通过“灰色通道”所获得的灰色收入；应完善薪酬谈判机制，提高劳动者的工资性收入。在这一过程中，应将着力点放在个人收入的快速增长上，以不断提高劳动者报酬在初次收入分配中的比重；应搭建产业平台并发挥产业增收的优势，以使低收入者所拥有的资源禀赋能够得到更为有效的发挥。

第二，完善高等教育质量的保障机制。在质量保障的过程中，至少应从观念、组织、标准和程序等方面来进行词义上的分解，并应从这几个方面来进行同步推进。首先，摆正高等教育质量观是实现质量保障的前提。摆正高等教育质量的发展观，就是要实现高等教育由外延发展向内涵建设、由规模扩张向质量提升的转变。其次，多方组织协同调节是实现质量保障的关键。应综合发挥政府、高校和社会在高等教育质量保障过程中的协同调节作用，这既能发挥政府的质量调控作用，又能发挥高校的质量管理作用，还能发挥社会调节机制发生的自发性、运行的间接性和效应的深刻性等优势。再次，制定健全有效的评估标准是实现质量保障的准绳。实现高等教育质量的标准化，前提在于制定健全有效的评估标准体系。既应在事前关注高等教育的投入，又应在事中关注科研教学的质量，更应在事后关注高等教育的产出，以全方位地对高等教育的整个活动过程进行有效规制。

第三，深化财政税收制度的结构性改革。财税制度结构性改革的内涵主要在于加强个人所得税的累进性、促进营业税向增值税的全面转型并适当调整增值税在央地之间的分配比例、有选择性的推行并扩增财产税以及进一步加强环境税等。首先，加强个人所得税的累进性，在当下中国的现实中就是应提高高档次税级的税率以及适时提高纳税门槛。其中，提高高档次税级税率，应在现存税率的基础上，进一步就更高档级的税率进行提升，以有效地达到“限高”的目的；而适时提高纳税门槛，则应进一步提高免征额，以使更多中等收入者能够获得更大幅度的收入增长，以使部分低收入者能够免于征税而分享到经济高速增长的成果，最终达到“扩中”和“提低”的目标。其次，促进营业税向增值税的全面转型，就是应在税收制度中以增值税全面替代营业税，这不仅能够消除重复征税的不合理现象，还能在适用较低增值税率的过程中降低企业的经营成本；而适当调整增值税在央地之间的分配比例，就是应适当提高地方政府在增值税中的比例分成，以通过增加地方政府的财政税收来缓解事权和税权不对等的现象。最后，应有选择性地推行并扩增财产税。推行并加征财产税的目的在于增加纳税种类，使高收入者对社会总税收增长做出更多应有的贡献。财产税征收的选择性体现在：应适当提高房产税率，以遏制房产交易中的投机炒作现象；应适时推出遗产税，以促进居民参与经济社会活动时的机会平等。

四、结语：短期增长点的挖掘

应当看到，从供给侧的制度层面来构建中国经济增长的动力需要一个相对较长的形成期。在这一过程中，由于旧动力面临受阻而新动力尚未形成，因此经济增长极易出现结构性减速的现象。而突破这一困境以促进经济的稳定增长，则需在短期内有效挖掘和培育新的增长点。此外，就供给侧结构性改革这一大背景的内涵而言，去产能、去库存、去杠杆、降成本和补短板这五大任务，“本身”即是短期内缓解中小企业负担和降低生产经营成本，以为有效供给体系的构建提供基本保障的阶段性目标（洪银兴，2016）。因此，构建供给侧结构性改革下的增长动力，中国应在供给和需求两个方面同时发力，应在长期内不断提高供给体系的效率和质量的目标下，短期内促进总需求的适度扩大。

适度扩大总需求，以有效发挥需求侧管理的即时效应，应进一步优化需求管理的方式，应促进消费、投资和出口“三驾马车”协调拉动的需求结构均衡的形成。其中，就消费需求而言，应注重高端消费或创新性产品消费的培育，应生产富有差异化、人性化和高质量的产品以不断满足多样化消费的主观需求；就投资需求而言，当下仍应以政府投资为主导，但应更加侧重于民生的改善和福利的提高，应发挥政府投资在特定民间投资不足时的补充作用和引导作用；就外部需求而言，应积极应对诸如金融危机、价格波动和自然灾害等国内外不确定性事件的冲击，以促进贸易产品的常规性出口，同时应依托“一带一路”建设的战略平台，不断拓展产品出口的新市场、新领域和新空间。综合来看，短期内发挥消费、投资和出口的协调拉动作用，可以通过大型产业园建设和新型城镇化建设来进行有机整合。

以新型城镇化建设为契机，有效拉动短期经济增长。新型城镇化是新形势下经济增长的新亮点，之所以能够有效地拉动短期经济增长，是因为新型城镇化更加注重劳动要素的优化配置，更加注重人口城镇化和土地城镇化的协调发展，更加注重城镇化、工业化和现代化的同步演进。从传导机制来看，新型城镇化能够从空间、人口和产业三个层面来促进经济增长。因此，推进新型城镇化建设：首先，应突出有效规划，以推进空间城镇化。发挥新型城镇化推进过程中投资需求的拉动作用，应在空间上扩大城镇规模的同时，进一步加强旧农村的整治与新农村的建设；应以土地整理为前提，以土地流转为保障，以土地建设为手段，促进新农村生存环境的改造。其次，应破除城乡分割，以推进人口城镇化。人口城镇化的推进，有利于实现人口集聚和观念转变，从而发挥消费需求对经济增长的拉动作用。在这一过程中，应进一步破除城乡分割的人为因素。这就要求应从制度和观念上彻底消除城乡对峙的不合理现象，使农村转移居民和流动人口能够在就业、教育和医疗等公共服务上享受与城镇居民同样的待遇；应在尊重居民迁移意愿和要求的前提下，促进人口的集中居住，以更大程度地发挥人口集聚所带来的需求扩张效应。最后，应坚持招商引资，以推进产业城镇化。产业城镇化的推进，有利于吸纳和转移城乡过剩的劳动人口，并促进其收入水平的提高，既能带来投资需求的增加，又能实现消费需求的扩大。推进产业城镇化，应坚持“走”招商引资的“老路”。这就要求应遵循市场化运作模式，减少政府官员的人为干预，以使所有工作能够在法治框架下良性运作；应营造良好的投资环境，既要注重交通、设施和绿化等“硬件”的建设，又要注重法治、人文和管理等“软件”的建设，通过“筑好巢”来“多引凤”和“引好凤”。

需求方创新政策：供给侧结构性改革的新思路

邓久根①
（江西师范大学财政金融学院）

一、凯恩斯主义的宏观政策无法促成供给侧结构性改革

一提到政府的作用，凯恩斯主义者的“三驾马车”理论就第一个站了出来。不少经济学家将目前中国产能过剩固执地依然归结为有效需求不足。我国改革开放以来，政府也一直通过凯恩斯政策来调节经济，通过增加需求来刺激经济发展，这是惯常手段。有学者认为中国利用凯恩斯政策刺激不够，指出中国的公共债务与 GDP 的比率仅 50% 左右，可以进一步增加财政赤字，他们认为这是“一石二鸟”的策略：既不提高企业杠杆率，同时解决了基础设施投融资问题。当然，也有学者认为央行应当继续执行适度宽松的货币政策，既刺激经济增长也支持了财政政策——这是中国弯道超车的绝好机会。也有反对凯恩斯政策的意见，他们攻击前几年增发的四万亿货币，因为“越是刺激问题越多”。反对政府干预经济的学者抓住凯恩斯政策的错误来否定政府的作用是不可取的，这是因噎废食的做法，当然目的在于维护自由主义经济学的正统地位。

历史表明，凯恩斯主义已经彻底失败。一是凯恩斯主义无法解决 20 世纪 70 年代石油危机导致的“大滞涨”，被“对凯恩斯革命的革命”的供给学派应运而生。二是自从 2008 年危机以来，全世界都拉住救命稻草——凯恩斯财政政策和货币政策来刺激经济学。几年来，这两个政策都已经用到了极致却未能将世界经济从泥潭中救出来。在每一个伟大的历史档口，没有通过需求管理能够获得霸权或者伟大复兴的。着眼于需求的、总量论的财政政策和货币政策并不能直接促进“产品创新”，没有办法真正进行“供给侧”结构调整。由于当今正处于新一轮技术革命的前夜，眼睛仍然盯住传统产业的工序创新只会加剧供给过剩（产能过剩）。本次供给侧结构性改革“不是消费结构的变化，而是技术革命的要

① 邓久根，江西师范大学财政金融学院教授，硕士生导师，经济学博士。研究方向：演化创经济学和创新政策研究。

求”，产品创新才是本次供给侧结构性改革的中心。

应该肯定的是，企业是创新主要主体。但是诸多创新是在政府主导下进行，即创新政策作用功不可没。因为创新不只是企业的事，还需政府的政策支持。从 Von Hippel（1976），从 Mowery & Rosenberg（1979，p. 148）开始，很多学者对创新政策的主要任务展开了系统的探讨与研究。创新政策已在全球范围内引起各国政府的关注。国家在履行促进经济增长的职能不容小觑，尤其在“引导国家进入恰当的产业”方面，原因在于经济增长具有产业特定性。今天所有的工业化国家都经历过一个初始阶段，这个阶段所共同的政策信念是：并非所有的经济活动都具有自增强正反馈作用，在“恰当的产业”中创造比较优势。当然这种优势绝对不是资源优势、自然优势而是基于技能的优势。在引导国家进入恰当的产业方面，政府既可以采取积极措施，让国内的经济活动在特定的时代，形成新的产业中的新知识，使用新机器等，也可以运用消极的政策来阻止他国从事“恰当”活动的。

二、供给方创新政策在供给侧结构性改革方面收效甚微

我国现有创新政策的重要缺陷在于过分依赖供给方创新政策，如对科研的财政支持以及对企业的引导资金等等。供给方创新政策诟病不少：

第一，供给方创新政策未能使创新体系各当事方形成系统效应。即现有的创新体系未聚焦于创新，甚至离“创新点”还很远。我国创新不多，最大的问题是诸多的与创新有关的活动在没有到达“创新点”之前“结项”了。这样我国一些指标很高：大学生比例、论文数、专利数、学术论文数，但创新不多，问题就在于如果只从供给方创新政策的绩效来判断，这些指标属于“创新”，但是比照规范的创新概念，这些指标充其量算作是中期成果，离创新还很远。

第二，供给方创新政策造成创新资源极大的浪费。我国运用大量资金所取得的科研成果，转化为生产力的比率仅占 10%，而美国的这一数据是 80%。与世界情况一样，我国高水平的科研成果、大学创新活力和创新能力及其物质基础——科研经费之间也存在正相关，但实际效果很差。“一切围绕经费申请与发表论文转”，原因就在于科研院所没有与政府、企业相互协同创新，政府只负责完成对科研院所划拨科技资金，科研院所只对课题经费负责，做出成果，拿到结题证书，要不就是“围绕经费申请与发表论文转。”研发与产业脱钩，这种天女散花式的资助，造成创新资源巨大浪费，真正的创新企业则相对缺乏创新资金。

第三，供给方创新政策无法解决创新活动中市场失灵现象。供求信息常常被市场分工机制分割，导致市场供给与市场需求的脱节，使消费发展不能与技术发展相适应，使技术

进步和生产发展走偏方向。在供给方创新政策中这种情况尤其严重。一方面，技术创新人员可以只在实验室环境中，根据技术路径“创造”新供给、新产品，而不必顾及市场需求。另一方面，需求者可能模糊定义出新产品，但是未必能够得到市场的广泛应用，同时由于不可能熟悉新技术，未来的新产品应用的技术就不可能清晰地知道。

第四，历史教训表明，“创新悖论”原因在于过度重视供给方创新政策。人们对苏联和日本的创新的比较中发现了一个现象：苏联的 R&D 比日本要多，但是创新却比日本要少，同样在对北欧（尤其是瑞典）的创新不足的研究中也总结了“北欧悖论”。一时间学界也没法给出合理解释，笔者研究认为，其根本原因就在于苏联和北欧国家过度重视供给方创新政策。供给方创新政策将与创新有关的活动分割为多个封闭的体系，而技术从研发机构向工厂层次管理的技术，再到技术的首次商业化，最后成为领先市场是系统化和极其漫长的过程。反之美日的创新体系效果更佳就在于他们更加注重需求方创新政策。

三、重新定位需求方创新政策及其经济学解释

20 世纪 70 年代以后，众多学者呼吁政府应重视需求——特别是领先市场在创新上所起的拉动作用，并对领先市场进行了研究。

首先，需求是创新活动的重要潜在源头，需求方创新政策的潜能巨大。需求方创新政策在许多工业部门中所发挥的作用比政府提供的相当水平的研发经费支持更加重要。很多发达国家和新兴工业化国家和地区都利用政府采购政策，扶持和促进自主创新。公共采购也是建筑、医疗和交通部门企业需求的关键来源。

其次，需求方创新政策是创新的接生婆。创新产品生命周期性决定创新的不确定性和创新初期创新企业困难的确定性。需求方创新政策主要作用是在产品生命周期早期最具有影响力，即如果需求方创新政策能够在一个创新产业早期提供一个稳定的因而可以做出清晰预期的市场，企业就能够大大降低创新过程中技术与市场的不确定性，即政府充当创新产品接生婆意义重大。

再次，需求方创新政策加速创新扩散。创新吸收是创新扩散的前提。由于供给方创新政策尤其是对科研院所的研发投入，在专利出现以后企业对其认识不足，市场化的瓶颈非常明显。成功的创新产品采购，凭借在公共服务和基础设施中的广泛使用，往往能够有效地形成技术标准（Edler & Georghiou，2007）。这样需求方创新政策可以极大地简化技术信息在后续传播中的复杂沟通。

复次，需求方创新政策直接作用于创新产品，关注全创新链。供给方创新政策理论基础主要来源于创新线性模型，存在系统失灵的问题，其关注重点是技术研发领域。需求方

创新政策克服了市场失灵和体系失灵（system failure），把创新产品的需求传递到市场。而需求方创新政策来源于对创新过程中供给和需求互动反馈重要性认识的加强，强调对全创新链的关注，将市场和用户的需求与诉求置于政策制定的逻辑起点和关注重心。

最后，借助需求方创新政策提升公共需求，刺激私人需求。政府购买的主要目的在于，通过政府作为领先用户采购的、还没有打开市场的高效技术产品，以此促进其发展，同时带动民间的研发创新与风险资本参与。政府撬动创新活动的杠杆主要是创新导向的采购。需求方创新政策通过对市场起风向标的作用来刺激私人需求。最有效、最直接的刺激私人需求的政策工具是财税激励私人需求，包括刺激消费者和企业两个方面。刺激消费者需求的政策有财政补贴和税收优惠等。

四、需求方创新政策在供给侧结构性改革中需要注意几个问题

需求方创新政策要对供给侧结构性改革起到实质性的作用，还需要注意如下几个问题。

（一）按创新采购与常规采购的区分思路修改政府采购法

我国的政府采购规模在 2013 年就已经达到 16381 亿元。但是政府采购对创新战略的意义究竟有多大还是一笔糊涂账。如何通过公共采购促进创新既是理论问题也是我国当前的一个紧迫的现实问题。切实可行的修订政府采购法的思路是：将政府采购分为两类——日常采购和创新采购。日常采购需要遵循的原则是“阳光采购”和“效率采购”并行的原则；而创新采购中遵循“阳光采购”和“创新原则”，创新采购在“阳光采购”的情况下可以不实行“效率采购”原则，尤其是创新产品在上市初期，“质次价高”是其常态，普通消费者对于这样的产品不会有需求，但是它代表着产业未来的发展方向，所以为了在这样的创新领域能够领先，政府应该充当其领先用户。

（二）克服“挑选优胜者”，造成充分竞争的氛围

反对创新采购的理由是关于创新采购会造成“挑选优胜者”的问题和“以创新之名行保护落后之实”的问题。创新采购在“挑选优胜者”的问题确实存在，这样“阳光采购”的原则就要发挥作用。采购不应该针对企业而是针对产业，在政府采购中要向多家进行采购，造成国内竞争局面，而不能一味地“挑选优胜者”。为保障采购合同有效地满足政府部门的需求，这些计划往往采用分阶段的竞争性采购模式，并且都将清晰定义需求作为第一个阶段，同时设立专门机构对其创新性进行审核。

（三）需求方创新政策与产业周期性匹配

与供给方创新政策相比，需求方创新政策的制定与实施需要考虑产业周期特征和创新的阶段。需求方创新政策的意义就在于只盯着“创新产品”。为此，只有在早期对产业起作用，而当创新产品不再成其为“创新”之时就要退出，让位于市场进行采购。所以应充分考虑不同产业及创新阶段的特殊性。由于市场需求特征和其创新模式差异很大，在技术推动型产业如制药、能源和材料等，市场需求趋同，研发周期长，而对于软件、电子通讯等等开发周期短、技术革新快的产业，对于这样千差万别的产业的需求方创新政策就根据不同产业的周期性应谨慎选择出台时机，使需求方创新政策在不同的创新阶段发挥着不同的作用，反之出台时机太早，就可能因产业技术路线竞争不充分，增加政府支持次优技术路线的风险。

（四）国有企业要做供给侧结构性改革的排头兵

受到主流经济学的自由化和经济细碎化思想影响，人们仅仅关注效率、产权问题和垄断问题。提出所谓的治理“僵尸企业”。要注意的是国有企业是任何一个国家经济的中流砥柱，但由于承担很多社会责任，不一定效率会很高，这也是世界人民的一般认识；同时，在一些关系到国计民生的领域，国有企业垄断也是情理之中的事情；至于新制度经济学认为的国有企业产权不清就更加是无稽之谈，产权清晰与“高效率”也没有直接的因果关系。事实上，国有企业需要诟病的不是上述的几个问题，而是国有企业改革的核心创新尤其是产品创新，利用国家需求方创新政策做供给侧结构性改革的排头兵。

（五）教、学、科研、政府“四螺旋”促进协同创新

目前，在我国协同创新中，拉郎配的现象比较严重，协同创新中心成为“创新平台”套取财政资金的幌子。教、学、科研、政府没法真正协同创新。现有的机制是：政府负责财政资金的划拨；学校负责按原有的知识结构进行教学；科技人员负责做研究；企业与科研成果难以搭上架。协同创新效果不佳的解决之道为：使对科研基金供给的资金转化为政府购买的需求资金，使科研院所的人才为企业所雇用，科研院所的实验设备为企业所运用，政府对创新产品进行采购，这样教、学、科研、政府四螺旋环环相扣，这才是最有利于创新和供给侧结构性改革的良性循环。

五、结论

供给与需求永远是剪刀的两刃，谁也离不开谁。供给是矛盾的主要方面，需求是矛盾

的次要方面。供给侧结构发展的路径，也要取决于供给与需求之间的矛盾运动。供给侧结构性改革既是理论问题也是实践问题。在供求两端，供给侧结构矛盾是主要矛盾，而在政策方面，需求方创新政策是主要方面。利用好需求方创新政策进行供给侧结构性改革，使中国经济指向创新主导产业的领先市场，这在经济学上很可能是促成演化经济学在中国的新发展。在实践上也是国家经济发展大战略的调整，走上真正有中国特色社会主义的富民强国之路。

做强做优做大国企是治理生产过剩的根本路径

翟文华　周志太①

（淮北师范大学经济学院）

一、我国生产过剩的成因及其危害

（一）学界关于生产过剩的讨论及分歧

我国经济正处于增长驱动换挡期，新驱动缺乏、老驱动不足，因而尽管调控力度与日俱增，但经济增速越调越慢。李杨、张晓晶（2015）认为，人口老龄化趋势，告别廉价劳动供给的优势；这使消费率缓慢提高，储蓄率开始下滑②。生产过剩成因的现有研究，范林凯等（2015）的分析较为全面，他们分为四类：第一，基于产业组织的理论，行业低进入壁垒与高退出壁垒会造成“过度进入”。第二，基于市场体制缺失的现实，国企预算“软约束”，地方政府为了政绩而鼓励企业的投资；第三，地方政府对当地企业过度补贴、造成过度投资。第四，基于“潮涌”理论，即吸取发达国家的成功经验，发展中国家容易对下一个迅速起飞的产业形成共识，一哄而上，形成产能过剩③。诸多学者从经济运行的角度分析生产过剩的原因与其对策，韩国高博士（2013）发现，提高集中度，有助于淘汰落后的过剩产能④。这些观点虽有一定道理，但均未能抓住问题的根本。

（二）生产过剩的本质原因

改革开放特别是1992年以来，为满足社会主义初级阶段经济发展的需要，允许私有

---

① 周志太，淮北师范大学学术委员会委员，经济学院学术委员会主任、教授，中国经济规律研究会理事，中华外国经济研究会理事，硕士生导师；翟文华，淮北师范大学经济学院教师。

② 李扬，张晓晶：《“新常态”：经济发展的逻辑与前景》，《经济研究》，2015年第5期，第4－19页。

③ 范林凯、李晓萍、应珊珊：《渐进式改革背景下产能过剩的现实基础与形成机理》，《中国工业经济》，2015年第1期，第19－31页。

④ 韩国高：《行业市场结构与产能过剩研究——基于我国钢铁行业的分析》，《东北财经大学学报》，2013年第4期，第17－24页。

制经济发展，我国资本主义经济因子不断发展壮大。2000 年以来，伴随着我国公有制经济比重的快速下降，基尼系数相应上升①，到 2008 年，这一数值已高达 0.491。生产与消费、供给与需求等经济运行的各种矛盾在对抗中进一步发展，不断把经济推向全面过剩②。由于消费不足，经济增长必然依赖投资扩张。当投资过度增长和消费持续下滑相互叠加时，生产过剩更加严重。投资依赖，致使我国养老、医疗等社会保障供给不足，使得居民特别是中低收入阶层对未来缺乏安全感，只能积极储蓄、压缩消费，加重产能过剩。总之，生产过剩的根源在于新自由主义思潮泛滥引起的“所有制结构失衡”，③ 即非公有制经济比重增长过快与公有制经济比重下降④。

（三）生产过剩对国民经济运行的不良影响

迄今为止，我国政府制定了一系列政策治理产能过剩，但其“久调未决”甚至“越调越乱”（徐朝阳、周念利，2015）⑤，生产过剩已从阶段性结构性的演化成为严重的持续性全面性问题，造成多方面危害。在《哥达纲领批判》中，马克思说：“消费资料的任何一种分配，都不过是生产条件本身分配的结果；而生产条件的分配，则表现生产方式本身的性质。”公有制经济主体地位的削弱，难以扩大内需和改善民生，违背国民经济的健康协调和可持续发展的要求。

二、做强做大做优国企是战胜生产过剩的关键

（一）国企能够促进总供给与总需求平衡

社会主义生产关系的本质是把激发人的活力、创造力与公平分享改革发展成果相结合，即凭借先进技术，不断发展、完善社会主义生产，最大限度地满足人民日益增长的物质文化需要。只有当生产目的不再服从、服务于剩余价值，而是定位于最大限度地满足人民群众的需要、不断地提升这种需要满足的层次，才能充分发挥社会主义制度的优越性。促进人的全面发展和能力的提高；使人民的积极性、主动性、创造性得到激发；使人民生活美好幸福，扩大消费需求，为经济发展开辟更广阔的空间。发展的目的、发展的手段、发展的主体，发展的最终受益者和评判者，都是人民。这样，实现财富的生产与消费、生

---

① 徐传谌，翟绪权：《我国社会主义初级阶段公有制经济的主体地位研究——兼析公有制经济比重与基尼系数的关系》，《马克思主义研究》，2015 年第 8 期。

② 刘伟、苏剑：《“新常态”下的中国宏观调控》，《经济科学》，2014 年第 4 期，第 5 – 13 页。

③ 张作云：《我国改革发展两种不同思路评析》，《管理学刊》，2014 年第 1 期，第 1 – 11 页。

④ 何干强：《振兴公有制经济刻不容缓》，《河北经贸大学学报》，2016 年第 1 期，第 1 – 8 页。

⑤ 徐朝阳、周念利：《市场结构内生变迁与产能过剩治理》，《经济研究》，2015 年第 2 期，第 75 – 87 页。

产的目的与手段的有机统一。

供给侧结构性改革决定，化解产能过剩的核心在于供给体系优化，其根本是优化所有制结构，发展公有制经济。公有制经济最重要的实现形式是国企，其作为商品生产者，虽然要盈利，但是国企的经济利益能够适当让位给社会的整体经济利益，生产具有直接社会性；[①] 国企以掌控国家经济命脉为本职使命、以发挥资源的规模经济和集约优势为宗旨，在国民经济中占有主体地位，是与社会化大生产的发展程度相匹配、相适应的，体现着全民所有、为民服务的性质和要求。以此为前提，国家才能摆脱资本逐利本性的制约，能够把剥削和收入两极分化控制在社会可承受范围内，保证社会产品的分配有利于劳动者的整体利益和长远利益，发展社会基础设施，缩小地区之间的发展差距等。因此，国企主体地位的巩固加强，是推进现代化、保障人民的公平机会、共同利益、共同富裕的物质基础、有效手段和实施载体。例如，国家扩张性财政政策的效应大小、财政乘数的大小与国企效率息息相关。由于占有国民经济主体地位的国企引导和示范作用，生产要素与资源在各个产业间直至市场主体的商品生产过程中都是在政府的宏观调控下尽可能地遵循供求关系而按比例分配的，这就使得任何一个产业或市场主体难以使其生产脱离需求而无限扩大。

（二）国企能够促进共同富裕

发展"以人民为中心"，核心理念是共同富裕。现阶段，国企的主体地位、共同富裕和产能过剩三者间存在环环相扣的逻辑关系：国企的主体地位是促进共同富裕的基础，而共同富裕又是解决产能过剩的根本，共同富裕做得越到位，边际消费倾向越高，发生经济危机的可能性就越小。公有制所占比重越大，劳动者收入水平越高，则出现生产过剩的可能性就越小。国有经济具有增加劳动收入的引领带头作用，使资本主义因素的发展严格控制在社会主义国家允许的必要范围之内，有效"节制资本"，既利用市场经济优胜劣汰和贫富差距机制，让一部分人通过诚实劳动和合法经营先富起来，拉开贫富差距；又发挥国企的优势使贫富差距不会过大，逐步实现共同富裕。随着个人财富与社会财富的共同增加，劳动人民的购买力会愈来愈大。

国企在防范和熨平经济周期性波动中，发挥着"自动稳定器"的重要作用。借助国企自身强大的投资能力，在经济衰退期间，增加国民经济"短板"产业投资，即逆周期运行，增强经济的自我修复能力，形成巨大的正外部性和外溢性。并且，众多的国企提供多样化公共产品。如中粮集团承担粮食供给、稳定粮价的社会责任，而粮价稳定，有利于劳动者实际工资稳定和增加。

---

① 张宇：《论公有制与市场经济的有机结合》，《经济研究》，2016 年第 6 期，第 4 - 16 页。

（三）国企能够促进按劳分配规律的落实

国企分配是以人为本、以按劳分配为原则的，具有多维效应：（1）在劳动力与资本、管理等生产要素的分配结构中，提升工资收入占比。（2）充分调动劳动者的积极性，形成对劳动者的激励机制，为经济增长带来新的活力。（3）随着生产力发展，促进人民生活水平不断提高。（4）多劳多得，少劳少得，确保社会公平，促进共同富裕。

国企的劳动价值观引领私营企业的分配，分配占比确定时按劳分配高于私营企业，引导私营资本从资本至上转向兼顾利益相关者利益的原则。其用内嵌劳动价值观的社会主义公有制及公有资本的阳光普照，引导私营资本的产品分配；其用按劳分配的劳动和谐观同化私营企业的按资分配，引导私营企业所有从业人员的财富价值观和行为方向，引导社会舆论和企业文化，产生一种善待劳动者、劳资两利的社会文化氛围，提升企业员工的凝聚力和向心力。持按劳分配观的国企员工流动到非公有制企业则成为助推非国企公平分配的内生力量；流动到国企的非公有制企业员工受按劳分配环境的熏染，能较快地形成正确的分配公平观。

三、做强做优做大国企的路径

（一）发展混合所有制，做强做优做大国企

国企拥有特定的政策优势、人才优势、规模优势和技术优势，擅长活动在长远利益、社会整体利益较大而风险也较大的领域中。但是，国有资本为应对市场和创新的不确定性和自身资源的有限性，以竞争领域的国有资本为主体，凭借其诸多优势，借助资本市场，以双方或多方的共同利益为基础，坚持民主性、公开性、竞争性，利用好股权投资基金，通过联合、重组、收购，产品证券化、信托等路径，积极探索特许经营权、预期收益权、债权等权益市场交易，推进国企内部资源整合、并购重组、拆分重组、专业化整合，合理选择投资者、强强联合，科学安排混合模式，允许和吸引非国有资本以实物、知识产权、专有技术、土地使用权等多种方式出资入股、收购股权，认购可转债、融资租赁，通过参股、控股或并购等多种形式依法参与国企的改制重组，与非公有资本从相互对立、相互替代转变为交叉持股、相互制衡、相互学习与促进、合作共赢，有机融合即知识和资本融合、技术和人才融合的混合所有制经济。通过混合所有制，国企利用外部条件补足自身“短板”，将外部优势资源更加有效地转化为自身能力，完善国企的动力机制、治理机制和学习机制，促进经营机制转换。国企发展混合所有制，绝不是“国退民进”，而是通过“四个坚持”和“四个打破”，做强做优做大国企。

“四个坚持”是：（1）坚持国有经济在包括金融等产业在内的关系国民经济命脉和国家安全的重要行业和关键领域的控制格局，增进社会利益和共同富裕。（2）坚持有利于公益的垄断，垄断行业与国家发展战略有关，垄断企业获得的高额利润是属于全民所有的财政收入，由国企经营，公共福利最大，符合人民群众利益。（3）对于优质国有企业，坚持国有独资，但是要在整个国有经济内部整合，提高产业集中度和核心竞争力。对任何领域的优质国有资产都应坚持只做加法不做减法，杜绝国有资产存量特别是优质存量大拍卖，杜绝国有股权大规模减持，防止非公资本的单向参股或控股关键部门、遏制重要行业中的外国资本垄断趋势，进而遏制劳动收入占比下降。（4）在实施“宜独则独，宜控则控，宜参则参”过程中，坚持“宜独则独、宜控则控”为主，“宜参则参”为辅，确保公有制经济的主体地位。至于国企退出竞争性领域的要求，是违法的，也是违背党的十八届三中全会精神的，更是违反市场经济基本原则的。

“四个打破”是：（1）打破危害公益的垄断。（2）打破国内与国外界限，使国资与外资有机融合。（3）打破中央与地方的等级界限，使央企与地方国企有机融合。（4）打破现有国资委系统内外的界限，使实业与金融业有机融合。

（二）促进科技进步，发展国有跨国公司

政府完善科技财税政策、科技金融政策和科技产品采购政策，健全行政查处、司法诉讼的知识产权保护体系；从紧迫需求出发，抓住互联网经济的机遇，鼓励高校科研院所通过许可、转让、入股等方式向企业转移科技成果，精准消除行政壁垒，将原来分割的、隶属不同所有制、不同区域、不同层级的科技资源整合、无缝对接，鼓励相关企业在智能化园区集聚发展，尽快聚集由高端领军科技人才、经营者和科技中介人才领衔的创新团队，从分离创新向协同创新转型，健全创新主体、要素和相关机构三者联动发展的机制，形成上下游合作紧密、分工明确、利益共享的政产学研用一体化新型产业组织，利用其外溢效应吸引和鼓励国企与相关高校科研院所、其他企业共建研发中心，共建科技资源共享平台，孵化一批研发能力强、有核心技术的创新集群。

国企人才济济、资金雄厚和技术装备先进，创新资源丰富，但在创新方面仍然不尽人意。实施创新驱动战略，重组整合资源，增加研发投入，将经营者、科技人才收入与企业利润挂钩，积极推行股权激励，鼓励科技人员依靠科技创新和技术转化增加收入，形成知识创造价值、价值创造者能够得到合理回报的良性循环。牢固树立以人为本的管理理念，为员工创造和谐、宽松以及公平的工作与成长环境，吸引和留住人才。充分保障经营者的合法权益，逐步完善职业经营者市场，建立经营者业绩考核、离任审计等认证制度，健全职业经营者信用制度，充分发挥内外监督的重要作用。健全董事选聘、任用以及评价机

制，通过董事会聘任经营者，与企业生产责任、经营成果与风险等紧密联系，实施经营者年薪制度。引入竞争机制，在日常实践中考察聘任优秀人才担任企业高层领导；培养与造就一支职业化、高素质的经营者队伍，加强党务干部与管理干部术密集型、环境友好型和战略性新兴产业，创造世界一流科技成果，发挥科技的渗透、扩散和杠杆作用，放大创新激励经济增长的乘数效应，加快培育一批对国内产业发展具有重要引导力和带动力、具有全球资源整合力和控制力，在市场竞争中具有主导权的一流控股、控技、控牌的“三控型”国有跨国公司，促进国家由大到强。

金融支持与中国的二元经济转型[①]

孟奎[②]

（中共辽宁省委党校经济学教研部）

一、二元经济及其转型的内涵及其相关文献回顾

二元经济的概念因1954年美国经济学家刘易斯的《劳动力无限供给条件下的经济发展》一文而为世人所熟知。刘易斯认为二元经济转型实质涵义就是一个国家或地区由传统农业与现代工业并存的二元经济结构向现代化的一元经济结构的转化过程[③]。费景汉和拉尼斯认为二元经济结构转型可分成三个阶段：第一阶段是劳动边际生产率为零的农业剩余劳动力转移；第二阶段是劳动边际生产率大于零但小于不变工资的农业剩余劳动力转移。第三阶段为劳动的边际生产力大于不变的生存工资水平，直至农业劳动的边际生产力等于工业部门劳动力的边际生产力[④]。乔根森从农业发展与人口增长、农业剩余与工业扩张两方面分析了二元经济转型问题[⑤]。与乔根森不同，托达罗（1970）更加关注二元经济转型中城市就业问题[⑥]。

在影响二元经济转型的诸因素中，金融发展是一个不可忽视的因素。麦金农（Mackinnon，1973）指出，发展中国家的金融抑制可以导致二元经济结构的出现[⑦]。肖（Shaw，1973）也认为，发展中国家以低利率、政策性贷款以及财政补贴等为现代工业部门的融资行为，必然导致传统农业部门储蓄不足、资本匮乏与工业部门资本配置效率低下并存，这种融资的二元性必然导致经济结构的二元性[⑧]。

---

① 【基金】辽宁省社会科学联合会辽宁经济社会发展课题“‘十三五’期间推进我省城乡一体化发展研究——基于二元经济理论”（项目号：2016lslktjjx－43）的阶段性成果。

② 孟奎，中共辽宁省委党校经济学教研部。

③ ［美］阿瑟·刘易斯：《二元经济论》，北京：经济学院出版社，1989年版。

④ ［美］费景汉、拉尼斯：《劳力剩余经济的发展》，北京：华夏出版社，1989年版。

⑤ Jorgenson D.，Adelman I.，Thorbecke E. Testing alternative theories of the development of a dual economy［A］. Irma Adelman，Erik Thorbecke. The theory and design of economic development［M］. Baltimore：Johns Hopkins Press，1966.

⑥ ［美］M. P. 托达罗：《第三世界的经济发展》，北京：中国人民大学出版社，1988年版。

⑦ ［美］罗纳德·麦金农：《经济市场化次序》，上海：格致出版社，2014年版。

⑧ ［美］爱德华·肖：《经济发展中的金融深化》，上海：格致出版社，1973年版。

关于金融与二元经济的关系，也有很多中国学者沿着西方学者的思路进行了更深入的研究。王少国是国内研究较早的一位学者，王少国（2003，2005）就在加尔比斯模型的基础上，建立了含有金融部门的一个二元经济转型模型，对金融发展在整个二元经济转型过程中的作用做了规范化的分析，其研究结果表明金融的发展对二元经济转型应该是既有促进作用也有阻碍作用[①]。张杰（1995）认为金融资源对农业部门的净流入尽管是一种利益倾斜，但所产生的实际效应却是进一步推动了农村金融资源的外流，产生一种所谓的回波效应[②]。王洋（2005）在收入—支出法的基础上构建了一个货币模型来分析二元经济转型问题，研究证明要实现二元经济转型，完善的金融体系是至关重要的[③]。

除了理论上的探讨，很多学者还从实证角度，对金融与二元经济的关系进行了检验。彭建刚、李关正（2006）实证分析得出，我国的金融发展对二元经济转型具有显著的影响[④]。王修华、顾娜（2008）利用二元对比加权变异系数与金融相关率加权变异系数对我国金融发展与二元经济转型进行了实证分析，研究表明，区域金融发展的差异性与区域二元经济转型的差异性之间有着显著的正相关关系[⑤]。

二、包含金融支持的二元经济转型模型

假设一个国家存在着两个部门，部门 1 为落后的传统部门，部门 2 为先进的现代工业部门。在任意 t 时期，部门 1 的产量为 Y_1，部门 2 的产量为 Y_2，部门 1 雇佣的劳动力为 L_1，部门 2 所雇佣的劳动力为 L_2，则：

两部门的国民收入总和为 $Y = Y_1 + Y_2$

两部门的劳动力总和为 $L = L_1 + L_2$

两个部门的比较劳动生产率分别是：

$$\varphi_1 = \frac{\left(\frac{Y_1}{Y}\right)}{\left(\frac{L_1}{L}\right)} = \left(\frac{Y_1}{L_1}\right)\left(\frac{L}{Y}\right) \tag{1}$$

$$\varphi_2 = \frac{\left(\frac{Y_2}{Y}\right)}{\left(\frac{L_2}{L}\right)} = \left(\frac{Y_2}{L_2}\right)\left(\frac{L}{Y}\right) \tag{2}$$

---

① 王少国：《金融发展与二元经济转型》，《经济评论》，2003 年第 1 期；王少国：《金融发展在二元经济结构转换中的金融贡献》，北京：中国经济出版社，2005 年版。

② 张杰：《中国农村金融制度：结构、变迁与政策》，北京：中国人民大学出版社，2003 年版。

③ 王洋：《二元经济转换：实物模型与货币模型》，《南开经济研究》，2005 年第 2 期。

④ 彭建刚、李关政：《我国金融发展与二元经济结构内在关系实证分析》，《金融研究》，2006 年第 4 期。

⑤ 王修华、顾娜：《我国区域金融发展与二元经济结构转换的实证分析》，《农业技术经济》，2008 年第 1 期。

通过比较劳动生产率可以构建起二元对比系数，二元对比系数所反映的就是两个部门相对劳动生产率的比例，即一个部门相对于另一个部门的发达程度。则二元对比系数为：

$$\eta = \frac{\varphi_1}{\varphi_2} = \frac{(Y_1/L_1)}{(Y_2/L_2)} \tag{3}$$

对上述公式求对数，可得：

$$ln\eta = lnY_1 - lnY_2 + lnL_2 - lnL_1 \tag{4}$$

对上述公式中的时间 t 求全微分，可得：

$$\left(\frac{d\eta}{dt}\right)/\eta = \left(\frac{dY_1}{dt}\right)/Y_1 - \left(\frac{dY_2}{dt}\right)/Y_2 + \left(\frac{dL_2}{dt}\right)/L_2 - \left(\frac{dL_1}{dt}\right)/L_1 \tag{5}$$

其中，令 $\lambda = \left(\frac{d\eta}{dt}\right)/\eta$，表示二元对比系数的变化率，用其可以替代二元经济结构转型率。

再令 $y_1 = \left(\frac{dY_1}{dt}\right)/Y_1$，代表部门 1 的产出增长率；$y_2 = \left(\frac{dY_2}{dt}\right)/Y_2$，代表部门 2 的产出增长率；$l_1 = \left(\frac{dL_1}{dt}\right)/L_1$，表示部门 1 的劳动力增长率；$l_2 = \left(\frac{dL_2}{dt}\right)/L_2$，表示部门 2 的劳动力增长率。将上面各式代入可得：

$$\lambda = y_1 - y_2 + l_2 - l_1 \tag{6}$$

下面，我们进一步将金融部门引入模型，分析包含金融部门的二元对比系数的变化情况。假设传统部门和现代部门的生产函数分别为：

$$Y_1 = A_1F_1\ (K_1,\ L_1) \tag{7}$$

$$Y_2 = A_2F_2\ (K_2,\ L_2) \tag{8}$$

其中，K_1、K_2 为两个部门各自的资本存量，L_1、L_2 为两个部门各自的劳动力数量，A_1、A_2 为两个部门各自的技术状况。假定资本品的价格等于其边际生产力，则两个部门的资本的价格为：

$$\partial Y_1/\partial K_1 = a_1 \tag{9}$$

$$\partial Y_2/\partial K_2 = a_2 \tag{10}$$

对于部门 1 来说，其储蓄函数可以写为：

$$S_1 = s_1(\theta_1)\,Y_1 \tag{11}$$

其中，$s_1(\theta_1)$ 为部门 1 的储蓄率，$1 > s_1(\theta_1) > 0$，$\partial s_1/\partial \theta_1 > 0$。这里 θ_1 指的是金融体系的发展程度，可以理解为通过金融体系进行各种资产组合后所能获得的资产收益率，随着金融体系的发展，同样的储蓄通过各种不同的资产组合可以获得更高的收益率，所以人们会有激励增加储蓄，因此随着金融发展水平的提高，储蓄率将会增加，即 $\partial s_1/\partial \theta_1 > 0$。

同时，部门 1 的储蓄函数如果从需求角度则可以写为：

$$S_1 = I_1 + \frac{d\ (M_1/p)}{dt} + \frac{d\ (W_1/p)}{dt} \tag{12}$$

其中，I_1 为部门 1 的生产性投资，表示部门 1 新增加的投资；$\frac{d\ (M_1/p)}{dt}$ 为部门 1 在金融部门存款扣除物价因素后的实际增加额；$\frac{d\ (W_1/p)}{dt}$ 为部门 1 实物资产在扣除物价因素后的增加额。

定义部门 1 的投资需求函数：

$$I_1 = g_1(d - \pi,\ w_1,\ a_1)Y_1 \tag{13}$$

其中，$\frac{\partial g_1}{\partial (d-\pi)} < 0$，$\frac{\partial g_1}{\partial w_1} < 0$，$\frac{\partial g_1}{\partial a_1} > 0$，即前文所述，部门 1 的投资水平与金融资产的实际收益率负相关，与实物资产的收益率负相关，与生产性资产收益率正相关。

由以上的公式可以得到部门 1 的净储蓄：

$$NS_1 = S_1 - I_1 = \frac{d\ (M_1/p)}{dt} + \frac{d\ (W_1/p)}{dt} \tag{14}$$

对生产函数 $Y_1 = A_1F_1\ (K_1,\ L_1)$ 两边求对数可得：

$$\ln Y_1 = \ln A_1 + \ln F_1(K_1,\ L_1) \tag{15}$$

然后，对上式两边求时间 t 的导数：

$$\frac{dY_1/dt}{Y_1} = \frac{dA_1/dt}{A_1} + \frac{dF_1/dK_1}{F_1\ (K_1,\ L_1)}\frac{dK_1}{dt} + \frac{dF_1/dL_1}{F_1(K_1,\ L_1)}\frac{dL_1}{dt} \tag{16}$$

由于部门 1 存在着过剩的劳动力供给，所以劳动的边际生产力为 0，即 $\partial F_1/\partial L_1 = 0$，所以上式就变为：

$$\frac{dY_1/dt}{Y_1} = \frac{dA_1/dt}{A_1} + \frac{dF_1}{dK_1}\frac{dK_1/dt}{F_1(K_1,\ L_1)} \tag{17}$$

令 $y_1 = \frac{dY_1/dt}{Y_1}$，$v_1 = \frac{dA_1/dt}{A_1}$，则上式可以简化为：

$$y_1 = v_1 + a_1 g_1 \tag{18}$$

对于部门 2，其储蓄函数与部门 1 相似，可以将其写成：

$$S_2 = s_2(\theta_2)\ Y_2 \tag{19}$$

其中，$s_2\ (\theta_2)$ 为部门 2 的储蓄率，$1 > s_2(\theta_2) > 0$，$\partial s_2/\partial \theta_2 > 0$。在储蓄转化为投资的过程中，由于金融体系交易成本的存在，会存在着储蓄的流失，假设在储蓄向投资的转化中将有 $1-\varphi$ 比例的储蓄会流失，只有 φ 比例的储蓄会转化为投资。所以，部门 2 的投资供给函数可以写为：

$$I_2^S = \varphi(S_1 + S_2) \tag{20}$$

其中，由于部门 1 的储蓄与部门 2 的储蓄必然成一定的比例，所以令 $S_1 = \beta S_2$ 是一个合理的假设。这样，部门 2 的投资供给函数就可以改写为：

$$I_2^S = \varphi\ (1 + \beta)\ S_2 \tag{21}$$

同时，与部门 1 一样，可以写出部门 2 的投资需求函数：

$$I_2^D = g_2\ (b - \pi,\ a_2)\ Y_2 \tag{22}$$

其中，b 为银行对部门 1 的名义贷款利率，而 $b - \pi$ 则为部门 2 贷款的实际利率，若 $b - \pi$ 上升则投资需求下降，$b - \pi$ 下降则投资需求上升，即 $\partial g_2 / \partial (b - \pi) > 0$。同时，投资还受到生产性资本投资回报率的影响，若回报率上升则投资需求增加，若回报率下降则投资需求减少，即 $\partial g_2 / \partial a_2 > 0$。

由 $Y_2 = A_2 F_2\ (K_2,\ L_2)$ 求对数得：

$$\ln Y_2 = \ln A_2 + \ln F_2(K_2,\ L_2) \tag{23}$$

上式两边再对时间求导得：

$$\frac{dY_2/dt}{Y_2} = \frac{dA_2/dt}{A_2} + \frac{dK_2/dt}{F_2(K_2,\ L_2)}\frac{dF_2}{dK_2} + \frac{dF_2/dL_2}{F_2(K_2,\ L_2)}\frac{dL_2}{dt} \tag{24}$$

令 $y_2 = \dfrac{dY_2/dt}{Y_2}$，$v_2 = \dfrac{dA_2/dt}{A_2}$，$w_2 u_2 = \dfrac{dF_2/dL_2}{F_2(K_2,\ L_2)}$，则上式可以写为：

$$y_2 = v_2 + a_2 \varphi\ (1 + \beta)\ s_2(\theta_2)\ + w_2 u_2 l_2 \tag{25}$$

其中，y_2 为部门 2 的增长率，v_2 为部门 2 的技术进步率，a_2 为资本的边际生产率，$\varphi\ (1 + \beta)\ s_2(\theta_2)$ 为部门 2 的资本投资率，$w_2 u_2$ 为部门 2 的劳动产出比率，l_2 为部门 2 的人口增长率。由此可知，部门 2 的增长率由三大部分共同决定，一是技术水平的增长率，一是资本增长的贡献率，再就是劳动对增长的贡献率。

由公式（6）可知，一个国家的二元经济转型率可表示为：

$$\lambda = y_1 - y_2 + l_2 - l_1 \tag{26}$$

然后将 y_1、y_2 代入上式可得：

$$\lambda = v_1 + a_1 g_1 - [v_2 + a_2 \varphi\ (1 + \beta)\ s_2(\theta_2)\ + w_2 u_2 l_2] + l_2 - l_1 \tag{27}$$

将上式整理可得：

$$\lambda = v_1 - v_2 + a_1 g_1 - a_2 \varphi\ (1 + \beta)\ s_2(\theta_2)\ + (1 - w_2 u_2)\ l_2 - l_1 \tag{28}$$

对上式中的每个变量求偏导数可得：$\dfrac{\partial \lambda}{\partial v_1} > 0$，$\dfrac{\partial \lambda}{\partial v_2} < 0$，$\dfrac{\partial \lambda}{\partial a_1} > 0$，$\dfrac{\partial \lambda}{\partial g_1} > 0$，$\dfrac{\partial \lambda}{\partial a_2} < 0$，$\dfrac{\partial \lambda}{\partial \varphi} < 0$，$\dfrac{\partial \lambda}{\partial \beta} < 0$，$\dfrac{\partial \lambda}{\partial s_2} < 0$，$\dfrac{\partial \lambda}{\partial \theta_2} < 0$，$\dfrac{\partial \lambda}{\partial l_1} < 0$，$\dfrac{\partial \lambda}{\partial w_2} < 0$。因为 $w_2 u_2$ 表示劳动在部门 2 的总产

品中所占的比重，根据欧拉定理可知，$1>w_2u_2>0$，所以$\frac{\partial \lambda}{\partial l_2}>0$。

三、金融支持对二元经济转型贡献度的检验

（一）计量模型设定的说明

由以上模型可知，二元经济转型受到多方面因素的制约。具体计量模型设定如下：

$$Y_t=\beta_1 v_{1t}+\beta_2 v_{2t}+\beta_3 I_{1t}+\beta_4 I_{2t}+\beta_5 l_{1t}+\beta_6 l_{2t} \tag{29}$$

其中，Y 为二元经济转型率，v_{1t}是部门 1 的技术进步率，v_{2t}是部门 2 的技术进步率，I_{1t}、I_{2t}为部门 1 和部门 2 的投资增长率，l_{1t}、l_{2t}为部门 1 和部门 2 的劳动力增长率。但在实际中，上述很多变量根本无法测度，所以必须通过替代变量来对其进行测度。通过上述一系列的指标选取过程，最终向量自回归模型设定为：

$DualTrans_t=\beta_0+\beta_1 RuralLoan_{1t}+\beta_2 NonRuralLoan_{2t}+\beta_3 RuralLabor_{1t}+\beta_4 NonRuralLabor_{2t}+\mu_t$（30）

其中，$DualTrans_t$ 为二元经济对比系数变化率，$RuralLoan_{1t}$为部门 1 所获得贷款的增长率，$NonRuralLoan_{2t}$为部门 2 所获得贷款的增长率，$RuralLabor_{1t}$为部门 1 劳动力的增长率，$NonRuralLabor_{2t}$为部门 2 劳动力的增长率，β_0 为除上述因素之外的技术因素的影响，可以看作是部门 1 与部门 2 的技术进步率之差，μ_t 是不确定因素的影响，为随机干扰项。

（二）数据来源的说明

本文所用数据为 1978—2013 年 36 年的数据，即使经过差分计算后，仍可保持 35 年的数据，符合大样本规定。本研究所用数据均来自国家统计局网站和《中国金融年鉴》，各项指标所用最终数据由作者根据基础数据整理后获得。

（三）模型回归分析与结果

首先对各个变量进行单位根检验。本文采用三种最常用的单位根检验方法，一是 Augmented Dickey—Fuller 单位根检验（简称 ADF 检验），二是 Phillips—Perron 单位根检验（简称 PP 检验），三是 KPSS 平稳性检验。ADF 检验与 PP 检验都是假设 H_0 为存在单位根，而 KPSS 的假定与前两者不同，其 H_0 假设为变量为平稳序列不存在单位根。

表 1　变量单位根检验结果

检验变量	ADF 检验	PP 检验	KPSS 检验	平稳性
二元经济转型系数变化率	-7.086 (-3.689)	-35.917 (-17.812)	0.0287 (0.216)	平稳
农业贷款增长率	-6.733 (-3.689)	-38.682 (-17.812)	0.026 (0.216)	平稳
非农贷款增长率	-4.178 (-3.689)	-22.954 (-17.812)	0.158 (0.216)	平稳
农业产业劳动力增长率	-8.003 (-3.689)	-44.109 (-17.812)	0.0168 (0.216)	平稳
非农产业劳动力增长率	-4.897 (-3.689)	-32.472 (-17.812)	0.082 (0.216)	平稳

通过以上分析，可以得出结论，五个变量中，有四个变量经过多重检验，其不存在单位根，为平稳序列，可以进行回归分析，不会造成伪回归问题。只有非农贷款增长率勉强通过检验，其也不存在单位根，为平稳时间序列。因此可以对模型进行回归分析。通过对模型样本做稳健回归分析可以得到表中结果，具体请见表 2。

表 2　稳健回归分析结果

Linear regression

Number of obs = 35
F（4，30） = 130. 76
Prob > F = 0. 0000
R - squared = 0. 8334
Root MSE = . 10407

DualTrans	Coef.	Robust Std. Err.	t	P > | t |	[95% Conf. Interval]	
RuratLoan	.8214244	.0381775	21.52	0.000	.7434556	.8993933
NonruratLoan	-.3738814	.3875569	-0.96	0.342	-1.166378	.4176154
RuratLabor	-.2531323	.1383103	-1.83	0.077	-.5355996	.029335
NonRuratLa ~ r	-.8494307	.5097095	-1.67	0.106	-1.890396	.191535
_ cons	-.0165764	.0520179	-0.32	0.752	-.122811	.0896583

通过表 2 可以得出回归分析的结果，被解释变量为二元经济转型系数变化率，用 DualTrans 代表。解释变量有四个：农业贷款增长率，在回归过程中用 RuralLoan 表示；非农贷款增长率，在回归过程中用 NonRuralLoan 表示；农业劳动力增长率，在回归过程中用 RuralLabor 表示；非农就业劳动力增长率，在回归过程中用 NonRuralLabor 表示。根据最初设定的回归方程（29），最终回归结果可以用公式表示为：

$$DualTrans_t = -0.0165764 + 0.8214244RuralLoan_t - 0.3738814NonRuralLoan_t - 0.2531323RuralLabor_t + 0.8494307NonRuralLabor_t \quad (30)$$

四、模型结论

在设定的模型中，影响二元经济转型的有四个因素：首先是农业贷款增长率，它是代表金融支持的有效变量，农业贷款增长率越大，说明对农业发展的金融支持越大，其值越小，说明对农业发展的金融支持越小。如前所述，特别是在以银行为主的金融体系下，农业部门中的借款人近乎不可能通过直接融资筹集到农业生产所需资金，向银行借贷就成借款人最优的选择，如果农业贷款增长率慢，说明借款人筹集到的资金增长额就慢，表明对农业生产的金融支持就小。第二个因素是非农业贷款增长率，它只能在一定程度上代表对农业的金融支持，当整个经济体的贷款总额给定的条件下，非农业贷款的增长率如果较快，说明资金较多的被配置到非农业领域，从而农业领域得到的资本就会减少，此时，对农业生产的金融支持就会下降。但如果整个社会的资金总额增加，有可能出现农业贷款和非农业贷款都增加的情况，因此，不能简单地断定非农贷款的增长率增加，就一定意味着对农业的金融支持下降。第三个因素为农业劳动力增长率，它代表了农业部门吸收劳动力的程度，如果其值为负数，说明农业部门的劳动力存在流出现象，如果其值为正数，说明农业部门的劳动力不但没有流出，反而在流入。第四个因素为非农业部门劳动力增长率，如果其为正数，说明非农业部门的劳动力人数在增长，如果其值为负数则说明非农业部门的劳动力在下降。由于非农业部门劳动力增长并非全部来自农村剩余劳动力的转移，所以农业劳动力增长率与非农劳动力的增长率并不存在线性相关。

通过上文回归模型系数可以看出，在以上四个变量中，回归效果最好的就是农业贷款增长率，它是最能代表一个国家对农业发展金融支持程度的指标，也是与二元经济转型系数变化率回归最显著的指标。回归效果仅次于农业贷款增长率的是农业劳动力增长率。如果农业劳动力一直在增长，就说明农业的剩余劳动力未能顺利转移到非农部门，这就与二元经济转型相悖，所以二元经济转型必然会受阻，其转型系数必然会降低。即使农业部门的劳动力绝对数在不断下降，即农业部门的劳动力增长率为负数，那么，增长率降低说明有越来越多的劳动力由农业流向了非农产业，二元经济转型的速度必然会加快，即二元经济转型系数变化率增加。这与本文的理论分析所得结论一致。

根据以上分析，可以得出结论，在影响二元经济转型的各个因素中，对农业的金融支持是最直接有效的途径，也是相关程度最高的变量。其他变量有的拟合优度不理想，有的相关性不显著，有的对二元经济转型的影响不确定。通过分析能够看出，之前本文所做的理论分析，在实证层面通过检验证实，金融的支持对二元经济转型具有极大的促进作用。

中国金融发展是绿色的吗？[①]

——兼论中国环境库兹涅兹曲线假说

任力　朱东波[②]

（厦门大学）

一、理论分析与研究假说

本文基于规模变化、技术增进与结构转型三个视角，分析金融发展如何影响环境，从而构建了金融发展与环境质量之间关系的理论框架，具体见图 1。

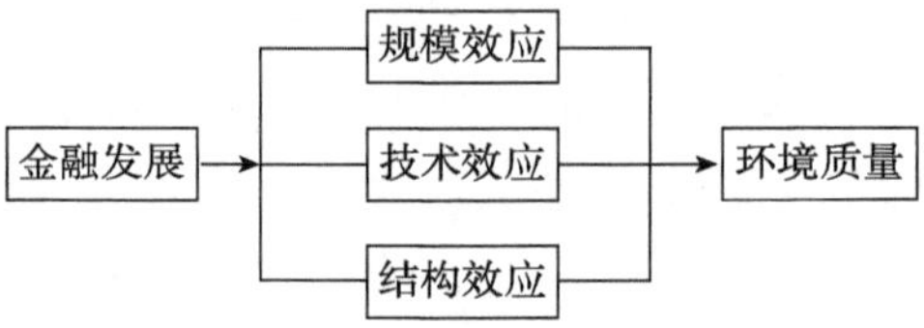

图 1　金融发展影响环境质量的机制路径

首先，金融发展影响环境的规模效应。从生产角度来看，金融发展降低企业的融资成本，有助于扩大生产规模，进而刺激能源消费；从需求角度来看，金融发展降低消费者私人借贷成本，需求增加刺激生产，导致污染物排放增加（Perry，2010；Zhang，2011）。[③] 其次，金融发展影响环境的技术效应。稳定的金融发展环境有利于降低融资成本，鼓励企业增加研发创新支出，降低单位产出能源消耗，从而改善环境质量；而且良好的金融发展有助于深化对外开放（金碚，2015）。[④] 最后，金融发展影响环境的结构效应。金融发展能够影响资源在产业间转移与分配，尤其在发展中国家较低发展水平、产业间资源分配不

① 【基金】本文是国家社科规划项目“中国绿色增长方式下大气污染治理的动力机制研究”（13BJL092）部分成果。

② 任力，厦门大学经济学院教授、博士、博士生导师；朱东波，厦门大学经济学院博士生。

③ Perry，S.（2010），“The impact of financial development on energy consumption in emerging economies”. Energy Policy38（5）：2528－2535. Zhang，Y. J.（2011），“The impact of financial development on carbon emissions：an empirical analysis in China”，Energy Policy39（4）：2197－2203.

④ 金碚：《大国筋骨：中国工业化 65 年历程与思考》，广州：广东经济出版社，2015，第 79 页。

均背景下（顾永昆、刘永甜，2017）。① 良好的金融发展水平可能有助于资源流向服务性清洁行业等，进而改善环境质量。基于上述分析，本文提出以下研究假说：

假说1：金融发展影响环境质量的规模效应为负。也就是说，金融发展引起规模扩张，进而导致污染排放增加。

假说2：金融发展影响环境质量的技术进步效应是不确定的。金融发展通过技术进步，既可能改善环境质量，也可能增加污染排放，有待进一步实证探究。

假说3：金融发展影响环境质量的结构转型效应为正。金融发展有助于资源在产业间的均衡配置，促进产业结构服务化、清洁化，进而改善环境质量。

假说4：金融发展的环境效应取决于金融发展影响环境的规模效应、技术效应与结构效应相对大小。

假说5a：环境库兹涅兹曲线的成立与污染指标选取、区域相关，即EKC假说并不一定成立；或者，假说5b：EKC假说是稳健的，即经济增长与不同环境污染物总是呈现倒U型曲线关系。

二、实证设计：计量模型、变量指标及数据

计量模型的构建。设 Y、s_j、ρ_j分别表示经济总产出、第 j 产业产出占比以及第 j 产业污染排放强度（即单位产出的污染排放量），假设该经济体污染总排放用 P 表示：

$$P = \sum_{j=1}^{3} P_j = \sum_{j=1}^{3} \rho_j s_j Y \tag{1}$$

对（1）式两边取对，并对时间 t 求导：

$$\widehat{P} = \sum_{j=1}^{3} \pi_j \widehat{s_j} + \sum_{j=1}^{3} \pi_j \widehat{\rho_j} + \widehat{Y} \tag{2}$$

式（2）中，$\widehat{x} = \frac{dx}{dt} \times \frac{1}{x}$，$x = \{P,\ Y,\ \rho_j,\ s_j\}$，即变量取对数后对时间导数；$\pi_j = P_j / P$，为 j 产业所排放污染在总污染中比重。根据 s_j、ρ_j、Y 定义，（2）式中$\widehat{s}$、$\widehat{\rho}$、$\widehat{Y}$分别表示影响环境的规模效应、技术进步效应与结构转型效应。

根据（2）式及其经济意义，本文构建如下计量模型：

$$pol_{it} = \alpha_0 + \delta\, pol_{it-1} + \alpha_1 gdp_{it} + \alpha_2 tfp_{it} + \alpha_3 isc_{it} + \alpha_i + \in_{it} \tag{3}$$

（3）式中 i，t 分别表示省或者直辖市等省市地区、年份。Pol 表示污染，gdp 表示人均地区总产值，tfp 表示全要素生产率，isc 表示的是产业结构转型变量，α_i表示个体固定效应；ε 表示随机误差项。

① 顾永昆、刘永甜：《金融发展与产业结构调整——基于生产要素分配的分析视角》，《财政科学》，2017 年第 2 期。

为进一步考察金融发展的环境效应，本文在模型（3）中加入金融发展（fd）变量：

$$pol_{it} = \alpha_0 + \delta_1 pol_{it-1} + \alpha_1 fd_{it} + \alpha_2 gdp_{it} + \alpha_3 tfp_{it} + \alpha_4 isc_{it} + \beta X + \alpha_i + \in_{it} \quad (4)$$

fd 表示金融发展，为本文核心解释变量。X 表示控制向量组，根据逐步回归法，本文构建如下模型：

$$gdp_{it} = \gamma_0 + \delta_2 gdp_{it-1} + \gamma_1 fd_{it} + \beta_1 X_1 + \gamma_i + \in_{it} \quad (5)$$

$$tfp_{it} = \sigma_0 + \delta_3 tfp_{it-1} + \sigma_1 fd + \beta_2 X_2 + \sigma_i + \in_{it} \quad (6)$$

$$isc_{it} = \tau_0 + \delta_4 isc_{it-1} + \tau_1 fd_{it} + \beta_3 X_3 + \tau_i + \in_{it} \quad (7)$$

X_i分别表示（$i=1$，2，3）模型回归涉及的相关控制变量；γ_i、σ_i、τ_i表示模型回归过程中的个体固定效应。其他变量含义同上。

为进一步识别金融发展影响环境的规制、结构与技术三种机制，本文也采用交乘项系数法，具体如下：

$$pol_{it} = \mu_0 + \delta_5 pol_{it-1} + \mu_1 fd_{it} + \mu_2 gdp_{it} + \mu_3 tfp_{it} + \mu_4 isc_{it} + \mu_5 fd_{it} \times gdp_{it} + \mu_6 fd_{it} \times isc_{it} + \mu_7 fd_{it} \times tfp_{it} + \varphi X + \mu_i + \in_{it} \quad (8)$$

本文用劳动生产率（lp）替换式（8）中全要素生产率（tfp），得到：

$$pol_{it} = \rho_0 + \delta_6 pol_{it-1} + \rho_1 fd_{it} + \rho_2 gdp_{it} + \rho_3 lp_{it} + \rho_4 isc_{it} + \rho_5 fd_{it} \times gdp_{it} + \rho_6 fd_{it} \times isc_{it} + \rho_7 fd_{it} \times lp_{it} + \rho X + \mu_i + \in_{it} \quad (9)$$

模型（8）—（9）中，μ_i表示个体固定效应。当金融发展与经济规模交乘项回归系数显著为正时，则证实假说1；当金融发展与结构调整系数显著为负时，证实假说3,；当金融发展与技术进步交乘项系数显著不等于0时，说明金融发展影响环境的技术效应存在，有待结合中国经验数据进一步验证。

金融发展指标的测算。本文从金融发展的规模、金融服务易获取程度与金融发展活跃度等三个视角，构建金融发展指标体系（见表1）。在此基础上运用“纵横向拉开档次法”，全面动态地评价我国各省份金融发展状况。

表1　中国金融综合发展指标体系

目标层	准则层	分指标层	单位
金融包容性发展综合指标	金融发展规模深度	存贷款/GDP	%
		金融资产总额/GDP	%
		金融业从业人数/各省劳动力总数	%
		金融业增加值/GDP	%
		保险深度	%

续表

目标层	准则层	分指标层	单位
金融包容性发展综合指标	金融服务易获取程度	人均存贷款	元/人
		金融机构营业网点的地域分布	个/km^2
		金融业从业人数的地域分布	人/km^2
	金融发展活跃度	人均金融业增加值	元/人
		保险密度	元/人

注：作者整理绘制。具体数据来源下面详述。

本文数据样本期为2004—2015年。实际GDP以2000为基年，数据来源于中国经济数据库（CEIC）。整体来看，金融综合发展在东、西、中呈现递减的趋势，且东部省份金融发展程度明显高于中部、西部省份。另外，金融作为现代经济发展的核心，具有资源导向与集聚作用，“经济发展，金融先行”，因此伴随经济增长金融也得到优先发展。

表2　中国各省（市、区）金融综合发展指数（2004年、2009年、2015年）

省（市、区）	2004年	2009年	2015年	省（市、区）	2004年	2009年	2015年
北京	4.3747	4.1625	3.8433	河南	0.5405	0.4430	0.4069
上海	3.4072	3.7456	3.8254	内蒙古	0.5319	0.5609	0.3016
天津	2.0600	1.8030	1.7368	江西	0.5010	0.4175	0.3564
辽宁	1.3710	0.9863	1.0212	安徽	0.4593	0.5856	0.5330
浙江	1.3148	1.6525	1.5438	湖北	0.4641	0.5860	0.3961
广东	1.2021	1.1806	1.2270	湖南	0.3979	0.4378	0.0908
江苏	0.9357	0.9667	1.0776	宁夏	1.0861	0.9490	0.9094
福建	0.7501	0.8817	1.0053	重庆	0.9256	0.9910	1.1483
河北	0.6377	0.6919	0.5647	青海	0.8693	0.6376	0.8176
海南	0.5857	0.6980	0.9211	新疆	0.8334	0.7570	0.8285
广西	0.5041	0.3613	0.3367	陕西	0.8519	0.8001	0.7196
山东	0.4730	0.5990	0.5841	甘肃	0.7438	0.6538	0.8399
山西	0.9868	1.1095	1.2225	云南	0.6706	0.6822	0.5688
吉林	0.7827	0.6822	0.4699	四川	0.6567	0.8024	0.9150
黑龙江	0.5638	0.6660	0.5238	贵州	0.4782	0.4641	0.5186

注：上述省份不包括中国港澳台以及西藏。

中国环境污染现状分析。整体来看，不同环境污染衡量指标，污染排放呈现不同的趋势。近年来，中国逐步加强环境规制力度，完善环境规制体系，环境治理取得一定效果。就各个污染指标对比来看，二氧化碳排放增幅速度明显快于其他污染物，这主要是因为长期以来中国能源消费以煤炭消费为主，而煤炭又是二氧化碳的主要来源。

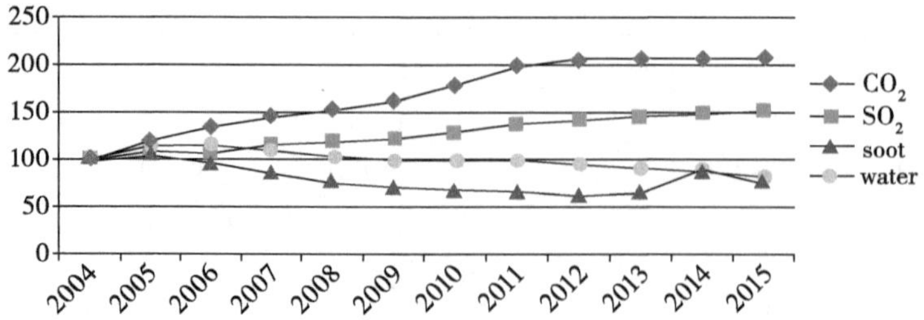

图 2　中国部分污染物排放相对趋势（2004 = 100）

注：资料来源于中国经济数据库、统计局数据中心等。

三、实证结果分析

金融发展影响环境的基本结果分析表明：污染排放具有连续性，存在一定的路径依赖，上一期的污染排放对下期污染的影响存在正向滞后性。这些说明动态面板的设置是合理的。金融发展显著地增加 CO_2、SO_2 排放，但降低烟尘（soot）与废水（water）排放。这主要是由于金融发展影响环境存在三种效应——规模效应、技术效应与结构效应，且影响方向不一。二氧化碳（co_2）排放、烟尘（soot）排放与经济增长（gdp）之间呈现倒 U 型曲线关系，即证实 EKC 假说；二氧化硫、废水等污染物则与经济增长之间为线性关系——经济增长导致二氧化硫排放增加，而有助于减少废水排放。这说明经济增长与污染排放之间关系的 EKC 假说并不是稳健的，同污染物指标的选取有关，证实前述假说 5a。当前中国技术进步（tfp）并未降低，而是增加污染排放。这可能因为同技术进步衡量指标 tfp 有关。产业结构转型（isc）对应的系数总体为负，说明产业结构向服务化转型使得污染排放降低。外商直接投资（fdi）对应的回归系数为负，增加外资引入有利于降低污染排放。本文研究过程证实城镇化对二氧化碳排放的回归系数为负，但并不显著；却显著地增加二氧化硫、废水等污染物排放。这说明当前中国城镇化质量较低，有待进一步促进城镇化过程中能源集约使用等。对四种污染物来说，研发支出（rd）相应的系数均显著为负。这说明中国研发支出有利于绿色技术进步，提高节能减排技术水平与生产效率，进而减少了污染排放。但需要注意的是，研发支出系数相对较小，这说明尽管研发支出存在改善环境的正向效应，但由于研发支出投入较少，并未实现较大程度地改善环境质量。

表 3　金融发展与经济增长的环境效应：SYS – GMM 的估计结果

解释变量	被解释变量：co_2	被解释变量：so_2	被解释变量：soot	被解释变量：water
co_{2t-1}	0.83190*** (59.22)			

续表

解释变量	被解释变量：co_2	被解释变量：so_2	被解释变量：soot	被解释变量：water
so_{2t-1}		0.76607*** (73.71)		
$soot_{t-1}$			0.68520*** (56.48)	
$water_{t-1}$				0.33423*** (13.86)
fd	0.00692*** (4.81)	10.40709** (2.05)	-19.49647*** (-5.93)	-7.68317*** (-7.11)
gdp	0.01733*** (17.69)	6.62462*** (5.58)	27.99850*** (5.33)	0.87713** (2.38)
gdp^2	-0.00094*** (-15.97)		-1.22185** (-2.52)	
tfp	0.01056*** (5.06)	19.29480*** (3.94)	14.86961* (1.94)	0.62421 (0.78)
isc	-0.07254*** (-7.32)	-166.03049*** (-10.75)	-83.94926** (-2.52)	4.04131 (1.12)
fdi	-0.08060*** (-3.39)	-307.46217*** (-2.79)	-149.41847 (-0.93)	-44.93928 (-1.29)
urb	-0.00064 (-0.05)	240.22781*** 12.57	40.76435 (0.81)	88.61381*** (8.49)
ec	1.96295*** (8.73)	60.85756*** (24.05)	57.59859*** (14.74)	95.19161 (1.14)
rd	-0.00004*** (-9.12)	-0.02542*** (-3.59)	-0.03658*** (-4.05)	-0.00188** (-2.35)
常数项	0.11092*** (6.15)	197.30248*** (5.29)	81.04344 (1.11)	-15.54943* (-1.72)
地区变量	有	有	有	有
年份变量	有	有	有	有
AR（1）检验	-1.2356 [0.2166]	-2.4912 [0.0127]	-2.6214 [0.0088]	-2.2246 [0.0261]
AR（2）检验	1.0282 [0.3039]	-1.0892 [0.2761]	0.4026 [0.6872]	0.9243 [0.4522]
Sargan 检验	26.0474 [0.8892]	25.2990 [0.9087]	23.6638 [0.9433]	19.3073 [0.9896]
EKC 假说	成立	不成立	成立	不成立
样本容量	330	330	330	330

本文从以下两个角度进行稳健性检验：一是以污染排放强度；二是截取 2007—2015

年作为新的样本区间，进行再回归。检验结果表明：（1）二阶序列相关检验表明至少在5%显著性水平下存在AR（1）显著而AR（2）不显著，或AR（1）与AR（2）均不显著；（2）Sargan检验结果表明模型总体矩条件是成立的，工具变量的总体选择有效。

两种稳健性检验回归结果中，金融发展导致二氧化硫排放强度、二氧化碳排放强度增加；金融发展有利于降低烟尘排放强度与废水排放强度。该结论再次表明：对不同污染而言，金融发展的环境效应是不一致的，选择单一的污染排放指标，可能不利于全面把握、理解金融发展的环境效应。这在一定程度上深化了现有研究对金融发展环境效应的理解。当分别以二氧化碳排放强度、烟尘排放强度为被解释变量时，经济增长与污染之间仍呈现倒U型曲线假说。但有意思的是，以废水排放强度为污染指标时，经济增长与环境污染之间呈现典型的U型曲线关系。该结果再次表明EKC假说成立与否与环境指标的选取有关，即证实假说5a。

为进一步识别金融发展影响环境质量的三种机制，从如下两个方面开展研究：一是根据逐步回归分析法；二是引入交乘项，根据交乘项回归系数来识别金融发展影响环境的三种机制。

逐步回归分析法结果分析。根据模型（4—7），本节采用省级动态面板数据进行了实证研究。规模变化、技术增加与结构升级的滞后项系数均显著为正，说明经济规模、技术增进与结构升级均存在路径依赖，这表明动态面板的设置是合理的。第一，金融发展显著地扩大了经济规模。第二，金融发展非但未促进，而且不利于技术进步。第三，金融发展能够促进产业结构服务化。总的来看，当前的金融发展导致二氧化碳排放增加，不利于改善环境质量。

交乘项系数检验法结果分析。根据相关实证结果表明，金融发展通过影响规模变化增加污染排放；但藉由结构转型与技术变化等途径，却减少污染排放，改善环境质量等。其次，当以TFP作为技术进步的代理变量时，相应回归系数为正，但并不显著，这可能同TFP作为扣除资本与劳动残差项，未能很好衡量技术进步有关。

四、结论与政策建议

本文基于规模变化、技术增进与结构转型的视角，得出主要的研究结论包括：（1）金融发展对环境效应与污染物选取有关，其导致二氧化碳、二氧化硫等增加，但有利于减少废水排放、烟尘；（2）EKC假说的成立与污染物指标选取也有关，其在二氧化碳、烟尘等污染物得到确认，其他反之；（3）金融发展影响二氧化碳的三种机制均得到识别，即假说1、2、3、4均得到证实。其他结论还包括，吸收外商直接投资，增加研发投入，促进结构转型等均显著减少污染排放，有利于改善环境；而当前的技术增进、能源消费与推进城镇化进程导致污染排放增加。本文从如下两个方面提出政策建议：

（1）充分发挥金融发展在绿色转型中的积极作用。银行信贷应向绿色低碳型企业倾斜，尤其是鼓励支持资源节约型、环保友好型企业发展，通过金融发展加快产业绿色转型升级；政府应鼓励金融机构加大对清洁技术的资金支持，推进清洁技术的研发、应用与推广，大力促进清洁型技术投资，缓解绿色技术融资约束；进一步评估、甄别、分析金融发展影响不同污染物的内在原因，有针对地、综合地制定促进金融发展政策，实现同时降低多种污染物排放；推进金融产品绿色创新，促进金融绿色发展，设计、发行绿色股票指数，推动机构投资者开展绿色指数的投资应用，鼓励资产管理机构开发更有针对性、更加多样化的绿色可持续投资；促进中西部环境交易平台建设，完善污染配额交易市场，已建环境交易所大多在东部省市地区。

（2）将加快国家自主创新进程与深化对外开放相结合，以创新驱动中国经济绿色发展。政府应进一步增加研发支出，尤其是节能减排技术研发支出，提升绿色技术水平，以转变中国经济发展方式；强化环境规制强度，完善环境治理体系，一方面筛选、甄别外商直接投资，重点引入有利于我国核心技术提升和低碳发展的外资，另一方面也鼓励企业主动自觉地增加环境研发支出，促进绿色创新。另外，提升城镇化质量，开发、推广、应用替代性清洁能源等也是促进绿色低碳发展的重要途径。

江苏经济开发区向创新型经济转型升级的动力机制

李存芳[①] 张晓旭 王青

（江苏师范大学商学院）

一、经济开发区转型升级的目标是创新型经济

最先从经济学视角阐释创新的 Shumpeter 认为创新就是对产品、生产方式、市场、供应源、工业组织五个方面的生产要素进行重新组合。之后学者进一步从内生经济增长与创新驱动的关系出发提出了对创新的理解。Robert（1988）认为技术进步与人力资本的形成在内生经济增长的模型中起着关键作用，它们决定了经济长期增长的运行原理；Jones（2005）认为科技进步可以碰撞出新的创造思维，它们能够带来新的经济增长，并且可用创意路线图来阐述其运行机理。而基于理论经济学的研究范式，对于创新可以进行广义和狭义上的异同审视：从狭义的视角来看，创新一词侧重于科学发明的运用，换言之就是孵化新技术；从广义的角度来看，创新包含发明、孵化与技术溢出的整个进程，也就是涵盖科学创新与技术创新的整个进程。因为 Becker 等已将"经济人"假设拓宽至"新经济人"假设，所以创新型经济也该用广义的创新概念来阐述，即创新型经济是一种基于低碳起点、知识基础、创新驱动，以具备自主知识产权的新技艺和新产品开发为核心、以新产业发育与生长为目标的经济。不难看出，创新型经济包含了科技创新的总体进程。

经济开发区是开放型经济的主要载体，受到经济国际化的强劲驱动。应该指出，开放型经济对于经济开发区的强力支持持续了相当长的时间。同时也必须警醒，这种驱动和支持效应已充分释放，在经济进入新常态后正渐趋下降，特别是世界经济格局调整与国际贸易增速降低对实体经济的冲击凸显在开发区，使开发区暴露出已有发展方式和模式的薄弱环节：**一是开发区经济结构的失调**。开发区发展的前中期阶段，通过生产要素的趋利动机契合财税优惠政策，以劳动密集型、加工组装型企业为主体，成功嵌入全球产业价值链。

① 李存芳，江苏师范大学商学院院长，教授。

但是，这也将经济开发区拉入“产值驱动、增值率低”的泥沼。从表1可以看出，江苏省高新区企业技术收入占总收入的比重都低于6%，附加值和科技含量也都较低，这与高新技术开发区的标准相比差距较大。更为突出的是，江苏省经济开发区所引进的外资项目中，低层次加工的占比较高，高附加值的占比较低；劳动密集型的为数较多，技术密集型的相对较少，处于“微笑曲线”的低端，在世界经济格局调整中明显遇冷。资料显示，2015年江苏省经济开发区外资企业出口额1930.2491亿美元，同比负增长2.3%。**二是开发区优惠政策的泛化**。随着改革开放的深化，政府赋予开发区的税费、土地、投资等优惠政策不仅在内外资企业间、内外部企业间并轨，而且有较大调整，开发区对于外资的吸引力明显弱化。资料显示，2015年江苏省经济开发区实际使用外资193亿美元，同比负增长13.8%。**三是开发区生产模式变革的滞后**。由物联网、移动互联引领的新一代科技革命成为产业发展未来不可阻挡的趋势。智能制造单元、工业物流、智慧化工厂等新型生产方式以及机器换人、智能诊断等新型生产组织方式成为中国企业不得不顺应的时代潮流。而目前开发区的大多数企业深陷劳动密集型产业的泥潭，其高附加值和高科技含量的核心部分仍保留在母公司，无助于开发区内技术扩散与创新，使开发区面临着前所未有的新挑战。因此，在经济新常态下，经济开发区向创新型经济的转型升级是其发展动力源泉。

表1　江苏省高新区企业收入情况统计表

单位：千元

地区	总收入	技术收入	产品销售收入	技术收入占总收入的比重（%）
南京	431087735	8366877	388609895	1.94
常州	214665456	2823360	207472202	1.32
无锡	294106371	4529232	283258962	1.54
苏州	282580693	14900059	265100856	5.27
泰州	17859145	601727	66745113	3.37
昆山	200328548	52739	197185242	0.03
江阴	177873565	131396	153341937	0.08
武进	65834212	457308	64861677	0.69
徐州	54047128	1219949	43193804	2.26
南通	112856344	2253910	82910297	2.00

数据来源：《中国火炬年鉴（2014）》。

二、经济开发区转型升级的动力源于科技创新网络

美国的硅谷、日本的筑波等区域发展的经验表明，优良的区域创新环境，即区域科技

创新网络是区域发展的决定因素。对于开发区来说，科技创新网络是指相关行为主体（企业、高校与科研机构、孵化器、中介机构、开发区管委会等组织）之间在长期正式或非正式的交流、协作创新关系的基础上所形成的相对稳定的系统。总的来说，这种网络系统是一种开发区内企业有选择地与高校或科研机构及其在区内孵化器内的项目，或者与其他企业所结成的持久的技术协作关系，例如技术联盟、产学研联盟等。这些协作关系都是相对稳定的、市场化的，有助于提高科技创新效率，避免资源浪费。

（一）科技创新网络运行的主要优势

这种网络系统的构建和运行，给经济开发区内企业提供了各种正式和非正式的勾通渠道，以及发现、学习、选择、运用、改进技术的机会，使其获得了重要的协同作用和技术产品的交叉繁殖，不断强化核心竞争力；将经济开发区内企业链接到更广泛的科技创新系统中，形成更大范围的创新信息交流与互补，而不再像传统模式中，大多数创新活动只发生在大企业内部的研发机构；使经济开发区内企业降低了与各创新主体间的交易费用，甚至使边际社会成本趋近零，增强了企业个体及群体转型发展的动力。

同时网络系统给经济开发区内各类行为主体提供了相互学习与交流的空间，大家在吸取他人知识与技术的同时，整体的创新能力得到质的飞跃。

（二）科技创新网络运行的主要特征

按照经济开发区发展初期创新活动的机制不同和特征不同，可将科技创新网络分为：引进创新型网络和集成创新型网络两种。

1. 引进创新型网络

经济开发区内企业通过各种方式引进或购进国内外专利而取得前沿技术，在促进企业发展的过程中使之根植于本区经济、社会、文化的网络之中。采用“外来技术 + 本区特色”的发展思路，在学习消化后融入自身的科技底蕴再进行创新。

2. 集成创新型网络

在一些经济开发区中，企业与高校、科研机构等进行联合研发与集成创新，利用区内外资金，促使创新成果在本区域内商品化、产业化，逐步形成产业链。

三、经济开发区科技创新网络的运行机理

经济开发区科技创新网络中包含多个主体（节点），高校和科研机构是原始创新成果输出的主体；各类孵化器（科技园）是创新成果孵化成新技术的主体；企业是新技术转化

成现实生产力的主体[18]；中介机构是给产学研协同创新提供服务的主体；开发区管委会成为科技创新网络有效运行的组织与引导的主体。它们各司其职，相互协作，形成一个完整的、稳定的系统。

（一）高校与科研机构是科学创新的主体

高校和科研机构作为科学创新主体的贡献体现在两个层次：一是科学发现，二是科学发明。科学发现所创造的知识可以成为科学发明的基础，科学发明乃至科学发现可以成为技术创新的源泉。微软公司“一夜暴富”的现实颠覆了过去技术创新的路径，改变了科技发明转化成现实生产力的时间，从原来几百年缩短到现在的几年甚至更短。知识经济时代的到来加大了高校与经济开发区内企业的合作，为知识和技术在区内的不断外溢、创新提供了更多的机会。

（二）各类孵化器（科技园）是孵化新技术的主体

经济开发区孵化器的明确定位是孵化新技术成果、培育中小型新技术企业，是科学创新与技术创新的交融点。孵化器建设是“孵鸡出壳”的阳光工程，不是单纯地建设厂房和办公用硬件设施。孵化器建设的重要意义和作用主要在于两方面：一方面，它是新技术孵化的平台。高校教师、科研人员掌握了先进理论与技术，通过创办、领办中小型科技企业，把科学创新成果变成现实的生产力。这一类科技企业的发展，客观上需要有一个培育过程，孵化器为实现该培育过程提供了一个平台。在此平台上，有政府扶持政策、良好的中介服务体系，又有配套完善的软硬件设施，能够帮助入孵的企业尽快完成“成果—产品—商品”的转化，以及内部管理由不规范到基本完善的过程。这些都将有利于经济开发区内依靠科技生存的中小型企业逐渐壮大。另一方面，这也为进入技术创新阶段的成果提供一种筛选平台。从表 2 可以看出，江苏省经济开发区科技企业孵化器数量占全国的 30. 25%，创业导师人数占全国的 26. 6%，孵化器总收入占全国的 35. 9%，孵化基金总额占全国的 21. 58%，应该承认其企业孵化能力是比较领先的。

表 2　江苏经济开发区科技企业孵化器重点指标的全国占比表

地区	孵化器建设		孵化器收入		创业导师		孵化基金	
	总量（个）	占比（%）	总量（千元）	占比（%）	总量（人）	占比（%）	总量（千元）	占比（%）
全国	1468	100	29234873	100	9262	100	18245079	100
江苏	444	30. 25	10497841	35. 9	2464	26. 6	3936774	21. 58

资料来源：《中国火炬年鉴（2014）》。

（三）企业是技术创新的主体

经济开发区内的企业是整个市场经济活动的第一主体，强大的市场压力迫使企业以技艺创新为核心，同时贯穿对理念、产品、管理的创新。在开发区内，大企业可以通过不断的技术创新来防止被模仿超越，保持其市场领导的地位。中小企业因受人才、技术、资金等因素制约，难以自主研发，凭借其更灵活的机制、更接近市场的优势，从生产工艺以及营销方式上着手，加强与其他创新网络主体的合作。江苏省经济开发区的企业坚守自主创新的理念，凭借创新竞争的韧性，在充裕的资金和人才支持下，已经孕育出一批代表新产业革命方向的新兴产业和新型产品，特别是光伏、风力发电、轨道交通、集成电路、生物医药、半导体照明、新型平板显示、新型环保装备等新兴产业已形成较完整的产业链。资料显示，江阴经济开发区依靠区内企业的技术创新，在历经金融危机后和复杂经济环境下仍实现较快发展，2015 年地区生产总值保持 9% 以上的高增长。

（四）开发区管委会是创新活动组织的主体

开发区管委会承担着协同创新组织的重要责任，直接负责协调、引导高校和科研机构与企业创新要素间的交流。从根本上说，开发区管委会引导与服务科技创新活动的主要机制，是通过对创新资源的有效配置来影响创新活动的方向、速度和规模的。毋庸讳言，开发区管委会的运作可能增加了创新活动的不确定性。按照埃兹科维茨（Etikowitz）和雷德斯多夫（Leydesdorff）提出的大学（或研究机构）、企业、政府三位一体有效系统整合后的三重螺旋模式，政府的职能是发挥技术创新主体的自主性，促进区域内大学与产业的联系。因此，开发区管委会引导、服务创新活动的有效性体现在两方面，即有效排除创新障碍和进行资源配置。

四、经济开发区转型升级动力机制运作的保障措施

（一）加强规划和考核导向

创新网络构建与有效运作的根基在于规划和考核导向。在深刻把握创新网络演化内在规律的基础上，将绿色、共享、开放等现代理念融入其中，从各类开发区的发展实际出发，坚持扬长避短、放大优势主导产业，科学合理地对经济开发区的发展进行布局规划。加强对科研成果转化率、拥有自主知识产权的高科技产品孵化率、新技术企业孵化率等关键指标的考核，以考核来促进其自主创新能力的发展。

（二）培植创新主体

创新网络的构成应以企业为核心。充分发挥具有自主知识产权的创新型企业的示范带动作用，积极鼓励著名企业研发中心入驻开发区；关注重视中小型科技企业创新能力的培养；进一步推进公众科技平台的建设，有效利用大学科技园来加强高校与企业间的合作交流，通过培训创新网络各类主体的核心人物，提升团队创新创业的素质和能力。

构建富有成效的创新网络重在有效集成创新主体和创新要素。利用技术研发和产业化项目将创新网络中的多个主体紧密结合，从技术、产业、产学研联盟等多个视角出发，形成风险共担的创新机制；用科技创新链支撑创新网络，高端产业链引导创新网络，企业生态链完善创新网络。

（三）健全市场机制

建立与运作创新网络需要依靠市场机制。充分认识市场这只无形之手在创新资源配置中的基础性作用，强化市场机制，加强各个主体的交流合作，平衡保护各方利益，降低交流障碍和交易费用；以国家知识产权有关法律法规为准则，结合经济开发区的现实情况，建立适合开发区的创新科技产权保护实施细则，在法治框架内和道德规范上有效维护原创者的权益，保障合作交流各方之间的信任；大力发展创新创业服务市场，引进、建立具有一定数量、规模、能力的配套现代服务型企业，建立规范有序的运作机制。

（四）优化创新环境

政策环境是创新网络得以茁壮成长的肥沃之土。理顺市、县各级政府和管委会的关系，将经济开发区的“一站式服务”和“区内事区内办结”落到实处，同时改革开发区管委会的管理组织形式，实现扁平化的小部门大服务模式；注重发挥开发区的引导、服务作用，进一步完善与国际接轨的工商、海关、商检系统运行机制，为创新活动提供完善的制度保障和合理政策支持；发挥政府创新创业基金的杠杆作用，以政府基金撬动完善风险体制的建立；多方疏通企业融资的渠道，精简规范行政审批程序，试行外商投资“负面清单”管理；构建合作创新、和谐共赢的文化氛围，塑造文明和谐的创新型开发区。

东北老工业基地重化工业转型升级战略思考与路径选择

——基于综合竞争优势理论的视角

王塑峰[①] 纪玉山[②]

（吉林大学）

一、问题提出：东北重化工业与东北经济问题

东北经济问题由来已久。自20世纪90年代起，东北经济出现了增长率下滑、工业结构失衡、矿产资源枯竭、企业步履艰难、接续产业匮乏的“东北现象”。2003年，中央政府出台了振兴东北老工业基地的政策，东北工业产值和GDP急剧上升。但是随着2008年国际金融经济危机席卷全球，加之东北地区改革开放推进缓慢，东北经济再次出现衰退，甚至从2012年开始，东北经济出现了增长率大幅下滑、大大低于全国平均水平的“断崖式下跌”。

然而从产业结构的角度出发，东北地区各产业之间的表现并不相同。东北经济中各产业的变动趋势与GDP的变动趋势并不完全一致。因此，理解和分析东北的经济问题的核心在于剖析东北的重化工业中存在的问题。

二、东北地区重化工业建设的历史经验

1949年之前中国的工业基础基本集中在沿海地区，东北地区虽然在伪满时期经历了钢铁、煤炭、电力、建筑材料等行业的快速增长，但是尚不能形成完成的工业体系，且发展极为畸形。

东北地区重化工业建设的成功，以下几方面因素是不可或缺的。

（一）大力投资基础设施建设

经济发展离不开交通、能源、水利等基础设施的建设，重化工业发展更是如此。第一

① 王塑峰，吉林大学经济学院讲师。

② 纪玉山，吉林大学经济学院教授。

个五年计划之前的东北虽有一定基础，但是仍然相当不足。

（二）构建“典型单位制”的企业管理制度

作为最早进入计划体制的地域，东北地区的几乎全部工业企业都是在国家的第一个五年计划中建立起来的。由于土地资源较为丰富，政府可以在较为空旷的空间内从容布局，兴建占地面积广大、集中度高的大型重化工业企业，并为企业职工构建生活所需的各种机构、提供数量众多的生活服务，使其工作、生活可以集中在一个相对独立的空间内。

（三）限制人口迁移，稳定劳动供给

重化工业的发展也同样需要大量稳定的劳动供给。东北重化工业的快速发展和迅速壮大是建立在优厚的自然条件和适宜的制度基础之上的。

三、改革开放后东北重化工业的问题与困境

造成东北重化工业衰退和东北经济放缓的真正原因，在于支撑重化工业发展的现实条件和制度基础在改革开放之后逐步瓦解，具体而言包括以下几点。

（一）产品廉价转让，后续投资不足

东北地区的重化工业基础建成以后，成为全国经济建设的重要投入品来源地。计划经济体制下，钢铁、原煤、原油、粮食、木材等产品根据政府和上级管理部门的指令调拨全国各地。这些产品经过其他部门的加工，一部分作为高附加值的产品重新运回东北，形成不等价交换。[7]换言之，东北的工业产品与外部工业产品之间存在“剪刀差”。

（二）人口与人才双重流失，生育率下降，老龄化问题凸显

人口和人才的流失给东北的重化工业和东北经济带了严重的问题。首先，作为经济增长必不可缺的要素，劳动供给减少将推动劳动市场上工资水平的上升，抬高企业成本，降低企业利润率。其次，青壮年劳动力是 GDP 创造的主力军，而大量青壮年劳动力的迁出不仅导致 GDP 增长乏力，同时也会降低政府的财政收入。即便是各种社会保障所需的财政支出保持不变，政府的财政压力也会提高。再次，青壮年劳动力迁出自然而然地改变了东北的人口结构，提高了老年人口比率。最后，这种人口迁移降低了东北地区的人口出生率，在长期中不利于东北经济增长。

（三）体制改革成本巨大，困难重重

完备全面的计划经济体制是东北重化工业建立和发展的重要前提，改革的顺利进行需要解决之前积累的大量历史的、政策的乃至社会性的问题，这既是广泛而深刻的利益调整，又需要巨大的成本付出，而无论是政府还是企业都缺乏相应的资金推动国有企业改革。

（四）资源枯竭、环境恶化，城市经济发展受阻

由于东北的重化工业多以资源采集和初级加工制造为特征，因此东北的重化工业受资源存量的影响非常大。目前一些重要的资源矿藏，如石油、煤炭、钢铁等大多进入了衰退期甚至是枯竭期，开采成本不断提高，市场竞争力却逐渐减弱，工人失业数量增加。此外，很多工业生产和采掘都是以破坏环境为代价的，由于东北重化工业企业利润率低，大多不能或不愿对被破坏的环境进行修复，导致重化工业发展的环境日益恶劣。

四、重振东北经济的战略选择：一个综合竞争优势的视角

有观点认为根据比较优势理论，东北问题源于东北的产业结构“不均衡”，三次产业所占比重高低相差悬殊，因此东北产业结构的调整应该“扬长补短”，发展东北地区较为缺乏的轻工业，而不再主要依靠重化工业支撑。那么，比较优势理论是否适用于东北经济问题的分析呢？东北经济是否应该转而发展其他产业呢？

（一）比较优势的理论及其缺陷

比较优势理论源于大卫·李嘉图对亚当·斯密“绝对优势”理论的拓展和一般化，进而又在国际贸易理论的发展中衍生出赫克歇尔－俄林的 H－O 理论，是解释和判断一国或地区在国际国内分工和贸易中所处地位和发展方向的重要理论。但是李嘉图的比较优势理论中只有一种要素——劳动，因此贸易理论后来的发展中引入了多种要素和商品，并通过不断放松赫克歇尔－俄林模型中的一些重要假定获得了更进一步的发展。技术、制度等多种因素逐渐被证明也可以是比较优势的来源。

（二）以综合竞争优势替代比较优势

考察东北经济问题，不能单纯依赖比较优势理论，而应该拓宽视野，以“综合竞争优势”的分析替代比较优势。

（1）以制度创新为核心。制度创新是综合竞争优势的理论内核。综合竞争优势理论是一种制度安排，它包括两个层面：一是宏观政府这一层面，包括对创新支撑体系的制度安排、人力资源培养体系的制度安排、贯彻国家利益原则的制度安排等。这些体系安排都是以政府主导的制度创新为基础的。二是微观企业的创新层面，包括公司法人治理结构的完善、有效的约束机制、激励机制等。

（2）以自主技术创新为主线。自主技术创新是指企业通过拥有自主知识产权的技术创新，形成企业产品的竞争活力，构造产品的高端技术优势，在高端产品中同其他地区与国家进行竞争，形成优势，促进东北地区的经济发展。在一个完全的市场经济中，这种企业的竞争优势会转化为行业的竞争优势，进而获得对外贸易中的竞争优势。

（3）以人力资源培育和要素禀赋为支撑。以人力资源培育和要素禀赋为支撑是指通过一定的制度安排发展教育，特别是针对劳动者的教育与培养，从而促进普通劳动者向高素质劳动者的转化，把劳动力的数量优势转变为质量优势，并促进其他要素禀赋的发展，从而形成对地区经济的支撑。

（4）以有效的宏观经济调控政策为保障。以有效的宏观经济调控政策为保障是指一国或地区的政府应保障对于本国或本地区有利的各项政策得以实施，引导企业协调发展，从而促进国家或地区的经济利益。

（5）充分发挥市场在资源配置中的基础性作用。充分发挥市场在资源配置中的基础性作用，是指在市场中自发形成竞争优势。新古典经济学的研究表明，若政府能够为微观主体的发展提供良好的环境，克服市场失灵，市场就会在资源配置中发挥其应有的效率。所以我们仍要坚持以市场作为配置资源的基本手段，通过加强宏观调控，把市场自发力量转化为综合竞争优势。

综上所述，综合竞争优势，是一种以竞争优势为基础，但不同于竞争优势的理论，之所以称为“综合竞争优势”，是因为与波特的“竞争优势”理论相比，把政府的主导制度创新作用内生化于贸易理论之中，以政府的制度创新作用为核心，以自主创新为主线，把要素禀赋的发展与制度创新联系起来，扬弃比较优势理论的单一分工模式，形成综合初级品及技术资本密集型产品二者竞争优势之和的对外贸易商品结构，以培育以人力资源优势为支撑，形成一个相互联系、自我动态演进的经济体系。这一理论的基础是企业自主技术创新所形成的产品竞争优势，但这一竞争优势是综合了制度因素、自主创新、人力资本优势、资源禀赋优势、政府保障、市场机制的竞争优势，因而称之为“综合竞争优势”。

（三）继续发展重化工业是东北经济振兴的必然战略选择

相较于中国其他地区，东北的重化工业时至今日仍然具有突出的比较优势。

表1　东北地区石油与铁矿储量占全国的比例

	2015年	2014年	2013年	2012年	2011年	2010年	2009年	2008年	2007年	2006年
石油	22.00%	23.09%	24.37%	25.62%	26.84%	29.04%	29.73%	31.48%	33.06%	34.71%
铁矿	27.36%	27.44%	30.68%	30.36%	28.45%	35.17%	34.27%	31.87%	32.14%	32.61%

资料来源：国家统计局：主要矿产基础储量，HTTP：//DATA. STATS. GOV. CN/EASYQUERY. HTM? CN = C01。

那么，为什么仍然拥有多项比较优势的东北重化工业乃至整个东北经济会遭遇增长的“滑铁卢”呢？综合竞争优势观之，答案一目了然。新中国成立初期，东北重化工业发展既有资源禀赋上的比较优势，又有大量的资本投资、丰沛的劳动力和土地供给，以及适于重化工业发展的诸多制度安排配套。东北重化工业因此获得了巨大而体系完备的综合竞争优势，也因此创造了新中国成立初期重化工业发展的辉煌。然而随着时间推移，这种综合竞争优势并未完整保持下来，综合竞争优势也符合“木桶原则”，即综合竞争优势中最弱的一项决定了整体所能获得优势的上限。因此即便东北重化工业目前仍拥有若干项比较优势，但是综合竞争优势已经大幅降低，加之国内其他地区经济增长相对加快，东北重化工业的优势地位更是加速衰落。

同样根据综合竞争优势，重化工业仍然是，也必将是东北地区经济增长的关键所在。

五、推动重化工业转型升级，振兴东北经济

（一）走新型工业化道路，实现重化工业轻型化

东北的重化工业只有实现所谓的“轻型化”“高级化”，才可能称为推动东北经济增长的比较优势。这里所谓的“轻型化”，是指在利用先进的科技成果与手段，如生产技术、信息技术、生物技术等，提高重化工业从要素投入、生产过程到产品产出全流程的升级改造，减轻重化工业对要素投入数量的依赖，减轻生产过程对排放、噪音、污染的依赖，减轻产品产出对规模数量的依赖，进而提高要素投入的利用效率、生产过程的生产效率和产品产出的经济效率。

（二）完善、升级基础设施，拓展重化工业发展空间

1. 加强交通运输等基础设施建设

进一步加速覆盖东北地区的一体化交通网络，有重点地强化经济发达城市的辐射带动作用，具有极为重要的意义。应根据不同地域的具体情况，在交通基础设施投资方面予以区别对待。对于交通网络基础较好的地区，着力提高交通网络的质量，建设符合现代物流

业发展的立体交通体系；对于其他地区则应首先立足于扩大交通网络的密度和覆盖率，拓展这些地区与经济较为发达的城市和地区之间的通道。同时对现有铁路网络进行扩能改造，推进高速铁路网络建设。在适宜的时机寻求打通陆上国际通道，拓展东北重化工业发展的国际空间。

2. 加速边境口岸建设，开拓东北地区的国际市场空间

东北应尽快完善边境口岸的基础设施建设，对各口岸进行必要的改建和扩建，扩大港口规模，增加泊位，增强吞吐能力，通过公路和铁路将边境口岸与东北交通网络连接起来。

（三）推动体制改革，构建有利重化工业发展的软环境

政府是软环境的“规划者”“引导者”“组织者”和“推动者”。软环境的建设是一个长期而复杂的过程，就东北现实情况和重化工业发展需要而言，笔者以为以下两方面是东北软环境建设的重点。

1. 转变政府职能，提高政府效率

政府应积极采取行动，改变过去对企业直接管理和干预的思想和做法，改管理者的角色为服务者、引导者和监管者。适应市场经济发展的要求，将工作重点转向提供必要的社会公共服务，如司法、安全、社会保障、基础设施建设、公共医疗卫生、环境保护等。逐步直至完全停止直接投资企业的行为，改为通过税收补贴政策引导企业行为。在行政过程中提倡法治，依法行政，提高决策的科学性、透明度和社会公信力，在“简政放权、放管结合、优化服务”的原则下实现“法治东北”“信用东北”，并通过宣传和实践，改善东北地区“政府主导市场”的看法，切实改善东北地区的经济发展环境。

2. 构建和完善东北重化工业的创新体制和政策体系

李克强总理在十二届全国人民代表大会第四次会议上强调创新要摆在国家发展的核心位置。东北重化工业的问题之一就是创新不足。其中固然有体制机制的束缚，但是长期以来东北重化工业企业中缺乏创新激励、没有创新政策也是不争的事实。而世界著名工业区的改造实践证明，只有通过创新，传统工业企业才能提高生产效率、实现节能减排，适应市场需求的变化。

中国南海不可再生资源跨期开发利用研究

——基于马克思蓝色土地自然力视角

刘静暖[①] 纪玉山[②] 课题组其他成员

（海南热带海洋学院 吉林大学）

一、中国南海不可再生资源的蓝色土地自然力意蕴

（一）中国南海不可再生资源的蓝色土地自然力内涵

从经济学角度，广义的土地自然力，指地上地下一切自然资源具有的影响人类福利的能力，如土壤的肥力、海洋的渔产供给力、海水的浮力、矿山自然力、森林的生物自然力等。马克思重视土地自然力在人类存在与发展中的不可替代作用。南海的油气、可燃冰、多金属结核、矿砂等属于海洋自然力中的不可再生自然力，是劳动资料的自然富源，具有绝对稀缺性特征。我国处于工业化中期，南海不可再生自然力作为劳动资料的自然富源，对于经济社会发展更加具有决定意义。

（二）中国南海不可再生资源的蓝色要素效应

南海的石油、天然气、可燃冰、金属矿产、多金属结核、结壳等是石化工业、航天工业以及一切产业的基础要素。钴、锰和镍，用于钢材可增加钢材的硬度、强度和抗腐蚀性。用于航天工业，生产超合金。用于高新技术，生产光电电池、太阳能电池、超导体、高级激光系统、催化剂、燃料电池和强力磁。作为蓝色基本生产要素，对于中国海洋经济系统的存在和发展具有性命攸关性特点。诚如加尔布雷斯所言，谁掌握了最难获得的、最难替代的生产要素，谁就拥有财富分配权利。

---

① 刘静暖，海南热带海洋学院教授。

② 纪玉山，吉林大学经济学院教授。

二、中国南海不可再生资源开发利用现状及存在的问题

（一）中国南海不可再生资源的蓝色土地自然力存量现状

南海砂矿丰富，独居石、锆石、钛铁矿、玻璃石英砂、钛铁矿、锆英石、蓝宝石、水晶、三水型铝土、沸石、黄金、水泥灰岩、花岗石材、矿泉水等分布集中，具有重要的开发价值。南海的高岭土、泥灰、冶金用粗面岩、锗、碲、铟等矿产储量全国第一。海随航发现的铁锰结核结壳主要分布在东沙群岛、西沙群岛、中沙台地、礼乐滩周缘和黄岩海山、中南海山、玳瑁海山、珍贝海山、宪北海山和尖峰海山等10个海区。由于海洋多金属结核开发开采成本比陆地高，再加之陆地资源基本满足需要，因而，南海多金属结核尚处于处女地状态，是未来的潜在资源保障。

中国南海石油天然气资源丰富，有“第二海湾”之称。来自《海南省海洋资源环境状况》2015年的数据，南海石油储量大致在230亿~300亿吨之间，约占中国总资源量1/3。已发现油田107个气田162个。

可燃冰，即天然气水合物，是天然气分子被包进水分子中，在海底低温与压力下形成的白色结晶状固体。1999年中国南海发现了天然气水合物，2002年勘探南海可燃冰储量相当于700亿吨油当量，在西沙海槽圈出了可燃冰矿区。2011年中国国土资源部发布报告称，南海神狐海域可燃冰的总资源储量194亿立方米。2017年5月18日在中国南海神狐海域可燃冰试产成功，平均日产6800立方米，产气过程平稳，井底状况良好，获得各项测试数据264万组，为下一步工作奠定了坚实基础。

（二）近海不可再生资源的蓝色土地自然力递减状态

中国南海北部滨岸矿产，存在着野蛮开采、采富弃贫、污染环境等开采行为，致使蓝色土地自然力递减；海南省田独铁矿，总储量为500万吨，已于1960年采完闭坑；海南的石碌铁矿，累计探明总储量4.66亿吨，含铁平均品位48.81%；钴金属量1.3万吨；铜金属量7.5万吨等。明清时期，石碌铁矿就遭到私挖盗采；20世纪40年代，日本侵略者对铁矿石疯狂开采，掠走338.27万吨矿石。新中国至今，由于大量开采，目前石碌铁矿接近枯竭，一度辉煌的国营采矿公司已经凋敝。中国南海近海油气资源，如北部湾盆地、琼东南盆地，开发较早，已经过了开发的高峰期，产量出现了递减现象。中海油2012年年报显示，近5年来，南海西部（以北部湾盆地和莺歌海盆地为主要产区）油气产量在2010年达到高峰后连续下降，从2010年的145375桶油当量/天已下降到2012年的135007桶油当量/天。

（三）南海不可再生自然力资源蓝色土地自然力危机凸显

中国南海不可再生资源，作为蓝色土地自然力，潜在危机与现实危机凸显。总体来看，中国的不可再生资源尤其是石油资源对外依存度不断升高，国内石油的有效供给与需求之间缺口不断加大。开发南海油气资源，具有时间上的紧迫性和发展安全上的战略性。然而，中国南海不可再生资源的开发利用正受到各方面的挑战，危机尽显。

其一，南海北部近海易于开采的油气资源已经跨过了资源储量的高峰期，开发潜力不足，“后半桶”石油时代的负效应凸显；

其二，滨岸矿产资源存在严重的无序化开采问题，有些矿藏已经枯竭；

其三，远海，尤其是南沙群岛深海海域油气资源的开发受制于当前的国内技术水平，勘探开采难以正常进行；

其四，南海西部、南部油气资源，被周边国家如越南、菲律宾、马来西亚等国家的疯狂盗采，储存总量随着盗采数量增加的而下降，最终影响中国能源安全和经济社会发展安全；

其五，南海中部深海地区的不可再生资源的开发由于海权问题，在开发开采中常常受到周边国家的粗暴干预。

三、中国南海不可再生资源跨期开发利用的对策

（一）促进中国南海不可再生资源开发利用海权的维护

要实现中国南海不可再生资源跨期开发利用，就要保障海权。党的十八大明确指出要“提高海洋资源开发能力，发展海洋经济，保护海洋生态环境，坚决维护国家海洋权益，建设海洋强国”。马克思有着深厚的海权保护思想，对于指导维护中国南海海权具有重要指导意义。

中国南海自古以来就是中国的蓝色国土，这是一个不争的事实。然而，自 20 世纪 70 年代，中国南海发现石油天然气锰结核等巨量储藏以来，受利益驱使，南海周边的越南、菲律宾、马来西亚、印度尼西亚、文莱等挑起海洋权益争端，以达到掠夺海洋资源的目的。目前，九段线内中国南海 210 万平方公里蓝色国土，中国实际控制海域不足 150 万平方公里，许多岛礁被周边国家非法占领，其中越南占据南沙群岛岛礁数量最多，达到 28 个。每年盗采的石油资源保守估计在 1500 万吨以上，直接经济损失高达 109 亿美元，相当于人民币 686.7 亿元。甚是，中国在南海南沙群岛、西沙群岛铺设钻井平台也受到越南、菲律宾的无理干扰和破坏。为了中国南海不可再生资源的合理有序开采，避免被他国

的肆意掠夺，“维护海洋权益，建设海洋强国”势在必行。

马克思认为，海权与经济是一个相辅相成的耦合系统，其海权思想为我国南海权益的维护指明了方向。

一是咬住青山不放松，以坚定的信心和姿态强力捍卫南海主权。

二是多变对话协商，推行睦邻友好机制。对话、协商的前提是对南海海权的坚定声索。在此前提下，可以探寻合作发展共赢的机制。

三是大力发展海防经济，夯实了南海海防基础，加大巩固南海海权力量。

四是对于没有争议的中国南海海域，要在国内省区之间合理分区，清晰界定海权。

（二）跨期开发利用模型的建立

马克思把矿山看作一块可以使用多年的地产，由于矿山的占有权垄断性质，征收地租是矿山有偿开发利用的前提。南海不可再生资源，如海底矿产、油气资源等相当于一份资产，一块蓝色田产。矿山是采掘业的劳动对象，采掘业就是从矿山的土地内部把物质财富挖掘出来，它与种植业在地表上挖掘物质财富的本质属性一样。因而，它也像土地地租一样，包括级差地租、绝对地租和垄断地租三种形式。

如果用 R 表示矿山地租，或资源租，r 为资源租的增长率，t 为矿山租用的时间或开发使用的时间。则中国南海不可再生资源资源租的基本表达式为：

$$R_t = (r+1) R_{t-1} \tag{1}$$

对于资源租增长率 r 的规定，马克思指出，土地价格是“按年收益若干倍来计算的，这不过是地租资本化的另一种表现。实际上，这个购买价格不是土地的购买价格，而是土地所提供的地租的购买价格，它是按普通利息率来计算的”。“在土地的购买者看来，地租不过表现为他用以购买土地以及地租索取权的那个商品的利息”。马克思之所以把资源租（霍特林租）的增长率规定为普通利息率，是基于机会成本的考虑：即一定数量的资本，获得的利息收入是该资本用于租用矿山的机会成本。资源租 R 的增长率 r 按照利息率的增长增长。也可以把 R 看作影子价格，影子价格的增长率相当于社会效用贴现率。

基于代际公平的考虑，通过租金最大化，或净收益的最大化，把租金或净收益储蓄起来成为净资源租，用净资源租进行不可再生资源的有效投资补偿，或寻求替代资源，经济增长才不会遭遇瓶颈，代际公平才能得以实现。投入大于产出，则可以保证跨期收入相等或效用不变。储蓄下来的资源租，用于维护原有资本存量完整性补偿，只有在损耗得到补偿的前提下，才具有可持续性。中国南海不可再生资源损耗的总量相当于应收取的净的资源租，其核算式为：

$$R_0 = \frac{R_t}{(1+r)^t} \tag{2}$$

其中 R_0 为净的资源租，R_t 为资源的总收益，t 为时间，r 为社会效用贴现率。

我国一些学者运用资源租核算了煤炭和油气自然力天然成本补偿情况，它们分别以 0%、2% 和 5% 的贴现率进行估算，结果发现，我国不可再生自然力资源在开发利用中，没有合理进行原有资本存量完整性补偿，资源的利用处于不可持续状态。

笼统地说，中国南海不可再生资源总资本存量的原值为：

不可再生资源总资本存量原值 R_0，就可以对 t 年应回收的不可再生资源补偿额度进行估算。公式为：

$$R_t = R_0 e^{pt} \tag{3}$$

如果把生态成本考虑进来，则中国南海不可再生资源补偿额为：

$$R_t = R_0 e^{pt} + MPC_t + MPE_t \tag{4}$$

从式（4）中可以看出，t 值越大，不可再生资源使用年限越长，t 年价格越高。从长远来看，由于中国南海不可再生资源稀缺程度不断提高，其比照价格呈现上升态势。

（1）延长不可再生资源开发利用年限，从可持续发展的视角确定模型中的 t，为后代留足发展所用的资源。

（2）合理征收和规划资源补偿金 MPE_t，用于可再生的替代资源的开发利用，补偿不可再生资源开发成本。

（三）远景规划的制订

马克思蓝色土地自然力跨期开发利用的具体化是制定远景规划。

1. 指导思想或原则

一是要坚持人与海洋自然力相和谐的原则，制定中国南海绿色发展、生态发展规划。制定中国南海不可再生资源跨期开发规划，首先要把蓝色土地看作人的无机身体，要与之建立和谐的关系。马克思的结论是："所谓人的肉体生活和精神生活同自然界相联系，不外是说自然界同自身相联系，因为人是自然界的一部分。"二是要坚持代际公平原则。制定跨期愿景规划，要为后代人留下资源和发展空间。

2. 制定国家监管机制

马克思坚持耕地利用要"有意识地加以控制"，意味着，对于中国南海战略性资源，要进行国家监管机制设计。中国是社会主义国家，国家是人民利益的代表，是共产主义的前期。马克思说："共产主义是私有财产即人的自我异化的积极的扬弃……作为完成了的自然主义＝人道主义，而作为完成了的人道主义＝自然主义，是人和自然界之间、人和人之间的矛盾的真正解决，是存在和本质、对象化和自我确证、自由和必然、个体和类之间的斗争的真正解决。”

（四）深海油气技术的激励创新机制

将马克思的科技思想用以指导海洋科技发展，习总书记要求建设海洋强国必须“大力发展海洋高新技术”，搞好“海洋科技创新总体规划”。当前，对深海、大洋资源的开发越来越依赖于海洋基础研究的进步和海洋高技术的发展，亟待提高对海洋自然力的认识能力和水平。

1. 激励设计，推动海洋科技的自主创新

当前，我国中国海油公司已经在南海深水水域，拟进行深海油气勘探尝试。但是，由于我国油气研究滞后于国际同行，深水油气勘探面临诸多基础科学研究不足及技术难题。加强中国南海不可再生资源基础研究与自主技术创新驱动机制建设，以便激励基础科研人员、科技人员“要从一切方面去探索地球，以便发现新的有用物体，和原有物体的新的使用属性，如原有物体作为原料等等的新的属性；因此，要把自然科学发展到它的顶点”。

2. 它山之石可以攻玉，鼓励海洋资源高技术研究的主导、参与、学习与引进

马克思指出，“我们在最先进的工业国家中已经降服了自然力，迫使它为人们服务；这样我们就无限地增加了生产，使得一个小孩在今天所生产的东西，比以前的一百年成年人所生产的还要多。”

它山之石可以攻玉。一是积极参与海洋发达国家的海洋大科学研究，在研究中学习借鉴，科研的先进理念、前沿科学、高端技术。当前我国参加了 GOOS 和 ARGO 等全球性或区域性国际合作海洋研究计划，对于提升我国海洋基础研究能力效果明显。二是要以东道国身份，积极谋划以我国为主的大型国际合作研究计划，把世界顶尖各领域科学家集结起来，攻坚克难，将我国的研究拉进深海不可再生资源科技前沿领域。三是加强引进。通过技术购买或科技合作方式，引进海洋经济发达国家的先进技术，如美、日、欧洲国家等，为我所用。

3. 技术推广和信息共享机制

我国要借助 21 世纪海上丝绸之路战略平台，通过协商、合作，建立东盟海洋科技信息共享平台，互通有余，促进南海深海油气勘探和开采信息共享，节约交易成本，提高效率。当前，我国与越南在北部湾地区的湾内湾外油气开发合作中，进行了海底地下勘探信息交流交换，取得了良好时效。

绿色金融：农业供给侧改革的有效手段

胡雪萍[①] 张庄雅 郑涵茜

（中南财经政法大学经济学院）

一、文献回顾

（一）农业供给侧改革面临的问题

和龙、葛新权等（2016）指出，粮食“三量齐增”、农产品结构失衡、资源环境“紧箍咒”越绷越紧、农民增收后劲不足是目前我国农业供给侧改革面临的突出问题。江维国（2016）等认为当前我国农业供给侧存在制度滞后与缺失并存、技术创新有待全面加强、劳动力整体素质偏低、土地流动难度加大、资本增量不够且存量未盘活等问题。

（二）农业供给侧改革的内容与方向

从农业土地优化角度，何广文、何婧（2017）提出，面对土地污染问题，如何走向绿色农业是农业供给侧结构性改革面临的首要问题。需要的是推进农业清洁生产，生产绿色、有机农产品，化肥、农药使用量必须缩减，防止土地进一步污染。

从资源有效配置角度，王平、王琴梅（2017）认为我国农业供给侧改革的目标是通过资源和要素重新配置，调整农业产业结构以实现农产品生产的高效率，保证农产品供应的高质量以及在此基础上的高市场竞争力。

从创新角度，姜长云、杜志雄（2017）指出推进农业供给侧改革需要重点避免的误区是不能轻视体制机制改革和培育创新驱动的支柱作用。江维国、李立清（2016）认为，科技创新的支撑与引领是农业发展转型升级、提质增效的强大动源。我国农业供给侧改革需要强化技术创新来提供持续动力。

从劳动力角度，李国祥（2016）认为我国农业供给侧结构性改革理应更好地推动粮食

---

① 胡雪萍，中南财经政法大学博士生导师，教授。

适度规模经营发展，更好地培育出新型职业农民和新型经营主体是我国的长远大计。

王进等（2016）分析了农业银行在农村供给侧改革中的助推作用，农业银行应当抓住机遇，从自身供给侧开始改革，加快发展绿色金融及绿色信贷业务。加快开发“三农”新产品，同时控制农业产业信贷风险。创新绿色金融业务，完善绿色金融运营机制。郭永田（2016）从政策性金融在供给侧改革中的要素供给作用、资源配置以及逆向配置等作用的分析，来缓解农业供给侧错位和失衡、优化农业产业结构，转变农业生产模式和资源利用方式以及降成本、去库存、补短板等多个角度来探讨农业供给侧改革。

国内学者围绕农业供给侧改革中去库存、降成本、补短板等角度开展了详尽的研究，为农业供给侧改革研究提供了丰富的参考。但当前较少有学者从绿色金融的角度来探讨实现农业产业转型、农业绿色发展的相关研究。本文基于绿色金融的视角来研究如何解决农业中的结构性问题，进行农业供给侧改革，提出合理有效的路径。

二、农业供给侧改革的问题分析

（一）农业土地供给污染问题严重

土地资源是农作物生产与供给的根基，是宝贵的农业生产要素，直接影响着农产品的产量与质量。我国农业粗放的生产方式、城镇化以及水土流失等问题都在不断地威胁着农业土地资源。我国农村土地质量偏低，中低等土地的面积高达 70.6% 的比例。全国耕地平均质量由 2014 年的 9.97 等下降到 2015 年的 5.11 等。

农业污染主要来源于农业自身发展产生的污染以及城市向农村转移的污染。农业自身生产过程中的农药化肥的不合理施用，城市垃圾以及工业“三废”，直接导致农村耕地质量下降，间接增加了农产品的质量安全风险。据全国 2005 年到 2013 年的土壤污染状况调查结果显示，全国土壤总的点位超标率为 16.1%，耕地、林地、草地等点位分别达到了 19.4%、10.0%、10.4%。

工业“三废”与城市垃圾的涌入，占用了农村大量土地资源，是农村重金属污染的重要源头。工业废渣中残留的大量重金属元素威胁着农作物的生长以及农业生态环境，城市垃圾携带的病菌及其有机物破坏了农村环境的生态平衡，使土壤恶化，耕地质量下降。在污染源类型上，以镉、汞、砷、铜为代表的重金属污染甚为严重，其超标点位数占总污染点位数的 82.8%。滴滴涕、多环芳烃等有机物污染比例相对较小。

（二）农产品产能过剩与短缺并行

随着现代化农业生产技术的不断改进及应用，我国的农业得到了飞速的发展，粮食产量也逐年递增。国家统计局数据显示，2015 年全国粮食总产量达到 6.21 亿吨，比 2014 年同比增长 2.4%。2004 年至 2015 年，我国粮食生产实现“十二连增”。产量的增加促进了粮食库存的积压，近年来不断攀升高点。玉米、小麦等大量的库存直接导致农民增产不增收的现状，影响农民生产的积极性。一些不受关税配额管理的玉米替代品进口却不断增加，加剧了我国粮食“三量齐增”（生产量、库存量、进口量）的困境。我国农业呈现全面的供过于求的局面，而大豆以及优质的农产品供给则相对短缺，农业供需失调严重。我国的玉米和大豆行业就是明显的例子。供给过于需求主要表现在农产品过剩，我国的玉米供给明显大于需求，玉米的产量由 2009 年的 1.38 亿吨增加到 2015 年的 2.29 亿吨，较 2014 年增长 3.4%，而我国玉米需求量总体低迷，2015 年玉米需求量仅为 1.49 亿吨（见图 1）。玉米积存量达到了 2 亿多吨，由此可以观察到玉米产业处于严重的供过于求的状态。

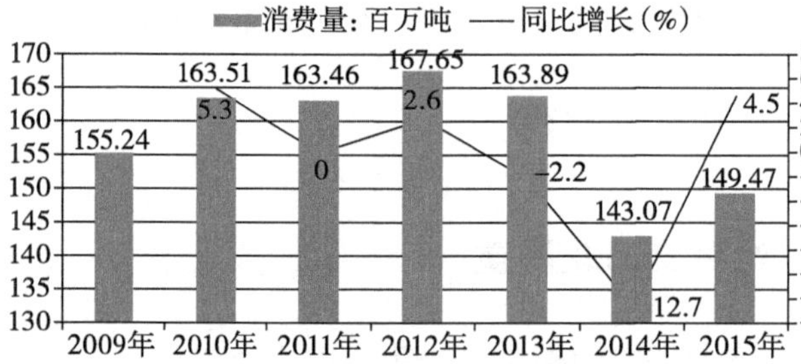

图 1　2009—2015 年玉米需求量走势图

大豆生产则与玉米产业相反，大豆产量不断走低远不能满足人们的需求。由图 2 所示，大豆产量由 2001 年的 0.15 亿吨减少到 2016 年的 0.12 亿吨。而 2014 年我国大豆进口量则达到了 0.71 亿吨，2016 年大豆进口量再创新高达到了 0.84 亿吨，占大豆消费的 87.50%。大豆需求快速增长，国内供给则明显短缺，供需缺口进一步扩大，只能依靠国外进口来补齐需求缺口。此外，我国优质、多样化的农产品相对匮乏，再加上劳动力、土地等生产成本的不断提升，不断削弱我国农产品竞争力。而主要农产品则出现与国际市场价格倒挂，使得国外进口的农产品逐年递增，我国农业结构性失衡问题更加严重。

图 2　2000—2016 年大豆供给趋势

（三）农业科技创新不足

农业科技创新是我国农业发展的重要支撑力。当前我国农业供给侧改革面临的重大挑战是高效、绿色、安全的农业科技创新不足。主要有如下原因：

农业科研创新主体有待调整。我国主要由科研院所和高等院校等机构承担着农业科技研发的重任。涉农企业扮演的角色则相对较少，而发达国家的农业科研主体则是以企业为主，在研发投入上也给予了大力的支持。而我国企业开展科研创新无论是在政府支持力度上还是基础设施条件上都存在严重短缺，设立独立研发机构，开展农业科研活动的涉农企业的比例更低，且呈下降趋势。开展科技活动的涉农企业比例由 2000 年的 33% 下降到 2010 年 19. 34% 。

科技成果转化率低。近年来我国农业科技的转化速度加速发展，生态科技、绿色科技等农业产业蓬勃发展，科技创新对农业发展的贡献率达到了 55% 以上的水平。

（四）劳动力素质有待提高

我国拥有着丰富的农村剩余劳动力，但人力资本水平总体偏低。作为农业生产中的能动主体要素，利用其他生产要素进行生产，其劳动素质与产出结果是密不可分的。

在科技文化素质上，在农村劳动力中，我国农村近 80% 的劳动力不具备专业的科学技能，主要依赖于体力劳动与生产经验来从事农业活动。

在环保意识上，农户自身教育水平的影响以及外部环保教育宣传的不到位，对人类活动与环境关系的认识不深刻，没有强烈的环境保护意识，未能认识到其生产行为所导致的长期后果。为了追求更高的经济效益，在农业生产过程中往往通过大量的使用农药化肥的手段来促进产量的增加，而忽视了环境效益。

三、绿色金融助力农业供给侧改革的具体措施

（一）绿色金融促进土地供给要素优化

加强土地流转来优化土地资源配置是保护农村耕地、促进土壤合理利用的有效措施。而绿色金融是推动农村土地流转的重要动力。把口粮安全作为农村土地流转的重点目标，规范农村土地抵押贷款，优化土地资源配置，鼓励和支持承包土地向专业大户、家庭农场、农民合作社流转，实现土地的规模、集约化的合理利用在绿色金融的引导下必将土地资源利用与保护走向正轨。

加强绿色贷款体系建设，调动农民种粮的积极性与绿色生产意识，扩大农业绿色产业

经营规模需要各方金融机构的积极努力。村镇银行、贷款公司等新型农村金融机构通过设计满足农村土地流转需求的各种绿色信贷产品，设定符合绿色贷款的绿色生产指标与利率水平，鼓励农业产业绿色化。农村信用社、农村商业银行等农村合作性金融机构通过加强与政策性金融机构与商业性金融机构的合作来探索农村委托代理机制，充分利用广泛网点的优势来开展绿色信贷业务。

加强农业土地流转保险体系的建立，转移提供绿色贷款业务的银行以及非银行等金融机构的绿色信贷风险，以及规模化经营的业主生产过程中面临的市场风险和自然风险。通过土地流转保险体系的科学合理规划，建立农业绿色企业的管理制度与方法，对农村土地规模经营过程中的各种风险、灾害进行规避与防控，促进农业绿色、高效发展。

（二）绿色金融缓解农产品过剩与短缺现状，优化农业产业结构

绿色金融需要通过绿色金融工具，积极调动市场销路好、收益高的农产品生产，逐步限制滞销产品的生产，以顺应市场需求变化。同时，消费者逐步走向以均衡膳食为方向的食品需求，生产端应该在紧盯粮食供给的同时，合理调整生产资金的投入，将部分资金转向肉蛋奶鱼、果菜菌菇等方面，为消费者提供更丰富多样的农产品供给，实现农业资源的优化配置。

另外，提升农产品质量安全水平是农业供给侧改革的主攻方向。绿色金融可通过拓宽融资渠道等方式，支持农业生产的标准化、营销的品牌化和产品的优质化，还可用保险等工具分散农户生产过程中的风险，助力形成“品牌担保品质、优价激励优质”的正向激励机制。让优质农产品生产者有回报，让消费者能放心购买，使整个市场偏好有质量保证的绿色产品。

（三）绿色金融助力农业技术的研发，改善农业生态环境

绿色金融的介入与支持增强了农业绿色技术研究创新的动力，带来农业生产效益提升的同时，改善了农业的生态环境。对于农业生态环境问题突出的地区，加大绿色资金投入可实现生态环境改善以及农产品增质提效。一方面，通过土壤重金属综合调控技术和水生态修复技术等，对农业生态环境进行综合性治理与修复，扩大可耕种面积；另一方面，通过面源污染综合防治技术和绿色农业增产技术的配合使用，改善农产品安全问题现状，提高农产品质量。

（四）绿色金融助力劳动力升级

1. 农村职业教育推动转型新型职业农民

一方面，绿色金融可以利用资金的优势，给不能升学的农村青年创造接受职业教育与

培训的机会。整合地方中职、高职学校教育资源，打造对接农业生产经营、地方特色鲜明、办学实力较强现代职业教育平台。同时，政府可以借助绿色金融的方式充分利用农业龙头企业、社区服务中心等场所，加强企业、社区与农民的联动，确保农民能接受学习培训，掌握实用技术。

另一方面，通过贯穿理论与实践、产加销、贸工农的专业培训，引导其成为新型职业农民。要建立职业农民资格制度，规范培训、考核、发证和质量控制等工作。要将土地流转、补贴发放等与新型职业农民挂钩，为其打造良好成长环境。

2. 职业农民培育现代绿色农业后备军

通过对农民的培训和认定，可以通过绿色金融的手段，给新型经营主体提供贷款支持、信息共享和税收优惠等帮扶措施。同时，创新培训模式，对新型职业农民进行系统的技能和经营管理培训，帮助其树立现代化的生产经营理念，不断完善现代农业经营体系，从而培养懂经营、会管理的新型职业农民，进一步深化农业经营体系改革。

疏解非首都功能，发展北京CBD教育功能[①]

方兴[②]

（首都经济贸易大学）

疏解北京非首都功能时，北京CBD功能调整升级包括疏解和发展两个方面。一方面，疏解北京CBD的低端商铺和商品零售业以及高污染、高能耗产业。另一方面，发展北京CBD教育功能，为首都四个中心服务。

一、北京CBD的教育功能

（一）北京CBD教育功能的概念

北京CBD教育功能包括对内和对外两个方面。

1. 对内：北京CBD教育功能的四个作用

具体包括以下四点：

第一，提高北京CBD人员的素质。

第二，研究北京CBD集聚的国际顶级机构和人才的成功经验，弥补案例教学的不足。

理论来源于实践。高校教育中的理论常常滞后于现实世界的发展。因此需要从实际案例中不断总结提炼新的理论，以适应飞速发展的现代社会。北京CBD集聚的国际顶级机构和人才，他们成功的案例，是学习和总结国际先进经验技术的实际案例来源。

第三，北京CBD区内聚集的顶级机构和人才，与高校合作，形成北京CBD教育产业链。

第四，发展北京CBD教育功能，补齐北京CBD教育短板，助力打造首都和谐宜居之都。

---

① 本文由北京市社会科学基金项目（重点项目）“北京CBD教育功能发展研究”（项目编号：10AbJG364 ）资助。

② 方兴，首都经济贸易大学教授。

2. 对外：北京 CBD 教育功能——教育和文化交流是“外交政策的第四方面”

具体包括以下两个层面：

第一，北京 CBD 是弘扬中华文化的窗口。中华文化教育和汉语学习，可以使集聚在北京 CBD 的外籍人士感受中华文化的魅力。

第二，使馆区的教育和文化交流具有“外交政策的第四方面”。针对使馆区外交人员和外籍顶级商务人士的配偶和子女，发展精品教育，目的是与现在和未来对各国政治、文化和经济发展具有影响力的外籍人士建立密切关系。

（二）北京 CBD 教育功能的“他山之石”——国际的经验借鉴

1. 美国曼哈顿 CBD 与美国哥伦比亚大学

美国哥伦比亚大学有一些客座教授就是旁边华尔街的顶级人才。他们是实务界的精英，又是职业教育的智库资源。对美国曼哈顿 CBD 的教育功能有着积极的作用。

2. 上海 CBD 与哈佛商学院

哈佛商学院上海中心在上海 CBD 成立，研究 CBD 聚集的世界顶级机构，获取实际案例的资源，扩展提升教育机构的研究视角。哈佛商学院注重的是中国的案例资源，哈佛商学院教授每年要写作 400 个案例，这些案例来自全球不同的国家和地区，其中中国的企业如何发展、如何在全球化竞争中取胜是很多学生关心的话题。当这些案例研究成果最终出炉时，位于波士顿的哈佛商学院的成百上千名在校学员，以及那些急切希望更多了解中国企业和中国市场、兴奋地购买并学习案例的机构、公司将最终受益。

3. 硅谷与斯坦福大学

高校与企业之间的互动对于双方来说都是一件双赢的事情。好的例证是硅谷与斯坦福大学。硅谷人才的聚集，很大程度源于位于它旁边的斯坦福大学。斯坦福大学本身并没有以任何实体的形式直接参加企业的经营与运转，它只是通过与硅谷保持一种非常紧密的关系，及时地把自己的研究成果转移到硅谷的大小高科技企业中，并不断地向硅谷提供大量的创新型人才。

（三）北京 CBD 教育功能的选址——高端培训的最佳地点是位于 CBD 内

北京 CBD 人士的生活状态通常非常忙碌，要为他们提供高端培训，最佳选址应该可以节省他们的时间成本以及不会造成交通不便。而要达到此目的，选址应是位于 CBD 内，工作人员在下班之后就近接受高端培训。

或者，拥有先进的网络设备，可以为他们提供网络课程，减少培训时间的占用。北京

CBD 在建设伊始，就定位为数字 CBD。现在是首都唯一的文化传媒集聚区。又有北京 CBD 区内的电视台教育频道。但是，面对面的交流对于培训的效果起到非常重要的作用，使得老师可以及时了解到学员的需求，同时给予相应的帮助。因此，培训基地选址应该是 CBD 内。

二、抓住“天时地利人和”契机，发展北京 CBD 教育功能

北京 CBD 在弘扬中华民族文化，学习国际先进科技和经验方面，具有天时地利人和的优势。

（一）“天时”：发展北京 CBD 教育功能的时机

发展北京 CBD 的教育功能原因有以下五个方面：第一，我国“一带一路”的发展战略。第二，疏解北京非首都功能，低端市场将迁出北京进行调整升级。第三，我国加入 WTO 的 15 年保护期于 2015 年 7 月到期，之后，外商可以全行业进入我国。国际交往增大的同时，也加剧国内的国际竞争。客观上要求我国从业人员学习并达到参与国际市场竞争的水平。第四，新时代发展北京 CBD 教育功能，不仅是供给侧改革中新的经济增长点，而且为我国经济可持续发展提供人才储备。

（二）发展北京 CBD 教育功能的“地利”

北京 CBD 在学习国际先进经验和弘扬中华文化两方面均具有得天独厚的地理位置优势。应该因地制宜，发展北京 CBD 教育功能，为首都四个中心服务。

1. 与国际接轨，多元文化整合，优势互补

学习国际先进经验，北京 CBD 具有得天独厚的地理位置优势。据百度资料，北京 CBD 集中了北京市 90% 的国际传媒机构（169 家），约 80% 的国际组织、国际商会 110 家、约占 80% 的跨国公司地区总部 50 家、约 70% 的世界 500 强企业 160 家、约占 70% 的国际金融机构 252 家，北京 CBD 登记的外籍人口近 4. 4 万人，占北京市的 50% 。北京市约 50% 以上国际会议、90% 的国际商务会展在北京 CBD 举办。

另外美国 Yale 大学、芝加哥大学等国际顶级大学已经在北京 CBD 设立教育机构。应该充分利用国际教育资源，学习国际先进经验。

2. 弘扬中华民族文化具有地利优势

北京 CBD 内有大使馆区，中央电视台、人民日报社、凤凰卫视等我国的传媒机构，另外还集中了北京市 90% 的国际传媒机构（169 家）。弘扬中华民族文化，具有地理位置

和技术设备的优势。

3. 发展北京 CBD 教育功能，提升北京 CBD 的人口素质，改善北京 CBD 的人文环境

（三）“人和”：培养与国际一流 CBD 相称的我国从业人员

试想未来北京 CBD 已经达到国际一流水平，大量国际顶尖级机构进入。但是我国现有的从业人员由于不具有相关的技能，或未能达到与之相适应的专业技术水平，又未能通过学习，补上相关知识，无法在北京 CBD 就业。虽然未来北京 CBD 云集国际众多顶尖机构，但是从业人员大部分是外籍人员。情况类似于旧上海的十里洋场。如果未来真的发生上述情况，那时我们会后悔当初没有抓住时机发展北京 CBD 教育，培养符合国际水准的我国从业人员。特别是如果大量外籍人员充斥中资银行，将不仅产生信息安全隐患，在国家宏观调控经济时，会难于驾驭。对于我国金融、经济、社会安全构成潜在的风险。因此，今后应该发展北京 CBD 教育功能，培养与国际一流 CBD 相称的我国从业人员。特别是政治文化、银行金融等关乎国计民生的领域，应该由中国人掌握在我国的话语权，以及金融和经济调控的主动权。

三、发展北京 CBD 教育功能的资源与受众

发展北京 CBD 教育功能，有两个方面需要考虑，一方是北京 CBD 教育资源，另一方是北京 CBD 教育的受众。北京 CBD 既有得天独厚的、丰富的、多元文化的教育资源，又有迫切的需求。

（一）教育资源

（1）使馆区的多元文化。

（2）进入北京 CBD 的国际顶尖机构。

（二）教育的需求

（1）在北京 CBD 的外国人学习中国文化。

（2）在北京 CBD 的中国人员急需提高技能。

（3）在北京 CBD，普通教育难以满足高端群体的需求。

（4）精品教育供给相对于北京海淀、东城、西城匮乏。

发展北京 CBD 教育功能的受众方按照需求分为对外和对内两大类，对外是指外国人，

对内是指中国人。

四、发展北京 CBD 教育功能是供给侧新的增长点

与教育需求对应的供给侧，应该进行改革，当前供给侧改革的优势，包括前面所述的“天时”和“地利”。发展北京 CBD 的教育功能，弘扬中华文化，发展文化教育产业，新时代形成新的经济增长点，实为北京 CBD 因地制宜的供给侧改革。

五、政策建议

发展北京 CBD 教育功能，具体政策建议如下。

（一）应从“一带一路”战略和疏解非首都功能的双视角，审视北京 CBD 功能的调整

在疏解非首都功能中，调整北京 CBD 的功能，使之升级为国家的“一带一路”战略服务。同时，助力打造和谐宜居之都。即长期目标：北京 CBD 应该从国家级 CBD（即全国性经济中心），赶超洲际区域级 CBD（即区域性经济中心），升级到世界级 CBD（即全球性国际经济中心）。最终对世界经济、政治和文化产生巨大影响。

（二）北京 CBD 的功能应该首先服务于首都四个中心

北京 CBD 的功能过去定位为管理功能、集散功能、服务功能、交往功能。今后北京 CBD 应该首先服务于首都四个中心。即政治中心、文化中心、国际交往中心和科技创新中心。使馆区位于北京 CBD，是国际交往中外籍人士集聚地。北京 CBD 特殊的地理位置，决定了它的功能。因为北京 CBD 位于首都核心区，要为政治中心、文化中心、国际交往中心服务。

（三）北京 CBD 是弘扬中华文化的重要窗口

北京 CBD 是首都唯一的国际传媒产业集聚区，弘扬中华文化应将宣传教育落到实处。

之所以选择将北京 CBD 作为中国传统文化对外传播的新窗口，不仅是看重其独特的区位优势，更在于充分挖掘它在国际舞台上发挥作用的潜力，它是向世界展示中国经济、中国企业、民族文化、中国教育、民族品牌的主力军。当前我国正在继续推动“丝绸之路经济带”和“21 世纪海上丝绸之路”即“一带一路”的发展，其作为中国全面深化改革、开创高水平对外开放新局面的重要战略，在整个国家发展战略中占有不可忽视的重要作用，作为世界上跨度最长的经济大走廊，是世界上最具发展潜力的经济带，兼顾经济利

益和文化交流的双重重担，因此，北京 CBD 应该在这一过程中承担起助推“一带一路”向前发展的责任，在这一过程中使得中国传统文化在更广泛的区域内得到传播，国家形象进一步改善，中国的文化软实力进一步提升。相信在两者相辅相成的发展过程中，对外文化传播必定会迎来前所未有的新阶段。

（四）将北京 CBD 建设成为绿色 CBD（即生态 CBD）

几年前北京 CBD 的东扩，为北京 CBD 建成生态 CBD 提供了条件，朝阳公园在北京 CBD 的边沿。以此为北京 CBD 发展生态 CBD 的绿色之源，将自然生态和现代商务良好融合。体现人文关怀，使北京 CBD 成为文化生态绿色 CBD。

（五）文化是绿色 CBD 的灵魂，发展北京 CBD 教育功能，助力打造和谐宜居之都

关注北京 CBD 的和谐性，使人与自然、人与人之间，在整体和谐的新常态下寻求可持续发展。突出以人为本。居住空间应该多元设置。改善人文生态居住环境。

（六）高端职业培训：北京 CBD 是培养高素质商务人才的重要平台

事实上，国际顶尖的教育机构，如：美国耶鲁大学、宾大沃顿商学院、芝加哥大学等，已经进入北京 CBD。高端职业培训不仅培养高素质的商务人才，而且下班后的职业培训可以错开晚高峰，有助于缓解交通拥堵。

（七）精品教育：补齐北京 CBD 的教育短板

北京 CBD 的教育是不容忽视的短板，发展精品教育，可以避免跨区接送孩子。减少驾车出行。较少汽车尾气排放，缓解早晚高峰道路拥堵。同时节省时间和精力。

总之，为了建设绿色北京生态环境，还北京 CBD 蓝天白云，北京 CBD 应该向绿色生态立体化发展。应该突破传统的 CBD 概念，发展北京教育功能，弘扬中华文化。为首都的政治中心、文化中心、国际交往中心服务。助力北京成为和谐宜居之都。

/第四部分/

全球化与国际经济研究

习近平合作共赢世界理论：内涵、意义和历史与规律基础

——中国和国际政治经济学视野研究

程言君[1]　程昊[2]

（徐州市委党校）

一、习近平合作共赢世界理论：时代背景和研究意义

150多年前，马克思就深刻揭示了全球经济危机的历史必然性。早在2007年、2009年就准确预言了美国次贷危机的经济学家李慎明，2008年、2011年又一再预言“更严重的危机还在后头”。[3] 从西方主流国际政治经济学的“霸权稳定论”“霸权后合作论”成为“中国威胁论”的理论依据看，似乎在表明由于新自由主义日渐式微乃至成为过街老鼠，而有了取而代之成为国际垄断资本集团“一元独霸”殖民全球主要意识形态工具的可能。若如此，通过创立中国版国际政治经济学勇立“国际政治经济学第三波”潮头，来加强我国在全球的独立自主意识形态主导权，就是中国学界推动“中国方案”引领全球建构合作共赢世界的重要理论任务。[4]

由上述时代背景，不难发现习近平治国理政思想的合作共赢世界理论具有两方面重大价值：既有创新发展中国和国际政治经济学的重大学术价值，又有探讨人类发展及至当下全球治理演进规律推动变革的重大实践价值。

二、习近平合作共赢世界理论：基本内涵、标志性意义和历史基础

（一）习近平合作共赢世界理论的基本内涵

所谓习近平合作共赢世界理论，指习近平把握全球治理大变局及其带来的历史机遇，

---

① 程言君，徐州市委党校教授。

② 程昊，硕士，徐州新盛嘉和股份有限公司。

③ 李慎明：《紧紧抓住两大战略机遇，力争延长国际战略机遇期》，《红旗文稿》，2011年第13期；《李慎明论金融危机：1999年预言“美国潜伏着严重的泡沫经济危机”》，思想火炬，2017年7月13日。

④ 郑彪：《创立中国国际政治经济学，是防止中国丧失意识形态主导权而被殖民化的“打狗棍”》，《中国国际政治经济学》自序，北京：中央编译出版社，2008年3月。

扬弃我国长期以来的“学习适应”被动“接轨”开放理论，所创立的以“中国方案”主动引领全球建构合作共赢世界的“改革促进”理论。

（二）习近平合作共赢世界理论的标志性意义

习近平“7·26”重要讲话提出：中国特色社会主义进入了新的发展阶段。其中，当然包括对外开放进入新阶段。习近平“7·26”重要讲话和习近平合作共赢世界理论的标志性意义至少有以下两点：

一是标志着我国对外开放模式的转型——被动“接轨”型向“改革促进”型转型。事实上，我国对外开放已经或正在形成鲜明的两个历史阶段：即被动“接轨”阶段正在或已经结束，以“中国方案”“改革促进”全球治理变革的历史阶段已经到来。所谓被动“接轨”型开放模式，指由于缺乏市场经济建设经验和国际话语权以及国际经济发展经验等多方面的原因，20 世纪 80 年代以来的对外开放，整体上属于不得不被动乃至被迫学习“接轨”不尽公平合理的国际规则所形成的开放类型。所谓“改革促进”型开放模式，指目前已经开启建立更加开放的经济政治体制，以“中国方案”促进乃至引领“一元独霸”全球治理体制，向全球各国共同当家作主建构合作共赢世界的开放类型。开放模式的被动“接轨”型向“改革促进”转型已经有了一系列初见成效的历史性见证。一是建构人类命运共同体的理念首次写入联合国决议，这应是全球影响最大的标志性事件或历史性见证。[①] 二是中国为首的 57 国发起成立的“亚投行”，已于 2016 年 1 月 16 日在北京盛大开业，至今“亚投行”成员国到 2017 年 6 月 19 日已经增至 80 个，[②] 这不仅标志着合作共赢格局和体制建构势不可挡地昂然起步，而且全球影响重大深远程度越来越令人刮目。三是人民币于 2016 年 10 月 1 日正式加入国际货币基金组织（IMF）特别提款权（SDR）货币篮子，也是 SDR 中唯一的新兴经济体货币，标志着人民币国际化迈开了关键一步，标志着对外开放战略的重大调整。

（三）习近平合作共赢世界理论有着深厚的历史基础

习近平合作共赢世界理论深厚的历史基础，当然首先是我国改革开放的历史经验基础，这是内因；其次才是全球治理处于大变局当口的国际历史基础，这是外部条件。当然，这是相对而言。所谓“外部条件”或外因，是相对于我国改革开放的历史经验基础而言，若相对于习近平全球视野的变革分析而言，则是“内因”——全球变革的内在矛盾。

---

① 参见新华社：《联合国决议首次写入“构建人类命运共同体”理念》，新华网，2017 年 2 月 11 日。

② 张钟尹：《亚投行成员增至 80 个 今年落实项目资金 7.7 亿美元》，每日经济新闻，2017 年 6 月 19 日。

所谓改革开放的历史经验基础，主要指“学习适应”被动“接轨”开放的经验教训。“学习适应”被动“接轨”开放理论产生于改革开放初期，主要政策主张是积极融入西方主导的全球治理体制，建构以出口为导向的“外向型经济”希冀“借船出海”。但是，融入的是资本主义“一元独霸”殖民全球的治理体制。所谓“一元独霸”殖民全球治理体制，集中表现为国际垄断资本集团掌控的美国凭借霸权，以“打白条”等方式攫取“霸权红利”的殖民全球体制，因而代价十分惊人。所谓“打白条”，即用“白条”美债换取商品或并购企业的“朝贡”式贸易。[①] 所谓“霸权红利”，指凭借“一元独霸”殖民全球治理体制攫取的全球财富。其殖民全球的性质，不仅表现在掠夺性、寄生性和腐朽性上，还表现在敲骨吸髓的严酷程度超出常人想象。事实上，还有比这更为严重的问题是形成了恶性中美财富循环体制：中国出口商品获得美元购买美债——美元流回美国再购中国商品或大肆收购实体经济——中国又获美元再买美债——美元再次流回美国……。[②] 如此循环往复不已的结果，是美国“剪羊毛”般地近乎无偿地不断获得中国的商品和产业，直至“免费收购中国”。[③] 一方面，被称为东方睡狮的当今中国不仅已经觉醒，而且已经初步强大起来了。另一方面，“一元独霸”殖民全球治理体制的掠夺性、寄生性、腐朽性乃至残酷性现已充分暴露，而且，所导致的内在矛盾由于长期积累而正在集中爆发，“一元独霸”殖民全球治理体制的变革根于自身内在矛盾，是马克思人类发展规律作用于人类发展至今的必然。

三、习近平合作共赢世界理论：规律基础和之于全球治理变革的意义

如上所述，习近平合作共赢世界理论深厚的国际历史基础，是资本主义“一元独霸”殖民全球治理体制长期积累的内在矛盾正在集中爆发。但要看到，这种爆发绝不是偶然的，而是有规律基础。对此，李慎明研究认为是马克思揭示的“两个必然性”规律，决定于资本主义基本矛盾。同时认为，其历史形式已是金融帝国主义，即以金融手段为主，综合运用包括颠覆其他国家政权等手段攫取全球财富。[④] 藉此，可以说习近平合作共赢世界理论就是马克思人类异化复归规律说的现代版，而马克思人类异化复归规律就是习近平合作共赢世界理论的规律基础。

---

① 何新：《中美特殊的奇妙的经济贸易关系》，昆仑策网，2015 年 9 月 28 日。

② 据美国财政部 15 日公布的数据，2017 年 6 月中国持有美债 1.1465 万亿美元，再次成为美国第一大债权国。《连续五个月增持 中国再成美国第一大债权国》，中国新闻网，2017 年 8 月 16 日。

③ 黄树东：《惊人内幕：美国 21 世纪最大的金融创新是免费收购中国》，春秋智库，2016 年 3 月 14 日；乔良：《美国第三次剪羊毛不成 已经疯了！》，头条军事网，2016 年 7 月 18 日。

④ 李慎明：《美国经济极有可能已步入 40 年到 60 年的“康德拉季耶夫周期”收缩期中的衰退》，《马克思主义研究》2007 年第 3 期。

所谓马克思人类异化复归规律，即马克思揭示的私有制“否定的否定”与人类异化复归共同实现规律。[①] 对于私有制“否定的否定”第一个否定出现的资本主义私有制使人异化的彻底性，以及异化复归的历史必然性和复归轨迹，马克思恩格斯都有诸多论述。恩格斯在《英国工人阶级状况》中指出：资本主义社会“人已经不再是人的奴隶，而变成了物的奴隶；人的关系的颠倒完成了……。”这种“人为物奴”的异化，在当今世界的具体历史形式，即国际垄断资本集团“一元独霸”殖民全球治理攫取“霸权红利”，所表现出来的非人性的掠夺性、寄生性、腐朽性和极其残酷性。对于“人为物奴”异化的复归必然性，马克思说：“它必然要在自身内部崩溃并让位给合乎人性、合乎理性的制度”，实现人“对人的本质的真正占有”。并指出了复归轨迹——“异化劳动是私有财产的直接原因”，“随着一方衰亡，另一方也必然衰亡”。[②] 这就是说，私有制“否定的否定”历史过程，同时也是人类由异化而复归为人“对人的本质的真正占有”的“否定的否定”历史过程。当然，从归根到底的最终结果看，即从“任何解放都是使人的世界即各种关系回归人自身”看，[③] 私有制“否定的否定”结果最终“回归人自身”，就是人类由“人为物奴”的异化而复归为“对人的本质的真正占有”，即复归为人是经济、社会和自身的主人而当家作主。所以马克思揭示的私有制“否定的否定”与人类异化复归共同实现规律，可以简称为马克思人类异化复归规律，用人本产权论术语表述即人力产权异化复归规律。在经济社会制度发展变革上，即马克思概括的“两个必然性”以及其实现条件——“两个决不会”，或人本产权论术语表述的物本产权型社会向人本产权型社会转型质变。由此看马克思致力于人类解放的全部学说，也就是一部人类异化复归规律说或人力产权异化复归说。[④]

在当今全球治理上，即资本主义和社会主义两种社会制度交织发展历史过程中，全球治理日益走向各国共同当家作主。当然，这并不是否认目前全球治理依然是“一元独霸”殖民全球治理体制，而是说“一元独霸”殖民全球治理体制极端异化人类已经走到尽头。[⑤] 这一点，富有远见的理论家都看得很清楚。如世界体系理论创始人沃勒斯坦早在2011年就指出：“作为一个整体的资本主义世界经济体系将会因其自身矛盾的积累而崩溃”，“我们正见证资本主义的最后表演”。[⑥] 这也就意味着人类由“人为物奴”的彻底异

---

① 私有制“否定的否定”，指“资本主义的私有制，是对个人的、以自己劳动为基础的私有制的第一个否定。但资本主义生产由于自然过程的必然性，造成了对自身的否定。这是否定的否定。”《马克思恩格斯文集》第5卷，北京：人民出版社，2009年，第874页。

② 《马克思恩格斯文集》第1卷，北京：人民出版社，2009年版，第94－95、185、186、167页。

③ 《马克思恩格斯文集》第1卷，北京：人民出版社，2009年版，第46页。

④ 参见程言君：《深化改革加快中国特色社会主义建设的规律基础》，《海派经济学》2013年第3期。

⑤ 无中生有乃至栽赃诬陷地挑起伊拉克、利比亚战争，还有欧亚军演、南海“航行自由”无事生非挑起事端等等，都是极端异化人类的行为。参见乔良：《美国第三次剪羊毛不成已经疯了！》，头条军事网，2016年7月18日。

⑥ 格雷戈瑞·威廉姆斯，杨智译：《沃勒斯坦：资本主义可能很快要崩溃》，《国外理论动态》，2014年第4期。

化，向人“对人的本质的真正占有”复归转折的历史时期即将或已经到来。如习近平所说：全球治理正处于五百年来少有的大变局之中，加强全球治理、推进全球治理体制变革已是大势所趋，谁也不能独霸天下了，全球治理只能是全球各国共同当家作主建构合作共赢世界。① 由此看习近平作为一个当今世界伟大的马克思主义者，站在中华民族伟大复兴和全球治理体制变革双重历史高度，传承发展马克思人类异化复归规律说创立的合作共赢世界理论，称之为马克思人类异化复归规律说的现代版实事求是理所当然。

何况，追溯前瞻人类发展史，可以发现马克思人类异化复归规律，所决定的人类日益人民当家作主的以人为本历史趋势发展至今，走向全球各国共同当家作主建构合作共赢世界，已经有了一系列历史见证。一是全球治理的构建人类命运共同体理念，于 2017 年 2 月 10 日首次写进联合国（人权理事会）决议。② 二是中国主导由 57 国共同发起成立的“亚投行”于 2015 年 12 月 25 日正式成立，于 2016 年 1 月 16 日至 18 日举行开业仪式昂然起步以来，成员国到今年 6 月已增至 80 个，表明引领全球发展正在加速地成为现实。③ 三是人民币加入 SDR，标志着迈开了国际化的关键一步，为引领全球建构合作共赢世界奠定了货币基础。如此等等的这些历史见证都表明，习近平合作共赢世界理论已经并正在赢得全球绝大多数国家的关注、支持。

① 参见《习近平谈治国理政》，北京：外文出版有限公司出版，2014 年，第 247、271－281、335－337 页。

② 新华社：《联合国决议首次通过新理念“构建人类命运共同体”被写入》，《新华日报》，2017 年 2 月 12 日。

③ 张钟尹：《亚投行成员增至 80 个 今年落实项目资金 7.7 亿美元》，每日经济新闻，2017 年 6 月 19 日。

防范系统性金融风险应吸取大衰退的教训

方兴起①

（广东财大）

自2015年习近平总书记在《关于〈中共中央关于制定国民经济和社会发展第十三个五年规划的建议〉的说明》中，提出“防止发生系统性区域性金融风险”，到2017年，党的十九大报告提出“守住不发生系统性金融风险的底线”，在这期间，习近平总书记在多次重要讲话中，都提醒我们必须通过改革，保障金融安全，有效防范系统性金融风险，坚守住不发生系统性金融风险的底线，并且认为，“防止发生系统性金融风险是金融工作的永恒主题。要把主动防范化解系统性金融风险放在更加重要的位置”，以促进经济和金融良性循环，健康发展。

什么是系统性金融风险？如何理解“防止发生系统性金融风险是金融工作的永恒主题”？如何守住不发生系统性金融风险的底线？这是我们在学习十九大报告的过程中，需要探索的问题。在这里，谈谈个人的一点粗浅认识。

国际货币基金组织在2009年将系统性金融风险定义为：“因为全部或部分金融体系遭到损害而引起的金融服务崩溃所带来的风险，会对实体经济产生严重的负面影响。”

人民银行行长周小川，在党的十九大中央金融系统代表团开放日，回答记者提问时，作为我国金融界的权威人士，第一次解释了“系统性金融风险”和“发生系统性金融风险”的内涵。他说：“金融风险有一般性的金融市场风险……而所谓系统性金融风险则有导致金融危机的可能，会在市场上引发剧烈的连锁反应，使经济和就业遭受重大冲击。”他强调，“如果经济中的顺周期因素太多，使这个周期波动被巨大地放大，在繁荣的时期过于乐观，也会造成矛盾的积累，到一定时候就会出现所谓明斯基时刻，这种瞬间的剧烈调整，是我们要重点防止的。”

值得关注的是，周小川把系统性金融风险与金融危机，与“明斯基时刻”联系起来，并且讲这段话的时机，选择在目前我国经济稳中趋好的时段，而不是2015年或2016年。

---

① 方兴起，广东财大中国特色社会主义政治经济学研究中心主任，教授。

综合上述的定义，我认为，将“系统性金融风险”理解为危及整个金融体系和实体经济体系的金融风险以区别于一般性的金融风险。可能更符合马克思主义经济学的原理。

另外，系统性金融风险应该区分为：潜在的系统性金融风险和现实的系统性金融风险。据此来理解习近平总书记讲的，防范化解系统性金融风险和守住不发生系统性金融风险的底线的原意，可能比较准确一点。

也就是说，防范化解系统性金融风险的提法，应该是指防范化解潜在的系统性金融风险，而不可能是现实的系统性金融风险，即已爆发的金融危机。

而“发生系统性金融风险”的提法，就是指潜在系统性金融风险转化为现实的系统性金融风险，即爆发了金融危机。这样，“坚守住不发生系统性金融风险的底线”的提法，实际上是指严防累积的潜在系统性金融风险，转化为现实的系统性金融风险，即演变为金融危机。

另外，习近平总书记说，“防止发生系统性金融风险是金融工作的永恒主题”，意味着防控系统性金融风险不是一种短期行为，而是一种长期行为。究其原因，在于市场经济是一种信用经济。

具体来说，银行信贷是市场经济或信用经济的基础。银行信贷的扩张会推动投资性的融资和产能的扩张，从而推动经济进入上行通道。随之而来的是市场主体之间形成庞大的网状债权债务链或资产负债链。显然庞大的债权债务链存在潜在的系统性金融风险，即一旦资金链断裂，就会爆发危机。不过，只要市场需求强劲，预期收入持续增长，则债权债务链不会发生断裂。但由此引致的投机性融资和庞氏融资，会成为债权债务的加速器。导致潜在系统性金融风险加速累积。当市场需求萎缩，预期收入下降，债务不能按期偿付而引起恐慌时，资金链就会断裂而爆发金融危机，从而经济进入下行通道。因此，对任何一种市场经济的国家来说，要想守住不发生金融危机的底线，防控潜在的系统性金融风险就成为永恒的主题。我国也不可能例外。

最后，对如何守住不发生系统性金融风险的底线问题，做点探讨。

可以说，在人民币不完全国际化、人民币不可自由兑换和资本项目不完全放开的情况下，我国在改革开放近 40 年内，守住了不发生系统性金融风险，即不发生金融危机的底线。但是，如果在人民币完全国际化、人民币可自由兑换和资本项目完全放开的情况下，我国还能守住不发生金融危机的底线吗？这种假设情况是值得探讨的，因为作为世界第二大经济体，和未来的第一大经济体的中国，人民币完全国际化、人民币可自由兑换和资本项目完全放开可能是一种必然的发展趋势。

但是，现实的情况是，作为发达经济体的日本，在日元完全国际化、日元自由兑换和资本项目完全放开的情况下，没有能守住不发生金融危机的底线。日本在 20 世纪 80 年代末至90年代初爆发的金融危机，使其经济停滞了20余年，失去了世界第二大经济体的地位。而拥有霸权的美国，在美元完全国际化、美元自由兑换和资本项目完全放开的情况下，也没有能守住不发生金融危机的底线。2007—2009年的大衰退就是突出的例证。

如果我国吸取美国没能守住不发生金融危机底线的教训，针对这些教训探索新的路径，而不走美国的老路，或许在人民币完全国际化、人民币自由兑换和资本项目完全放开的情况下，我国还能守住不发生金融危机的底线。

具体来说，美国2007—2009年大衰退的教训主要有三点：

第一点教训是，基于新自由主义经济学的经济政策，不仅放任传统的系统性金融风险源，即放任信贷以各种新的形式扩张（特别是贷款的证券化和信用违约互换），而且形成严重的政策错配，即在资产泡沫化和CPI增幅低于货币政策目标并存时，采取放松信贷而不是适度收紧信贷的货币政策，成为潜在系统性金融风险累积的加速器。当潜在的系统性金融风险累积到一定的程度，就必然会爆发金融危机。

吸取这一教训，应在理论上，清除新自由主义经济学的种种误导政府决策的市场原教旨主义的偏见，加强宏观审慎监管和微观审慎监管，这在任何情况下，都是防范化解潜在系统性金融风险的第一道防线。

另外，应将消费物价指数与资产价格指数都纳入货币政策目标，避免货币政策错位。如果限定资产价格指数的升幅，并同CPI一样作为货币政策目标，则资产泡沫就具有可控性，从而能够增强防范化解潜在系统性金融风险的能力。

第二点教训是，20世纪80年代以来，美国经济活动的“脱实向虚”成为不可逆的发展趋势，从而成为系统性金融风险的新来源。美国政府不仅对这一新的风险源视而不见，而且还将去工业化和泛金融化标榜为先进的产业结构误导各国。

吸取这一教训，我国必须长期坚持“脱虚向实”，使金融回归本源，把为实体经济服务作为出发点和落脚点。这在任何情况下都是防范化解系统性金融风险的第二道防线。

就当前而言，金融服务于实体经济，就是要服务于从要素驱动发展向创新驱动发展转变。

第三点教训是，美元的“潮汐效应”成为又一个新的系统性金融风险源。

天文数字的离岸美元，与美国货币政策的调整结合在一起，形成了美元的“潮汐效应”，即当美国需要扩张性的货币政策刺激本国经济时，美元就会在全球泛滥成灾。泛滥的美元如同涨潮般的海水，排山倒海地涌向有利可图的国家和地区，导致相关国家和地区的经济金融泡沫化；而当美国需要紧缩性的货币政策应对或防范通胀时，美元就如同退潮般的海水，一泻千里地流出一些国家和地区，导致其泡沫破灭，经济一片萧条。自1980年以来，美元的“潮汐效应”所导致的全球性金融危机，就达6次之多，其中最大的一次就是2007—2009年的大衰退。

中国应对美元的“潮汐效应”的法宝，就是储备巨额的美元来稳定人民币与美元的汇率，以及人民币不可自由兑换和资本项目不完全放开。

如果要想在人民币完全国际化、人民币自由兑换和资本项目完全放开的情况下，有能力防范和化解美元的“潮汐效应”带来的系统性金融风险，就必须做到以下几点：

1. 鉴于美元、欧元和日元按传统模式国际化，即追求成为国际储备货币而失败的教训（罗伯特·特里芬在1959年就指出采用主权货币作为国际储备货币是一种“荒唐行为”，许多世界性的金融危机都与这种“荒唐行为”相关），人民币国际化必须探索新的模式，即只追求人民币成为国际计价货币和国际支付手段，我把它称为“非国际储备货币模式”。一旦实现这一模式的人民币国际化，就避免了欧元和日元国际化后受制于美元霸权，化解了美元的“潮汐效应”。

可喜的是，在2017年9月，我国期货市场推出了以人民币计价的石油期货，并且石油期货合同可以在我国期货市场上转换成以人民币计价的黄金期货合同。这在一定程度上表明，人民币国际化并不以国际储备货币为目标。

国外媒体据此认为，在中国的新体系当中，人民币将依靠从市场上购得的黄金来提供担保，这是一种新的、“身段柔软”的金本位模式。从长远看，金本位或将首先在中国复兴，而后蔓延至其他国家。假如真是这样，那将最终结束美元在国际货币体系中的霸权地位。

2. 吸取巨额短期资本，在全球流动所带来系统性金融风险的教训，除加强监管外，在资本市场采取鼓励长期投资、限制短期套利的改革措施，在外汇市场采取票据交易的改革措施，是在人民币自由兑换和资本项目完全放开的情况下，防范化解因国际资本流动形成的系统性金融风险的有效办法。

因此，美国硅谷正在筹建“长期股票交易所”。硅谷的一些高科技公司认为，对短期净利润的关注破坏了股市。解决方案是建立一个鼓励长期投资的交易所。这些公司正在设计名为“长期股票交易所”的公司管理、投资和交易新框架，计划获得监管机构的批准，成为最新的美国股票交易所。这是值得我们关注的。

结论

习近平总书记关于系统性金融风险的论述，形成了对社会主义市场经济的完整的、辩证的认识。从而在十九大报告中，既重视市场在配置资源中的决定性作用，又重视市场存在潜在的系统性金融风险，政府必须“守住不发生系统性金融风险的底线”。如何基于马克思的货币信用理论，研究社会主义市场经济中的系统性金融风险问题，成为我们经济理论工作者的一个新的研究领域。

贸易、知识产权与出口企业创新

——基于美国337调查的实证分析①

庄子银　李宏武②

（武汉大学经济与管理学院）

一、美国的337调查和中国对美出口企业特征

（一）美国337调查的程序

所谓337调查是源于美国1930年《关税法》的第337条款。该条款规定，如果美国的进口活动存在不公平的竞争行为，侵犯了美国企业的知识产权或者存在倾销行为的话，美国的企业可以向美国国际贸易委员会提出申请，由国际贸易委员会对侵害程度进行调查，若委员会认定存在侵权行为，他可以做出限制进口的裁决。

进入新世纪以来，美国的337调查逐渐趋于频繁。从2000年到2006年（如表1所示），每年新增的涉案产品成倍增加。并且涉案产品的技术水平越来越高，从2000年到2003年，新增的产品名称中有一半是低技术或者中低技术产品，而在2004年之后，则是以电子产品和机电产品等高技术、中高技术产品为主③。这一趋势也存在着必然性，由于高技术产品相对来说拥有较多的专利，因此遭遇调查的可能性更大。

表1　美国337调查的产品名称

年份	新增涉案产品名称
2000	磁体、风扇、磁性材料
2001	集成电路
2002	视频游戏及相关设备、收音机、紧固件

① 【基金】本文的研究得到国家自然科学基金项目（项目批准号71273201）和国家社会科学基金重大招标项目（项目批准号13&ZD020）的资助，湖北省软科学重点项目（2007）“科技创新式‘第一动力’”的理论研究。

② 庄子银，武汉大学经济与管理学院，宏观经济与政策评估中心，教授，博士生导师；李宏武，武汉大学经济与管理学院，博士研究生。

③ 这里低技术到高技术的标准参考OECD关于产品技术水平的分类。

续表

年份	新增涉案产品名称
2003	拖拉机、割草机、功率放大器、紫防护手套
2004	DVD 播放机、计算机、盘驱动器、显示器、半导体器件
2005	自对准接头、录像机、电视接收机、监视器、扫描仪
2006	宠物饲料、打火机、无线通信设备、发动机、压缩空气设备、过滤设备、稳压设备、润滑剂、气动设备、万用表

注：表中产品名称为部分产品，大约涵盖了70%的范围。这些产品均为当年有中国企业对美出口的产品。对于其他30%的产品名称，由于在《海关数据库》中未找到有中国企业对美出口，所以在这里并未列出。

数据来源：美国国际贸易委员会官方网站。

随着中国重新加入世贸组织，出口额逐渐提高，受美国 337 调查的影响也越来越大。从 2000 年到 2006 年，几乎 80% 遭遇调查的产品都涉及中国制造。对中国的企业来说，美国的 337 调查不仅是一项保护知识产权的措施，更是一种以保护知识产权为名义的贸易壁垒。

（二）中国对美出口企业特征

我们以 2000—2006 年的中国《海关数据库》和 1999 年到 2007 年的《工业企业数据库》为样本来研究。首先从每年的《海关数据库》中筛选出口美国的企业，然后将这些企业与《工业企业数据库》合并。经过处理后，在 2000 年到 2006 年间有过对美出口行为的企业共有 38563 家，表 2 列出了每年的出口企业数、每家企业平均的出口额和平均利润等信息。

表 2　中国对美出口企业基本情况（2000—2006 年）

年份	出口企业数（家）	平均出口额（元）	平均利润（元）
2000	6117	70315.77	7264.452
2001	7313	67442.94	7012.548
2002	9126	74896.8	8061.742
2003	11376	80104.69	10987.26
2004	17819	83655.37	10017.78
2005	20004	87720.57	10230
2006	23381	103859	16145.68

如表 2 所示，中国对美国的出口增长首先表现为出口企业数的增加，从 2000 年的 6117 家增长到 2006 年的 23381 家，增长了近 4 倍。而平均的出口额增加并不多，只增加了大约 1/3，平均利润增加了 1 倍左右。所以可以看出，虽然平均的出口额和出口利润增

长并不大，但出口市场的到达和占有却对企业有着较强的吸引。那么，出口的市场到达效应是否会反应在企业规模和创新活动上呢？下面通过 K 密度图的方式来呈现这三个变量的演进。

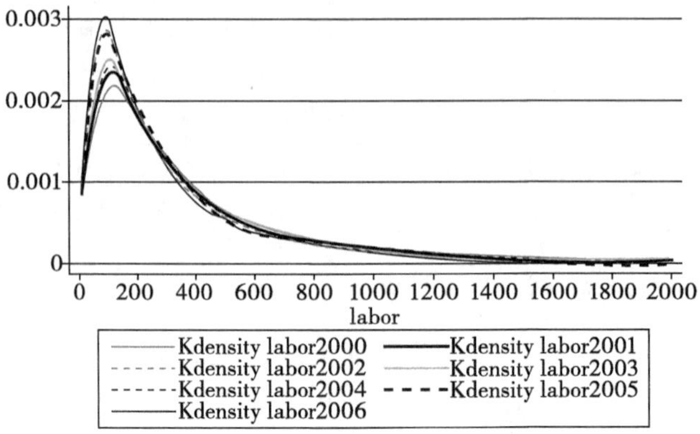

图 1　企业规模的演进

图 1 是企业的劳动力人数的 K 密度图，图中曲线由细到粗代表了从 2000 年到 2006 年的时间变化。从图中可以看出，企业规模集中分布在 200 人左右，并且随着时间的增加，200 人左右的小企业所占比重越来越高。这是由于每年有大量的新增出口企业出口美国市场（如表 2 所示）。图中的信息表明这些企业的人数并不多。而图 2 显示，出口企业的资本密集度确在不断提高。图 2 是以企业的人均资本为指标绘制的 K 密度图，图中曲线由细到粗（由虚到实）同样反映着时间从 2000 年到 2006 年。可以看出，随着时间的推移，人均资本的分布存在着明显的右移趋势，资本密集度较低的企业占比逐渐减少，而资本密集度较高的企业占比则有所提高。这与图 1 中的左移趋势相对应。

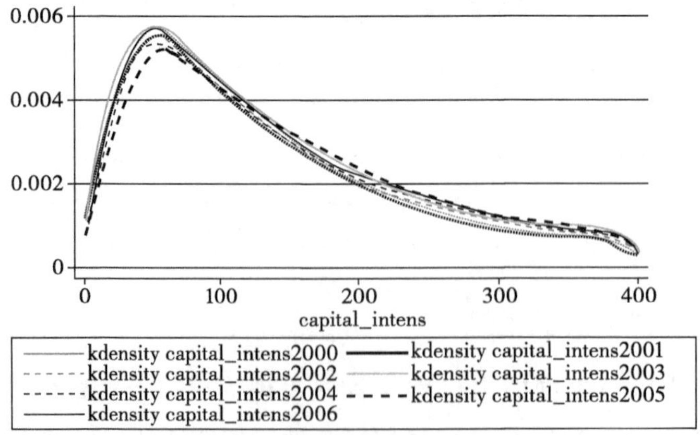

图 2　资本密集度的演进

按照 Bustos（2011）的研究，高生产率的企业会有更高的创新意愿。而出口市场的到达会进一步放大企业的创新愿望（Bee et al，2009）。是否中国对美出口企业的创新活动也存在类似的演进？这里以企业的新产品比重（新产品产值占总产值的比重）为指标绘制 K 密度图如图 3：

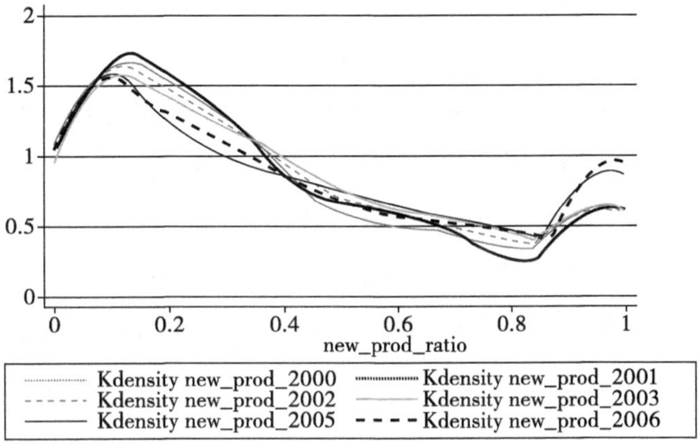

图 3　企业创新活动的演进

由于《工业企业数据库》中 2004 年的数据中不包含企业新产品方面的信息，因此这里不含 2004 年的曲线。如图 3 所示①，以企业新产品比重为指标的分布图存在明显的双峰现象，大部分企业的新产品比重分布在 0.2 左右，但另有一部分企业分布在 0.8 左右。说明出口企业中存在明显的两个组，一种是低创新企业，一种是高创新企业。在演变轨迹上，这里存在明显的时间趋势。随着时间的推移（曲线由细变粗/由虚变实代表从 2000 年到 2006 年），低创新企业所占比重变少了（左边峰度的下降）而高创新企业所占比重增加了（右边峰度的上升）。这说明中国对美出口企业的创新活动是在逐渐增加的。另外，这里也存在一个两极分化的趋势。随着时间的推移，创新率低的企业其新产品比重会变得更低（左边峰值的左移），而高创新率企业其新产品开发的能力会变得更强（右边峰值的右移）。

二、337 调查对中国出口企业创新活动的影响

（一）计量分析方法

我们采用倾向得分匹配后的双重差分方法（PSM－DID）来分析 337 调查对出口企业

① 这里呈现的是企业创新活动在时间上的演进，所以样本中不包含新产品比重为 0 的企业。对于企业在创新与不创新之间的选择，文章后面将以企业是否有新产品虚拟变量为指标进行分析。

创新活动的影响。如前所述，美国的 337 调查与行业相关，越是技术含量较高的行业申请的专利越多，从而越容易遭遇 337 调查。另一方面，越是技术含量较高的行业，产品的创新活动越活跃。产品的行业特征同时影响企业的创新活动和遭遇 337 调查的可能性。因此这里存在着由行业属性引起的内生性问题。但企业的行业特征并不会随时间而改变，使用 DID 模型能够将行业的影响差分掉。同时，我们在进行倾向得分匹配时也将控制企业的行业类别。

首先是实验组企业的甄别。我们首先依据表 1 的产品名称在样本中筛选，依照关键词尽量简化的原则，筛选出所有出口同类产品的企业。然后在筛选出的企业中剔除产品相关性较低的企业。如对宠物饲料的筛选，首先按照“饲料”筛选出所有与饲料相关的企业，然后剔除相关性较低的企业，如其他非宠物饲料、饲料制造设备以及饲料制造原料等。

其次是参照组企业的选择，我们采用倾向得分匹配的方法以确定参照组。以是否是实验组企业作为被解释变量，若是取值为 1，否则取值为 0。使用如下所示的 logit 模型进行得分系数估计：

$$Pr\ \{treat_{i,t}=1\}\ =\phi\ \{h\ (X_{i,t-1})\} \tag{1}$$

式中 $X_{i,t-1}$ 为协变量在前一年的数据，选择的协变量如下：

（1）企业规模（size）。取年末在职员工总数的对数值（size = ln（1 + labor））。

（2）企业的出口倾向（exp - expens）。用出口交货值占总销售额的比重表示。这是由于企业的出口倾向越高，遭遇 337 调查的可能性越大。

（3）企业类别（owns - type）。以国有资本占资本总额的比重表示。这是由于国有企业的模仿活动较少，同时国有企业相对私营企业更熟悉出口市场的政策环境。

（4）企业资本构成（capital - type），用固定资本占资本总额的比重表示。该比重反映了企业的营业活动，若比重较小，则表明企业的无形资本占比较高，企业的市场经验较丰富，从而对政策的熟悉程度也较高。

（5）企业年龄（age），用当年的年份减去开业年份。

（6）企业的行业类别虚拟变量（indus - type），这是处理内生性问题的控制变量。我们取四位数行业代码的前两位生成虚拟变量，作为参考，在分析时同时也使用了四位数的行业代码生成虚拟变量，两者得到的结果相差不大。我们使用 1∶5 的邻近匹配方法进行匹配以得到参照组。

在得到每年的实验组和参照组企业后，再将每年的数据与其前一年和后一年的数据进行横向合并，保留在前一年和后一年都存在的企业，然后将保留下的企业进行纵向合并。这样就得到了可以进行 DID 分析的样本。这里实际上赋予了一个新的时间维度，企业受 337 调查的前一年为基期，而后一年为考察期。由于 2004 年的数据缺乏新产品方面的信息，而新产品产值是我们计算创新指标的主要依据，因此样本中不包含 2003 年和 2005 年受到 337 调查影响的企业以及这些企业的参照组企业①。表 3 展示了实验组企业的数量和这些企业在基期时的一些经济特征。

表 3　样本中受 337 调查影响的企业特征

年份	产品名称	企业数量	平均的出口交货值	平均的新产品比重
2000	磁体	2	72213	0. 2468567
2000	磁性材料	1	1500	0
2000	风扇	1	15409	0
2001	集成电路	7	37356. 57	0. 148978
2002	视频游戏及相关设备	39	148148. 5	0. 0364857
2002	紧固件	5	58815. 4	0. 0992688
2002	收音机	15	193948. 1	0. 1810393
2004	DVD 播放机	4	301755. 8	0. 119281
2004	计算机	31	1224739	0. 1852267
2004	盘驱动器	17	5125445	0. 0001597
2004	显示器	36	2884635	0. 1422453
2004	半导体器件	47	707065. 9	0. 1322524
2006	宠物饲料	20	56166. 95	0. 0475283
2006	打火机	7	103096. 4	0. 0805517
2006	无线通讯设备	52	1484049	0. 185237
2006	发动机	78	58371. 79	0. 0670212
2006	过滤设备	2	324836. 5	0
2006	稳压设备	159	826549. 5	0. 1016601
2006	润滑剂	29	67250. 41	0. 0794123
2006	气动设备	2	209924. 5	0. 387776
2006	万用表	3	217471. 3	0. 1125628

注：表中平均的出口交货值和平均的新产品比重均为其前一年的数据。

表中虽然有年份指标，但在做 DID 分析时只考虑考察期和基期这两个时间维度。而年份则作为一个控制变量。从表 3 可以看到，受 337 调查影响最多的是机电产品，在稳压设备中有 159 家企业受到影响，在无限通讯设备中有 52 家企业。其次是半导体、显示器等电子类产品受影响的企业较多，平均为 30 家左右。在实验组和参照组的对比上，我们以是否有新产品这个二值变量为基础绘制 K 密度图如图 4：

① 因为 2003 年的考察期是 2004 年，而 2005 年的基期也是 2004 年，因此这两年受 337 调查影响的企业会因为 2004 年数据的缺失而没有考察期数据和没有基期数据。

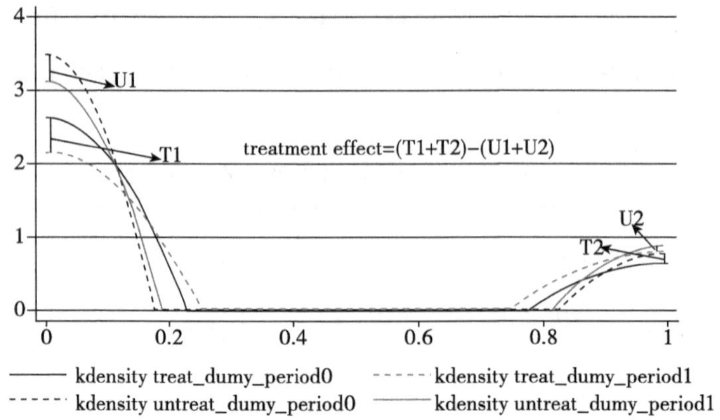

图 4　实验组和参照组的创新活动前后对比（是否有新产品虚拟变量）

图中基期的企业样本和考察期的企业样本一致。这里虚线代表参照组的企业，实线代表实验组的企业。相应的细线代表基期的数据，粗线则代表考察期的数据。由于是 0 - 1 变量作图，因此这里考察的是没有新产品（取值 0）的企业占比和有新产品（取值 1）的企业占比。如图 4 所示，无论是实验组还是参照组。在考察期没有新产品的企业比重都要低于基期，而有新产品的企业比重都要高于基期。说明两个组的企业的创新活动都有增加的趋势，而这可以理解为数据的平行趋势。但两个组的变化幅度是不一样的。实验组中没有新产品企业占比的减小幅度（*T1*）要大于参照组（*U1*），同时有新产品的企业占比增加的幅度（*T2*）也要大于参照组（*U2*）。因为没有新产品企业占比的减小和有新产品企业占比的增加都是创新活动的增加，因此这里存在正的处置效应（Treatment Effect）。

在处置效应的测算上，我们计算如下的加权 DID 估计量：

$$\text{DATT} = \frac{1}{N}\sum_{i}\left\{\left(Y^{1}_{i,t+1} - Y^{1}_{i,t-1}\right) - \sum_{j} w_{ij}\left(Y^{c}_{j,t+1} - Y^{c}_{j,t-1}\right)\right\} \qquad (2)$$

式中 *Y* 为衡量企业创新活动的指标，我们同时选择企业的新产品比重（new - prod）和是否有新产品虚拟变量（new - dumy）表示。如前所述，新产品比重的计算方法为取新产品产值与工业总产值的比重。而是否有新产品虚拟变量则是当企业有新产品时取 1，否则取 0。w_{ij}为权重，反映实验组的企业 *i* 离与之匹配的某个对照组企业 *j* 的距离，在计算权重时，我们在匹配模型（PSM）中协变量的基础上，增加年份虚拟变量，用以控制年份的影响。事实上，在我们的数据中，加权的 DID 估计量与普通的 DID 估计量相差不大，显著性水平也基本相当。

（二）实证结果分析

1. 全样本的估计

我们首先估计平均的处置效应，表 4 汇报了全样本中计量模型（（2）式）的估计结果。表中第一栏是以新产品比重作为被解释变量的估计，第二栏是以是否有新产品虚拟变量作为被解释变量的估计。

表 4 全样本估计结果

	新产品比重（new - prod）	是否有新产品（new - dumy）
系数估计值（DATT）	0.018	0.042
标准差	0.015	0.025
P 值	0.227	0.092 *
实验组企业数	520	520

注：表中 *、**、*** 分别代表在 10%、5% 和 1% 水平上显著。

如表 4 所示，使用两个变量作为因变量的估计系数都为正。由于这里估计的是因果关系，系数 0.018 表示美国的 337 调查使中国出口企业的新产品比重上升了 1.8 个百分点。系数 0.042 则表示 337 调查将使中国出口企业开发新产品的概率提高 4.2 个百分点。并且在 10% 的水平上显著。这一结果表明，美国的 337 调查对中国出口企业的创新活动具有显著的正向影响。

2. 分技术类型的估计

由于贸易对企业创新活动的影响存在着技术类型上的异质性，李兵等（2016）研究了"出口引致创新"效应在技术类型上的差别，发现出口对高技术企业的影响要大于对低技术企业的影响。是否这种差异也存在于知识产权的影响上？我们参照李兵等（2016）的做法，依据 OECD（2003）行业技术分类标准将表 3 中的企业分为高技术产品、中高技术产品和低技术产品，高技术产品主要包括电子、通信、化学和仪器仪表，中高技术则主要包括机电产品，具体分类如表 5 所示：

表 5 产品的技术类别

技术类别	产品名称
中低技术	磁体、磁性材料、紧固件、打火机、宠物饲料
中高技术	发动机、压缩空气设备、过滤设备、稳压设备、气动设备、收音机、风扇
高技术	DVD 播放机、计算机、盘驱动器、显示器、半导体器件、无线通信设备、润滑剂、万用表、集成电路、视频游戏及相关设备

然后使用（2）式所示的模型对各个技术类型进行分别估计，估计的结果见表 6。首先，表中所有估计系数都为正，无论是高技术还是低技术产品，都未出现负值的系数。说明美国的 337 调查对中国出口企业的创新活动并没有抑制作用。

表 6　分技术类型的估计

	新产品比重（new - prod）			是否有新产品（new - dumy）		
	高技术	中高技术	中低技术	高技术	中高技术	中低技术
系数估计值（DATT）	0.036	0.000	0.015	0.068	0.026	0.026
标准差	0.025	0.022	0.043	0.037	0.038	0.101
P 值	0.152	0.991	0.722	0.069 *	0.488	0.796
实验组企业数	243	240	29	243	240	29

注：表中 *、* *、* * * 分别代表在 10%、5% 和 1% 水平上显著。

其次，在系数估计值的大小上，以高技术产品的估计值最大，分别为 0.036 和 0.068。而中高技术企业和中低技术企业之间的差异并不明显。在显著性水平上，也只有在高技术企业中，以是否有新产品虚拟变量做被解释变量时在 10% 的水平上显著，p 值达到 0.069。这一结果表明，美国 337 调查对中国出口企业的创新激励在高技术企业中较明显。另外，0.068 的系数值要大于表 3 中 0.042 的平均处置效应。显著性水平也要高于表 3 的显著性水平，这验证了理论框架中的主要命题，高技术企业在面对 337 调查时存在较强的创新愿望。

3. 新企业与老企业之间的差异

根据 Metliz（2003）模型，企业的经营年限对创新倾向有不同的影响，由于资源配置效应提高进入市场的临界生产率水平，新进入并生存下来的企业则比老企业有更高的生产率。那么，美国 337 调查的影响是否在新老企业之间也存在差异，下面对这一问题进行分析。

首先我们需要找到一个可以区分新、老企业的临界值。图 5 呈现了样本中企业开业时间的分布。大部分企业的开业时间集中分布在 1980 年到 2005 年之间，其中以 1998 年前后有一个明显的波动，鉴于此，我们以 1998 年为分水岭，开业时间在 1998 年之前的视为老企业，开业时间在 1998 年及之后的视为新企业，这样划分也符合模型的时间要求。模型中最早的基期是在 1999 年。

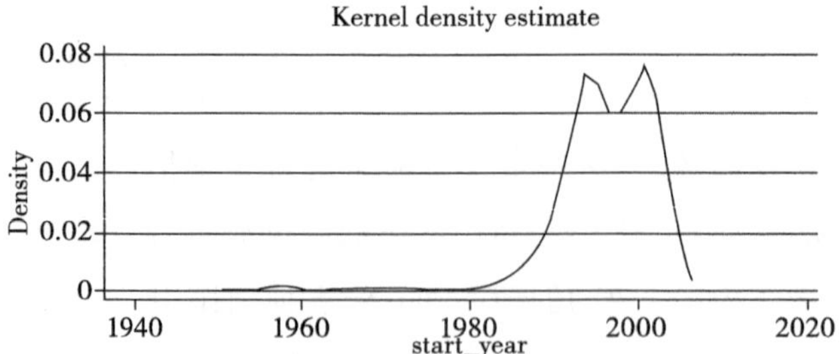

图 5　实验组企业的开业时间分布

表7汇报了新、老企业之间的差异。无论是从新产品比重出发还是从是否有新产品虚拟变量出发，新企业比老企业都有更高的系数估计值，并且有较高的显著性水平，新企业的估计值均在10%水平上显著。这一结果验证了 Metliz（2003）模型的假说，美国的337调查对新企业的激励作用要强于对老企业的激励。

表7　分企业年龄的估计

	新产品比重（new – prod）		是否有新产品（new – dumy）	
	新企业	老企业	新企业	老企业
系数估计值（DATT）	0.037	0.006	0.064	0.038
标准差	0.022	0.021	0.036	0.035
P值	0.096*	0.792	0.072*	0.278
实验组企业数	230	277	230	277

注：表中*、**、***分别代表在10%、5%和1%水平上显著。

4. 外资企业与中资企业之间的差异

由于在中国的出口企业中有大量的外资成分，外资控股和中资控股之间是否存在着差异。这里首先以企业资本总额中外资所占比重是否达到或超过50%作为临界值，当超过50%时认为控股权掌握在外资手里，这里成为外资企业。但这一比重小于50%时仍成为中资企业。

表8　中资企业和外资企业之间的差异

	新产品比重（new – prod）		是否有新产品（new – dumy）	
	中资企业	外资企业	中资企业	外资企业
系数估计值（DATT）	0.000	0.058	0.021	0.076
标准差	0.018	0.032	0.030	0.048
P值	0.981	0.069*	0.485	0.113
实验组企业数	411	93	411	93

注：表中*、**、***分别代表在10%、5%和1%水平上显著。

表8汇报了中资企业和外资企业之间的差异，在外资控股的企业中，系数估计值分别为0.076和0.058，要明显高于中资企业中的0.021和0.000。从显著性水平出发，当以新产品比重作为被解释变量时，337调查的影响在10%水平上显著，而在中资企业的样本中则不存在明显的影响。这说明337调查对中国外资企业的影响要明显大于对中资企业的影响。

三、结论与启示

本文基于《中国工业企业数据库》和《海关数据库》的企业层面数据，分析了美国 337 调查对中国出口企业创新活动的影响。研究发现，美国 337 调查对中国出口企业的创新活动存在着显著的正向激励作用。同时企业的技术水平越高，激励作用越大。在基于企业年龄的分析中发现，337 调查对新企业的激励作用要高于对老企业的激励作用，对在华外资企业的激励作用要高于对中资企业的激励作用。这一结果首先印证了 Metliz（2003）模型的理论假说，在面对国外较强的知识产权保护措施时，企业的技术水平越高，越倾向于持续创新和出口。同时由于贸易的资源配置效应提高了企业生存的门槛，新进入市场并生存下来的企业具有更高的生产率和更大的创新意愿。而市场规模效应所起的作用并不明显，事实上，以劳动力人数衡量的出口企业的平均规模并没有明显增加。这一结果表明，国外知识产权保护会强化贸易的资源配置效应并激励高生产率企业的研发投入。文章的结论有两个方面的启示：

（1）国外强化知识产权保护并不总是有害的。当出口竞争效应较弱时，国外强化知识产权保护反而有利于企业的发展。长期以来，中国的出口企业依靠着廉价劳动力，在国际市场上具有价格优势，并没有很强的创新愿望。在这样的环境下国外强化知识产权保护将会是一种有效的激励。

（2）在应对国外较强的知识产权保护水平时，进一步提高开放水平、适应强知识产权环境比报复性贸易壁垒更重要。在国际贸易中，有些国家在遭遇国外强知识产权保护时，会倾向于采取报复性措施，如提高关税、减少配额等。在创新驱动型经济中，这些措施是得不偿失的。纵观我国的经济发展历程，改革和开放是促进发展的最主要动力。在当前增长速度减缓、迫切需要创新发展的时代，应该继续提高开放水平，积极发挥贸易的资源配置效应，以提高中国的自主创新能力，维持经济的持续增长。

当前中美贸易战的原因、影响及展望

徐则荣①

（首都经济贸易大学）

自美国贸易代表莱特希泽在2017年8月宣布，美国对中国发起“301调查”以来，中美贸易关系开始变得紧张。尽管2018年6月初，中美双方达成不打贸易战的共识，但随着美国的毁约，现如今中美贸易战已不可避免。这次中美贸易战背后的深层次原因，对中美双方长远的影响以及对未来中美贸易关系的展望值得深思。

一、中美贸易战产生的原因

（一）美对中贸易长期逆差与实现“美国第一”的碰撞

美对中长期的贸易逆差是不争的事实，也是这次中美贸易战产生的根源。根据恒大研究院统计的数据显示，自1985年以来，美对中货物贸易逆差占美国总体货物贸易逆差份额逐年攀升，2017年已接近50%。然而，中对美货物贸易顺差额也在逐年攀升。据中国商务部统计2017年中国对美国货物贸易顺差已达到2758亿美元，占中国货物贸易总顺差额的65.3%。美国对中国长期的贸易逆差，致使美国生产的同类型商品的比较优势低于中国，在其国内和国外销售困难，直接导致美国国内失业等一系列社会问题的发生。这些问题让号称使“美国第一”的特朗普政府不能接受，并且特朗普在竞选伊始针对中美贸易问题曾宣称要让中国接受“惩罚”。与此同时，特朗普为实现让“美国第一”的理想，要对基础设施建设、军费开支等方面加强必要的投入，但这些方面的投入消耗巨大。面对美国常年累积的高额财政赤字，以及美国经济增长速度的放缓，让特朗普美国政府倍感焦虑。特朗普作为一个商界领袖出身的美国总统，为保证美国这个巨大的“企业”持续盈利经营，从对中国贸易上开源节流便成为特朗普政府的首选目标。

---

① 徐则荣，首都经济贸易大学经济学院教授，博士生导师。

（二）中国的崛起与“修斯底德陷阱”之忧

近年来，中国在各领域的实力不断提高，国际影响力不断加强。中国与美国之间各领域的实力差距在逐渐缩小，这让美国以及世界在担忧“修斯底德陷阱”的到来，即正在崛起的中国与当前作为“世界霸主”的美国之间产生不可避免的战争冲突。当前由美国先挑起的中美贸易战，不仅加剧了“修斯底德陷阱”之忧，更显露出美国对中国崛起的焦虑。从美国限制中国出口的商品目录中可以看出，美国其本意是在针对《中国制造 2025》计划。美国一直以来在高科技产业处于比较优势地位，长期盘踞价值链的上游。面对当前以人工智能为代表的新一轮技术创新，德国、美国、中国、欧盟都纷纷发布相关战略计划，争取获得对新技术的主导地位。这一主导地位，对于全球经济影响巨大。对于中国这一正在崛起的强劲对手，美国为防止中国在新技术引领下“弯道超车”，就必须限制中国新技术领域的发展，特别是针对《中国制造 2025》的相关内容。由此可见，此次中美贸易战根本原因是美国遏制中国的崛起。

（三）中国问题与美国两党政治博弈

2018 年美国中期选举攸关 2020 年美国总统大选，而中国问题往往成为中期大选的热门议题。从美国历次中期选举来看，执政党多表现不佳。与此同时，特朗普经历了强行要求对俄制裁、税改法案波折和迫使其政府关门的事件后，特朗普对美国国会有了更深入的认知。为保障获得立法支持、达成本届政府的政治目标，特朗普就必须在 2018 年的中期选举中获得胜利。处理好对中国的问题，则是特朗普中期选举获胜的关键。特朗普政府为了迎合中下层选民支持，尤其要满足他们就业的诉求，就必须拿出对中国强硬的态度。即通过限制中国对美国的贸易，来发展美国相关产业，给美国创造就业机会。然而，这种做法对于美国农产品生产和销售企业却适得其反。中国面对美国在高科技产品的诸多出口限制，针对美国主要对华出口的农产品也提高了出口关税和条件。这对于多年以中国作为主要出口国的美国农产品生产和销售企业来说，特朗普的这种激化中美贸易摩擦的做法并不受欢迎。

二、中美贸易战对中美双方的影响

对于贸易战，在某种程度上对中国和美国带来积极影响。比如，中国通过经历“中兴”制裁事件之后，更加注重核心技术的研发，决心走自力更生的道路。特朗普政府给美国带来了更多的就业机会。然而，特朗普政府这种逆贸易自由化大趋势的举措，必然会造成损人不利己的后果。

（一）对中国的影响

1. 给中国经济转型增添压力

20 世纪 80 年代的美日贸易战与当前中美贸易战有些许相似。1985 年美日曾在日本大藏省签订广场协议，在协议签订后日元大幅升值，日本经济泡沫急剧扩大，最终由于房地产泡沫的破灭造成了日本经济长期停滞。在这场美日贸易战之后，日本失去了科技优势和增长的动力，造成了日本在全球经济中的地位直线下降。中国当前正经历着经济转型的关键时期，国内社会经济存在诸多问题，如一线城市房价飙升且难以回落，新旧产能转换导致的失业问题，资本市场不景气。中美贸易战使中国社会已存在的问题更加严峻，给中国经济转型增添更多压力。

2. 高科技领域发展受到一定负面影响

中国高科技领域发展受到一定的冲击，是这次中美贸易战对中国最直接的影响。尽管中国近年来在高科技领域上取得了很多骄人的成绩，但中国并不能因此而盲目自信，与美国相比中国在很多高精尖领域还相差甚远，且多数专利产权仍在美国手中。此次中美贸易战中，美国的《出口管制法》管制范围涉及较广，只要出口产品中含有美国的芯片、软件以及由美国机器生产出来的零部件，产品就被列入管制范围内，这给予了特朗普政府巨大的管制空间，使美国对中国相关企业的制裁变得非常容易。对中兴的制裁事件给中国极大的教训。其事件背后反映出中国在自主研发和创新方面仍有所不足，一味的模仿和跟随并非长远之举，在这种突发贸易战来临时只会陷入任人宰割的悲惨境地。然而，自主创新能力的培养并非一朝一夕，面对当前中美贸易战的冲击，中国高科技产业的发展受到极大的负面影响，不排除有部分企业砥砺前行不断攻克技术难关，对中国特定领域的技术发展起到了助推作用。然而，对于不少高科技企业面对来自美国的贸易限制很可能会就此终结，这对于中国日后高科技领域的发展十分不利。

3. 中国式量化宽松政策叠加下使出口企业更加困难

2018 年 6 月末，中国人民银行为维护银行体系流动性，对金融机构开展中期借贷便利操作，共计 6630 亿元。这种中国式的量化宽松政策的实施使得资本市场货币借贷的更加便利，这使得生产部门增加了生产需求，更加大了产品出口需求。在中美贸易摩擦不断的背景下，企业的出口变得更加困难，这会进一步影响资本市场。

（二）对美国的影响

1. 国家信誉受损

特朗普上台伊始就承诺要让美国再次强大起来，做真正的第一。对于一个国家最为宝贵的财富并不是 GDP 的数字也不是军备规模，而是一个国家的信誉。这一点对于商人出身的特朗普而言应该十分清楚，企业间业务的达成依靠的是信誉，国家间的贸易合作依靠的也是信誉。然而，特朗普政府公然违反了中美贸易共识，这种举措不仅是对我国的不尊重，更是将其本国的信誉置之脑后。合作和共赢是当今国际社会的主题，同时这一主题也得到多数国家认可。特朗普政府这种急功近利的举措，即便短时期内达到了政治目标，但从长远来看输掉了整个国际社会的信任。这种失道寡助的做法，势必不利于特朗普政府达成“美国第一”的目标，反而会对美国日后长远发展更加不利。

2. 美国不能够依靠保守主义“再次伟大”

从经济上看，当前美国 86% 的就业集中在服务业，其采掘行业等制造业工人平均时薪几乎仅次于金融业等专业服务业人员。因此，即使工作职位能够“回流”，美国也不具备相当数量的从业人员，并且会显著增加成本。从政治上看，底层民众对于民族主义能够狂欢一时，但转嫁矛盾不会解决自身真正的问题。抢夺一个中国工人的工作所获收益，和被金融精英在资本市场中对无资产民众的收益挤压而言，实在微不足道。此次中美贸易战中，根据 2018 年 4 月美国发布的“301 调查清单”，尽管该清单去掉了 500 多项与消费关系密切的商品，其余均为机电、航空航天等大类，但不可避免的是美国对中国加收关税和贸易限制在一定程度上会带来输入型通货膨胀。美国这种单边主义和保守主义的做法，很难使美国“再次伟大”。

3. 美国与他国贸易摩擦同样加大并削弱自身增长潜力

经济全球化和贸易自由化是历史发展不可阻挡的趋势，特朗普政府推行的贸易保护主义不仅使中美贸易战不断升级，同时也加大了与相关国家的贸易摩擦，对全球经济造成重创。据彭博社的研究报告显示，特朗普政府如果挑起全球范围内的贸易摩擦，将会使全球关税水平提高 10%，到 2020 年全球贸易额将缩减 3.7%，全球经济规模将因此缩小 0.5%。与此同时，这还会使全球技术领域交流和合作受阻，从长期来看将导致美国以及全球劳动生产率下降，削弱美国以及全球的经济增长潜力。

三、展望

对于这场中美贸易战，未来的走势仍不明朗。特朗普上台后施政的导向性和持续性不符合常规逻辑，使中美贸易战的未来走向和最终结果难以预料。不管特朗普政府挑起这场中美贸易战是蓄谋已久之举，还是为赢得中期选举的暂时之举，对于特朗普一贯的实用主义作风而言，与中国有极大的利益可图之时，他就会选择合作而非敌对，这一点通过参加 2017 年“一带一路”峰会就可以看出。虽然中国不希望打贸易战，也不愿意轻易打贸易战，但面对当前特朗普已经挑起的对华贸易战的严峻态势，中国既不能怕也不能躲，而是要做到有策略的应对。所谓有策略的应对，主要是指一方面要采取必要的措施维护好中国自身的利益，另一方面也避免贸易战事态的扩大化和升级化。毕竟，打贸易战从来没有赢家，结果一定是两败俱伤。从目前经济实力以及中、美两国各自对对方的依赖程度看，中国受损会更加严重。因此，面对特朗普挑起的对华贸易战，中国要保持一定的战略定力，冷静应对贸易战，切勿反应过激，将贸易战控制在一定范围内，这不仅是为了维护自身利益需要，也是避免引发全球经济秩序混乱的需要。

从“逆全球化”到“新全球化”：中国发展的战略选择①

刘洋　纪玉山②

（吉林大学马克思主义学院、经济学院）

一、“逆全球化”的原因与对当前全球化进程的认识与反思

（一）“逆全球化”的浪潮的原因

过去几十年间，全球化在实现商品、服务、资本与劳动力等生产要素跨国家自由流动的基础上，推动了全球经济的快速增长，给绝大多数的国家和地区带来了巨大的收益。尽管成就斐然，但全球化进程中衍生的三大问题不容忽视：资本运动带来的技术进步对就业的冲击、劳资收入差距的日益扩大和全球性金融风险的不断加剧。全球化进程中出现并长期积累的一些问题与矛盾没有得到解决，是导致当前“逆全球化”浪潮兴起的基本原因。

具体而言，首先，全球化导致了利益分配在不同社会群体间的结构性变化，由于全球化过程中的“利益分配”不均，“受益群体”与“受损群体”之间的矛盾成为全球化逆转的重要推动力。跨国资本流动正在侵蚀与瓦解着民族国家在各国内部维系的国家与公民间的权力与权利，以及不同阶层间脆弱的利益平衡。应当看到的是，收入差距与社会不平等的扩大损害了全球化的基础。

其次，在现有的全球产业链、供应链与价值链的分工布局下，美欧日等发达经济体内部逐渐失去竞争优势的生产部门向海外转移，从而导致以制造业为代表的传统产业出现失业率增加与空心化的趋势。劳资关系在全球产业链、供应链与价值链分工布局下的深层变化，直接影响并冲击着发达国家制造业部门的蓝领阶层，随着经济萧条的持续、居高不下的失业，以及移民问题的激化，这一群体已成为支持“逆全球化”的主要社会力量。

---

① 【基金项目】国家社科基金重大项目“一带一路”战略实施中推进人民币国际化问题研究（15ZDA017）；吉林大学廉政建设专项研究课题“转轨国家的腐败治理问题研究”（项目号：2017LZY008）。

② 刘洋，经济学博士，吉林大学马克思主义学院副教授，吉林大学马克思主义学院博士后流动站在读博士后。纪玉山，经济学博士，吉林大学经济学院教授，博士生导师。

最后，西方发达国家把自身发展遇到的各种经济社会问题完全归咎于全球化，导致这些国家政治趋向保守、经济趋向内向，进而成为逆全球化浪潮的主要发源地。美国作为当前“逆全球化”浪潮的主要推手，其动机主要体现在以下两个方面。一是缓解国内民众与精英阶层的矛盾，美国国内中低产阶层收入的相对下降，以及日益增长的移民风险和恐怖威胁，引发了美国民众对新自由主义全球化及其治理政策的恐慌；二是避免对中国更有利的全球化，随着中国加入 WTO 以来已从多边贸易规则体系中充分获益，美国不愿再维持既有的多边贸易规则体系而转向对自身更有益的双边贸易协定框架。

（二）对当前全球化进程的认识与反思

全球化在将世界市场融为一体的基础上，推动了贸易和投资以前所未有的规模发展，推动了科技进步和生产力水平的提升，推动了全球经济的增长与繁荣。与此同时，全球经济增长的旧动力日益减弱而新动力尚未形成、现行全球治理体系同深刻变化的世界政治经济格局不相适应，以及全球发展失衡的实际情况与大多数民众对美好生活的期待的明显反差是当前全球化面临的主要问题与挑战。进一步地，“逆全球化”浪潮的兴起是上一轮全球化过程中长期积累的全球性贫富差距拉大，以及增长与收入分配、资本与劳动力、公平与效率之间矛盾的集中体现。面对全球化引发的诸多问题，回归保守主义与孤立主义，为“逆全球化”的浪潮推波助澜并无助于实现经济繁荣与社会稳定，只能严重破坏全球自由贸易与经济体系的正常运转，侵蚀人类社会合作共赢的成果，给全球政治经济发展带来新的问题与挑战。

如果说“逆全球化”是西方发达国家在全球化危机的环境下寻求自我保护的结果，那么，对于曾经作为全球化主要推手和获益者的这些国家而言，在新的环境下寻求符合自身利益的全球化秩序与规则的重置成本远少于全球化的退出成本。特朗普政府退出 TPP 并非否定自由贸易，而是试图在全球范围内与各国一对一地建立贸易规则，发挥并扩大美国的贸易优势。因此，美国只是用新的渠道实现更大的全球化。特朗普则试图在新的全球化框架中继续推行“美国第一，美国优先”的国家战略。因此，在全球化进程逆转的总体趋势尚未盖棺定论前，如果继续放任“逆全球化”浪潮的扩张，将会使全球政治发展与经济复苏面临更大的不确定性；而顺应全球化发展的总体趋势，以“新全球化”平抑“逆全球化”，打造全球化升级版，推动全球化向更加包容、更加公平、更可持续的方向发展，将为全球政治经济发展开辟更加光明的未来。

二、当前全球化形势下中国的挑战与机遇

应当看到的是，中国在积极参与并融入全球化的过程中充分获取并享受到全球化发展

的红利。中国在深度融入全球产业链与价值链的基础上，实现了国际贸易与投资的高速发展，以及贸易方式和产业结构的转型升级。

然而，“逆全球化”浪潮的兴起使作为全球经济增长主要贡献国与全球最大贸易国的中国从全球化的最大受益者转而成为最大受害者。长期以来，中国经济的高速发展得益于开放经济模式下的贸易自由化与投资便利化，而当主要贸易伙伴在逆全球化的浪潮下转向保护主义和孤立主义的经济封闭，中国开放型经济的发展正面对一个非常不利的外部环境。当前，由主要贸易伙伴搭建的众多区域自由贸易协定（FTA）所形成的贸易转移效应，以及美国和欧盟已经开始实施的各种带有浓厚保护主义色彩的贸易政策，正成为“逆全球化”压力下中国继续坚持并推行自由贸易的主要障碍。据统计，自全球金融危机以来，G20 国家出台的贸易限制措施已累计达到 1671 项，仅在 2015 年 10 月至 2016 年 5 月间就实施了 145 项新的贸易措施，其中绝大部分仍在实施当中；美国在 2008—2016 年间对其他国家采取了 600 多项贸易保护措施，仅在 2015 年就采取了 90 项。受此影响，中国商品贸易占 GDP 比重从 2008 年的 56.23% 下降至 2016 年的 33.1%；出口增速自 2010 年以来持续走低，并在 2015 年和 2016 两年出现负增长（见图 1）。

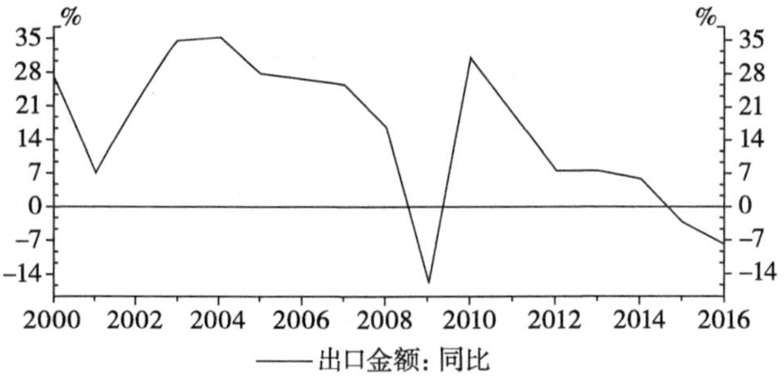

图 1　2000—2016 年中国出口贸易增速情况①

尽管如此，“逆全球化”冲击对于积极倡导全球化、主张构建包容性发展的中国而言，既是一次重大挑战，也是一次难得的历史性机遇。一方面，在全球贸易规则的重构期内，多边贸易协定的推进难度将因美国贸易政策的转变而加大，与此同时，各种区域性的自由贸易协定将明显增加，可能会导致国际投资和生产的转移与重新布局，致使全球产业链和价值链面临重组，进而引发国际贸易投资格局的多元化发展。另一方面，在新的国际分工和全球价值链模式下，作为全球价值链的重要环节，以及全球最大的中间品贸易大国，中国将对全球贸易存在巨大的贸易创造效应，并将持续为其他经济体创造更多的贸易机会，这意味着中国仍将在与各国间展开广泛经贸合作的基础上，以自身的凝聚力和向心力进一

① 数据来源：wind 数据库。

步推进全球化进程。

三、“新全球化”背景下中国发展的战略选择：“中国方案”与“中国应对”

面对“逆全球化”浪潮下全球经济复苏前景不确定性增强与全球治理持续失序的复杂形势，中国政府在不同场合以坚定的姿态向全世界宣示了中国坚持自由贸易与继续推动全球化的意愿和决心，以开放发展的实际行动打造“新全球化”，为全球化进程注入新动力。

（一）“新全球化”理念的原则与目标

作为传统全球化理念的升级版，“新全球化”以开放发展的理念打造公正合理的全球治理模式，推动全球化进程的有序前行。“新全球化”坚持四大基本原则，具体而言：其一，以平等为基础，努力确保各国在国际政治经济活动中权利、机会与规则平等的基础上，增强发展中国家与新兴市场经济体的话语权和代表性，反映全球政治经济格局新现实，打造全球治理新秩序。其二，以开放为导向，坚持理念、政策与机制开放，鼓励各方积极参与和融入全球治理议题，以开放包容的制度安排防止治理机制封闭化与规则碎片化。其三，以合作为动力，以合作应对全球性问题与挑战，在强化各国间沟通协调与彼此利益关切的基础上，共商规则、共建机制、共迎挑战。其四，以共享为目标，在寻求利益共享与实现共赢目标的基础上，打造所有人参与、所有人共享的全球治理新模式。

与此同时，“新全球化”立足五大目标：一是在平等相待、互谅互商的关系上，以平衡公正的国际政治经济秩序作为实践“新全球化”的主要途径；二是以公道正义、共建共享的安全格局作为打造“新全球化”的重要保障；三是以开放创新、包容互惠的发展理念作为推进“新全球化”的基本动力；四是以和而不同、兼收并蓄的文明交流作为“新全球化”联结各方的坚固纽带；五是以尊崇自然、绿色发展的生态体系作为着眼“新全球化”的持久未来。“新全球化”旨在建设一个持久和平、普遍安全、共同繁荣、开放包容、清洁美丽的世界。从这层意义而言，“新全球化”是更加平衡、安全、互利、包容与可持续的全球化。

（二）“新全球化”背景下的“中国方案”

“一带一路”建设以互联互通和国际产能合作打通生产要素的全球流通渠道，是中国在面临“逆全球化”浪潮的现实困境下，引领与推动全球化健康发展的实际行动。以互联互通与国际产能合作为要旨的“一带一路”建设的推进，有助于带动中国装备制造业出口的增长、出口产品技术含量与附加值的提高，以及化解国内相关行业产能过剩的风险。围绕“一带一路”，中国与沿线国家之间正逐步形成一个以中国为核心的生产链网络，在使亚洲地区成为世界性生产基地的同时，也在各方互利互惠的交往中以差异性的产业分工布局推进区域经济一体化进程。这意味着，中国将借助“一带一路”的推进，在践行“共商共建共享”承诺的基础上，主导区域秩序的重建。

共建“一带一路”、成立丝路基金、亚投行与金砖国家新开发银行，以及积极建设全球自贸区网络等一系列彰显中国特色、中国风格和中国气派的全球公共产品支撑起全球发展的未来希望。面对“逆全球化”浪潮的冲击，以“一带一路”建设等为主要内容的“中国方案”将在促进全球经济复苏与可持续发展方面发挥建设性作用同时，也为推动新一轮的全球化进程贡献了大国力量。

（三）“新全球化”背景下的“中国应对”

作为全球性的政治经济大国和最大的发展中国家，面对“逆全球化”浪潮的冲击和影响，中国有能力为推动“新全球化”与全球治理的完善提供主要动力。应当通过落实供给侧结构性改革、实施外贸转型发展战略，以及推动全球治理体系改革等层面进一步夯实“中国方案”对推进“新全球化”与完善全球治理的基础。

首先，在全球化由强转弱、由弱转“逆”的外部风险与挑战的现实环境下，中国应立足于内生和结构性因素的改善提升增长潜力。应在落实供给侧结构性改革的基础上，实现并保持自身稳定的经济增长，以深化改革与转型发展夯实“内力”，为推动全球经济早日走出低迷进而对抗“逆全球化”浪潮输出正能量。落实供给侧结构性改革需要稳定的宏观及商业环境。为此，应稳定汇率，避免因“逆全球化”浪潮的一系列“黑天鹅”事件冲击引发的恐慌性资本外逃；提供充足的流动性，确保优质企业的资金链与避免通货紧缩；建立环资产托管公司，隔离僵尸企业；减轻税负，通过发债弥补合理财政赤字；开放国债市场配合人民币国际化；通过保护产权并建立产权纠纷解决机制，确保企业家创新创业的信心与积极性。与此同时，应在逐步放开资本管制、放宽外资机构准入门槛与完善外商投资管理体制的过程中不断提高对外开放的程度和水平，通过进一步放宽服务业、制造业、采矿业等领域的准入限制，支持外商投资企业在国内上市、发债，以及参与国家科技计划项目与基础设施建设。

其次，面对“逆全球化”对中国贸易投资环境的直接冲击，应着力加快推进中国的外贸转型发展战略。其一，应立足于供给侧结构性改革，一方面，使中国企业主动面向国际市场消费需求，改善供给结构并创造适应需求的供给体系；另一方面，应加快制定一批强制性国家标准，提高消费品国内国际标准一致性程度。其二，在积极参与双边自贸协定构建的同时，应将重点放在多边 FTA 的构建上。在区域合作内容上，应在突破关税减让等传统方式的基础上，通过重大项目带动自贸区谈判，将产业园共建、国际产能合作、基础设施建设合作纳入议题，赋予区域合作更多内涵。其三，应当全力延伸服务贸易的能量半径，一方面，应在国内加大服务业的开放力度，消除垄断的同时放松不必要的行政管制，为社会资本释放更大的腾挪空间；另一方面，要不断创新服务贸易发展方式，重点加大创新边境服务贸易政策力度。其四，应争取更多的国际贸易主动权，一方面，利用 G20 和 APEC 等平台和机制争取更多的话语权，在积极谋取与各国宏观经济政策沟通的同时，推动 WTO 多边贸易体系建设和高标准的自贸区网络建设相结合；另一方面，应借助亚投行和金砖国家开发银行，加强与国际货币基金组织和世界银行的高水平合作，有效化解金融风险，促进经济平稳转型与可持续增长的全球治理新格局加速形成。

最后，在当前全球政治格局与国际经济秩序正朝着有利于发展中国家方向转变的背景下，作为全球最大的发展中国家，中国应通过共建“一带一路”、成立亚投行、推进亚太自贸区建设和 RCEP 谈判，以及积极参与应对气候变化与全球减排等举措，在提供并丰富全球治理公共产品的基础上，推动全球治理体系的改革与完善。为此，一方面，应在行动上以共建“一带一路”和金砖国家合作机制推动全球化和全球治理的转型，中国有能力和意愿在基础设施建设、贸易投资自由化与便利化，以及金融合作等方面同沿线国家和金砖国家保持并加强紧密的经济联系；另一方面，在全球化推动方式上促进大国协调均衡下全球秩序的完善，应当进一步强化 G20 职能，建立全球经济治理长效机制，将其作为推动经济全球化与全球经济治理转型的关键，中国应在贸易投资协定、可持续发展、基础设施建设等方面发挥更大作用；与此同时，在协调同美欧关系的基础上，应当加强与美欧双边投资协定的谈判，削减全球化进程中的战略阻碍。

逆全球化的不可持续性

——与全球化、反全球化的对比研究

张超颖[①]

（中国社会科学院马克思主义学院）

作为全球化进程中的一支逆流，逆全球化的产生是多重因素共同作用的结果，将会给世界经济与政治带来极大的不确定性。在逆全球化之外，反全球化思潮始终与全球化进程相伴随。

一、全球化：世界历史发展的必然趋势

对于“全球化是什么”的问题，可以总结出两个观点：一种观点从生产力的角度，把全球化看作客观的、不以人的意志为转移的自然历史过程，是生产力发展的必然结果；另一种观点从生产关系的角度，把全球化看作由西方资本主义主导的、与资本主义现代化进程同步的“西化”的过程。实际上全球化是二者合力作用的结果，正是资本主义生产力的发展与推动，以及资产阶级追求财富的欲望，使全球化成为世界历史发展的必然趋势。

在马克思的世界历史理论中，全球化既是资本主义生产方式持续扩张的结果，又是资本追求增值的空间形式，大工业生产的社会性和资本的扩张性是全球化产生和发展的根本动力。

物质资料生产贯穿人类历史进程的始终，是人类社会存在并持续发展的基础。随着现代化大工业生产的发展及技术水平的提高，大工业生产使分工变得更加明晰且精细化，反过来，分工也极大地增强了大工业的扩张力。大工业生产的社会性促进分工的国际化，不同地区与国家之间的交流与联系日益密切，形成初步的一体化形态，置身于一体化大市场中的任何独立个体都强烈地影响并依赖着其他个体以及这个一体化整体。正如马克思所说：“它首次开创了世界历史，因为它使每个文明国家以及这些国家中的每一个人的需要

① 张超颖，中国社会科学院马克思主义学院，博士研究生。研究方向：国外马克思主义理论研究。

的满足都依赖于整个世界。”①

从资本扩张的角度分析，资本主义生产以无限度地追求剩余价值为目的。资本的全球性扩张从积极的方面讲，可以促进资本竞争力的增强，但从消极的方面讲，又会对原始资本造成消极的冲击。这种消极的冲击在客观上会加剧资本主义的固有矛盾，即生产资料的私有制与社会化大生产的矛盾，最终导致资本主义爆发经济危机。此外，全球化的扩张也是资产阶级无止境追求财富最大化的体现。

在马克思的世界历史理论中，由大工业生产的社会性和资本的扩张性所自发带动的世界范围内市场与交往的发展、技术进步等因素所引发的资本主义在世界范围内发展、扩张的历史，实际上就包含着全球化的历史，这种包含关系同时又鲜明界定出全球化与资本主义全球化的关系：二者既有一致性但在本质上是相区别的，全球化不仅是资本主义的全球化，也是社会主义的全球化。在马克思的世界历史理论中，资本主义全球化的历史使命在于为社会主义、未来共产主义新世界的到来积蓄物质能量，因此当前的全球化还是“全球化的初级阶段”，全球化的进程还要继续向前。

二、反全球化：全球化的一面镜子

全球化是一个矛盾的统一体，在其一体化进程中始终包含着分离的趋势，质疑全球化主流趋势的声音集结在一起，形成另一种全球化——反全球化。

反全球化运动首次引起世界关注是 1999 年 11 月 30 日世界贸易组织部长会议在美国西雅图召开，来自不同国家和地区的数百家非政府组织和五万多反全球化者打出“关闭 WTO”等反全球化口号，举行大规模游行抗议活动，被称为“西雅图风暴”，成为反全球化的一个标志性事件。反全球化者对资本主义全球化的声讨可以归结为：对资本主义全球化进程与自由、民主发生冲突的反对。

在全球经济秩序上采用双重标准，在国际制度安排上以有利于扩张为目标，新自由主义并“不自由”。

新自由主义以发展资本主义为目标，主张实行私有化、自由化、制度化，国家无用论和市场万能论是其对外宣扬的主旨思想。“自由”在阶级社会中体现着统治阶级维护自身利益的阶级性，是一种体现资本主义意志的虚伪的意识形态。资本主义大国在推行新自由主义，大谈“国家无用论”“市场万能论”的同时，却在将国家主权让渡给由其主导的国际性金融机构，牢牢把握管理世界经济、牟取在国际市场霸权的机遇，蓄意引导性阻止弱势国家保护自己市场，使这些国家的经济发展愈发“不自由”。

---

① 《马克思恩格斯选集》，第 1 卷，北京：人民出版社，2012 年版，第 194 页。

全球化使资本主义传统体制受挫，民族国家合法性被削弱，“民主赤字”愈演愈烈，其民主并不“民主”。

“民主赤字”是反全球化者之所以反对的一个重要方面。这种现象表现在：从民族国家的层面讲，在大多数西方发达民主国家中，公众对自身的民主权利以及政治领域相关事务的兴趣与参与度骤减；从区域的层面讲，由于对欧盟等超国家机构的不满与不信任，以及移民、右翼势力抬头等造成的不安全感，人们对区域内事务自然产生一种排斥情绪；从国际层面讲，全球化一方面刺激参与性民主的新浪潮，另一方面大多数人却对自己在全球化进程中所拥有的民主权利没有信心，倾向于“主动放弃民主”。

是什么造成“民主赤字”？首先，反全球化者认为，由发达资本主义国家主导的经济全球化与其宣扬的民主原则相背离，不断发展壮大的跨国经济势力不受资本主义传统体制的束缚，不履行对任何国家公民的责任，加剧资本主义民主危机。其次，非政府组织迅速发展，成为部分边缘人群的利益代言人，对传统民族国家的职权造成侵蚀。最后，新自由主义强调市场自由，社会公正与人文关怀在自由市场竞争中缺失严重，导致贫富分化的“马太效应”愈发严峻，激化处于社会边缘地位的弱势群体对国家、对政府的不满情绪。

三、逆全球化：全球化进程中的减速路障

从2016年至今，国际舞台上一直在释放逆全球化信号，从2016年初国际金融市场异动、6月英国脱欧公投到11月的美国总统大选，再加上欧洲难民危机、土耳其政变等地缘政治冲突，“逆全球化”浪潮不断涌现。全球化的发展是波浪式地前进的过程。全球化是一把“双刃剑”，它在推动世界经济、政治、科技、文化、交往等的飞速发展的同时，也在世界范围内埋下若干发展的“苦果”，这些“苦果”在经济繁荣时期被掩藏，在世界经济出现危机、下行发展的时候便暴露出来，这些“苦果”在危机爆发之际成长成熟，使世界政治、经济、社会问题凸现，个别国家妄图通过“逆全球化”走出危机的泥潭，逆全球化将成为全球化进程中的“减速路障”。

此次逆全球化产生的直接原因是：（1）肇始于2008年的国际金融危机爆发后，世界经济并未在全面调整中复苏，相反经济发展陷入结构性低迷，全球多边机制萎靡不振，地区保护主义和孤立主义明显，贸易保护主义不断升级；（2）全球利益分配严重不均，占人口大多数的底层困难群众与高层次的社会精英阶层在收入方面的差距越来越大，贫富分化加剧；（3）危机后的经济复苏迟缓，企业效益急剧下降，就业岗位减少，再加之技术创新速度加快，一些劳动力需求被新型科技替代，失业问题严峻；（4）民粹主义与民族主义回潮，美欧的移民、投资、监管政策呈现去全球化倾向。

逆全球化作为金融危机的副产品，是资本主义全球化发展到新阶段的产物，是对全球

化出现的矛盾与问题采取的阶段性应对举措。

首先，资本主义基本矛盾激化并在全球范围内扩张，对全球化进程产生冲击。马克思主义经济学认为，资本主义基本矛盾即生产社会化与生产资料的资本主义私人占有之间的矛盾是其固有的历史局限。在资本主义全球化的进程中，资本主义生产方式迅速扩展全球，资本主义基本矛盾的全球扩张，使生产的发展、资本的流动更趋全球化和全面的社会化；个别生产的有组织性与整个社会生产的无政府状态之间的矛盾随之从一国扩展到世界范围，市场经济自发、盲目、滞后的体制弊端，尤其是资本主义周期性爆发的经济、金融危机借全球化的渠道被转嫁给全世界。资本主义基本矛盾在扩张了的国际空间内获得空前发展，一国的经济波动必然影响别国以至全世界，造成世界范围内政治经济的动荡不稳定。

其次，去工业化导致实体经济危机，经济停滞常态化。工业资本主义从 19 世纪 70 年代至 20 世纪 70 年代是其发展的鼎盛时期，此后以美国为首的西方资本主义国家实行去工业化，对制造业等实体工业的投资热度骤减，将目光投向金融、信息技术领域。20 世纪 70 年代以后，形成如今在国内三大产业比重分布中，第三产业约占 75%，而第一、第二产业分别约为 10% 和 15% 的产业布局，产业空心化情势严峻，工业资本主义经历了从实现工业化到去工业化、最终被金融资本取代的历史进程。实际上，在工业资本主义发展中存在一个有名的“劳资关系悖论”，即“一方面，资本雇佣劳动者与其控制的机器大工业生产体系结合在一起，通过剥削雇佣工人占有越来越多的剩余价值；另一方面，越来越多的劳动者被资本主导的新技术、新机器所排挤，越来越多的传统加工制造行业被淘汰，产业空心化越来越严重，同时，金融业不断膨胀，金融资本逐渐取代产业资本占据支配地位，大机器生产体系的衰败最终让工业资本主义陷入严重的危机，直至经济停滞成为常态。”①

最后，资本主义自身发展的不平衡性，使贫富差距加大。全球化为将一国政治经济发展的不平衡扩展到他国以及全世界提供了可能，同时，全球化也把一国资本主义发展中的两极分化扩展到世界范围。于是，世界范围的贫富分化加深，居于全球化进程之中的个人、地区、国家抓住全球化的契机，实现跨越式发展，而那些未赶上全球化这般列车的人、地区、国家则越来越被边缘化，从而导致不同国家、不同群体的贫富分化拉大。

在全球化发展的“周期律”中，每一个周期都开始于“实业的春天”，发展于“产业的盛夏”，转折于“金融的秋季”，最终陷入“危机的冬季”。以西方新自由主义主导的本轮全球化周期已经陷入危机的泥淖不能自拔，逆全球化成为其应对资本主义基本矛盾的激化、去工业化导致的实体经济危机以及资本主义自身发展的不平衡引发的各种复杂、尖锐

① 何自力：《去工业化、去周期化与经济停滞常态化——一个认识当代资本主义的新视角》，载《华南师范大学学报》，2015 年第 4 期。

的政治、经济和国际社会问题的暂时性策略。

四、总结：逆全球化是全球化的暂时阶段，是不可持续的

虽然逆全球化是以美英为首的资本主义国家采取的缓和国内矛盾与危机的一项策略，但如果认为全球化的进程将就此被逆转，则是短视的。逆全球化是全球化的暂时阶段，是不可持续的。

逆全球化 VS 反全球化。在此轮逆全球化思潮受到越来越多的关注之后，许多研究者把逆全球化和反全球化等同，简单地把二者看成是同一种反对全球化的思潮，在相关研究中不乏将逆全球化与反全球化混为一谈的论述。如果对全球化、反全球化历史的了解有所深入，不难发现此轮逆全球化思潮的独特性。反全球化者主要以劳动者组织为代表，直击全球化的阴暗面、直击全球化的不平等，主要为全球化进程中的弱势群体、饱受全球化带来的全球性问题毒害的利益受损者、处于边缘地位的穷困国家、第三世界国家人民发声。但是，本轮逆全球化浪潮的涌现来自美英等发达资本主义国家、掌握国家政治权力的代表人物或政党领袖。全球化从本质上讲就是资本主义的全球化，美英等资本主义大国是曾经全球化的直接受益人，如今却站在国际舞台以维护本国利益为由，公开采取不利于全球化正常推进的举措，反对自由贸易，限制市场开放。这是本轮逆全球化与反全球化区别开来的关键所在。

逆全球化 VS 全球化。全球化是一个合理的悖论，“全球化过程本质上是一个内在地充满矛盾的过程，它是一个矛盾的统一体：它包含有一体化的趋势，同时又包含分裂化的倾向”。① 逆全球化是全球化进程中的一种分裂化倾向，产生于全球化发展的新阶段，全球化进程并非一帆风顺，但全球化的总体趋势依旧向前，逆全球化是不可持续的。第一，逆全球化不能代表世界大多数人民的意愿。特朗普的逆全球化政策虽然能够迎合美国中产阶级和社会底层人民重新“再工业化”提振实体经济、增加就业机会、提高生活水平的呼声，但是来自国会、精英阶层以及广大盟友的反对声音同样强势。第二，虽然金融危机爆发后，世界各国经济均受到冲击，但对于以中国为首的发展中国家来说，全球化带来的更多是发展的机遇，发展中国家迅速崛起，多极趋势明显，对逆全球化行径有一定牵制。第三，当前全球化发展处于“十字路口”，开放包容的新型全球化而非逆全球化，成为时代的吁求。贸易保护不能解决实质问题，开放发展、协同推进是当下发展的重中之重。中国提出的“共同打造人类命运共同体”“一带一路”战略是引导全球化步入正轨的重大举措，得到国际社会的普遍支持，体现出发展中大国的时代担当。逆全球化是不可持续的，新型全球化已经在路上。

---

① 俞可平：《全球化的悖论》，北京：中央编译出版社，1998 年版，第 21 页。

中国“一带一路”背景下的包容性全球化理论与引领路径分析

龚晓莺　陈健[①]

（同济大学马克思主义学院）

一、中国“一带一路”背景下的包容性全球化的提出

如何破解目前存在的逆全球化现象，建立基于各国共享共赢利益的公平公正的包容性全球化发展格局成为当前重要的议题。目前中国对世界经济的贡献率很大，对逆全球化浪潮和不合理的全球化格局，中国必须主动有所担当，成为引领包容性全球化发展的主导力量。2017 年 1 月 17 日习近平出席世界政治经济论坛年会并发表题为《共担时代责任 共促全球发展》的主旨演讲：“强调要坚定不移推进经济全球化，引导好经济全球化走向，打造富有活力的增长模式、开放共赢的合作模式、公正合理的治理模式、平衡普惠的发展模式，牢固树立人类命运共同体意识，共同担当，同舟共济，共促全球发展。”其中所提出的全球化究其实质就是包容性全球化。

根据习近平总书记丝路精神的重要论述表明，“一带一路”就是用“丝路精神”推动沿线国家建立伙伴合作关系，实现共同发展，而丝路精神最重要的一个内容就是开放包容、互利共赢。包容性全球化所坚持的发展理念是均衡发展、包容性发展，就其实质来讲就是普惠发展、互利共赢的发展。“一带一路”倡议是属于具体发展举措，包容性全球化属于发展理念，两者属于路径与理念的关系，“一带一路”就其实质来讲就是包容性全球化的实践路径，即丝路精神 + 新型全球化。

本文就是明确提出包容全球化的概念，在对其作出理论界定后，将进一步阐述中国“一带一路”对于包容性全球化的引领作用，以期在理论上证明中国“一带一路”将对全球经济的贡献，在实践上为中国“一带一路”发展战略实施提供路径支持。

二、中国“一带一路”背景下包容性全球化理论与发展困境

要想弄清楚“一带一路”发展战略引领包容性全球化的路径，首先对包容性全球化

---

① 龚晓莺，同济大学马克思主义学院教授；陈健，同济大学马克思主义学院博士研究生。

进行理论界定和困境探究，以期更好地建构“一带一路”引领包容性全球化的发展路径。

（一）包容性全球化的内涵与特征分析

所谓包容性全球化必须从以下几个方面进行内涵理解：一是要发挥政府在包容性全球化中的引导作用，尤其要充分发挥政府宏观调控领域的作用；二是尊重各国根据自身特点选择不同的发展道路，即发展道路的自主性和均衡性；三是坚持发展利益由大多数国家共享，寻求各国发展的最大公约数，使互利共赢、平等互利成为各国的共同遵守；四是遵循求同存异、和而不同发展理念。

包容性全球化的特征如下：一是机会平等性特征。包容性全球化的核心就是在全球化发展中要注重公平和平等，使各国都能够享受全球化发展带来的机遇与契机，而不以国力强弱或者意识形态差异进行差别对待。二是互利共赢性特征。各国的发展应是互利共赢的发展，力争在全球化中消除剪刀差等，避免发达国家独享全球化的利益。三是共享发展性特征。包容性全球化还具有共享发展性特征，让经济全球化和经济发展成果惠及所有群体、所有国家，在可持续发展中实现世界的永续发展。四是开放性特征。在包容性全球化中各个国家各个区域性组织等应力促贸易和投资便利化，防止贸易保护主义。

包容性全球化与西方主导下的传统全球化具有根本的不同性。二者的区别主要体现在以下几个方面：一是包容性全球化在发展过程中注重寻求各国利益的最大公约数和最大契合点，西方主导下的传统全球化在各国经贸等交往中容易形成剪刀差，利益往往由发达国家独享，发展中国家往往处于利益的边缘位置；二是包容性全球化是各国共同发展、互利共赢的全球化，这里的共同发展不仅包括各国间的共同发展，也包括人与自然的共同发展，西方主导下的传统全球化是注重发达国家利益的单边全球化，而且在环境保护方面西方主导的全球化往往由于资本的趋利性忽视了对环境的保护；三是包容性全球化注重各国发展的机会平等性，不因社会制度和意识形态差异而区别对待，而西方主导的传统全球化是发达国家独享发展机会；四是包容性全球化倡导开放包容发展，不设置区域排他安排，西方主导下的全球化是排他性的全球化，如欧盟对区域外国家设置高额关税壁垒；五是包容性全球化在发展中坚持各国互利共赢原则，西方主导下的传统全球化是西方发达国家力求独享全球化发展利益。为了更好地理解二者的区别，本文通过表 1 进行辅助说明。

表 1　包容性全球化与传统全球化的比较

包容性全球化	传统全球化
注重各国利益契合	利益单边化
共同发展	单边发展
机会平等性	发达国家机会独享
开放包容	排他狭隘
互利共赢	单边多赢

（二）中国“一带一路”引领的包容性全球化发展面临的困境

1. 缺少信任度

习近平主席在提出“一带一路”倡议的时候特别提出“一带一路”战略是互利共赢的开放战略，沿线国家和非沿线国家中的很多国家对中国“一带一路”战略的实施和中国的开放战略是持矛盾复杂的心态。总体上这些国家是希望中国扩大开放的，因为他们想从中国的开放中获利。但是他们一方面希望中国的开放给他们提供欧美等国家不可能提供的资金、贷款及基础设施建设的帮助；另一方面又担心被中国控制，对中国过分依赖。中国作为全球第二大经济体，体量庞大，资源消耗巨大，让他们对中国充满了担心和疑虑，认为中国的开放会加剧对本国资源的利用。

2. 大国掣肘

按照西方发达国家主导下全球化的逻辑，谁主导全球化发展谁就能廉价获取发展中国家的资源。因此西方发达国家对于中国提出的“一带一路”战略处处设置障碍，“一带一路”沿线地区也是资源丰富的地区，复杂的民族矛盾和恐怖主义等也反映了这一地区是争夺的焦点。试图把这一地区作为势力范围的既有沿线的俄罗斯、印度等国家，也有西方的欧美等国家。而且“一带一路”战略所要引领的包容性全球化是建立公平合理互利共赢的全球化，这与西方国家主导的全球化有根本区别，因此西方国家必然会采取举措牵制中国引领包容性全球化的发展。

3. 新旧国际规则冲突

中国在引领包容性全球化的同时，面临着遵循既有国际制度规则和中国按照人类共同利益建立的新国际制度规则的矛盾。西方国家尤其是美欧国家，一直强调要遵守国际规则，并希望中国加入更多国际规则，由于这些国际规则都是美欧等西方发达国家主导下建立的基于西方国家利益的规则，以便通过这些规则对中国加以控制和约束。中国要想引领包容性全球化的发展必须借助“一带一路”战略等实际的举措让世界各国感受到中国的方案是基于全人类利益的共同方案，从而使基于世界各国利益的新规则最终取代不合理的旧规则。

三、中国“一带一路”对包容性全球化的引领路径

在新的战略机遇期和矛盾叠加期，对于如何破局逆全球化浪潮，助推全球化发展强劲有力，习近平主席 2017 年 1 月 18 日在联合国日内瓦总部发表了题为《共同构建人类命运共同体》的主旨演讲，对经济全球化如何发展和经济全球化的意义等予以了阐述，体现了中国推动经济全球化的担当精神，为新时期开辟经济全球化包容性发展新阶段指明了方向树立了信心，为经济全球化基于人类共同利益的强劲推进贡献了中国智慧。“一带一路”战略尽管从地理位置上包括国内 18 个省和沿线 65 个国家，但是开放包容性战略，对非沿线国家只要有意愿均可加入“一带一路”战略框架进行合作。“一带一路”倡议是开放包容的倡议，也是实践包容性全球化发展的具体举措。

（一）中国力推建立“一带一路”沿线多边包容贸易体制机制，实现“一带一路”沿线贸易体制向利益均衡方向发展

包容性全球化要想顺利推进，必须具有多边包容贸易体制作为载体。随着西方国家主导下的全球化深入发展，现行的多边贸易体制在带来全球经济发展的同时也日益暴露出一些全球性问题，如全球发展失衡、高失业率及治理赤字等问题，2008 年全球金融危机加剧了这种矛盾，现行的多边贸易体制已经不能满足和代表广大发展中国家的利益，迫切需要改革和创新现有的多边贸易体制。而且目前中国在对外贸易中面临贸易摩擦频发，产生贸易摩擦频发的因素很多，但究其根本原因在于中国的出口贸易量激增所造成的对进口国产生较大压力，但是中国作为一个负责任有担当的大国也在增加进口，以减少这些国家对中国的敌意，以最大诚意获得和世界各国互利共赢合作，如中国通过境外投资的方式不仅可以解决当地就业，而且可以增加当地税收，据相关数据显示：“2014 年至 2016 年，中国同‘一带一路’沿线国家贸易总额超过 3 万亿美元。中国对‘一带一路’沿线国家投资累计超过 500 亿美元。中国企业已经在 20 多个国家建设 56 个经贸合作区，为有关国家创造近 11 亿美元税收和 18 万个就业岗位。”因此中国在“一带一路”沿线的直接投资不仅对于实现沿线发展中国家均衡发展、包容性发展起到助益，对于提升沿线各国由于经济实力的提升而产生的贸易地位的提升也起到重要的作用，如此必将使贸易体制向多边化方向发展。因此“一带一路”倡议引领包容性全球化发展正逢其时，不仅可以改革现行的多边贸易体制，而且可以增加广大发展中国家在多边贸易体制中的话语权。

（二）中国应加快“一带一路”沿线网络等基础设施建设，通过大数据、互联网技术开启“一带一路”沿线贸易方式进入“互联网+”时代，即E贸易时代，通过新型贸易方式催生国际经济秩序朝包容性方向发展

随着全球化的深入发展，各国之间的交往越来越倾向于发展跨境电商服务，特别是随着沿线网络基础设施建设进程的加快，各国之间E贸易更加便捷，国际贸易的方式迅速E化，通过E贸易方式进行公平公正议价等从而催生了包容性新规则新体制的诞生，使全球国际经济秩序朝着公正合理的包容性方向发展。因此中国在“一带一路”倡议推进过程中加快沿线网络等基础设施建设，为沿线E贸易时代的开启提高技术保障和设施基础，通过在E贸易方式中建立基于沿线各国利益的公平公正的贸易方式，改变西方国家主导下的不平等的贸易方式，加快沿线包容性国际经济秩序的建立，为包容性全球化的发展提供秩序保障。而且E贸易时代的开启也有利于各国及时通过数据平台发布的贸易信息了解沿线各国经贸往来情况，为沿线各国制定下一步计划提供决策依据。但是由于沿线国家大都是发展中国家，这些国家的互联网、大数据技术相对落后，因此中国除了要加快沿线网络基础设施建设，实现沿线国家网络互联互通之外，还应加快对这些国家的技术援助，帮助这些国家发展大数据、互联网技术，通过联合建立相关专业院系、培训机构等方式，加快沿线各国大数据、互联网技术人才培养。

（三）中国力推“一带一路”沿线区域经济一体化，减少和消除区域壁垒，实现“一带一路”沿线各国投资和贸易包容性发展

区域主义是相对于多边主义而言的，区域经济一体化本来是属于全球经济一体化的必经阶段，但是现实中像欧盟等却实行贸易保护主义，欧盟贸易80%属于区域内贸易，对外采取严格的贸易保护主义。只有在区域主义具有开放特性时才会有利于经济全球化，因此应畅通区域经济一体化步伐，减少和消除区域壁垒。而且沿线贸易便利化水平的提高有助于进一步扩大沿线贸易潜力，贸易潜力的大小与一个国家经济实力的强弱呈现正相关，因此将沿线亚欧国家贸易潜力进一步提升可以释放巨大的贸易潜力，据相关数据显示，沿线亚欧国家贸易潜力提升一个档次，可释放30.67%的贸易潜力。中国针对“一带一路”沿线国家发起设立的亚洲基础设施投资银行、丝路基金等对于发掘贸易潜力、提高贸易便利化水平、促进沿线国家的投资和贸易往来提供了资金支持。另外通过建章立制可以率先在沿线各国建立畅通化的区域经济一体化，减少和消除区域壁垒，为全球其他区域做出表率，从而引领经济全球化进入包容性全球化发展阶段。我国一直为减少和消除贸易壁垒做出贡献，如：“目前我国已实施14项自由贸易协定和3项优惠贸易安排，2017年上半年享

惠进口 3705 亿元，同比增长 39%，比同期我国货物贸易进口增速高 13 个百分点；税款减让 314 亿元，其中关税减让 270 亿元，分别增长 37% 和 32%。”

（四）中国牵头打造公平合理的“一带一路”沿线包容合作平台，实现“一带一路”沿线各国合作平台包容性发展

目前世界上现有的区域经济合作机制的一个基本特征就是设有门槛边界，包括 WTO 等组织也都实行严格的边界门槛，因此并不是包容性的合作平台，而“一带一路”战略的实施其显著特征就是开放包容性、互利共赢性，其不对任何国家设线，任何国家不管是何种意识形态何种社会制度只要有意愿加入“一带一路”战略均可加入这一战略，包括非沿线国家和地区只要有意愿也可以加入。因此开放性是“一带一路”战略有别于其他区域合作机制的重要特征之一；而且“一带一路”战略通过基础设施建设等加强互联互通，有助于消除国家间的壁垒和误解，增进合作；“一带一路”战略同时还具有多元性，其发展是尊重各国利益的发展，对各国的关切和意见充分尊重；“一带一路”战略传承了古丝路精神“以义为先、义利并举”的精神，因此可以通过“一带一路”连接现有的区域合作平台，如连接东盟、欧美等区域组织，也可以对接单个国家的发展战略等，实现真正意义的全球经济一体化。

我国利用外商直接投资现状、问题及对策

陈江滢①

（南开大学）

利用外资是我国对外开放基本国策和开放型经济体制的重要组成部分，在经济发展和深化改革进程中发挥了积极作用。当前，全球跨国投资和产业转移呈现新趋势，我国经济深度融入世界经济，经济发展进入新常态，利用外资面临新形势新任务。根据商务部的最新数据，2017 年全国新设立外商投资企业 35652 家，同比增长 27.8%；实际使用外资金额 8775.6 亿元人民币，同比增长 7.9%。虽然我国实际使用外资的规模有所增长，但在保持数量稳定、优化外资结构和提升外资质量方面仍然面临来自国内外的诸多挑战。在国际上，受到全球经济增长势头不稳、全球金融市场持续动荡、总需求低迷的影响，面临地缘政治风险及地区冲突对全球经济的挑战，还需面对日趋激烈的国际引资竞争。在国内，经济增速放缓，经济处于结构调整期，传统产业投资饱和，资源环境承载能力已经达到或接近上限，传统引资优势逐渐丧失。面对日益严峻的利用外资形势，国务院连续发布《关于扩大对外开放积极利用外资若干措施的通知》（国发〔2017〕5 号）和《关于促进外资增长若干措施的通知》（国发〔2017〕39 号），明确提出应“促进外资增长，提高利用外资质量”。进一步积极利用外资需要充分认识我国当前利用外资的现状，克服当前利用外资中存在的问题，发挥并提升经济新常态下的引资优势。

一、中国利用外资现状

2006—2016 年，我国外资流入量总体呈现上升趋势。2006—2008 年，我国 FDI 流入量迅速增长，由 727.15 亿美元上升至 1083.12 亿美元。受全球金融危机影响，2009 年 FDI 流入量出现明显下滑，2010 年迅速回升。自 2010 年以来，我国 FDI 流入量总体呈现小幅上涨趋势，但是相比金融危机以前增速明显放缓。我国 FDI 流入量占 GDP 的比重呈现明显下滑趋势，从 2006 年的 2.62% 下跌至 1.17%。同期，我国对外直接投资增速更快，

① 陈江滢，南开大学国际经济研究所研究生。

2016 年我国外资流出量为 1831 亿美元，是 2006 年的十多倍。与对外直接投资相比，我国 FDI 流入表现平庸。

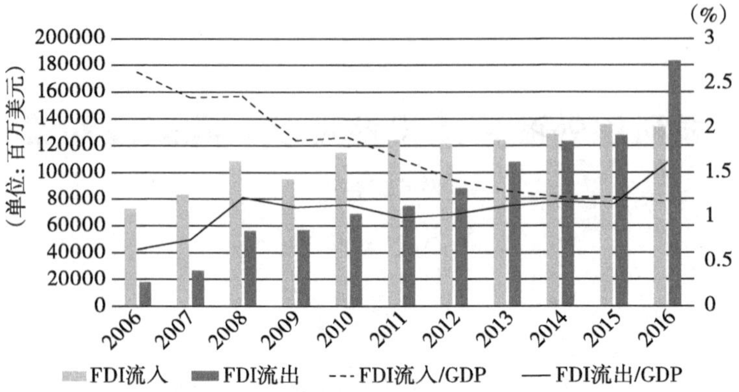

图 1　中国 FDI 流动及占 GDP 比重

资料来源：UNCTAD 数据库。

2016 年，我国仍是对外资最具吸引力的投资目的国之一，FDI 流入量达到 1337 亿美元，仅次于美国（3911.04 亿美元）和英国（2538.26 亿美元）。但是，我国 FDI 流入量与美国和英国存在较大差距，仅为美国 FDI 流入量的约 1/3。

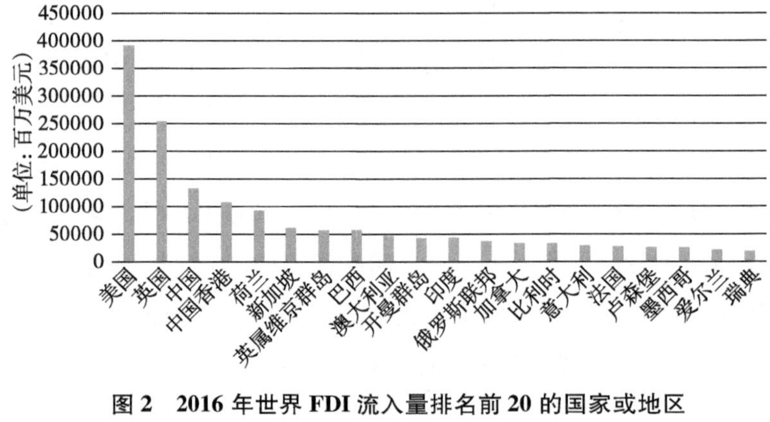

图 2　2016 年世界 FDI 流入量排名前 20 的国家或地区

资料来源：UNCTAD 数据库。

二、中国利用外资存在的问题

（一）引资竞争日益激烈

我国在吸引外商直接投资方面比较稳定，但是面临日益激烈的国际竞争。一方面，我国面临来自发达国家制造业回流的冲击。美国等发达国家制定“再工业化战略”，吸引制造业回流，重塑制造业优势。这使得原本由发达国家向新兴国家和发展中国家转移的制造业在一定程度上出现回流。特朗普上台后，税改计划将企业所得税率从 35% 降为 15%，进一步加大了美国制造业回流的预期，同时也推动了我国部分制造业企业扩大对美国的投资。这使得我国与发达国家在中高端制造领域的引资竞争不断加剧。另一方面，随着我国引资传统优势的弱化，在劳动密集型领域面临发展中国家更多竞争。目前，越南、印度尼西亚等发展中国家凭借劳动力成本、土地成本、资源成本优势，通过制定优惠的引资政策，对外资形成强大吸引力，使我国中西部地区在承接国际及我国沿海产业转移的过程中面临激烈挑战。

（二）来源地分布不均衡

从中国内地实际利用 FDI 的来源地区分布情况看，中国内地 FDI 流入来源主要由少数地区构成。中国香港、维尔京群岛、开曼群岛、新加坡是中国内地 FDI 流入的主要来源地区。来自中国香港的 FDI 流入量保持绝对领先地位，占中国内地实际利用 FDI 总量的比重呈现不断上升趋势，由 2006 年的 32% 上升至 2016 年的 64.65%，而 2016 年中国香港对外 FDI 仅占世界 FDI 流出总量的 4.3%。作为全球最大的 FDI 来源国，美国对中国的 FDI 占中国利用 FDI 总量的比重则常年保持在 5% 以下，并呈现下降趋势，由 2006 年的 4.5% 下降为 2016 年的 1.89%，而 2016 年美国对外 FDI 流出量占世界 FDI 流出总量的比重为 20.59%。同样，2016 年，欧盟 28 国和日本对外直接投资占世界 OFDI 的总量的比重分别为 32.4% 和 10%，但对中国的直接投资占中国吸引外资总量的比重仅为 7.7% 和 2.5%。

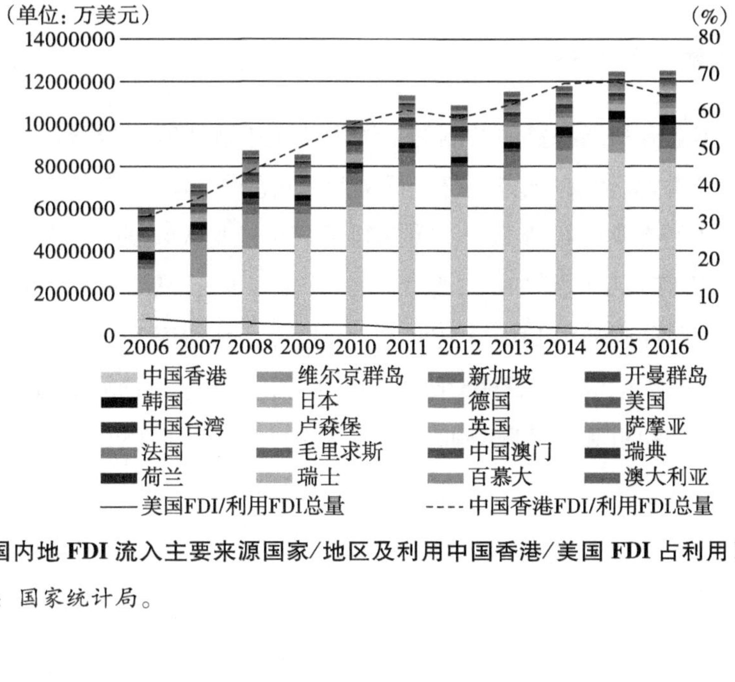

图 3　中国内地 FDI 流入主要来源国家/地区及利用中国香港/美国 FDI 占利用 FDI 总量比重

资料来源：国家统计局。

表 1　世界主要国家和地区对华直接投资情况

	中国香港		日本		美国		欧盟 28 国	
	占内地吸引 FDI 的比重	占全球 OFDI 的比重	占内地吸引 FDI 的比重	占全球 OFDI 的比重	占内地吸引 FDI 的比重	占全球 OFDI 的比重	占内地吸引 FDI 的比重	占全球 OFDI 的比重
2016 年	69. 2	4. 3	2. 5	10. 0	1. 9	20. 6	7. 7	32. 4
2015 年	68. 4	4. 5	2. 5	8. 1	1. 7	19. 0	5. 2	33. 6
2013 年	62. 4	5. 8	6. 0	9. 7	2. 4	21. 7	5. 5	24. 3
2010 年	57. 3	6. 2	3. 9	4. 1	2. 9	20. 0	5. 3	33
2007 年	37. 1	2. 9	4. 8	3. 4	3. 5	18. 1	5. 2	55. 9
2004 年	31. 3	4. 8	9. 0	3. 4	6. 5	32. 4	7. 2	39. 8
2001 年	35. 7	2. 6	9. 3	5. 6	9. 5	18. 2	9. 0	57. 6

资料来源：UNCTAD 数据库，国家统计局。

我国内地外资来源高度依赖中国香港地区、英属维尔京群岛和开曼群岛等国际自由港，这反映了我国内地的虚假外资问题，即自由港松散的资金流动管制、针对外资的优惠政策、无外汇管制、无须纳税、对商业信息保密等政策为外资流入提供了极大便利，使国内资本通过各种途径流到国外，之后这些资本又以外商直接投资的名义回到国内进行投资，享受外资的超国民待遇。虚假外资会加剧资本外逃、减少财政收入、破坏公平竞争的经济体制、加大我国外资统计管理的难度，对我国利用外资和经济发展造成一系列负面影响。对美国等发达国家的高质量 FDI 吸引严重不足，不利于发挥外资对促进我国经济增长、提高就业、促进产业结构优化升级、提升技术水平等积极效应。

（三）产业结构不尽合理

受国内要素成本上升和能源资源的制约，国内传统制造业吸引投资已出现饱和甚至过剩。中国服务业市场潜力巨大，服务业已经成为吸引外资的新增长点。

从实际利用 FDI 的产业分布情况看，我国利用 FDI 行业从以制造业为主转变为以服务业为主。制造业利用 FDI 占利用 FDI 总量的比重不断下降，从 2006 年的 63. 6% 下降至 2016 年的 28. 17%。服务业利用 FDI 呈现明显上升趋势，其利用 FDI 占利用 FDI 总量的比重由 2006 年的 31. 6% 增至 2016 年的 66. 6%。其中，信息传输、计算机服务和软件业、批发和零售业、金融业、租赁和商务服务业、交通运输、仓储和邮政业等行业实际利用外资有较明显的增长。

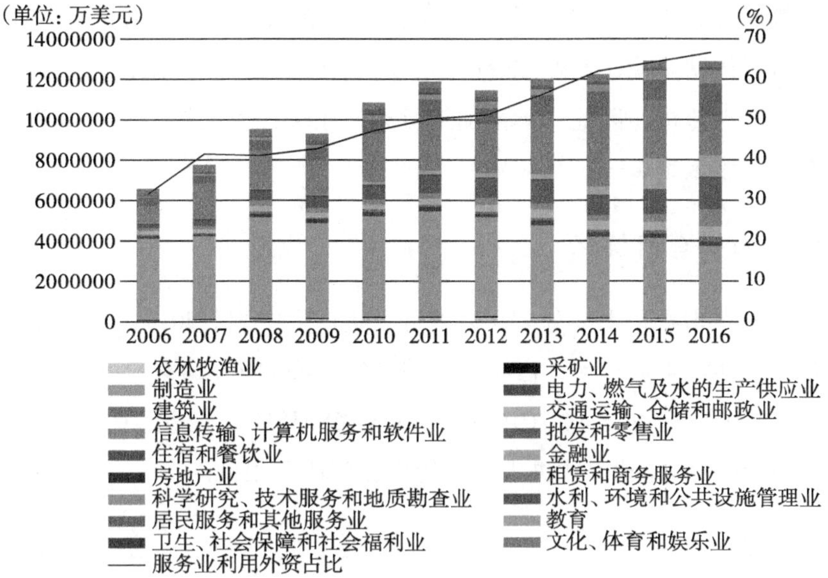

图 4　中国实际利用 FDI 产业分布

资料来源：国家统计局。

虽然我国利用外资的产业结构有所改善，但是在内部结构上不尽合理。中国服务业利用外资主要集中在房地产业、批发和零售业、租赁和商务服务业等传统服务部门，生产性服务业、高新技术产业及战略性新兴产业所占比重依然偏低。此外，中国服务业开放政策仍然滞后，许多服务业领域在独资、股比等方面存在限制，导致外资准入存在障碍。

（四）地区分布不平衡

我国利用外资的地区分布严重不平衡，中西部地区利用外资的水平有待提高。2016 年，我国东部地区实际利用外资 1092.9 亿美元，占全国实际利用外资总额的比重由 2011 年的 83.3% 上升至 86.7%，中部和西部地区这一比重分别是 5.6% 和 7.6%。

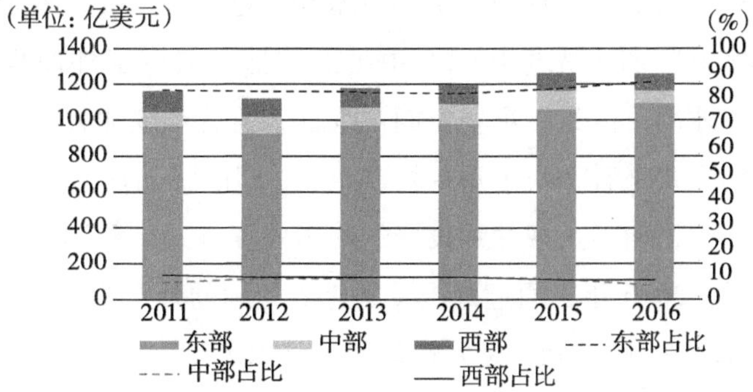

图 5　我国实际利用外资的区域分布

资料来源：商务部外资司。

就比较优势而言，中西部劳动力成本低、土地资源丰富，具有发展加工制造业的优势。但是，在市场体制环境、产业配套能力、高端技术人才、基础设施、交通便利等方面与东部地区存在较大差距。因此，承接加工贸易产业转移速度较慢，承接跨国公司高端服务业转移也存在较多困难。

（五）利用方式有待优化

从利用外资方式来看，大部分 FDI 以独资方式进入中国。2014 年以独资经营方式进入中国的投资额达到 947.4 亿美元，占实际利用外资总额的 79.24%，处于近十年来最高值。外资企业实际利用外资占比在 2016 年下降至 68.35%，但是 2017 年又小幅回升至 69.71%。以合资和合作经营方式进入中国的投资额比重很低。

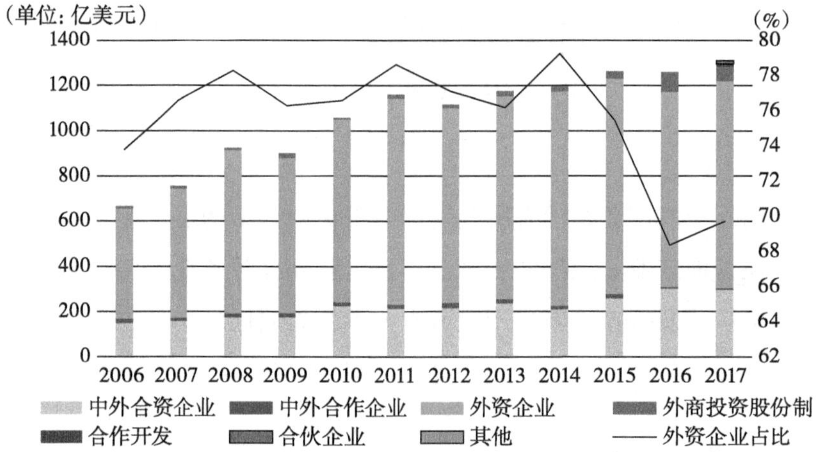

图 6　中国实际利用外资金额，按利用方式划分①

资料来源：商务部外资司。

跨国公司在华投资的独资化，使跨国公司母公司把在华投资企业纳入总部主导的“产业内部分工体系”之中，从而大胆地投入尖端技术和先进设备，并采取统一的知识产权措施予以保护，很大程度上削弱了先进技术在中国的传播，减少了外商投资的技术溢出效应，还可能造成优秀人才严重流失、市场份额被蚕食、监管难度加大等负面影响。

从外资进入我国的方式来看，我国重视新设企业，即国际上通常所说的“绿地投资”，以形成新的生产能力为主，而不重视并购投资的利用外资方式。我国并购利用外资量远低于绿地投资利用外资量。2016 年，通过跨国并购进入我国的外资为 58.87 亿美元，通过绿地投资进入的外资为 624.95 亿美元，是并购量的十倍以上。

① 数据未包括：银行、保险、证券领域吸收外商投资数据。

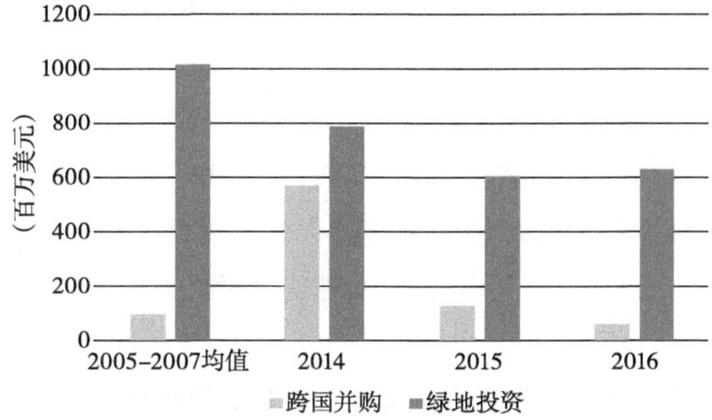

图 7　中国 FDI 流入，按进入方式划分

资料来源：2017 年世界投资报告。

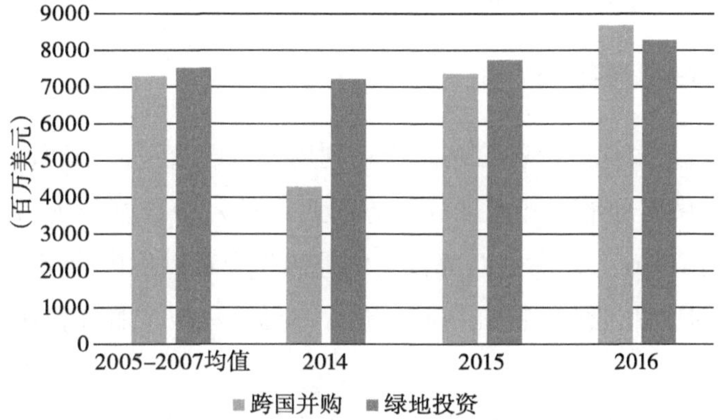

图 8　世界 FDI 流入，按进入方式划分

资料来源：2017 年世界投资报告。

从世界范围看，2016 年，世界跨国并购交易量为 8686.87 亿美元，超过了绿地投资的 FDI 流入量。相比之下，我国通过并购吸引的外资严重不足，并且利用海外资本市场融资等其他的利用外资方式也都还远远不够。这可能由于我国的并购政策和投资环境尚不够完善。推动我国通过并购利用外资，促进吸引外资方式的多元化，是我国利用外资的必经之路。

三、政策建议

中国初期引资模式以土地、环境、低端劳动力为竞争优势，外资来源地分布、产业分布、地区分布、利用方式均存在严重失衡，产生了诸如虚假外资、技术溢出效应小、监管难度大等一系列问题。如今，我国东部地区土地资源紧张，低端劳动力成本上升，环境污染问题凸显，传统的引资模式难以延续。我国应调整引资模式，克服利用外资中存在的问题，抓住吸引外资的新机遇，促进我国外资稳定增长，提高利用外资的质量。

（一）优化投资环境

第一，进一步减少外资准入限制。全面实施准入前国民待遇加负面清单管理制度。尽快在全国推行自由贸易试验区试行过的外商投资负面清单，进一步增强投资环境的开放度、透明度、规范性。进一步扩大市场准入对外开放范围，明确对外开放时间表、路线图。

第二，完善国内投资环境。完善促进投资自由化、便利化的政策措施，保持外资政策稳定、透明度和可预期性，逐步形成与国际通行规则相衔接的投资环境；加大反垄断调查与执法机制化、制度化建设，维护市场竞争秩序；建立健全责任评估和追究制、完善社会信用制度，确保监管的公平性，使国有企业、外资企业和民营企业公平竞争。

（二）促进外资合理布局

第一，实施区域差异化的引资策略。应将利用外资的政策向中西部地区倾斜，继续予以适当优惠政策。《中西部地区外商投资优势产业目录》中鼓励类项目的内外资企业在享受15%的所得税优惠基础上，在中西部投资的外国投资者以境内取得的利润再投资，免缴10%预提所得税。对中西部地区物流企业，允许享受先进技术服务企业15%的所得税优惠待遇。

第二，加快对外开放平台和载体建设。中西部省市应通过积极申报自由贸易试验区、国家级新区、促进园区转型升级等措施加快对外开放平台和载体建设。同时，国家在“一带一路”开放平台和载体建设的全国布局中应有针对性地向中西部地区和沿边地区倾斜，包括自由贸易试验区试点省市的选择、跨境电子商务试点城市的选择以及海关特殊监管区设立和升级等。

（三）优化利用外资产业结构

第一，鼓励外资投向外向型或生产型服务业。着力引进外向型服务业外资，发挥外资企业对于扩大中国服务贸易规模和提升服务产业竞争力的重要作用。重点引进一批面向国际市场的外资项目，吸引相关外资企业入驻，帮助中国制造企业提升在全球价值链分工中的地位，在做强制造业、提升中国制造品牌和品质的同时，做大做强中国服务。

第二，要为服务业外资企业营造自由化、便利化的经营环境。针对服务业的特殊性和规律性，着力研究制定针对服务业利用外资的有效政策和招商引资举措，着力在市场准入、优惠政策、法规体系、政策透明度等方面营造自由、公平、公开的软环境。推进新一轮国内法规的立、改、废，建立和完善与服务业开放配套的国内规制体系，促进中国服务产业提升发展水平和国际竞争能力。

（四）防范虚假外资

第一，统一税法，公平税负。虚假外资产生的根本原因在于外商投资企业的“超国民待遇”以及对“引资人”的按比例奖励政策。因此，必须要切实遵守 WTO 非歧视性和国民待遇原则，消除内外资利益级差，从源头上铲除假外资现象产生的利益基础。

第二，加大对外方出资的检查力度。一是实行外汇指定银行初审、外管局复审的二级审核制度，加大对流入资金投资的真实性和合法性的审核。二是突出检查重点，特别注意检查以港币出资、分期出资且每次汇入金额较小的外资企业。三是加强监管部门间的沟通，切实加强对外资的鉴别。重点要加强对外国投资者的主体资格或者自然人身份真实性的确认，如果追查发现实际投资者是境内居民的，就不应按外资对待。

第三，地方政府切实转变职能。地方政府不能以吸引外资的数额来考核下级政府和部门的政绩，不能以出让一部分利益来完成上级下达的引进外资“硬任务”。应建立均衡的长效政绩考核体系，注重实效、注重长远利益，严格防范招商引资过程中工作人员的个人道德风险，从根本上消除“假外资”的生存空间。

美国经济金融化
——特征、原因及影响研究

崔顺伟　李亚男①
（天津外国语大学国际商学院）

“金融化”一词最早由 Sarcinelli 和 Maria 于 1988 年提出，他们认为“金融化”是指跨国公司以及金融资本在全球流动过程中所产生的资产泡沫化现象。目前学术界普遍认可“经济金融化”是指 FIRE 等金融资产占实际 GDP 的比重逐渐增大，金融工具越发多样化，经济虚拟化程度逐步加深的过程。本文定义“金融化”为政府放松管制条件下，金融资产占实际 GDP 的比重逐渐增加，债务性消费和投资逐步加剧，虚拟资产越发膨胀，资本收入分配渐趋不合理的经济现象。

一、美国经济金融化的特征分析

（一）经济高度虚拟化

经济虚拟化是多重因素主导下的产物，金融交易的排媒现象免去了银行中介环节，在节约资本流动成本的同时大大提高了资本的流动效率，金融产品交易性以及流动性日益显著，经济虚拟化程度逐渐深化；银行、企业、家庭资产并趋证券化，资本从各领域向虚拟化演进；资本的阶梯性转移理论，使得资本转向更新、更具盈利性的金融产品，这种转移使得“金融与生产分离成为独立运行的力量并成为实体经济的独裁者”②，证券类金融衍生工具逐渐取代了传统的投融资模式，金融虚拟化比例空前高涨，金融部门过度膨胀，逐渐超越了实体经济部门，经济发展呈现出高度虚拟化的趋势。

（二）新自由主义积累机制推动下的金融化

马克思主义理论认为，资本积累是经济增长的内在动力，定义金融化是一种积累模

---

① 崔顺伟，教授，主要研究方向为现代资本主义经济。李亚男，天津外国语大学国际商学院硕士研究生。

② Cax. R. W. “Global Perestroika” in R. Miliband and L. Panitch（eds）［J］. Socialist Register，New World Orcb，1992.

式，且这种积累模式并不是由商品或贸易所主导，而是由金融部门主导，具体体现在两个方面：（1）从微观层面来讲，金融性公司 GDP 贡献率占比越来越大，非金融性公司的生产性利润远远小于资本投机利润；（2）从宏观层面来讲，发达国家金融部门的附加值远远超过了实体部门，在新自由主义积累机制下，非金融公司为了取悦股东，以股份、利息、分红等回购形式，逐步转化为食利阶层收入，加剧了收入分配的不公，经济越发呈现出不稳定乃至萧条的景象。

（三）“资更强劳更弱”的食利型发展模式

在金融化逐渐深化的过程中，美国的食利型分配模式已经成为不可逆转的趋势：（1）政府放松管制，市场自由配置资源，劳方只能受命于资方，劳资利益关系呈现越发不平等的趋势；（2）在股东价值导向的金融治理模式下，公司运营的首要目标是保证股东价值最大化，尚未提及劳方利益；（3）工会运动的限制削弱了劳方话语权，不利于劳动者的利益诉求，劳方无力对抗资方；（4）新自由主义认为 20 世纪 70 年代的经济“滞胀”完全归因于社会福利制度的存在，认为该制度加剧了穷人的惰性，导致资方也止步不前；（5）美国大规模实行私有化政策，公共部门的工作大量转移到私营部门，失业率提升，劳动者利益相应遭受了巨大的损失。

（四）金融性危机与金融化呈规律性发展模式

美国经济金融化的发展并不是一个逐步上升的过程，Foster（2009）认为在垄断金融资本体系中，经济停滞和金融化是一种共生性关系的延伸，呈现出一种规律性的发展特征，这种规律性从美国两次大的危机中就可以看出，如在金融化发展过程中，美国虚拟经济发展逐渐超越了实体经济，经济泡沫越来越大，一旦破灭，就会对经济发展造成一定程度的恶性影响，表现在金融领域呈现 FIRE/GDP 比例下降的趋势。因此，“金融主导下的工业发展并不是资本主义的新阶段，而是一个周期性特征，一个从中世纪晚期以及近代欧洲就已经存在的长周期阶段”①。

二、美国经济金融化原因分析

推动经济金融化的原因随着政治、经济、技术等因素的不同而有所差异，本节具体从内部因素、外部因素两个层面出发，探究推动美国经济金融化的具体原因，具体详见图 1。

① Arrighi C. The long twentieth century century：money，power and the origins of our times ［M］. London：Verso Books，1994.

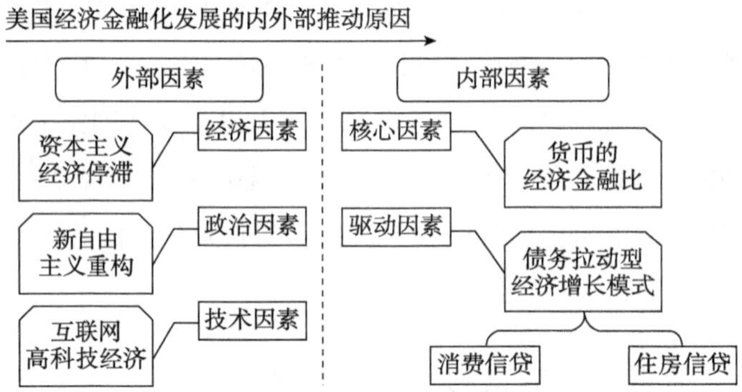

图 1　美国经济金融化内外部推动原因

资料来源：作者绘制。

（一）推动美国经济金融化发展的外部因素

1. 经济因素：资本主义经济停滞

金融化发端于 1974—1975 年资本部门的经济停滞乃至衰退状况（福斯特，2015）。为了实现货币资本的保值、增值功能，一连串的创新性金融工具涌现，如期货、期权、对冲基金等金融衍生品，有效地扩大了金融市场的产品需求，金融性投机行为甚嚣尘上，资本有机构成逐渐提高。生产过剩主导下的长期经济停滞促进了美国经济金融化的萌芽（斯威齐，2012），大量的生产剩余资本转移到保险、金融以及房地产领域，带动了金融部门资产的快速增长。资本主义的趋利本性，金融性投机行为增加，金融部门的发展远远超越了实体经济部门（详见图 2），金融领域债权、债务乃至银行业过度膨胀，进一步促进了金融化的崛起。同时美国经济停滞现象越发明显，为了促进经济复苏，一系列金融衍生工具出现，推动了美国经济金融化的发展。因此，资本主义经济停滞可以说是推动美国经济金融化发展的根本性原因。

2. 政治因素：新自由主义重构

自 19 世纪 70 年代以来，新自由主义发端于美英等成熟的资本主义国家，以有效需求理论为核心，围绕有效供给展开，鼓励私有化，逐步放松对金融部门的监管，加大了金融资本的盈利空间。新自由主义重构推动了金融化进程，“自由市场说”使得金融利润更大比例的为食利者阶层收入囊中，金融机构更为主动地追求利润最大化，金融市场交易越发频繁，管理阶层空前富裕（科茨，2011）。新自由主义重构对美国金融化的推动作用具体表现在以下两个方面：（1）为过剩资本寻找保值升值的路径；（2）金融自由化以及私有化放松了对金融部门的管制，金融资本力量显著增强（漆志平，2009），房地产市场空前

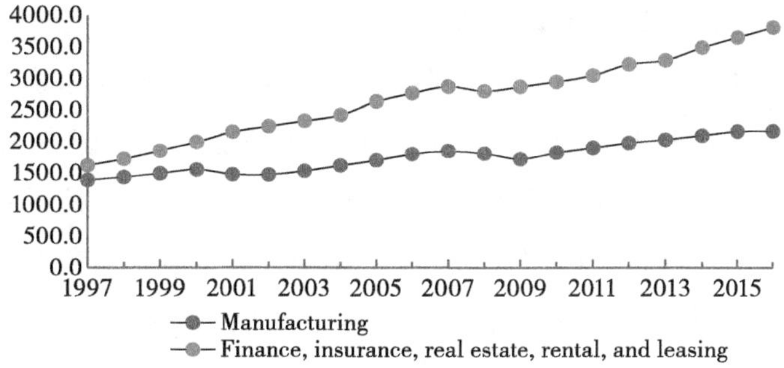

图 2　美国金融部门发展超越实体经济部门

资料来源：美国商务部经济分析局（U. S. Bureau of Economic Analysis）。

繁荣，房产泡沫越发膨胀，金融企业对 GDP 的贡献率一路飙升，美国金融市场步入了"第二个金融霸权期"①。

3. 技术因素：互联网高科技经济

20 世纪 70 年代，微电子技术、网络、个人电脑等高科技经济推进了经济金融化进程，在互联网模式下，金融性衍生工具的可获得性条件降低，普通居民利用互联网就可以进行自动化的金融交易，股价攀升、买家炒作以及风险投资加剧了经济虚拟化程度，逐步套牢了普通民众，居民储蓄越来越多地转移到金融领域，金融性资本进一步增多，推动了美国经济金融化的发展（高峰，2011）。

（二）推动美国经济金融化发展的内部因素

1. 货币的经济金融化

货币的经济金融化是美国金融市场发展的核心，为美国金融市场的发展取得了获取股息和红利的能力。经济货币化率的提高速度快于实体经济的发展，是推进经济金融化发展的动力之一，货币的经济金融化完全适应了资本积累的多样化，加快了虚拟化步伐，股票、债券以及衍生性金融资本的增加，使得货币性金融衍生工具在经济中的地位愈发重要，见证了经济金融化的发展（林楠，2007）。同时货币拜物教主义推动货币资本向升息资本—信用资本—借贷资本—虚拟资本进一步转化，虚拟资本使用量的增加推动了美国经济金融化的发展。

2. 债务驱动型消费和投资

为了摆脱经济停滞，资本主义社会催生了一系列金融性创新工具，零利率政策促进了

① 李世安：《大萧条时期的美国金融改革及其影响》，《世界历史》，2016 年第 3 期，第 99－112 页，第 159 页。

家庭信贷的增长，家庭部门越来越大比例地参与到住房信贷、消费信贷中，推动了经济金融化的发展，其一是住房信贷，随着住房贷款利率的降低，家庭用于房产上的抵押贷款增多，而资本投资者为了获取更大的利润空间，推行住房抵押贷款证券化，发行 MBS 金融衍生产品，制定诱惑性利率，提高了经济运行的虚拟度，虚拟化程度的加深推动了经济金融化的发展；其二是消费信贷，信用卡的普及，刺激了居民的消费行为，但同时也催生了大量的经济泡沫（蒙哥马利，2012）。国内消费极具膨胀，实体经济部门的生产难以满足居民的消费需求，进口增加，造成了巨额贸易逆差，资本大量流入，带动了国内经济金融化的发展。

三、经济金融化对美国经济的双重影响

（一）金融化对美国经济的积极影响

经济金融化的诞生极大地促进了美国经济乃至政治、军事领域的大发展，巩固了美国世界霸权地位。在经济金融化的推动下，美国利用其强大的政治、经济、军事实力，通过铸币税、发行外债等形式将国外尤其是广大发展中国家的资本转移到国内，多行业、多领域的寡头性垄断，见证了美国的经济实力。与此同时，短期内金融领域流入了大量资金，期权、期货等大量金融衍生品横生，金融性投机行为收回了大额剩余货币资本，金融市场部门盈余资金流入实体经济领域，带动了实体经济部门的发展。但这种共同利好的局面仅是暂时的，长期内金融市场的膨胀特性会对实体经济产生较大程度的不利影响。

（二）过度金融化对美国经济的消极影响

过度金融化对美国的消极影响具体表现在实体经济领域、收入分配、国际经济领导地位三个层面。

1. 过度金融化促使美国实体经济呈下行趋势

一方面，由于实体投资获利周期较长，利润空间不如金融投资大，外加上“股东价值导向”的企业管理模式，金融以及非金融企业投资于实体经济部门的资金越来越少，实际利率的抬高更是加剧了这一不合理现象。另一方面，政府对过度金融化的放纵性乃至鼓励性的态度，金融去管制政策加剧了资本成本的不确定性，非金融企业的资金更多地流向短期盈利空间大的金融市场，企业发展渐渐脱离实体部门，变为纯粹的金融投机行为。但是，实体经济才是市场利润的唯一来源，金融市场的利润空间仅是对社会现有财富的再次分配，过度的投机行为引发了利润再次分配的巨大变革，一旦投机失败，金融杠杆效应会使

得金融市场的损失加倍，兑付时也必将引起金融资本的贬值，金融收益率大幅度下降，最终导致金融市场的动荡。

2. 过度金融化拉大了收入分配差距，加剧社会不公

金融性投机行为仅是重新分配现有的社会财富，而不能创造社会财富。在新自由主义体系下，金融市场的重新分配行为会加剧收入分配的不公平性。同时，实体经济领域投资的大幅度削减，导致了实体产业的大规模破产，工人失业、金融危机，越贫穷的人越要支付超额的房贷利息，实际收入差距再次扩大，进而使得经济领域大范围的消费能力不足，实体经济发展进一步停滞，债务违约事件频繁爆发，整个经济陷入了债务违约—金融资产贬值的恶性循环中，严重加剧了经济、金融体系的内在不稳定性。社会不公平程度加深，必然会引发经济乃至政治格局的动荡，挑战美国的世界霸权地位。

3. 加剧了金融脆弱性

经济金融化发展过程中，为了摆脱经济停滞现状，政府部门逐步放松金融管制，一系列衍生金融工具出现，资本家金融投机行为增加，逐渐将利润空间扩展至房地产市场。房地产市场集消费市场、资本市场双重功能于一身，一方面，政府部门零利率政策加大了普通居民住房信贷的规模，信用评级的降低扩大了消费信贷人群，人们的趋利本性更是加剧了这一现象；另一方面，资本部门利用杠杆效应，加大虚拟房产的杠杆比例，FIRE 部门将管理的 70% 的贷款投放在房地产市场，短期内房地产市场空前繁荣，但在繁荣的背后，却掩盖了巨大的经济泡沫，一旦破灭，将会对国家实体乃至虚拟经济造成致命的影响。过度金融化加剧了金融部门的脆弱性，一旦破灭将会对经济发展造成致命的打击。

4. 过度金融化冲击美国霸权地位

过度金融化的发展，在经济中凝聚了巨大的泡沫，一旦泡沫破灭，均会对美国经济乃至政治造成一定程度的冲击，威胁美国的世界霸权地位，具体由以下三点来说明：（1）冲击美元的中心地位。过度金融化发展模式下，经济危机的冲击使得美元难以承担世界货币的责任，美元开始走向弱势，再加上国际金融格局的动荡、新兴经济体的崛起，美元乃至美国都难以维持独大的格局，但事实上美元退出世界历史舞台还有一段很长的路要走，霸权惯性支撑着美国最后的发展。（2）“中心—外围”模式的可持续发展问题。美国是世界经济发展的中心，外围包括金融账户区（欧洲、加拿大、日本等发达国家）和贸易账户区（东亚以及一些石油输出国家），其中贸易账户区向美国输入资源，再将挣得的美元购买美国国债，资本再次回流入美国；金融账户区的投资者则大量购买美国的债券、股票等金融资产。美国依靠外围国家的资金流入，维持美元的逆差趋势，创造金融市场整体大繁荣。但由于金融危机的影响，国际收支账户收到了严重的侵害，“中心—外围”模式难以可持

续发展，外围国家开始向美国回流美元，加之新兴经济体的冲击，美元国际中心地位逐渐降级。（3）美国经济霸主地位遭受冲击。在金融危机、国际金融格局变动冲击下，新兴经济体成为推动世界经济增长的火车头，“脱美”倾向逐渐显现，金砖四国的经济地位越发重要，G20 逐渐取代了 G7，美国与新兴经济体的关系由最初的“主导—依附”发展成了如今的“平等—相互依赖”，种种倾向均表明新兴经济体的世界市场地位越来越重要。

不可否认，美国经济金融化带动了美国经济长达 30 多年的繁荣，世纪之交之时，美国经济虽然遭受了互联网经济泡沫的冲击，但很快便走出了低估，重新维持较快势头的发展，直至 2008 年金融危机，美国的世界霸权地位尚未被撼动，虽有新兴经济体与美国相抗衡，但尚未超越美国经济的发展。但是，美国经济金融化的发展也走了很多弯路，不利于经济的长期发展趋势。因此，其他国家应该积极吸取美国经济发展的经验教训，取其精华，去其糟粕，结合自身国情，积极推动经济的发展。

美国“去工业化悖论”的政治经济学研究①

罗丹　王守义②

（云南师范大学　云南大学）

以美国为代表的发达资本主义国家的去工业化并不等于所谓的抛弃工业化，而是从长期来看，工业的地位在国民经济中呈现一种明显的下降趋势。美国的去工业化并不是真正的“去”，反而是强化了工业化的服务功能，以此分割了他国工业化过程所创造的剩余价值，本文将此现象称为“去工业化悖论”。

一、理论分析

自从马克思主义经济体系构建以来，马克思以及后来的政治经济学者们无论是在资本主义发展阶段理论的研究，还是在两大部类协调发展理论的研究中，都是主要在围绕工业化问题、工业和农业地位平衡及协调发展等问题而展开。

（一）工业化、去工业化与马克思关于资本主义发展阶段理论

马克思认为，在资本积累的过程中，剩余价值的资本化带来了资本有机构成的提高和技术进步的加快，这势必会导致相对剩余价值的生产逐渐取代绝对剩余价值的生产，进而为整个社会带来更多的商品，而作为消费主体的普通劳动者（即工人阶级）却日益贫困，无力消费更多的商品，社会产品相对过剩的资本主义经济危机爆发，工人大量失业，资本主义社会化大生产的产业后备军得以形成。马克思进一步指出，这些庞大的产业后备军势必会产生巨大的经济和社会层面的影响力，这种力量将推动资本主义经济向新的阶段发展。

---

①【基金】国家社科基金青年项目“积累的社会结构视角下西方马克思主义经济学新发展研究”（15CJL002），2016年云南省哲学社会科学创新团队“中国特色社会主义政治经济学理论体系完善研究”（KTC161003），系阶段性成果。

② 罗丹，云南师范大学经济与管理学院讲师、云南大学发展研究院博士生。王守义，云南大学经济学院讲师、经济学博士。

（二）工业化、去工业化与马克思两大部类协调发展理论

在马克思再生产理论中，马克思以社会产品的经济用途为标志划分了两大部类：生产生产资料的部类和生产消费资料的部类，并提出生产资料生产优先增长。具体来看，在社会主义条件下，生产资料优先增长不但不能离开消费资料生产与之协调同步发展，而且也不排除个别时期消费资料的优先发展①。当消费资料生产大大落后于生产资料的生产时，为了使两大部类保持平衡，在一定时期内，优先发展消费资料的生产是完全必要的。这与前文提到的去工业化不等于抛弃工业化或无工业化是一致的，同样，保持两大部类协调发展就相当于保持工业和服务业的协调发展。

二、美国去工业化现象的经验分析

理论界常用三个方面的指标来度量一国去工业化的程度：一类是制造业产值的绝对量和相对量，相对量即制造业产值占 GDP 的比重；一类是制造业中就业人数的绝对量和相对量，相对量即制造业就业人数占全部就业人数的比重；一类是制造业的净出口和制造业贸易占世界贸易份额。本部分将选取适当指标来表征美国去工业化的特征及具体表现，并与同时期中国工业化相关数据进行比较，以充分揭示美国去工业化现象的内在规律，并对所呈现的现象与问题进行述评。

（一）美国去工业化的整体特征

早在 20 世纪 70 年代初，美国去工业化的趋势就已经较为明显，其典型特征有两个：一是制造业就业人数及产出在总就业人数和总产出中的比例持续下降，上世纪 50 年代的美国制造业产值占国民生产总值 30% 以上，到 1986 年这一比例仅为 19%，并且制造业就业人数所占比重也显著下降；二是服务业部门就业人数和产出的持续增长，服务业就业人数从 1980 年的 65.7% 上涨至 2010 年的 81.2%，产出占国民生产总值的比重也一直在增加。从工业生产和服务业各自占美国经济和就业的比重，我们也可以发现随着去工业化的发展，美国经济内部结构及数据所产生的一些重要变化。根据世界银行数据库的数据显示，1981 年美国工业生产占 GDP 份额的 40.3%，2010 年下降为 20.3%，下降了 20%，同期就业份额从 30.3% 下降为 17.2%，下降了 13.1%。而到 2015 年末，服务业生产占 GDP 的份额已经高达 77.9%。

根据以上数据，我们不难发现美国去工业化时期，制造业在整个国民经济中的地位持

① 莫秋贤：《正确认识和运用生产资料生产优先增长的规律》，《新湘江评论》，1980 年第 1 期，第 32－38 页。

续下降，实际生产过程所需要的劳动力不断减少已经是很明显的事实，而第三产业逐渐成为社会的主导产业，金融服务和房地产业对整个经济的重要性日益增强，经济的虚拟化程度在不断提高。

（二）美国去工业化具体表现及其影响的数理分析

美国去工业化的具体表现及其影响主要表现为以下几个方面。

1. 工业总产值占 GDP 比重明显下降

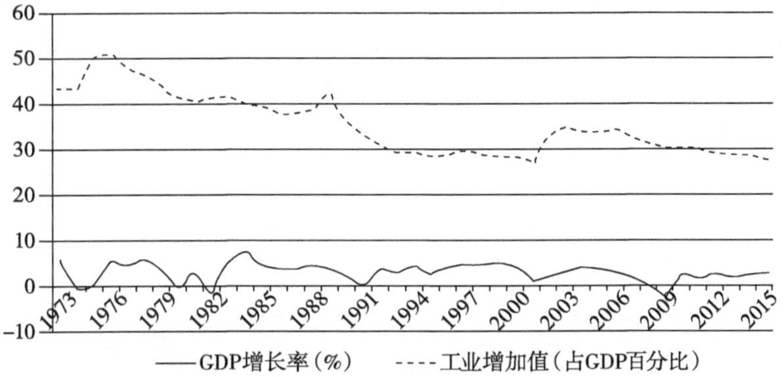

图 1　1973—2015 年美国 GDP 增长率和工业总产值占 GDP 比重变化趋势

资料来源：根据历年世界银行数据库数据整理得到。

从图 1 变化趋势中，我们不难发现，美国工业总产值占国民经济总值的份额一直在降低，且下降速度很快，而数据显示，其工业总产值占 GDP 比重从 1970 年的 42. 3% 下降到 2015 年的 27. 8%，下降了 14. 5%。

而从服务业发展情况看，近 20 年来美国服务业占 GDP 的比重基本维持在 76% 的较高水平，并且缓慢增长。我们将 1997—2016 年 20 年间的服务业总产值占 GDP 比重数据按美国总统任期（4 年）划分为 5 组，得到表 1。我们将表 1 与图 1 进行比较后可以发现，美国的产业结构仍然在发生着变化，工业在国民经济中的作用在不断地减弱，后工业经济体制正在逐步地形成。

表 1　服务业总产值占 GDP 的比重

	1997—2000 年	2001—2004 年	2005—2008 年	2009—2012 年	2013—2016 年
服务总产值占 GDP 的比重	75. 30%	77. 23%	76. 86%	78. 35%	77. 94%

资料来源：根据历年世界银行数据库数据整理得到，表中数据是每四年年度数据的平均值。

受美国产业转移的影响，制造业的比重发生了较大变化，从 1970 年到 2015 年降幅达到了 14. 3%，下降趋势明显。这主要是受石油危机的影响以及美国经济持续通货膨胀的冲击，导致美国制造业的利润不断降低，而企业为了维持正常利润，开始了大规模的国际产业转移，部分资本密集型产业都纷纷开始将生产线向东亚等新兴市场国家转移，工业企业的大迁徙造成了实体经济空心化。① 而正是由于美国本土制造业的流失形成产业空心化，才使得美国开始在金融、第三产业等领域寻求新的利润增长点。

2. 制造业进口增长快，投入产出比高，经济效益低

二战后，美国就已经着手转移制造业等重工业，转而发展自己具有绝对比较优势的服务业，大部分工业企业开始从美国本土向外转移，尤其是许多重工业从美国本土转移至劳动力和环境污染成本更加低廉的发展中国家，导致了制造业进口比例持续上升。

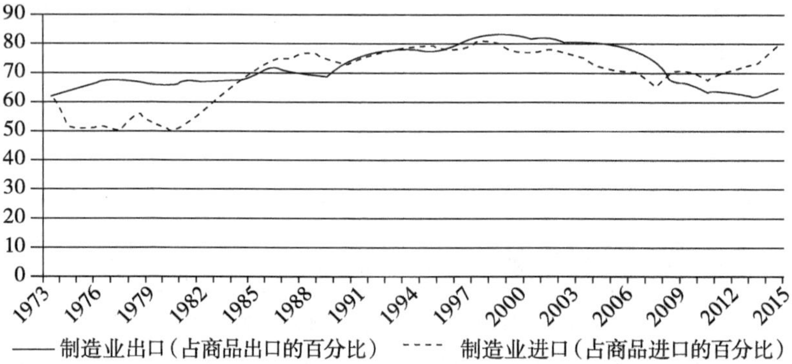

图 2　1973—2015 年美国制造业进出口情况

资料来源：根据历年世界银行数据库数据整理得到。

重工业曾是美国的支柱产业，随着后来去工业化的推进，美国后工业化时期出口到世界各国的工业产品大多集中在生产性服务业领域，政府和社会投资也更倾向于金融保险等虚拟经济部门。

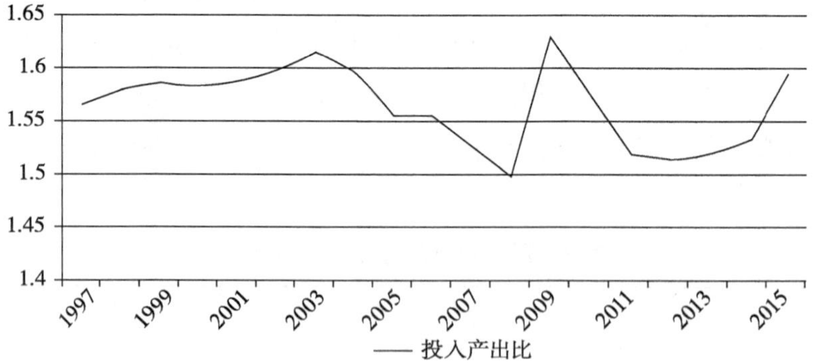

图 3　1997—2015 年美国制造业投入产出比变化趋势图

资料来源：美国商务部经济分析局网站和数据库。

① 石光宇、孙群郎：《美国去工业化与后工业经济的形成》，《辽宁大学学报》（哲学社会科学版），2013 年第 3 期，第 137 - 142 页。

而从图 3 1997—2015 年美国制造业投入产出比看，美国 1997 年到 2015 年投入产出比基本保持在 1.5 以上的水平，投入产出比高，经济效益低。1999 年制造业在美国 GDP 中的比例已经只有 16%，2001—2002 年间该比例进一步缩水到 14%，结合图 3 来看，美国制造业的投入产出比在 1997 年到 2003 年持续上升，意味着经济效益的下降，可见当时的美国制造业由于原材料消耗大，制造业成本高等原因，一直处于衰退趋势。2001—2009 年间，42400 家美国本土的制造业工厂关门，雇员超过 1000 人的工厂数量从 1479 家下降到 947 家，雇员 500～999 人的工厂从 3198 家减少到 1972 家，制造业雇员总数从 1720 万人萎缩至 1170 万人，低于 1941 年后任何时期的水平，而投入产出比也在 2009 年升至最高 1.63，制造业效益衰退。

3. 去工业化前后，工业总产值占 GDP 比重差距较大，而同时期中国工业产量持续上升

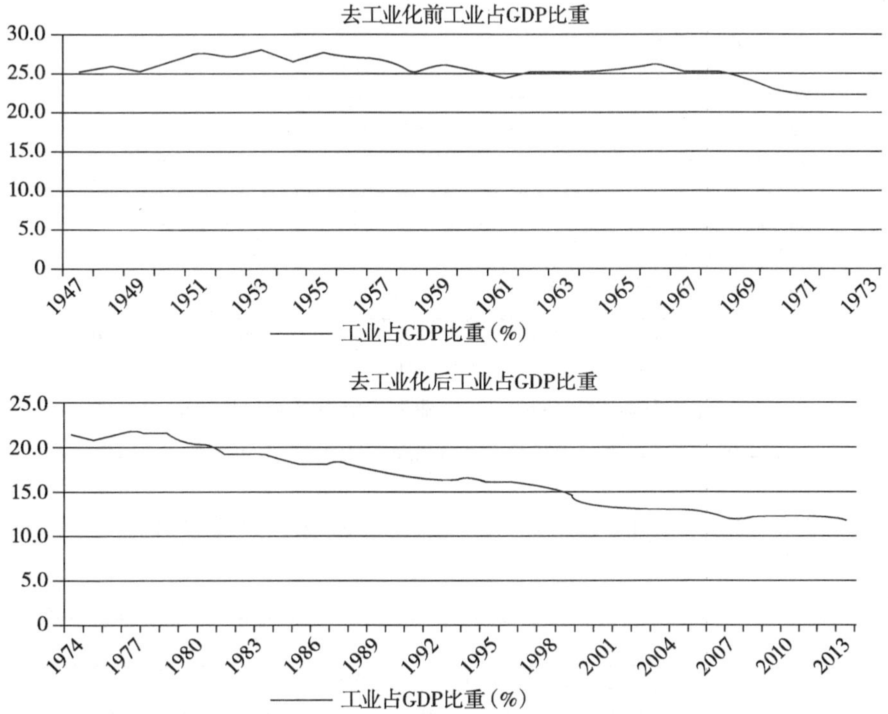

图 4　去工业化前后工业总产值占 GDP 比重比较

资料来源：美国商务部经济分析局网站和数据库。

从图 4 情况来看，美国去工业化前后制造业份额的差距比较大，1947 年到 1970 年这段时间，制造业占 GDP 比重基本维持在 25% 以上，最高达到 27.6%，且标准差仅为 1.17，基本保持一个平稳的发展。

然而，从 1971 年开始，经济全球化的兴起和发达工业国的制造业面临低工资国家的竞争压力，美国开始将制造业转移到低工资国家，将经济增长的重心放到金融等服务行业。从图中我们可以看到制造业占 GDP 的比重一直在下降，从 1971 年的 22.2% 迅速缩减为 2015 年的 12%，下降了 10.2%。制造业的份额一直处于下降的过程中，因此美国现在提出的再工业化实质上就是重建美国的基础工业体系，将制造业份额和水平恢复到去工业化以前甚至是比之前更强的水平。

同时期，中国工业总产值指数（按可比价格计算，上年 = 100）的变化趋势图如图 5 所示。从图中可以看出，自 1978 年以后，工业总产值持续上升，工业总产值指数从最低点（1978 年）113.55 上升到最高点（2007 年）621.81，上升趋势明显，而同时期的美国工业总产值占 GDP 比重则一直在下降。而根据 IMF（世界货币基金组织）的数据，2012 年中国的工业 GDP 高达 5.8 万亿美元，位居世界之首，接近美国的两倍。在这样的背景下，特朗普提出的"制造业回流"政策，在一定程度上也论证了实体经济在国民经济中的重要性和去工业化对美国带来的"危害"。

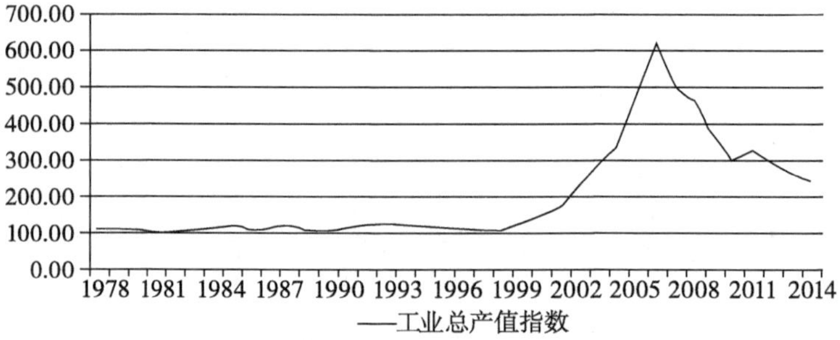

图 5　中国 1978—2015 年工业总产值指数变化趋势图

资料来源：由历年中国统计年鉴整理得到，历年指数均按可比价格计算（上年 = 100）。

4. 去工业化过程中，美国工业就业人员持续减少，同时期中国工业就业人员稳定增长。

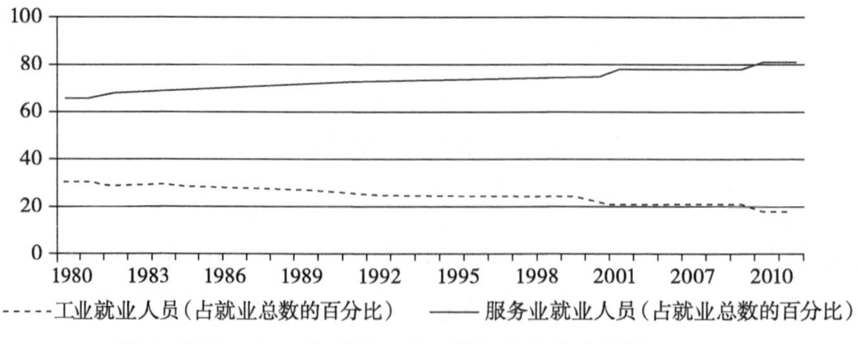

图 6　1980—2010 年美国工业、服务业就业人员情况

资料来源：根据历年世界银行数据库数据整理得到。

后工业化时代，美国工业吸纳就业人数开始下降。从图 6 我们不难看出，工业就业人员占就业总数的百分比从 30. 8% 下降到 17. 2% ，负增长趋势明显，从 1980 年到 2010 年 30 年的时间，工业就业人员迅速缩减了将近一半。随着去工业化进程的推进，工业逐渐发展为自动化，大量生产力从工业中解放出来。而 1980 年服务业的就业人员就占就业总数的 65. 7% ，已经超出全体劳动力的一半，并且一直保持上升趋势，到 2010 年，服务业就业人员已经达到就业总数的 81. 2% ，增长了 15. 5% 。在后工业化的背景下，工业不再是增加劳动力就业的吸纳器，相当数量的劳动力开始从第二产业流向第三产业，服务业就业人数的连续增长，预示着服务业开始在国民经济中占主导地位。由于制造业大规模向外转移，美国企业研发出来的产品绝大部分都拿到海外进行规模化生产，这些优势企业对美国本土的就业贡献十分有限，将难以挽回美国目前的就业颓势。

而同时期的中国工业发展在新增就业量方面表现则完全不同，虽然这是由中国本身产业发展所处阶段的较为低端所导致，但也被美国特朗普政府拿来作为美国再工业化的“证据”之一。

表 2　1980—2015 年个别年份中国第二产业就业人数占总劳动人数统计表

（%）

年份	1980	1985	1990	1995	2000	2005	2010	2015
百分比	18. 19	20. 82	21. 40	23. 00	22. 50	23. 80	28. 70	29. 30

资料来源：由历年中国统计年鉴整理得到。

从表 2 来看，同时期中国工业就业人数占比一直在稳定增长，从 1980 年到 2015 年增加了 11. 11% ，更多的劳动力投入到工业、制造业等领域，这与图 5 工业的总产值一直增长也是相符合的。

（三）对上述现象的评述

通过上述对美国 20 世纪 70 年代之后去工业化过程中相关现象的分析，我们发现：世界经济，尤其是美国经济发展的实践已经证明，实体经济才是经济持续增长的根本动力，更是吸纳新增就业人口的主要经济领域，通过放大金融杠杆，炒作资产泡沫，构筑虚拟经济发展的繁荣景象，虽然也可以制造短暂的经济繁荣，但却始终无法创造真正的价值；虚拟经济的利润增长也被证明无法有效并持续地转化为支撑实体经济长期发展与扩大再生产的动力来源，金融等虚拟经济膨胀的最终结果也只能是去工业化，以发达的金融等服务业取代传统工业，这只能带来一国或一个经济体的产业空心化问题加剧。

三、主要结论

上述通过研究美国去工业化现象以及去工业化曾经给美国经济社会发展所带来的影

响，本文形成以下结论：

（1）美国曾经的去工业化虽然造成其制造业萎缩，导致实体经济一定程度的空心化，但国内部分学者据此就认为美国的再工业化等于再金融化，而中国应该学习美国大力发展金融业和服务业的看法是片面的，中国不能照搬所谓的“美国经验”，即我们之前没有、未来也不能放弃工业化道路，只是中国应该摆脱传统工业化、传统重化工业和传统制造业发展模式的问题，走出一条以大力培育发展战略性新兴产业为先导的新型工业化道路。

（2）不论美国的“再工业化”是长期或者短期的趋势，它对发展中国家和发达国家都将产生深远的影响。首先，美国这次“再工业化”提出要重振制造业带动出口，这将对我国产品产生很大的挤出效应；其次，美国的“再工业化”应该是致力于那些高端、高附加值的制造业领域，专注制造他国无法制造的高端产品，而这要求美国必须把握住研发、设计、营销等关键环节，很有可能削弱中国制造业在大规模加工和规模环节的优势；同时，美国的“再工业化”无疑会加剧中美在贸易关系中的摩擦。

（3）虽然虚拟经济已经被证明无法支撑较大规模的经济体发展，而且去工业化可能会破坏这些国家长期经济增长的潜力，但作为虚拟经济的重要组成部分，金融是经济发展的一个强有力工具，其创新发展可以在一定程度上减轻或消除局部性风险，而当前我们仍然可以以虚拟经济促实体经济发展，这种作用机制理应得到进一步的发挥。

总之，我们必须清楚地认识到，无论去工业化还是再工业化，美国的情况在世界各国当中都是无可比拟的，因为这两种情况始终没有给美国经济社会发展带来致命的负面影响，美国经济依然强大，所以采用批判性研究方法，充分认识美国去工业化现象是非常必要的。但也不能不看到，美国的“再工业化”实际上也将会为中国经济发展和中国制造带来新的机遇，它不仅会逼迫中国产业结构的内在调整，也会刺激中国企业更加重视品牌建设和自主创新。

人民币汇率变化对我国进出口贸易影响的实证分析

任筱钰①

（江苏师范大学商学院）

汇率作为国际金融的重要指标，是实现和衡量一国经济内外均衡的工具。我国汇率与进出口贸易存在很强的相关性，但是人民币汇率变化不能完全地促进我国贸易收支的改善。本文以汇率相关概念以及影响进出口贸易的相关理论进行分析，研究我国汇率与进出口贸易的联系并提出有效政策性建议提供保障。

一、人民币汇率制度演变历程及汇率变化趋势

（一）演变历程

从改革开放发展到现在，人民币汇率制度主要分为以下几个阶段：

表1 演变历程

阶段	时间	内容
第一阶段	1981 年至 1993 年	官方汇率与外汇内部结算价共存阶段（1981—1984 年）、官方汇率与外汇调剂价格共存阶段（1985—1993 年）
第二阶段	1994 年至 2005 年	以市场供求为基础、单一的、有管理的浮动汇率制度
第三阶段	2005 年至今	以市场供求为基础、参考一篮子货币进行调节、有管理的浮动汇率制度

1. 第一阶段

从 20 世纪 80 年代初，我国对经济进行了多方面改革。针对我国的外贸体制，我国在当时采用了内部结算价，并由此形成了第一种汇率制度；20 世纪 80 年代末，我国对货币兑换进行调剂的业务如雨后春笋般成长起来，因此也形成了 1985—1993 年间与之前不同的汇率制度。这两种汇率制度虽然适应了当时的国情，但是并不能有效地配置外汇资源，而且使得企业间经营机制的转变变得困难。

---

① 任筱钰，浙江大学金融工程专业博士，现江苏师范大学商学院教师。

2. 第二阶段

由于双重汇率制存在各种缺陷，我国在 1994 年开始实行新的浮动汇率制度。1981 年至 1993 年间，我国受到国内外经济金融形势的双重压力，而实行的新的汇率制度能够维持人民币汇率在合理范围内浮动，并且有利于资源的合理配置。但是新的汇率制度造成了人民币对美元汇率缺乏弹性，而且使得人民币对其他货币汇率的波动幅度增大，不利于国际贸易的稳定。

3. 第三阶段

在这一阶段，我国汇率开始盯住一篮子货币，变得更富有弹性。2005 年至今的汇率制度，促使我国的企业结构得以调整，积极地促进了我国贸易收支的平衡和我国经济的稳定。

（二）变化趋势

本节通过分析 2005 年 8 月至 2017 年 9 月我国汇率的历史走势，并预测未来 3 至 5 年的走势，为下文的结论与建议部分奠定总结和建议基础。

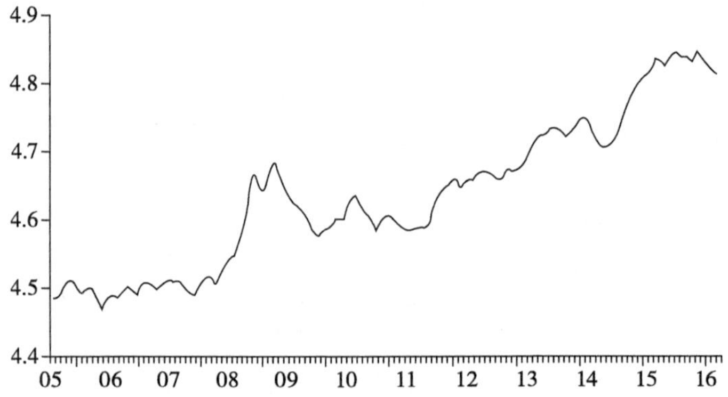

图 1　人民币有效汇率变化走势图

从图 1 可以看出，我国汇率从 2005 年 8 月至 2017 年 9 月总体趋于上升，由于人民币有效汇率数值变大，意指人民币升值，因此从 2005 年 8 月至 2017 年 9 月，人民币总体处于升值状态。

2005 年至今，由于我国新的汇率制度的实施，和我国存在贸易关系的各个国家的货币只要发生变动都会影响我国的汇率。一方面，2015 年，欧洲等重要经济体进一步实施量化宽松的货币政策，对此，包括日元在内的大部分货币对美元汇率都出现大幅度的贬值。另一方面，进入 21 世纪后，世界各国的经济都表现出相对低速的发展状态，而我国相对其他国家或地区来说，经济状况表现良好。综合以上两个方面可知，未来 3 至 5 年内我国人民币汇率将继续处于升值状态。

二、人民币汇率变化对我国进出口贸易影响的实证分析

在理论分析的基础上，本节实证分析了我国汇率与我国贸易进出口之间的关系。首先根据汇率、进出口额三个变量在理论中的内在联系建立两个 VAR 模型，并根据这两个模型通过协整方面的检验建立方程，来研究汇率对进出口额的影响程度。实证研究思路可归纳如下：构建模型、选取样本、与方程估计及结果分析相关的一些检验。

（一）模型的构建

VAR 模型是在变量为单整序列的先决条件下构建的，而如果变量不平稳是不能被称为单整序列的。本章实证首先开始的就是变量是否存在单位根的检验，并得出三个变量都是一阶平稳；其次对建立好的两个模型进行协整方面的检验，并且都通过了检验；同时在检验过程中分析得出模型滞后阶数，最后计算出与协整方面的检验相关的滞后阶数。本章通过协整检验和普通最小二乘法，分析得出我国汇率与我国贸易进出口的长期内在联系。

根据以上分析，分别建立以下两个模型：

$$\text{VARexport}(\ ) = \text{VAR}(\text{lnexport}, \text{lneer}) \quad (1)$$

$$\text{VARimport}(\ ) = \text{VAR}(\text{lnimport}, \text{lneer}) \quad (2)$$

（1）式中 VARexport（ ）表示出口贸易函数，（2）式中 VARimport（ ）表示进口贸易函数。lnexport、lnimport、lneer 分别表示出口贸易额、进口贸易额和人民币名义有效汇率。

（二）样本的选取

考虑到我国从 2005 年 8 月实施的汇率制度越发的灵活，本文选取的研究期间为 2005 年 8 月到 2017 年 9 月。考虑到模型的设定、相关数据的可获得性以及相关数据的质量情况，本文选取的数据为我国进口总值月度数据、我国出口总值月度数据、人民币名义有效汇率月度数据，其中汇率选用的是双边有效汇率，即名义汇率。因为进行贸易活动时，在市场上进行交易的机构或个人直接面对的就是名义汇率。我国贸易进出口值来自于国家统计局官方网站，人民币有效汇率来自于国际结算银行官方网站。

由于季节因素影响着我国的进出口贸易额，因此在研究分析前，需要对进口贸易额和出口贸易额分别进行季节性调整。为了减少变量的异方差，本文首先对人民币有效汇率和经过季节处理的进出口贸易额分别取对数，并用 lnexport 表示出口贸易量、lnimport 表示进

口贸易量、lneer 表示人民币有效汇率，且所采用的分析软件是 Eviews7.0。

表 2 变量描述及数据来源

变量	定义	描述	数据来源
eer	人民币有效汇率（2010 = 100）	人民币名义有效汇率，采用名义汇率	国际结算银行官网
export	出口额（当期值）	我国出口贸易总值，单位为亿美元	国家统计局官网
import	进口额（当期值）	我国进口贸易总值，单位为亿美元	国家统计局官网

（三）ADF 检验

在检验汇率与进出口之间的关系前，最先要做的就是判断变量是否平稳。如果序列是不平稳的，构建模型时，出现“伪回归”的情况是很常见的。在判断变量是否平稳性时，如果得到的序列的检验值小于 1% 临界水平、5% 临界水平和 10% 临界水平下的相关值时，就不支持原假设，序列就是平稳的。判断变量是否平稳经常也根据检验结果中的 P 值来判断。

表 3 ADF 检验结果

变量	ADF 检验值	1% 临界值	5% 临界值	10% 临界值	结论
lneer	-0.975734	-3.484198	-2.885051	-2.579386	不平稳
lneer1	-3.886175	-3.484198	-2.885051	-2.579386	平稳
lnexport	-2.330868	-3.483312	-2.884665	-2.579180	不平稳
lnexport1	-11.10197	-3.483312	-2.884665	-2.579180	平稳
lnimport	-2.046778	-3.482879	-2.884477	-2.579080	不平稳
lnimport1	-16.93282	-3.482879	-2.884477	-2.579080	平稳

表 3 中，lneer1 表示人民币有效汇率一阶差分值；lnexport1 表示出口贸易量一阶差分值；lnimport1 表示进口贸易量一阶差分值。对 lneer、lnexport 和 lnimport 三个序列分别进行 ADF 检验，因为 -0.975734 大于 -3.484198、-2.885051 和 -2.579386 中的任何一个数，所以序列 lneer 不平稳；同理，序列 lnexport、序列 lnimport 都不平稳。对三个变量的一阶差分值进行 ADF 检验，根据上述的检验原理，得出一阶差分后的序列都是平稳的，则出口贸易量和人民币有效汇率同阶次平稳，进口贸易量和人民币有效汇率也同阶次平稳。

(四) 滞后阶的确定

由于协整关系检验中的滞后阶数是在知道模型滞后阶数的情况下计算得出的，所以在计算协整关系中的滞后阶数前，需要先得出模型的滞后阶数。在研究分析中，为了能获取变量之间的长期联系，通常希望滞后阶数越大越好。但是，如果根据越大越好的标准来选择，极易造成自由度损失，从而使估计的模型是无效的。因此，在本部分分析中，有必要明确模型的滞后阶数是最适合的。在滞后阶数表中，从列来看，每一列标准值达到最小值时，会用＊标出，而＊所标出的数值就是这一列的最适宜的数；从行来看，＊最多的那一行对照的滞后期就是该模型需要明确的滞后期。

表4　出口 VAR 模型滞后阶的选择

Lag	LogL	LR	FPE	AIC	SC	HQ
0	135.2187	NA	0.000372	-2.220312	-2.173854	-2.201445
1	501.1452	713.5566	8.93e-07	-8.252420	-8.113046	-8.195820
2	527.0396	49.63084	6.20e-07	-8.617326	-8.385035*	-8.522992
3	533.3552	11.89442	5.97e-07	-8.655920	-8.330712	-8.523852
4	540.8737	13.90922	5.63e-07	-8.714561	-8.296438	-8.544759*
5	546.2169	9.706804*	5.51e-07*	-8.736948*	-8.225908	-8.529412
6	547.0011	1.398543	5.82e-07	-8.683352	-8.079395	-8.438082
7	548.0349	1.809178	6.12e-07	-8.633915	-7.937042	-8.350912
8	549.8473	3.111210	6.35e-07	-8.597455	-7.807665	-8.276718

从表 4 中可以看出，滞后阶数为 5 的那行具有的＊值最多，所以出口贸易模型 VARexport（ ）的滞后阶数为 5，从而计算出 VARexport（ ）模型中协整检验的滞后阶为 4。

表5　进口 VAR 模型滞后阶的选择

Lag	LogL	LR	FPE	AIC	SC	HQ
0	102.7279	NA	0.000640	-1.678799	-1.632341	-1.659932
1	488.3763	752.0144	1.11e-06	-8.039606	-7.900231	-7.983005
2	510.2690	41.96101	8.2e-07	-8.337817	-8.105526*	-8.243483
3	519.4738	17.33555	7.52e-07	-8.424563	-8.099355	-8.292494
4	527.4385	14.73475*	7.04e-07*	-8.490642*	-8.072518	-8.320840*
5	529.6370	3.993886	7.26e-07	-8.460616	-7.949576	-8.253080

续表

Lag	LogL	LR	FPE	AIC	SC	HQ
6	532.0582	4.317879	7.46e-07	-8.434303	-7.830347	-8.189034
7	534.9704	5.096393	7.60e-07	-8.416174	-7.719301	-8.133170
8	539.9431	8.536431	7.49e-07	-8.432385	-7.642596	-8.111648

同理，从表5中可以看出，出口贸易模型VARexport（ ）的滞后阶数为4。VARimport（ ）模型中协整检验的滞后阶数为3。

（五）协整检验

协整检验能够判断模型的长期联系。由上面检验结果可得，一阶差分后的各个序列都是平稳的，且出口贸易额和人民币名义有效汇率为同阶单整序列，进口贸易额和人民币名义有效汇率也为同阶单整序列，所以在这种情况下，可以对进口贸易模型和出口贸易模型分别进行验证。

在协整检验过程中，当协整检验统计值大于0.05水平下的统计值时，不支持原假设，序列间存在长期内在联系。

表6　出口VAR模型的协整检验

协整方程个数	迹统计量	0.05统计值	最大特征值统计量	0.05统计值
None *	19.04983	15.49471	14.68192	14.26460
At most 1 *	4.367907	3.841466	4.367907	3.841466

从表6可知，在存在至少一种长期关系的情况下，迹统计量（Trace Statistic）4.367907大于0.05水平下的统计值3.841466，且最大特征值统计量（Max-Eigen Statistic）4.367907也超过了该检测水平下的统计值3.841466，所以不支持原假设，序列间存在长期内在关系，即我国贸易出口与我国汇率间存在长期联系。

表7　进口VAR模型的协整检验

协整方程个数	迹统计量	0.05统计值	最大特征值统计量	0.05统计值
None	9.585894	15.49471	4.960820	14.26460
At most 1 *	4.625074	3.841466	4.625074	3.841466

同理，从表7可得，我国贸易进口与我国汇率也存在长期联系。

（六）协整方程的建立

依据出口模型和进口模型的长期关系检验，已经得出两个模型都有着长期的联系，因此可以通过 OLS 方法分别得出出口贸易与人民币有效汇率、进口贸易与人民币有效汇率的长期方程式。在开始实证分析前有提过，如果序列根本不平稳，OLS 回归只会导致变量之间的伪回归性增高。由于本节建立的两个模型都具有长期关系，因此使用普通最小二乘法进行回归是合理的。

1. 我国出口与汇率的协整方程

通过 OLS 回归，得出我国出口与汇率的长期关系方程：

$$\ln export = -4.095636 + 2.437422 \times \ln eer$$
$$(-5.604005) \qquad (15.45743)$$
$$R^2 = 0.654730 \qquad DW = 0.194012 \tag{3}$$

从（3）模型可以看出，DW 值等于 0.194012。根据检验可知，该模型存在高阶自相关性，因此需要对模型自相关性进行修正，新的模型为：

$$\ln export = 10.47687 - 0.599488 \times \ln eer$$
$$(4.820806) \qquad (-1.379897)$$
$$R^2 = 0.941326 \qquad DW = 2.126855 \tag{4}$$

从（4）模型来看，DW 值等于 2.126855，经过修正后，该模型的自相关性已经被消除。R^2 等于 0.941326，说明模型与实际内在关系吻合程度较高。从 lneer 的系数来看，lneer 的系数是 -0.599488，说明我国汇率负作用于出口贸易额，且人民币有效汇率每变化一个百分点，出口贸易额就相应的反方向变化 0.599488 个百分点。根据国际收支理论可知，出口产品价格会因汇率贬值而下降，则出口贸易量增加。因此，在此方面，出口与汇率的实证分析结果与理论相符。

2. 我国进口与汇率的协整方程

通过 OLS 回归，得出我国进口与汇率的长期关系方程：

$$\ln import = -3.384234 + 2.244657 \times \ln eer$$
$$(-3.728827) \qquad (11.46282)$$
$$R^2 = 0.510482 \qquad DW = 0.133972 \tag{5}$$

从（5）模型可以看出，DW 值等于 0.133972。根据检验可知，该模型存在高阶自相关性，因此需要对模型自相关性进行修正，新的模型为：

$$\ln import = 6.731009 + 0.090394 \times \ln eer$$
$$(2.304328) \qquad (0.146596)$$
$$R^2 = 0.941241 \qquad DW = 2.756425 \tag{6}$$

从（6）模型来看，DW 值等于 2.756425，经过修正后，该模型的自相关性已经被消除。R^2 等于0.941241，说明模型与实际内在关系吻合程度较高。从 lneer 的系数来看，lneer 的系数是0.090394，说明我国汇率正作用于进口贸易额，且人民币有效汇率每变化一个百分点，进口贸易额就相应的同方向变化0.090394个百分点。同时，在此方面，进口和汇率的实证分析结果与理论也相符。

通过对两个新模型的分析，可以发现出口模型中汇率的系数为－0.599488，进口模型中汇率的系数为0.090394。因为0.599488大于0.090394，所以我国汇率作用于出口的程度大于作用于进口的程度。

三、结论与建议

（一）结论

1. 汇率与出口负相关，与进口正相关

在进出口模型中汇率的系数分别为0.090394、－0.599488，因此，当人民币有效汇率贬值时，我国出口贸易额相反变化，进口贸易额同方向变化，这符合传统的贸易理论。

2. 汇率对进口的影响程度小于对出口的影响程度

当人民币有效汇率值变化时，出口变化的程度比进口变化的程度要深。因此，当汇率贬值时，出口额上升的更多，进口额下降的也更多。

3. 我国进出口贸易不符合马歇尔—勒纳条件

结合理论部分可知，我国出口需求弹性较强，进口需求弹性偏弱。人民币贬值时，在促进我国贸易收支方面，出口对其是有利的，反之，进口则为不利的。

4. 我国出口贸易未来将呈下降趋势

我国在未来一段人民币继续升值的时间内，我国的出口贸易越发困难，出口贸易额增长率逐渐减小。估计在未来某阶段之后，我国的出口贸易额会开始处于下降趋势，进口贸易额加速增长。

（二）政策建议

1. 深化汇率改革

健全人民币汇率制度，在利率市场的基础上，密切对人民币汇率进行关注和积极做出分析，把握好人民币升值对经济贸易的影响，从而实施相关有利于贸易经济的货币政策或财政政策。除了进一步完善人民币汇率形成机制外，发展健全金融市场、稳步推进资本项目开放也是保障人民币汇率安全的重要举措。每当人民币汇率出现升值势头时，关于“热钱”的担忧就不绝于耳。归根结底是对国内金融市场深度、广度缺乏信心，是对中国资本项目开放的准备不足。考虑到中国经济开放程度不断提升，人民币汇率与多种货币的联系愈发紧密，资本项目可兑换能够逐渐提升人民币国际地位，扩大跨境人民币使用范围。

2. 关注实际利用外资总额对进出口贸易增长率的影响

加强实际利用外资的能力，提高我国的外资利用效率，对掌握我国进、出口贸易额增长率有一定的影响，并且可以加大我国对外贸易的深度。增加实际利用外资总额，会使我国进、出口贸易总额增加，对我国贸易经济发展有一定的推动作用。

3. 完善我国的外汇储备，保护国内出口贸易

人民币汇率升值的趋势已经肯定，在人民币升值的背景下，其对我国的出口贸易的影响较大，会使出口贸易大幅减少。通过国内相关的政策保护措施，对我国的出口企业给予一定的保护政策，如惠税政策等。合理控制和运用我国的外汇储备，可以提高企业出口的竞争力，对我国的人民币升值起到减速作用，可以减弱人民币升值对我国进出口贸易带来的冲击压力。

4. 深度加强市场经济开放

加强国内经济市场体系的深度开放，政府对经济导向作用该放松一些，制定相关正确的经济政策，避免盲目以政府投资促进经济市场的发展，来带动我国经济的“三驾马车”。同时相关部门应该做好人民币汇率的相关分析和预测，建立起来完善的经济和贸易体系，在发展国内经济的同时加强国内外经济的合作与互惠。

外国经济学说与“一带一路”建设

——中华外国经济学说研究会第25届研讨会综述

徐则荣

由中华外国经济学说研究会主办、江苏师范大学商学院承办的“中华外国经济学说研究会第25届学术研讨会”于2017年10月27—29日在徐州举行。程恩富、颜鹏飞、李翀、华桂宏、方兴起、冯金华、胡乐明等来自全国高校、科研院所的160多位专家学者出席了会议。中华外国经济学说研究会会长程恩富学部委员致开幕辞。会议以党的十九大胜利召开、马克思《资本论》第一卷出版发行150周年、十月革命胜利100周年为背景，围绕外国经济学说与“一带一路”建设为主题，展开热烈讨论。现将会议研讨内容综述如下。

一、关注国际性经济学奖获得者学术思想

2017年世界政治经济学学会将“世界马克思经济学奖”授予日本经济学家大西广和中国经济学家吴宣恭。厦门大学宣传部副部长肖斌评介了他们的经济思想。肖斌指出，大西广的主要贡献在于，应用数理方法研究马克思主义经济学，推动了马克思主义经济学在日本的传播和发展；构建了马克思的最优增长模型并以此阐释资本主义的产生、发展和灭亡。吴宣恭的主要贡献在于，全面阐述了马克思的产权理论；比较和评析了马克思产权理论与西方产权理论，肯定了马克思产权理论的科学性；运用马克思的所有制理论探索了中国经济体制改革，论证了所有制对中国特色社会主义经济关系诸方面的重大影响。

2017年10月诺贝尔经济学奖委员会将本年度的诺贝尔经济学奖授予美国经济学家理查德·塞勒（Richard H. Thaler）以表彰其在开拓行为经济学领域所做出的突出贡献。北京工商大学徐丹丹教授认为，塞勒的贡献在于从理性行为批判新视角分析消费者行为；将心理学上的现实假设用于经济决策分析；通过探究有限理性、有限自利以及自我控制的缺失，演示这些人类特性如何系统性地影响个人决定以及市场结果；在禀赋效应、跨期选择、心理账户和行为金融方面有较高的理论建树。塞勒理论的现实意义在于帮助行为经济学创造了一个快速发展的新领域，对许多经济研究和政策制定产生深远的影响，但其尚未

形成完整的理论体系，研究结果尚需验证。行为经济学看似是对新古典理论的挑战，很大程度上更像是新古典经济学自身发展的逻辑使然。厦门大学郭其友教授认为，塞勒对有限认知、有限意志力和有限自利的研究构成了行为经济学的三个基本要素，为行为经济学奠定了基本分析概念和实证基础，这不仅推动了卡尼曼和特沃斯基所提出的前景理论在经济领域的应用，而且也弥补了前景理论的许多不足之处，由此完成了行为经济学的基本构架；行为经济学夯实了行为金融学的投资者心理偏差和有限套利两块基石，对股票市场的可预测性之谜和股权溢价之谜给出了新的解释，避开了传统金融学借以质疑行为金融学的联合假设问题，对有效市场假说以致命打击。塞勒是现代行为经济学和行为金融学的重要先驱者，他对行为经济学的研究对经济学理论以及其他学科的研究产生了强大的冲击。当今社会科学各个领域都在借助行为经济学的研究成果，重新审视其早期的研究。中南财经政法大学杨虎涛教授指出，行为经济学的心理学基础是演化心理学。石器时代是塑造现代人心理机制的背景环境，要解释人的行为，就必须明白行为背后的心理机制。行为经济学源起于认知心理学，其认知结构中的直觉系统和推理系统发现了经济行为中的系统性偏差，这虽然对理性人模型所假设的最优信念和最优选择给予有力打击，但行为经济学并未从根本上颠覆新古典经济学。

二、马克思主义经济理论新发展

本次年会的一个特点是高度关注党的 19 大提出的新时代中国特色社会主义思想和基本方略，提供论文 40 余篇，表现了学会雄厚的马克思主义经济理论底蕴、马克思情节和时代责任感。

中国社会科学院程恩富学部委员在主旨发言中指出，以习近平为核心的党中央提出的新时代的“伟大斗争”是中国特色社会主义思想的重要组成部分。程恩富学部委员以十九大报告和习近平系列重要讲话为依据，概括了伟大斗争的 14 个重要内涵和方面，即关于各领域斗争、改革方面斗争、反腐败斗争、意识形态斗争和党内思想斗争、净化党内政治生态斗争、法治基础上的斗争、反分裂斗争、军事斗争、反殖民地反霸权的斗争、反恐怖斗争、同保护主义做斗争、同自然灾害的斗争、禁毒斗争和敢于善于斗争。他指出我们要深入贯彻习近平总书记系列重要讲话精神和治国理政新理念新思想新战略，把握时代大势，回应实践要求，敢于和善于进行具有许多新的历史特点的伟大斗争，并将“伟大斗争”贯穿在“建设伟大工程、推进伟大事业、实现伟大梦想”的工作之中。程恩富学部委员还就西方资本主义经济新常态与中国特色社会主义经济新常态进行了比较，指出二者在增长速度、失业状况、政府债务、实体经济、收入消费和福利保障的现实表现不同，后者远远好于前者，这根源于二者存在经济制度和政策思路的重要差异，资本主义新常态坚持新自由主义的资本主义，而中国特色社会主义经济新常态则坚持中国特色社会主义。

武汉大学颜鹏飞教授认为，构建中国特色社会主义政治经济学体系逻辑起点应是具体的国情和时代主题，该起点范畴的选择至少应同时具备抽象性、现实性以及孕育一切矛盾胚芽的始基性三个条件。构建中国特色社会主义政治经济学体系应以马克思政治经济学逻辑体系构建学说为指导，将中国实践中大量涌现的感性材料和成功经验予以去粗取精，去伪存真，由此及彼，由表及里，形成新表述、新话语、新概念、新范畴，从而形成这一理论制作过程的最终产物，即当代中国马克思主义政治经济学理论体系，并由此彰显马克思政治经济学体系构建方法的当代价值。

西北大学何爱平教授提出构建中国特色社会主义政治经济学话语体系的基本原则是坚持马克思主义政治经济学的指导地位、以人为本的价值取向和发扬中国优秀传统文化。实现构建话语体系的基本路径是遵循学科发展规律，重视政治经济学学科建设和人才培养；推进经济学理论的中国创新，逐步提升政治经济学的中国话语权；立足中国经济发展实践，为马克思主义政治经济学的发展贡献中国智慧。

南京财经大学周绍东教授提出以发展为主线构建中国特色社会主义政治经济学，在坚持马克思主义基本原理的前提条件下，以理论创新引领重大现实问题研究，以“生产方式的系统性变迁”为研究对象，联系生产方式（一般）研究生产力，联系生产方式（特殊）研究生产关系，将微观层面的主体行为、中观层面的区域和行业资源配置、宏观层面的制度建构等诸多问题纳入研究视野。

中国社会科学院候为民研究员指出，应从马克思主义基本原理、经济科学理论逻辑、经济发展内在规律和经济发展问题导向四个方面认识中国特色社会主义政治经济学重大原则；中国特色社会主义政治经济学的构建和发展，为社会主义市场经济体制的确立提供了理论基础，推动了当代中国的经济发展和社会进步。

徐州市委党校程言君教授指出，习近平创立的以“中国方案”引领全球建构合作共赢世界的理论标志着全球治理走向新的历史转折点。

江苏省委党校孔陆泉教授认为，肯定和否定的辩证统一是马克思《资本论》最根本的世界观和方法论。在纪念马克思《资本论》第1卷出版发行150周年之际，必须抛弃对马克思主义的一切片面的、僵化的和教条式的理解，在肯定与否定的辩证统一中，把握马克思《资本论》的思想精髓。中国特色社会主义的巨大成就和进步为马克思、恩格斯资本主义必然灭亡、社会主义必然胜利的结论提供着强有力的历史佐证。

上海财经大学冯金华教授认为，当一国价值总量增长与实际 GDP 增长存在巨大反差时，用劳动复杂程度提高说明实际 GDP 增长既不可能也无必要。正确的方法是只要证明以不变价格计算的和以不变价值计算的实际 GDP 之间具有一致性。

此外，与会学者阐述了马克思的私有制起源理论、马克思经济学方法论的历史维度、剩余价值国际转移及其经济效应、第二国际时期关于帝国主义问题的政治经济学论争、《1857—1858 年经济学手稿》的哲学主线；探讨了现代西方经济学学者对《资本论》的态度；系统比较了《资本论》《新资本论》《21 世纪资本论》；等等。

三、西方主流和非主流经济理论新进展

本次年会的又一个特点是不仅高度关注西方主流和非主流经济理论新进展，而且高度关注理论的经世致用。

武汉大学王今朝教授评述了本年度约翰·贝茨·克拉克奖得主戴夫·唐纳森学术思想。他指出，唐纳森是经验贸易领域的主要实践者，他的贡献在于给国际和国内贸易中的经典和基础性问题提供了意义深远的研究视角。在国内贸易领域，唐纳森采用聚焦市场法研究了贸易成本的变化及其影响；而在国际贸易领域，唐纳森主要是检验已有结论，所得结果少有新意，并没有在澄清具有重大缺陷的答案上取得进展。

吉林财经大学魏旭教授探讨了全要素生产率理论的实践检视与方法论，指出全要素生产率分析是建立在“斯密教条”和萨伊“三位一体公式”基础之上。要素价值论自身的混乱和遮蔽价值来源的本质，使全要素生产率理论在应用上遭遇诸如价值源泉的错设使要素分解无法真实反映要素的增长贡献；资本和技术的不可分析性使要素贡献无法被有效分解；“劳动要素化”分析使其无法真实反映增长的动力。转变经济发展方式和培育增长的新动能的政策设计不能以全要素生产率为依据和目标，而应在生产力和生产关系辩证统一的框架下，既要激励生产力因素又要激励生产关系因素，以提高全社会的劳动生产力，进而塑造以人民为中心的发展机制。

中国社会科学院胡乐明研究员认为，非中立性和非自愿性是公共选择失灵的原因。动员受益轻微或受损轻微的多数群体参与公共选择是确保公共选择有效的关键。中国经济巨大成功的关键在于基于协商民主的公共选择可以保证“好”的公共品被提供，“坏”的公共品被限制。以人民为中心应是我们经济决策的基点。

中国人民大学贾根良教授指出，现有经济思想史在研究对象和范围方面存在偏重于系统的经济学说，将研究重点放在了以特定假设为基础的抽象经济理论上，而忽视那些曾经对经济政策和经济管理产生过重大影响的经济思想；偏重于对经济思想产生和发展过程的研究，而忽视经济思想反过来对经济政策制定和具体经济行为产生的重要影响；对西方非主流经济学研究重视不够，忽视辉格史观、线性科学史观的支配性影响。现有经济思想史学科的研究目的及其研究方法，无论是“理性重建”还是“历史重建”都无法免除“考古学”的弊端，使该学科很难改变被经济学界边缘化的命运。今后“新经济思想史”在

研究对象和研究范围的创新应集中在创建“经济政策史”和“经济政策思想史”两个子学科；加强非主流经济学派思想史研究；新编多元主义为指导原则的经济思想史教材等方面。在研究目的上注重经世致用；在研究方法上实现辩证唯物主义和历史唯物主义与“创造解释学”的有机结合。

云南大学张林教授指出，经济思想史事件是一系列串联经济学科发展的学科内部事件，它们或推动了经济学的发展，或改变了经济学发展进程。事件研究的意义在于厘清经济学在某个历史时刻发生某种转变的缘由，找到当前面临问题的解决办法。英国的“科研评估活动”（RAE，2014 年被 REF 所取代）始于 1986 年，是撒切尔政府新自由主义政策的产物。该评估与科研经费直接挂钩，评估中排名最高的大学与排名最低的大学间科研经费拨款差额有 4 ~5 倍。RAE 没有公正对待非正统经济学（Heterodox Economics），使得非正统经济学及其从业者遭到毁灭性的打击。评估的后果驱逐了异见经济学家，排斥了非正统经济学，使经济学研究集中化和同质化，大大增强了新古典一元化，形成了一个经济系精英集团，也就是排名靠前的大学经济系，这个集团有力推动了新古典一元化观念的扩散。英国学科评估给中国经济学学科评估的启示在于，在不改变其他评估指标的情况下，由经济学各二级学科从业者推荐，按二级学科列“A 刊”名单。这样做的好处在于期刊选择过程公开、透明；实现真正意义上的“同行评议”；期刊与各二级学科从业者间互相促进；避免评估专家的学术倾向可能对评估结果造成的影响 ；避免对弱势二级学科的歧视（包括高校职称评定时的歧视）。

中国人民大学李黎力博士阐述了经济思想编史学的学科性质、内容与意义，为经济思想史学科“元理论”层次上的系统研究提供一个统摄性框架，以期振兴和推动经济史学科。

福州大学方建国教授指出，新自由主义经济学在形式上运用了一些先进的技术工具，但在思想和观念上是落后的、倒退的；在理论上建立起了严格的话语权，但在实践上面对危机时毫无作为，甚至一定程度上导致了经济恶化。其泛滥的结果使发达国家和发展中国家都遭受到了伤害，但对后者的伤害要远远大于前者。

河南财经政法大学王艳萍教授研究了幸福经济学新进展，她指出，幸福经济学源于“伊斯特林悖论”，收入和幸福之间的联系一直是幸福经济学研究的一个重要方面，一国内部个体之间以及国家之间的主观幸福感存在差异。对幸福经济学的研究已明显影响到公共政策，幸福和生活满意度越来越被各国政府视为重要的政策目标。

此外，与会学者阐释了国外创新经济学在中国的传播与发展、熊彼特的增长理论、弗里德曼的经济政策，等等。

四、供给侧结构性改革与当代中国经济

本次年会的再一个特点是高度关注供给侧结构性改革及其背景下的中国现实经济热点问题。

供给侧结构性改革是今后我国经济工作的重点。关于解决供给侧结构问题的新途径，江西师范大学邓久根教授指出，供给侧结构性改革是经济学理论和经济实践的重大探索。在理论上它不是简单的照搬西方供给学派，在实践上它探索符合中国情境的当代特定路径。供给侧结构性改革是“具有明显的创新导向的结构重大转换”，因此要用创新的思路进行。然而，由于供给方创新政策弊端明显，因此，供给方创新政策转向需求方创新政策才是解决供给侧结构问题的新途径。

关于供给侧结构性改革面临的中长期问题，北京大学苏剑教授指出，这些问题主要表现为潜在增长率下滑和供给结构与需求结构吻合度不够。供给侧结构性改革的核心是进一步扎实推动“四个全面”战略布局。

关于供给侧结构性改革下的增长动力，江苏师范大学李子联副教授指出，我国增长动力受阻的原因在于收入分配不平等制约了消费结构的升级，高等教育质量不高制约了创新能力的提升，财税“制度约束”的负面效应逐渐增强，人口红利的式微制约了劳动要素的优势发挥。构建增长动力以突破发展瓶颈，长期而言，应从制度调整的角度推进收入分配制度的公平性改革，应完善高等教育质量的保障机制，应深化财政税收制度的结构性改革，应实施“数量回稳”和“质量提升”相并举的人口政策。

关于对“中等收入陷阱”原因的分析，北京师范大学李翀教授指出，我国经济学界对“中等收入陷阱”原因的分析存在泛化的情况。实际上，第二次世界大战结束以来，有的发展中国家没有经历“中等收入陷阱”，有的发展中国家跨越了“中等收入陷阱”，也有的发展中国家陷入了“中等收入陷阱”。“中等收入陷阱”不仅是发展中国家劳动密集型产业失去竞争力造成的，而且也是发展中国家产业结构升级达不到一定的程度造成的。我国正面临“中等收入陷阱”的挑战，我国必须要促进科学技术进步，推动产业结构升级，才能跨越“中等收入陷阱”。

关于国家观与中国式治理，首都经济贸易大学杨春学教授指出，新古典经济学的“标准理论”框架无法解释中国治理创造的经济奇迹，因为这种框架只是通过市场失灵来引出政府的作用，无法用于讨论中国式治理中政府与市场之间的关系。在英美国家观中，国家被视为是一种必不可少的“恶”，自然要把它限制在最小程度内，而推导出来的必然是“守夜者”政府的概念，管理最少的政府是最好的政府。中华文明至少把国家视为一种必不可少的“善”，国家不仅仅是社会秩序的维持者，还是社会经济发展的直接组织者、推

动者和管理者。我们可以把英美的国家观称之为“个人主义国家观”，把中华文明的国家观称为“整体主义国家观”。我们必须用整体主义国家观来解释中国经济中政府与市场之间的关系。

关于中国崛起与中国式治理，复旦大学周文教授指出，中国崛起理论上的意义在于突破了西方现代化中心论的神话，凸显了当代中国特色社会主义政治经济学的成功。用市场化改革和比较优势理论解释中国崛起是站不住脚的，中国崛起的实质是在国家治理能力上超越西方。

关于防范系统性金融风险，华南师范大学方兴起教授认为，防范化解系统性金融风险是指防范化解潜在的系统性金融风险，而非现实的系统性金融风险。美国 2007—2009 年大衰退使我们认识到新自由主义经济学的经济政策，不仅放任传统的系统性金融风险源，而且形成严重的政策错配，美国经济活动的“脱实向虚”和美元的“潮汐效应”成为系统性金融风险的新来源。清除新自由主义经济学的种种误导政府决策的市场原教旨主义的偏见、加强宏观审慎监管和微观审慎监管是防范化解潜在系统性金融风险的第一道防线。

关于美国 337 调查对中国出口企业自主创新活动的影响，武汉大学庄子银教授通过实证发现，美国 337 调查对中国出口企业存在着显著的正向激励作用，对新企业的激励作用要高于对老企业的激励作用，对在华外资企业的激励作用要高于对中资企业的激励作用。在应对国外较强的知识产权保护水平时，进一步提高开放水平、适应强知识产权环境比报复性贸易壁垒更重要。

关于江苏经济开发区向创新型经济转型升级的动力机制，江苏师范大学李存芳教授指出，经济开发区转型升级的动力源于科技创新网络。经济开发区转型升级动力机制的实现需要夯实创新网络构建与有效运作的根基；突出以企业为重点，培植并有效集成创新主体和创新要素；健全市场机制，发挥市场在创新资源配置中的基础性作用；优化创新环境。

此外，与会学者探讨了供给侧经济学与里根经济学；阐述了东北重化工业的供给侧改革的困境与出路、农业供给侧改革的有效手段、做强做大做优国企与供给侧结构性改革、工业文明、消费文明与供给侧结构性改革、供给侧结构性改革下环境规制对绿色技术创新的影响、供给侧改革背景下徐州金融业发展对策研究，等等。

五、“一带一路”与国际经济新格局

“一带一路”是一个伟大的战略构想。关于中国“一带一路”发展战略的“逆不平等性”，上海财经大学马艳教授指出，在顺应全球经济发展过程中，坚持抵抗、限制和约束超额剩余价值在全球各国之间逆向流转，即由发展中国家向发达国家，发达国家向更加发达的国家，不太发展的国家向发展中国家流转。“一带一路”不是掠夺弱国的剩余价值，而是倡导贸易畅通，平等发展；不是转移剩余价值，而是注重设施联通，缩小各国经济发展的基础差异性；不是推行经济霸权，而是加强各国的合作共赢。今后，在发展理念上要更加强化“逆不平等性”意识，而不是单纯的开放经济和参与全球化；在发展战略上要更加明确以“逆不平等性”为根本宗旨；在具体政策上要加强“逆不平等性”的具体制度的设计和机制的运行。

关于“一带一路”沿线我国境外合作产业园区建设模式，江苏师范大学沈正平教授通过典型案例分析发现，我国境外园区建设与发展存在的障碍表现为政策及法律法规风险可能长期存在；合作机制不健全加大投资风险；产业特色不突出阻碍持续健康发展；基础设施配套不完善影响招商引资；国际化人才缺乏制约核心竞争力提升。解决这些问题的关键在于全面加强双边政府沟通；深化完善园区合作机制；科学制定园区产业规划；聚力推动园区配套建设；大力培育引进国际化人才。

关于“逆全球化”浪潮，吉林大学纪玉山教授指出，西方发达国家在现有全球产业分工布局下出现的产业空心化与高失业率问题、新自由主义政策范式的惯性影响，以及以美国为代表的西方发达国家在全球化上的战略收缩，是导致保守主义、孤立主义与民粹主义盛行下全球化进程出现“逆全球化”的主要原因。该浪潮只能严重破坏全球自由贸易与经济体系的正常运转，侵蚀人类社会合作共赢的成果，给全球政治经济发展带来新的问题与挑战。面对“逆全球化”浪潮的冲击和影响，致力于以“中国方案”和“中国应对”使自身成为新一轮全球化规则的建设者与全球治理者是中国从“逆全球化”到“新全球化”的战略选择。中国社会科学院张超颖博士认为，逆全球化是不可持续的，全球化仍然是世界历史的发展方向，中国提出的“共同打造人类命运共同体”“一带一路”战略是引导全球化步入正轨的重大举措。

关于美国崛起时代的关税政策，上海财经大学伍山林教授认为，在美国崛起时代，关税保护政策为美国国内产业的市场竞争提供了制度庇佑，以至于逐渐形成了自身的比较优势；而产生庇佑的作用机制，主要在于关税保护政策将外国具有竞争优势的产品挡在国门之外，使国内相关产业免受摧毁。因此，断言美国崛起依赖于自由竞争的时候，仅仅就国内市场而言是符合史实的；但是，对于国际市场，我们不能不说关税保护政策之于美国崛起是不可或缺的环节。所谓美国依赖自由竞争实现崛起的论断是一种历史虚无主义认识。美国上世纪 80 年代开始向发展中国家力推包含自由贸易的药方如“华盛顿共识”，它的诉求仅仅是美国单方面的经济与安全利益。2008 年经济危机以来，美国又在推行保护主义政策，正好显露了自由贸易与保护贸易作为相机采择的政策手段的实质。

关于美国“去工业化悖论”，云南大学王守义博士认为，美国从来没有从根本上舍弃过工业化，所谓的去工业化只是一定程度上的弱工业化和经济过度虚拟化倾向，中国在面对工业化还是去工业化抉择时不能一味照搬美国经验和模式，中国的经济社会发展需要抑制虚拟经济超越实体经济支撑而过度膨胀，同时要积极探索以虚拟经济促实体经济发展的具体实现路径。

关于美国经济金融化，天津外国语大学崔顺伟教授指出，美国经济金融呈经济高度虚拟化、“资更强劳更弱”的食利型发展以及金融性危机与金融化呈规律性发展模式的特征。美国经济金融化在促进美国经济、政治乃至军事领域大发展的同时也恶化了美国实体经济的发展，拉大了收入分配差距，加剧了社会分配不公，冲击着美国世界霸权地位。

关于特朗普经济政策对美国和中国的影响，首都经济贸易大学徐则荣教授认为，其政策可概括为“一个中心”“两个原则”“四种手段”，即以美国经济建设为中心，坚持对外贸易保护主义原则和坚持美国优先以及放弃意识形态斗争原则，减税、放松金融监管、加强基础设施建设和再工业化。其政策手段能促进美国国民消费和企业发展，但会加剧美国贫富分化、财政赤字和金融风险。我国要避免为“美国第一”买单，在金融方面落实我国的“穿透式监管”模式。上海交通大学吕守军教授认为，特朗普经济政策对中国产业的影响主要表现在美国可能会要求中国加大对其粮食和飞机的进口，要求放开教育、医疗、金融等有发展潜力的服务业，但对中国的出口直接影响较为有限。中国应加强本土主导的经济圈建设。

此外，与会学者探讨了“一带一路”战略与互联网金融背景下中小企业发展的机遇与挑战、“一带一路”战略下跨境电子商务的现状与发展、“一带一路”战略下的金融创新与金融风险，等等。

与会学者坚决拥护党的十九大会议精神，深刻领会和学习新时代中国特色社会主义思想的精神实质和丰富内涵，坚持以人民为中心，坚持改革开放和新的发展理念，实现全面建设小康社会的伟大胜利。